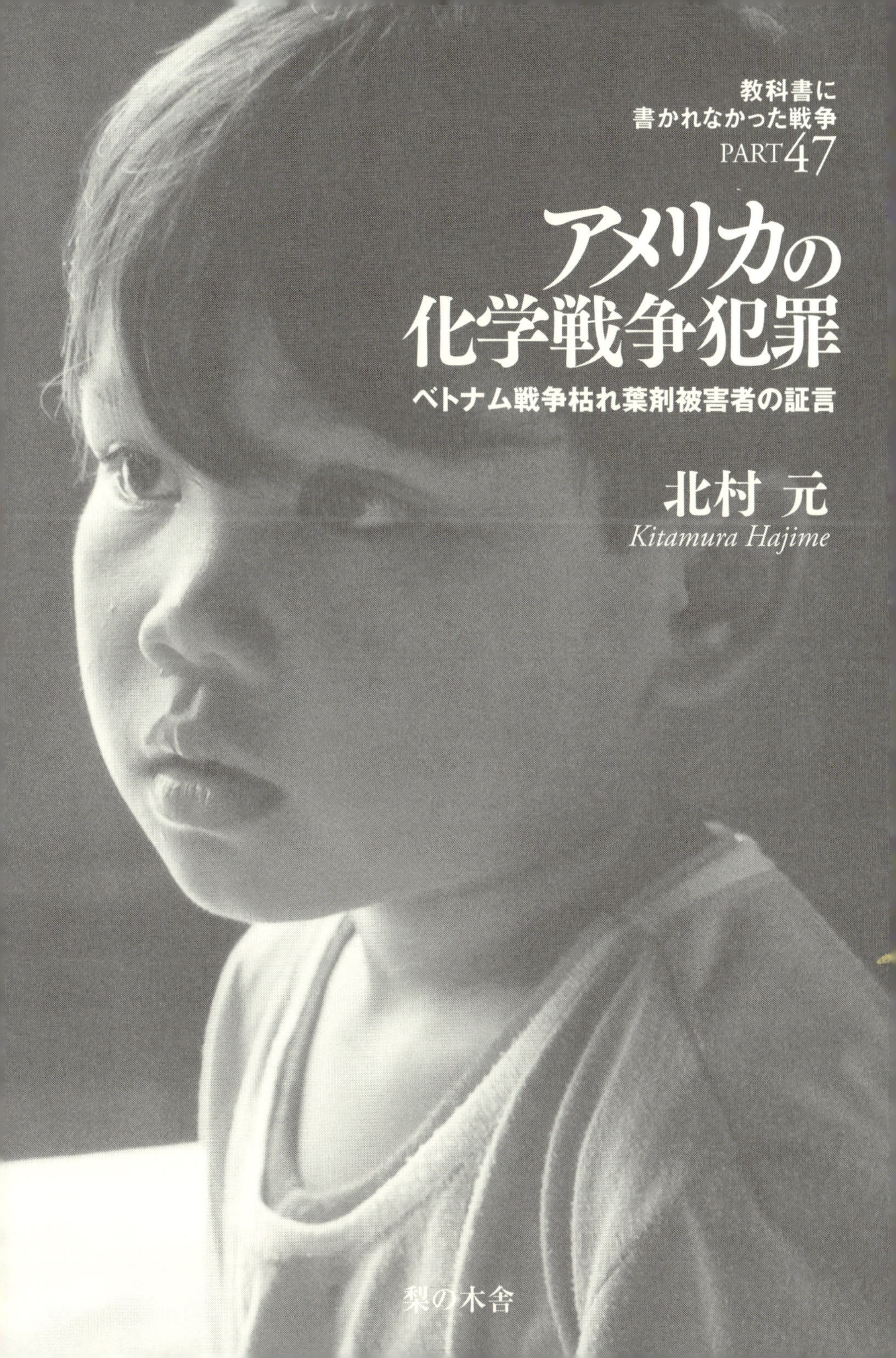

教科書に
書かれなかった戦争
PART47

アメリカの化学戦争犯罪

ベトナム戦争枯れ葉剤被害者の証言

北村 元
Kitamura Hajime

梨の木舎

まえがき

ベトナム戦争最大の負の遺産は、地下に眠る不発弾とともに、枯れ葉剤の被害である。二〇〇四年一月に、インドのムンバイ（旧ボンベイ）で開かれた「世界社会フォーラム２００４」（ＷＳＦ）でハノイ医科大学ファン・ティ・フィ・フィ教授は、次のように述べた。「ベトナムでの戦争は30年前に終わっています。しかし、その重い結果は、今もなお続いているのです」

一九六一年8月10日、アメリカ軍のＨ34ヘリコプターが、枯れ葉剤（ダイオキシン、2,3,7,8-TCDD）を撒布した。南ベトナムで、以後14年間続くアメリカ軍による枯れ葉剤撒布作戦の始まりであった。

それより前、ゴ・ディン・ジエム南ベトナム大統領はアメリカに枯れ葉剤の空中撒布を要請した。一九六一年8月、中部高原地帯のコントゥム省の省都で開かれたアメリカ軍事援助顧問団会議で、省都コントゥムの北部にある14号線上の町ダクトが最初の枯れ葉剤試験撒布地に選ばれた。撒布はその1週間後である。

ジエム大統領の要請は、ホワイトハウス、国務省、国防総省を動かした。賛否両論があった。しかし、8月10日の試験撒布後、一九六一年11月から、ケネディ大統領は枯れ葉剤の使用を承認した。一九六二年に、アメリカ空軍によるランチ・ハンド作戦が始まると、1回ずつの撒布に承認をとる必要があるとされた作戦の枠組みが緩み始めた。撒布の権限は、アメリカ政府から現地の大使らに委譲された。一九六五年からは、アメリカが南ベトナムに送る枯れ葉剤の量に正比例して一気に撒布量が増え、七五年まで、ベトナムの国土は世界最長の化学戦争の戦場と化した。

ベトナムの国土に撒かれた枯れ葉剤の総量は、約八〇〇〇万リットルにのぼった。そのなかに、生成過程で偶然生じた猛毒のダイオキシンが三六六キログラム含まれていた。20世紀には、何十万という化学物質が誕生した。ダイオキシン、2,3,7,8-TCDDもその一つだ。動物実験ではダイオキシン1ナノグラム（10億分の1グラム）で染色体を傷つけ奇形性を生じさせる力があることがわかった。製造した化学会社はそれを知りながら納入し、アメリカ政府とアメリカ軍中枢は撒布行為を続けたのである。

その結果は、直接の被害者である第一世代から、孫の世代の第三世代まで、多くの被害者を生み出すことになった。

これから私がつたえようとしているのは過去の問題ではない。現在の汚染問題である。環境の汚染問題でもあり、それによって心を病んでいる人たちの問題である。そして被害者家庭の多くが経済的に困窮しており、人間の生命力と精神力を奪われ、生活もままならない。現在もダイオキシンは食物連鎖に侵入しており、地域に住んでいる人たちは、それらを摂取している。

アメリカ政府に嘆願しながら長い忍従の期間を過ごしたベトナムの被害者たちは、ついに二〇〇四年1月、ニューヨークの連邦地裁に枯れ葉剤製造会社を相手に集団訴訟を起こした。二〇〇五年3月の第1審は訴訟の棄却であった。ベトナム戦争の勝利への道が長かったように、法廷闘争も長い道のりが予想される。

アメリカ軍の枯れ葉剤撒布行為は、見えない敵を枯れ葉剤によって白日の下にさらしだそうとしたものであり、ほどなくその行為は、枯れ葉剤を武器として使用する行為へと発展していく。そして、製造元は猛毒性を知りながら、ひたすら自社の利益のために口をつぐみ、虚偽を押しとおしていく。アメリカ軍による撒布行為は、敵であるベトナム人のみならず、アメリカおよび同盟国の兵士にも、そして、その家族にも、枯れ葉剤の「負の効用」を見せつけてきた。

私は、テレビ局のバンコク支局長とハノイ支局長という現役時代、枯れ葉剤の患者と出会った。以来、十数年間語り合ってきた。支局時代にもっと取材しておきたかった。多くの貴重な、痛恨の経験をした人々が亡くなっていった。「またベトナム戦争？」「まだベトナム戦争？」「今、なぜベトナム戦争？」テレビ局外報部デスク、報道部デスクの厚いハードルを越えることは大変なエネルギーを必要とした。報道部デスクの姿勢は、また、常に目先の変化を追い求める日本の視聴者の傾向とも重なるものがあった。特派員の日常業務の中で過去を掘り起こす作業は、難しいことだった。

私は、尊敬する師の「会ってこそ、人はつながる。心は結ばれる」という言葉をできる限り実行した。時間をつくって会いに行く。どんなに旅費がかかっても会いに行く。患者さんと「苦しみを分かち合う」。顔をみて語ってこそ理解しあえる。

本書はすべてが在宅訪問や施設での聞き書きからできあがったものである。人工物でこの世で最強の毒の入った化学兵器を使用したアメリカの行為が、20年、30年たってどういう結果を生んでいるかの記録を残しておきたかった。時間がどんなに経過しようが、アメリカ政府とアメリカの科学者の責任は消えるものではない。ダイオキシンには半減期というものがあるが、猛毒の枯れ葉剤を使用した国家の責任に半減期はない。

北村　元

二〇〇五年7月

目次

まえがき……3

1章　提訴――二〇〇四年1月30日……13

1　ケネディの決定……14

2　訴訟……24

原告1　ファン・ティ・フィ・フィ……24
原告2　グエン・ヴァン・クイ……25
グエン・クアン・チュン……25
グエン・ティ・トゥイ・ガー……25
原告3　ズオン・クイン・ホア……27

3　訴訟を支える人たち……29

「最後の息をひきとるまで闘います」――ダン・ヴー・ヒエップ……29
「ほんとうの被告はアメリカ政府です」――グエン・チョン・ニャン……34
「科学研究者の協力が不可欠です」――レ・ケ・ソン……36
「キーポイントは証拠です」――チン・ヴァン・バオ……38
「勝利すれば世界の紛争に好影響を与えます」――グエン・カイ・フン……41
「メーカーは自社製品に責任があります」――レ・ドゥック・ティエット……42

2章　七色の霧を浴びて……47

1　フンの世界……48
敵機の爆撃にかけた——グエン・フィ・ヴィ……53
不治の皮膚の炎症——タン・チ・バー……57
「戦死していればよかった」——マイ・フー・ホアット……63
「視力を失いましたが、夢は失っていません」——レ・ヴァン・ロップ……65
「私たちにはなぜ髪の毛も歯もないの」——ダン・ヴァン・ミン一家……66
「こういう病気もアメリカが作り出したものです」——ヴー・ヴァン・グエン……74
夫婦で同じ部隊。筋肉硬直化がすすむ妻——グエン・ティン・カイン……84
「戦争は大嫌いです」——レ・ヒュウ・ドン……91
20平方メートルの畑で一家8人が食べる——チャン・ヴァン・チャム……97
「夫は出て行った」——ファム・ティ・ホイ……102
「死ぬまで安息はないでしょう」——グエン・ホン・チャウ……108
小頭症の子どもたちの将来を案じて——ダン・ヴァン・マン……113
軍隊の慰問歌舞団として戦場に——チャン・タイン・ビン一家……118
二六時中離れられない——ファン・タン一家……122

2　五五九部隊の人々は今……128
霧のあとはドラム缶が降る——グエン・ヒュー・スック……129
8人出産、4人死亡・流産——ブイ・ディン・ビー……139
戦争は終わったが、被害者は残った——グエン・ヴァン・フン（夫）、ファム・ティ・ヴィ（妻）と5人の子ども……144

3　五五九部隊の女性兵士たち――ベトナム戦争のキーファクター……146
四〇〇人の女性兵士を訪ね歩いて――チャン・ティ・ビン……160
木が1本もなかったラオスの戦場――レ・ティ・フォン……170
6年を軍籍に置いて――グエン・ティ・ラン……174
結婚はできませんでした――ファム・ティ・フック……176
水を浴びたら体が膨れた――レ・ティ・ロアン……181
戦争のトラウマによる記憶喪失――ドアン・ティ・ナン……186
子どもの暴力に手を焼く――ダオ・ティ・チュック……191
戦場の道路工事に従事して――グエン・ティ・ズン……195
国からの手当てはない――ダオ・ティ・ティ・ソイ……198
戦いに行きたかった――グエン・ティ・タイン・カイン……202
頑健だった夫がガンで逝った――リュー・ティ・タイン……207
パイプラインの建設に青春を賭けて――ファム・ティ・ソン……213
「敵がくれば女性も戦う」――マイ・ティ・トー……219
ぶどう子が生まれた――グエン・トゥン・ゴック　グエンティ・タム夫妻……228
4　第三世代……235
祖父ホアはジャングルの水を飲んだ――トー・タイン・ナム……237
三重苦――ダン・ティ・ヌー……242
親に捨てられ、祖父母と暮らす――グエン・ティ・ヴァン……248
5　沈黙するマダ森林……255
鳥の声すら聞こえない……255
レ・ゴック・ティエン理事長……256

3章　医療現場からの証言……269

アメリカは自国の軍人に対して補償しました――グエン・ブイ・ダイ……270
枯葉剤は死が目に見えないのです――グエン・フン・フック……276
最初にとりあげた子には脳がなかった――ドン・ティ・ネン……286
女性の負担はとても大きい――ディン・スアン・テュー……288
過去に起きたことを記憶していくことです――チン・ヴァン・バオ……291
父トン・タット・トゥンは常に先を見て、先を歩く学者でした――トン・タット・バック……298
大先生で、夫で、恋人でした――故トゥン教授夫人ヴィ・ティ・ホー……304
ベトちゃん、ドクちゃんは生後18日目に一〇〇〇キロの道のりをやってきました――トー・ティ・ディエン……307
ダイオキシンは人間の脂肪や肝臓に溜まるのです――ドー・キム・ソン……314
研究だけでなく、行動が大事です――グエン・ティ・ゴック・フォン……315
元気になっても親は迎えにこなかった――タ・ティ・チュン……321
革命政権で再教育訓練をうけました――チュオン・コン・ビン……324

4章　アメリカの化学戦争犯罪……333

コラム：ベトナム枯れ葉剤被害者協会アピール……33
559部隊の誕生……137
ベトナム戦争の起点――ドンコイ運動……153
ベト君、ドク君……313

訴状（抜粋）……364
あとがき……376

枯れ葉剤とは

本書でいう枯れ葉剤とは、ベトナム戦争中に、アメリカ軍がジャングルの樹木を枯らすために使用した除草剤のことを指す。ジャングルは南ベトナム解放戦線兵士や北ベトナム軍兵士の天然の要塞であった。アメリカ政府やアメリカ軍は、単にそれらを除草剤（Herbicides）と言った。悪名高い枯れ葉剤は、エージェント・オレンジである。その名は、容器のドラム缶に塗られたストライプの色に由来したものだ。他には、白、紫、桃色、青などがあり、それぞれ異なった目的に使用された。

枯れ葉剤の大半は、双発のＣ一二三型機〝プロバイダー〟で撒布され、撒布作戦は、ランチ・ハンド作戦と呼ばれた。アメリカ軍が使用した除草剤には15種類ある。俗に虹色の除草剤と言われている。

①エージェント・オレンジ　②エージェント・オレンジⅡ〝スーパー・オレンジ〟
③エージェント・パープル　④エージェント・ピンク　⑤エージェント・グリーン
⑥エージェント・ホワイト　⑦エージェント・ブルー　⑧ジノソール
⑨トリノソール　⑩イオクット　⑪ブロマシル　⑫タンデックス　⑬モニュロン
⑭ジウロン　⑮ダラポン

この15種類の除草剤を総称して枯れ葉剤と呼んでいる。この他にマラティオンという殺虫剤も使用された。

一九六二年から六四年までは、エージェント・パープル、エージェント・ピンク、エージェント・グリーンが、ジャングルの草木の破壊を目的に比較的穏やかな量が使用された。これらの除草剤には、かなりのダイオキシン（2,3,7,8－TCDD）が含まれていた。エージェント・ブルーは穀物破壊用に使用された。エージェント・ホワイトは、エージェント・オレンジの毒性効果が知られると、エージェント・オレンジの代用を果たしたが、水溶性のエージェント・ホワイトとエージェント・ブルーは、雨期や厚いジャングルの天蓋には極めて効果が薄かった。

枯れ葉剤撒布の歴史のなかで、二つふれておきたいことがある。一つは、イギリス軍が、植民地マラヤでのゲリラ掃討作戦にジャングルの破壊をねらって枯れ葉剤を使用したことである。この作戦でゲリラの待ち伏せが大幅にへった成功例が、アメリカに使用の動機を与えたのである。

もう一つ、朝鮮半島の軍事境界線での撒布である。駐韓米軍は、一九六八年～六九年にかけて、韓国軍を動員して非武装地帯の南側およそ二万一〇〇〇エーカーに及ぶ広大な地域に、三種類の枯れ葉剤五万九〇〇〇ガロン（22万リットル）を撒布した。この撒布で使用されたのは、「エージェント・オレンジ」「エージェント・ブルー」「モニュロン」などだった。

これは、ベトナムでの枯れ葉作戦の記録にあわせて、アメリカ生物研究所が提案して、ラスク国務長官が韓国政府に同意を求めて決めたものだった。駐韓米軍は、枯れ葉剤に関する詳しい情報を一切伝えなかった。アメリカ政府は、当初、エージェント・オレンジはベトナムだけで使用したと言っていたが、アメリカの嘘が明らかになった。（The Sandiego Union-Tribune,1999,11,17, Veterans of Freign Wars of the United Staes, Cyber Sage's）

1章　提訴

二〇〇四年1月30日

1 ケネディの決定

ニクソンとキッシンジャー

ベトナム戦争とは、アメリカが原水爆を除く当時の最新鋭の武器や技術を惜しげもなくつぎ込んだ戦争であった。枯れ葉剤もその最新鋭の武器の一つであったことは言うまでもない。否、ニクソン大統領は、原爆の使用まで口にして、キッシンジャー国家安全保障問題担当補佐官に打診していたことが、二〇〇二年に解禁されたアメリカ政府の録音テープでわかった。

ニクソン「私はどちらかというと核爆弾を使いたいんだがね」

キッシンジャー「それは、やりすぎになると思いますが……」

ニクソン「核爆弾だよ、君にはそれが気になるというのかね……。君には、大きな視野で考えてもらいたいんだ」

その翌月、ニクソン大統領は一九六八年以来最大規模の戦争拡大を命じた。キッシンジャー補佐官が民間人の死傷者が出ていることをあまりに心配していることに対して、それをたしなめるようにこう言った。

ニクソン「われわれの意見が唯一合わないところは爆撃に関してだ。君は、一般市民のことを心配しているのか、私はかまわないよ、気にしてないよ」

キッシンジャー「私は、一般市民のことを心配していますよ。それは、あなたが虐殺者であるという狼煙が世界中からあがるのをみたくないからです」

（出典：National Security Newswire March 4, 2002, CBS News March 1,2002）

ニクソンは核爆弾の使用については本気ではなかったという一部学者の説もあるが、軽々に断定できる問題ではない。隣国カンボジアのシハヌーク殿下（当時）は、次のように述べている。

「現在のカンボジアの悲劇はたった2人の人間の責任である。ニクソン氏とキッシンジャー氏である。2人がいなければロン・ノルはなかったし、ロン・ノルがいなければクメール・ルージュもなかった。2人は40億ドルという巨額な金を使ったが、結果は望んでいたのとは反対のものになった」（J・V・ピネケン著『インドシナ現代史』山田侑平・鈴佳明訳　一九八四　連合出版）

日本への枯れ葉剤撒布計画

そもそも、除草剤の軍事目的の研究は第2次世界大戦の初期にさかのぼる。アメリカ国立研究会議（National Research Council）が、日本の水田を破壊するため化学物質の開発を許可した。その研究によって、2,4-D（農薬：ジクロロフェノキシ酢酸）と2,4,5-T（農薬：トリクロロフェノキシ酢酸）を50％ずつ混合して枯れ葉剤エージェント・オレンジが誕生したのである。しかし、当時のローズベルト大統領とホワイトハウス付き参謀ウィリアム・リーフィー提督との話し合いで、おぞましい化学物質は使用すべきでないという結論に達したという。その後、アメリカ軍の一職員が、第2次世界大戦の末期一九四五年6月に、アメリカ軍は太平洋地域の戦場（日本の6大都市周辺の水田をターゲット）に枯れ葉剤を使用する準備を整えていたことを暴露した。中止を決めたのは、アメリカ政府が一般国民の非難を恐れたからという説と日本が早く降伏しそうだったためとの二説がある。にもかかわらず、広島、長崎にはもっとおぞましい原爆が落とされた。

ケネディの決定

枯れ葉剤の研究はその後も続けられ、16年後の一九六一年、ベトナム戦争で、歴代のアメリカ政権がためらってきたその化学兵器の使用を、当時のアメリカ政府は決定したのである。限定的とは言え、一九六一年11月30日に枯れ葉剤撒布を許可したのはJ・F・ケネディ大統領だった。以後合計約八〇〇〇万リットルという途方もない量の枯れ葉剤、特にエージェント・オレンジが濃度の濃いままで旧南ベトナムの領土にまき散らされた。不幸にして、2,4,5-Tの製造過程で、偶然に〝人工物では地上最強の猛毒〟あるいは〝世紀の毒素〟と言われる不純物、2,3,7,8-TCDDというダイオキシンが誕生した。その猛毒ダイオキシン(三六六キログラム)がその中に含まれていた。アメリカ軍は一九七一年1月に撒布を終了したが、ベトナム戦争の「ベトナム化」政策によって、南ベトナム政府軍はその後も残った枯れ葉剤の撒布を継続した。旧南ベトナムは史上最大規模かつ最長の化学戦争の戦場となった。

破壊しつくされたベトナム

二〇〇五年4月30日、サイゴン陥落から30周年を迎えた。

ベトナム戦争は、想像をはるかに越えた全面戦争になった。この戦争が他の戦争と異なる点は、全国民参加の闘いであったという点だ。軍事面だけでなく、政治、宗教、外交などあらゆる分野の人々が戦争に参加した。

フランスとの戦争が終了した後のベトナムは、人口三〇〇〇万人で、経済的には極貧国だった。アメリカは、約二億五〇〇〇万人を擁する世界一の経済大国であり、ベトナム戦争以前に、アメリカ軍が敗北したことはなかった。

アメリカ兵の死者約五万八〇〇〇人。アメリカ兵の負傷者30万人。戦費一四〇〇億ドル。北ベトナム軍の死者一一〇万人*。負傷兵60万人*。南ベトナム軍の死者22万人。負傷兵一一六万人、民間の死者は北ベトナムで二〇〇万人*、南ベトナムで二〇〇万人*である（＊印は一九九五年4月4日ベトナム政府発表による）。このベトナム政府発表の数字は、あまりに大きな被害であったために、国民への影響を配慮して戦争中は完全に偽情報が出されていた。「アメリカはテロに反対していますが、本質はテロ主義です」と、ベトナム人民軍歴史研究所のミン戦史局長はいう。

アメリカはこの戦争を「ベトナム戦争」と呼んでいるが、ベトナムでは「救国抗米戦争」と名づけている。ベトナムに入って来たアメリカ軍を、ベトナム人が祖国から追い出したことにつきる。この戦争は空間的にはベトナム全土で行われ、かつ2種類の戦いが同時に進行した。一つは南部での地上戦であり、もう一つは北部での空軍参加の闘いである。北部の戦争も、南部の地上戦争と密接な関係があり、対応も複雑だった。アメリカは60種類以上の戦闘機を使って計り知れない量の爆弾を落とした。

軍事産業が開発した最新兵器のすべてを駆使した。核兵器を使用しなかっただけである。海軍については、第7艦隊と地中海の第6艦隊の一部を投入した。歩兵については、一九六八年に四五万二〇〇〇人、六九年4月までに64万人を派遣した。爆弾は、一回の爆発で半径五〇〇メートル以内の酸素を消滅させる威力をもつCBU55型爆弾をも使った。「戦闘機については、B52のA、B、C、D、H、G型まで使用」（ミン戦史局長）した。

気象戦争

その上、この戦争では、アメリカは気象戦争もひき起こした。北ベトナム軍は南の戦場を支援するためにチュオンソン山脈の中に道路を建設中であったが、アメリカは、その進軍を阻止し妨害するために、雲を作り雨を降らせた。普通の雨ではない。酸性雨を降らせ武器弾薬を錆びつかせた。この気象戦争の遂行にアメリカは二〇〇〇万ドルを費やしたといわれる。北ベトナム側は、資本主義強化のための戦争と皮肉った。

アメリカ化学企業37社を提訴

ダイオキシン1ppt（濃度：1兆分の1グラム）でも、遺伝子を壊すことができるという。計算上では、1グラムで10万人の成人が死ぬとも言われている。では、なぜベトナム国民がいま生きていられるのか。一つにはダイオキシンが雨で大量に流されていったからであり、また二つ目には半減期で、ダイオキシンの威力が減っているからだ。アメリカ兵は延べ二五〇万人がベトナムの戦場に派遣された。ベトナムに2回派遣され、二〇〇四年に前立腺ガンの手術をうけたパウエル前国務長官もその1人である。原則として1年しか滞在しないアメリカ兵でも30万人もの被害者が出ている。撒かれた地に住むしかない国民や長く戦場にいたベトナム人兵士のことを考えれば、被害がいかに重いかは想像がつく。脂肪を好むダイオキシンは、人体や動物の体脂肪に入り込み隙を窺ってきた。遅延性のダイオキシン被害は、20年、30年経って初めて本当の姿を現してきたと言ってよい。これは大量破壊兵器であり、使用は戦争犯罪である。

ついにベトナムの枯れ葉剤被害者たちが立ち上がった。二〇〇四年1月30日、ダイオキシンに汚染された枯れ葉剤を製造・納入したモンサント社、ダウ・ケミカル社などアメリカの化学企業37社を相手取って、ニューヨーク・ブルックリンのアメリカ連邦裁判所に提訴し、集団訴訟に踏み切った。原告が選んだ裁判所は、一九八四年アメリカの退役軍人が裁判を起こした所である。戦争が終了して実に29年目であった。

二重の苦しみ

ベトナムの被害者は苦しんでいる。ベトナム政府が予算の乏しい中で積極的な活動を行っていることを、私は評価したい。だが、毎月平均約10万ドン（ドンはベトナムの通貨単位）を受給している被害者は30万人しかいない。ベトナム政府は毎月三〇〇億ドン（二〇〇万ドルに相当）を被害者に支給している。この数字は当面の被害者の何分の1かであり、残りの被害者は受給していない。受給対象者は戦争に参加した北ベトナム側の兵士とその子どもで、孫は対象外だ。被害者であっても、軍人出身でなければ受給対象外だ。受給者は被害者全体からみればほんの一握りである。援助金（手当）の毎月10万ドンはドルに換算すると6ドル少々。インフレが進む中で、この金額は障害者家族の生活の足しになるものではない。ベトナム政府の努力にもかかわらず、正直なところ被害者が必要とする援助を十分に行えていない。この手当は、被害者本人に支払われる金額だが、本人の労働は事実上不可能であり、社会貢献はほとんど期待できない。逆に、入院を含めて、介護など人員を必要とする医療サービスも受けなくてはならない。ということは、介護に人手がかかるために、家族が働けない場合が多くあることを意味する。家族の心配、現状は、2章で触れる。10万ドンは少額である。戦争被害者が日常生活の援助と介護を受けるためには、少なくとも毎月一〇〇万ドンが必要である。

なぜ今、なのか

一言で言えば、アメリカの誠意を終始期待していたベトナム側が、これ以上その誠意を待てなくなったのだ。アメリカの援助団体のハノイ駐在代表で、元兵士のチャック・シアシー氏は、「アメリカが、ベトナムの犠牲者を全く援助しないので、この集団訴訟は不可避だった」と言う。それに、アメリカの民法に定めた訴訟の失効期限が近づいてきた。被告はアメリカの法人であり、アメリカの法律の枠内で訴訟行為をしなくてはならない。ベトナムの場合、戦争終了の一九七五年4月30日から10年以内となる。終戦から10年以内に訴訟を起こすこと、という規定だ。ベトナムとアメリカが終戦の合意に至ったのは、一九七三年のパリ和平協定だった。しかし、戦争は南北ベトナムの間で一九七五年まで続いた。その後、一九六〇年代から北ベトナムに課されていた「経済制裁」は、南北統一によってベトナム全土が対象になった。アメリカが、ベトナムへの経済制裁を解除したのは、一九九四年2月3日だった。ここに特例が適用される。制裁発動中は訴訟できないので、訴訟期限は二〇〇四年2月3日までとなる。そして期限直前の今年1月30日に訴状を提出したのだ。今回民事訴訟を起こしたわけだが、将来戦争犯罪として訴えるなら訴訟期限はない。

なぜベトナムはぎりぎりまで待ったのか？　それは、ベトナム人の文化とも深く関係している。ベトナム人は、訴訟ではなく話し合いでものごとを解決する国民性をもつ。アメリカ高官がベトナムを訪問するたびに、あるいはベトナム高官が訪米するたびに人道的解決を訴えてきたのもそのゆえである。クリントン氏が大統領在任中アメリカ国内で認めた枯れ葉剤被害による責任も、ベトナムには言及しなかった。アメリカの民法で定めた訴訟期限も迫り、アメリカの誠意をこれ以上期待できなくなった。

訴訟書類の作成

ベトナムには枯れ葉剤被害者の全体像を示す全国統計はない。証拠能力の高い書類を作るには時間がかかる。書類作成は裁判の行方を大きく左右するだけに、医療知識と法律の知識が必要となる。山岳地域や遠隔地にも出張調査するので国庫負担は膨らむ。一般除草剤の影響ではないかというアメリカの牽制もあるだけに、ベトナムはその主張に影響されないようにサンプリングを心がけていくはずだ。訴訟書類の作成は弁護士だけで準備できるものではない。3つのステップが踏まれた。

1、各地域の役場が、枯れ葉剤の影響を受けている疑いのある人を探し出して申告する。

2、医師、弁護士が同席し、情報を総合的に収集し、書類を作成する。

3、科学的根拠を固めるためのグループを結成する。

第1弾として訴状を提出した72人の書類の作成の仕方は次の通りだった。

まず本人が枯れ葉剤撒布地域を通過したか、居住したかどうかを証明する。その人が通過／居住したことを証明するためには、その人がいつからいつまでそこにいたかという証拠を探し出して、アメリカ国防総省が公表した枯れ葉剤撒布実績を示す文書と照合する。つまり、アメリカ軍が「ランチ・ハンド作戦」で出した、ある地域に何時から何時までどのくらい撒くという命令と照合する。

次は、本人の疾病が、ダイオキシンによるものかどうかを確認する。ダイオキシンによる障害とダイオキシン以外の物質による障害の比較が求められる。3世代分を表す家系図も作成する。しかし、家系図だけでは十分ではない。

さらに、その夫婦の兄弟姉妹の子どもが元気かどうかの健康調査をする。もし、兄弟姉妹の子どもに障害児がいなければ、説得力は高くなる。逆に、障害児がいれば証拠能力はなくなるので、その場合は原告には入れない可能性が出てくる。勝てる原告づくりに専心するのだ。

エージェント・オレンジに含まれたダイオキシンを浴びたベトナム人兵士、一般人の被害の科学的根拠を固めることは、疫学的に相当複雑である。多くの人が、空から降ってきた7色の霧を体に浴び、あるいはそれらをかぶった溜り水を飲んだり、食物を食べたりしたことは間違いないことだ。では、エージェント・オレンジを浴びた推定二五〇万人のベトナム兵士の中で、複合的な被曝による害がどの程度であり、あるいはどのくらいの範囲まで及んでいるのかを、どうやって決定しようというのだろうか。科学的証拠をつけて集団訴訟する場合、これは極めて困難な問題に直面する。病気の原因を特定する時に、推定で二五〇万人のベトナム従軍男女兵士が撒布地域にいたことが分かっても、記録が取られていない従軍中のこれらの個々の軍人の毎日の正確な行動を今から追跡することは不可能である。証拠となる根本が崩れているので、結果に対して、常に原因と影響評価が求められるこの研究調査と法廷の維持は困難を極める。行動が特定できにくいので、個々人の被曝量の計算も無理である。化学兵器への接触の仕方も、また解明できない。本人が空中撒布を直接受けたのか、どのくらい頻繁に受けたのか。本人が気づいていない場合も多い。ジャングルの中で少量受けたのか、飲み水などを通して接触したのか。戦後の長時間の経過から複合の被曝も考えられる。その場合の影響と戦争中のダイオキシンの影響を分離・評価することは不可能である。

2社の談話

枯れ葉剤を製造した2社の談話がある。

「アメリカ政府の要請で軍事用にエージェント・オレンジを製造したのは、当時7社ありました。製造は30年前に終了しています。ベトナム政府は、戦争を終結し、アメリカと関係を正常化する協定でその要求は解決済みです。われわれは負傷された方々に同情を禁じ得ません。しかし、信頼すべき科学的証拠は、エージェント・オレンジが深刻な長期の健康問題の原因ではないことを示しています」（モンサント社広報の談話引用：ballaciao紙：トム・フォースロップ記者　二〇〇四年11月19日）

「戦時の活動に関連するいかなる問題の解決もアメリカ政府とベトナム政府の役割と信じます』（ダウ・ケミカル社の声明）

これをみても、裁判の長期化を予感させる。

過去の戦争の後遺症に苦しむ人々の問題を未解決のまま、われわれが21世紀を過ごすことは許されない。化学戦争を展開したアメリカの責任に半減期はないと考える。ドイツ出身の政治哲学者ハンナ・アーレント*注は、暴力の報復の連鎖を断ち切る手段として、「赦し」と「裁き」をあげた。加害者が罪を認めてその償いをした時に初めて、被害者に「赦し」の道が開けるのだと。同盟国韓国はベトナムに謝罪した。アメリカが謝るまでに、あと1世紀はかかるというベトナム元外交官の言にはそれなりの現実性がある。生き証人としての被害者が集団訴訟に踏み切った以上、「裁き」を求める声は一層強まり、次の世代へとひき継がれていくことは当然である。

＊注　一九〇六〜一九七五。ドイツ・ハノーヴァー生まれ。両親はロシア系のユダヤ人。20世紀の諸問題を政治哲学の分野で分析し、功績をあげる。ナチスから逃れてアメリカに亡命し、ニューヨークで亡くなる。主著『全体主義の起源』。

2　訴　訟

原告1　ファン・ティ・フィ・フィ

訴状から（＊除草剤という英語は枯れ葉剤と訳した）

☆原告ファン・ティ・フィ・フィは、ベトナム国籍で、一九六六年4月かその頃に、クアンナム省在住の医師をしていた。☆一九六六年4月から一九七一年7月まで、フィ・フィ博士は、第1号病院院長として勤務した。第1号病院は、南ベトナムのクアンナム省、クアンガイ省の各地に点在する小型医療部隊を統括する移動病院だった。医療部隊は、だいたいホーチミン・ルートに近い所、あるいは上記の省内の川や水源の近くに場所を定めた。フィ・フィ博士は、医療部隊を訪問するためにホーチミン・ルートを移動した。☆フィ・フィ博士は、第1号病院院長として一般市民の治療や看護を指導した。第1号病院は、救急の兵士を治療することも時々あった。☆フィ・フィ博士らを含む病院スタッフと、病院で治療を受ける患者らは、毎日の食事のために、自分たちが栽培した野菜や近くの渓谷で見つけた食料に依存していた。彼らは、移動病院の近くや、ホーチミン・ルートの近くの河川の水を飲んだ。彼らが栽培して食べた野菜は、キャッサバ、コメ、とうもろこし、他の野生の果物、野菜だった。彼らは、また村人から鶏肉、豚肉などの肉類を買った。☆クアンナム省とクアンガイ省は、フィ・フィ博士が生活する以前と生活していた時期に、トレイル・ダスト作戦とランチ・ハンド作戦により枯れ葉剤を激しく撒布された省のうちの2省である。これらの作戦の結果、特にホーチミン・ルートに隣接する渓谷は、フィ・フィ博士や仲間が栽培し、食料や水を集めた渓谷を含めて、枯れ葉剤に激しく汚染された。☆枯れ葉剤に汚染された結果、これら渓谷の樹木や果樹は葉を落とし、果実を実らせることはなくなった。その結果、フィ・フィ博士と仲間は、これらの木々の根のみならず、日常欠かせなかった河川の水も枯れ葉剤で汚染されていたのを知らずに摂取し、ジャガイモやキャッサバのような食用植物の木の根を食べざるをえなくなった。フィ・フィ博士が第1号病院院長として勤務していた全期間、フィ・フィ博士は、枯れ葉剤に汚染された物を食べ、水を飲んだ。☆一九七一～七二年に、フィ・フィ博士は3回妊娠した。3回とも、妊娠初期3カ月の流産に終わった。一九七一年12月、一九七二年7月、一九七二年11月である。☆一九七三年、フィ・フィ博士は再び妊娠した。妊娠は最初の3カ月を順調に経過したが、一九七三年7月頃、入院をするほどの流産となった。☆フィ・フィ博士のたび重なる流産は、枯れ葉剤が撒布された地域の食料や水を摂取したことにより、彼女が枯れ葉剤とダイオキシンに被曝したことが原因である。

以上が、訴状の中のフィ・フィ博士の部分である。

フィ・フィ博士は、ベトナム戦争中、ベトナム中部9省からなる第5地域の1号病院院長だった。一九七二年から、ハノイ医科大学に勤務している。戦争以前に生まれたフィ・フィ博士の娘は、全く健康で問題がない。母親と同じ大学で、教鞭をとっている。

原告2　グエン・ヴァン・クイ
グエン・クアン・チュン
グエン・ティ・トゥイ・ガー

訴状から

☆（前略）一九七二年7月から9月まで、グエン・ヴァン・クイの部隊はポコ（コントゥム省ダクト郡）

に駐屯した。その後、クアンガイ省に移動した。そこで、七二年９月から七三年まで駐屯した。一九七三年９月から七五年の戦争終結まで、ホーチミン・ルートに近いクアンナム省に駐屯した。上記の各省は、いずれも南ベトナムに位置している。☆一九七二年から一九七五年までを通じて、彼は自分で見つけたキャッサバ、野生の野菜を食した。そして、被告の１社、あるいは数社、あるいは全社が製造した枯れ葉剤が撒布された地域の川の水を定期的に飲んだ。彼は証言した。「ある地域は枯れ葉剤が撒布された。そこは木々の葉が落ちており、雨が降ると短時間強烈な悪臭が立ちこめた」と。☆一九七二年８月ごろ、彼が食用に野生の野菜を集めているとドラム缶に出くわした。彼は油が入っていると思った。ナイフで穴をあけると、白い粉末状のものが溢れ出た。それは非常に強い悪臭だった。情報や調査によると、白い粉末状の物質は、被告側が製造した枯れ葉剤であった。☆南部ベトナムに駐屯中の全期間、（中略）彼の皮膚は、しばしば痒みをともない、斑点様のものが発生した。それらの皮膚の症状は、一九七三年にクアンガイ省を離れた後は消えた。☆一九八四年、グエン・ヴァン・クイは結婚した。妻は妊娠した。☆妊娠の結果は死産だった。出産は早産で、胎児は障害児だった。☆死産と奇形を理由に妻は訴訟を起こし、クイ氏に離婚を求めた。☆一九八七年、クイ氏は再婚した。ハイフォン市の再婚先の妻の実家に入った。そこで、妻の実家の経済的援助に頼った。☆２番目の妻が妊娠した。そして一九八八年、息子グエン・クアン・チュンを出産した。☆原告グエン・クアン・チュンは、脊椎、手足、それに発育の異常をもって生まれた。足は大きく奇形だった。手足を自分の意思で動かすことはできなかった。息子には、発育障害が伴っていた。つまり、自分の体重を支えることが困難だった。脊椎には、先天的な欠陥を伴っていた。（中略）☆グエン・クアン・チュンの出生後ほどなくして、クイ氏の２番目の妻が再び妊娠した。一九八九年、妻は、娘・原告グエン・ティ・トゥイ・ガーを出産した。彼女は、発育障害の他に、先天的盲目と先天的聾である。その結果、グエン・ティ・トゥイ・ガーは通学も、仕事も不可能である。そして、自立もできない。

原告グエン・ヴァン・クイと息子グエン・クアン・チュン

☆クイ氏の身体は、衰弱と疲労感が続き、二〇〇三年9月に治療のために、ハイフォン市のヴィエトティエップ病院に入院した。そこで、胃ガンと肝臓ガンと診断され、退院した。☆二〇〇三年10月20日、クイ氏は呼吸困難に陥った。救急車でハノイ市の一〇八軍病院に運び込まれた。そこで、肺ガンと診断された。☆クイ氏と妻の家族が、グエン・クアン・チュン（長男）とグエン・ティ・トゥイ・ガー（長女）の面倒をみている。クイ氏の2人の子どもたちも自立できないし、常に家族の介護を必要としている。☆クイ氏の疾病と健康状態、そしてその子どもの欠陥は、枯れ葉剤が撒布された地域での飲料水と野菜の摂取と枯れ葉剤の直接接触の被曝によって生じたものである。

原告3　ズオン・クイン・ホア

訴状から

☆一九六四年、原告ズオン・クイン・ホア（ベトナム国籍）は南ベトナム、サイゴン市に住む医者だった。☆当時、原告は、ビエンホアやソンベへ頻繁に往復した。☆そこは、被告の1社か、一部か、すべての会社によって製造された枯れ葉剤で重度に汚染された所であった。☆一九六八～七六年に、ホア博士は、南ベトナム共和国の臨時政府の保健相を務めた。その間は、タイニン省に居住していた。☆タイニン省在住中に、原告は、米軍機が化学剤を撒布していたので、ビニールバッグを頭からかぶるように数回言われた。当時、原告もまた、米軍機が投下した原告の1社、あるいは一部、あるいは全社によって製造された枯れ葉剤のドラム缶に遭遇した。☆一九七〇年5月、息子である原告フイン・チュン・ソンを出産した。原告フイン・チュン・ソンは、障害児として生まれ、痙攣症状をもっていた。☆原告フイン・チュン・ソンは、てんかんにより、生後8カ月で死亡した。☆戦争が終結した後、ホア博士は、皮膚に痒みを生じ、発疹が出た。☆一九七一年、原告は妊娠したが、一九七一年7月に妊娠8週間で流産した。☆ホア博士は再び妊娠したが、一九七二年1月に、妊娠6週間で再度流産を経験した。☆第1子の死亡と2度の流産の後、ホア博士は、もう二度と子どもを作らないことにした。☆一九八五年、長期にわたる体の衰弱と失神を経て、ホア博士は糖尿病と診断された。☆一九九八年、右乳房にしこりを感じ、乳ガンと診断され、乳房切除手術を受けた。☆一九九九年、ダイオキシン検査を受けた。その結果、比較的高い血中ダイオキシン濃度を示した。☆原告ズオン・クイン・ホアの疾病と息子のフイン・チュン・ソンの死は、ともに、被告の1社、一部、あるいは全社によって製造された枯れ葉剤にホア博士が被曝したことが原因であった。

3　訴訟を支える人たち

「最後の息をひきとるまで闘います」

ダン・ヴー・ヒエップ　枯れ葉剤被害者協会会長・元中部方面軍司令官

一九二八年2月9日バクザン省生まれ。四五年8月革命の時にベトミンに参加。六五年タイグエン戦線に向かう。タイグエン指導部設立と同時に政治部長となり、七〇年指導部副部長、七三年に指導部長、七五年に中部方面軍司令官となる。元政治局副主任。九七年のベトナム戦争当事者対話にも出席。

枯れ葉剤被害者協会初代会長に就任したダン・ヴー・ヒエップは、軍出身で、日本では無名に近い人である。

一九六五年10月19日から11月26日にかけて、中部タイグエン地方のイアドラングという小さな渓谷で、アメリカと北ベトナムの正規軍同士の初の地上戦「イアドラング渓谷の戦い[*注]」が行われた。アメリカ軍と北ベトナム軍による初の直接地上戦という点で、ベトナム戦争史に特筆される。イアドラングとは川と渓谷の名前である。この時指揮をとったのが、ダン・ヴー・ヒエップ政治部長だった。

「一九六五年9月、マクナマラ師団がベトナムのタイグエンに直接入ってきました。北ベトナム軍は対決を決断したわけです」と、ヒエップ会長は言った。

イアドラングの戦いは、ベトナム戦争第2期（一九六五年から六八年まで）に属する。一九六五年7月17日、ジョンソン大統領が局地戦争戦略を承認し、アメリカ軍4個師団と海兵隊六〇〇〇人を派遣した。マクナマラ元国防長官は回顧録の中で、こう記した。

「アメリカと北ベトナムの最初の大々的な戦闘は、南ベトナムの中央部西側、カンボジア国境に近いイア・ドラング渓谷で、一九六五年11月14日から19日にかけて起きた。北ベトナム軍の二個連隊が、第一騎兵師団および第七騎兵師団第一大隊を相手に、（略）激戦を展開します。戦闘が終わった時、北ベトナム側は一三〇〇人以上の死者を残していきました。アメリカ側の戦死者が三〇〇人でした。一見したところ、イア・ドラングは、アメリカの軍事的大勝利にみえます。（略）しかし、どこで、いつ、どのくらいの期間戦うかは、北ベトナムが決めたのです。戦争が続くにつれて、こうしたことが何ともひんぱんに起きました」（マクナマラ著　仲晃訳『マクナマラ回顧録』共同通信社）

「マクナマラ師団は、五〇〇機のヘリを駆使していました。われわれは、マクナマラ氏が作った世界最強師団を破ったのです。歩兵の戦いにB52まで投入し、歩兵を守るために、戦闘機を毎日一五〇機から二〇〇機を飛ばしていました。北ベトナム軍との一つの戦いで、アメリカ軍兵士が一番高い勲章を二つも受けたのはこれが初めてです。戦況を変えたとは思いませんが、この戦いは、北ベトナムのその後の精神的、政治的意味合いを大きくしました。勝てないと言われていた中部地域のわが軍と北ベトナム軍全体に大きな励ましになりました」と、ヒエップ会長は振り返った。

アメリカ軍に大きな打撃を与えた理由を、ヒエップ会長はこういう。

「一つは愛国精神です。国を守るためにアメリカと戦うという決意です。断じてやり遂げるという決意です。アメリカ軍を恐れずに戦う勇気がありました。そして。二つ目は、北ベトナム軍の作戦の立て方の成功です。アメリカの指導者をして、『ベトナム人は最高の時、最高の場所を選んだ』と言わしめました。愛国精神だけでは勝てません」

ヒエップ会長は、タイグエン地方でその後10年指揮をとった。飢えとマラリアに耐えながら。

「タイグエンでは、コメが圧倒的に足りませんでした。アメリカと戦っていた時はコメが足りず、バナナを後ろのポケットにいれて、１人１個のおにぎりで戦いました。私たちは、戦闘訓練と同時に、食べ物を作る訓練もしました。司令官から一兵卒まで、階級に関係なく2日、3日の訓練をして、１人五〇〇本のキャッサバを植えます。当時のこういう詩があります」

ダン・ヴー・ヒェップ。「最後の息をひきとるまで闘います」

われわれの　キャッサバの畑は
ホワイトハウスより強いのだ
キャッサバの１本１本が
戦いの１本になる
われわれは、それを攻撃キャッサバとなづける
植えたキャッサバ１本は、殺したアメリカ人１人
千本のキャッサバは、殺した千人の敵だ
数千のキャッサバの倉庫
近づいてくる人もいなかろう
キャッサバがすぐ怒るからだ
敵を殲滅することはうれしいことだ

「タイグエンでは、10年間で3万人が戦死しました。私はタイグエン地方、コントゥム省のサタイに10年も住んでいましたので、枯れ葉剤の撒布を戦場でたくさん目撃しています。私の戦友の多くが被害者となりました。

その時の経験と、被害者を理解できる人と思ってもらえたことが、会長就任を依頼された最大の理由だと思います。私自身も、前立腺の病気や神経系統など病気が発生していて被害者です。私が8月革命運動で学んだことは、『奉仕』という言葉です。小我を捨てて、大きな目標に捧げることです。国のために自分の生活を捧げる。国の独立のため、国の統一のために、何でもやる。戦士である限り最後の息を引き取るまで戦います。ぜひ、勝ちたいです」

「イアドラングの時も、私の兵力は多くはありませんでした。先日、ロシア科学アカデミーの研究員が来て言いました。『狼が怖ければ、ジャングルに入るべきではない』と。今度の集団訴訟は、イアドラングの戦いと激しさが違います。つまり、被告はアメリカ企業で、アメリカの法律の枠内で裁判を行うことです。判断するのはアメリカの裁判所です。ですから必ずしも正義が勝つとは限りません。まず戦う勇気をもつこと。それができれば、戦闘方法も見つかります。イアドラングの時の決心・決意と全く変わりません」

「訴訟の最大の目的は、ベトナム国民に巨大な負担と悪影響を与えたことに対して、アメリカに責任をとってもらうことです。この集団訴訟は長期化します。ダイオキシンは第三世代まで影響を及ぼしていますが、これからも続くと思います。ベトナムの枯れ葉剤被害者は、約三〇〇万人とも四〇〇万人とも推定されます。もちろん、四〇〇万人が全員生き残っているわけではありません。現時点では、ベトナムには被害者の正確な調査データがありません。ベトナムでの全国調査はまだ行われておらず、調査には5～10年もかかりそうです」

「今回の訴訟では、世論も化学的証拠におとらず大事です。まず国内世論を起こし、そして国際世論とアメリカでの世論を喚起することが肝要です。勝訴に秘訣はありません。イアドラングの戦いは、アメリカ軍との最初の戦闘でした。この集団訴訟も、アメリカとの法的な最初の作戦です。今回のわれわれの攻

枯れ葉剤被害者協会のアピール

（正式名称：ベトナム・エージェント・オレンジ／ダイオキシン被害者協会）

ベトナムでの戦争中に、アメリカ軍はダイオキシンで汚染された何千万リットルものエージェント・オレンジを使用した。これは史上最強の毒性をもち、アメリカの化学会社が製造した。何百万人というベトナム人およびこの戦争に参加したアメリカや他国の多くの兵士は、エージェント・オレンジに被曝した。これは否定できない事実である。

戦争は終結したが、その結果はベトナムの人々に重くのしかかったままだ。この数十年来、何百万人という人がガンで亡くなり、種々の恐怖の疾病に悩まされてきた。エージェント・オレンジが遺伝子に影響を与えたために、何百人という子どもが、多くの疾病と先天性障害をもって生まれてきた。多くの幼児が、この世に生を受けてから、一般市民としての生きる権利である基本的な人権を、享受できていない。何百万人というエージェント・オレンジの被害者だけでなく、被害者の家族を毎日のように苦しめている。ベトナム政府と社会は、被害者を助けるために恒常的に努力をしてきた。しかし、多くの困難によって、われわれは戦争の負の遺産を克服できないでいる。エージェント・オレンジの被害者は、世界のすべての良心ある人々の支援を求める。

——被害者の早期救済に援助を。いまだ遅すぎるということはない。

——種々の疾病に冒されている人の苦痛の緩和を切望する。

——障害児のリハビリへの国際協力を求める。依然としてこれは必要不可欠な方法である。

私たちは、ボパール、ルイジアナ、ミシガンのエージェント・オレンジの被害者と、アメリカや他の国々のベトナム戦争旧軍人のエージェント・オレンジ被害者と理解しあい、連帯する。私たちは、被害者に苦痛を与えた人々が、その結果に責任をとり、ベトナムにおけるエージェント・オレンジの被害者を支援するように、各国政府、各機関、ＮＧＯ、そしてすべての良心ある人々にお願いする。

連絡先：ベトナム社会主義共和国、ハノイ市、チャン・ビン・チョン（Tran Binh Trong）14番地、コン・ドアン・ホテル（Cong Doan Hotel）９階
TEL：＋84－４－822－4839　　FAX：＋84－４－942－1005

撃目標は、アメリカ人の良心です」

「ほんとうの被告は アメリカ政府です」

グエン・チョン・ニャン　枯れ葉剤被害者協会副会長

一九三〇年10月4日ハノイ生まれ。九二～九五年、ベトナム保健相、八八～二〇〇三年、第3代ベトナム赤十字社会長を務め、弱者への援助の中心的存在となる。枯れ葉剤被害者援助のためにも奔走、国際的にも知己が多い。従兄弟はディエンビエンフー作戦で五一年に戦死、実弟は五二年に20歳でフランス軍に殺された。

「この訴訟は画期的です。これまでのベトナムの方針は、枯れ葉剤の後遺症を単に友好的に解決する方向でした。ベトナムはアメリカとの戦争に勝利したこと、同時に深刻な影響を受けたことを認識しています。アメリカ側が戦争後遺症の当事者として、責任をもってその解決に当たることを期待してきました。

私もベトナム赤十字会長時代、赤十字関係の会議で、枯れ葉剤の被害者に対する人道的な活動と協力を、何回もアメリカに呼びかけました。二〇〇〇年11月、クリントン大統領がベトナムを訪問した時、枯れ葉剤被害を3段階方式で解決すべきだと提言しました。第1段階は、枯れ葉剤被害者に迅速な支援を行うこと。すでに死亡した人も多いわけですが、これから死んでいく人も多いからです。迅速性を強調したのは、科学研究の結果を待たずに、即時の支援が必要だからです。第2段階は、ダイオキシンに汚染されている環境の洗浄を実施すること。第3段階は、ベトナムの科学研究者と協力して、化学毒物の影響について継続して研究を行い、解決方法を見つけること、の3点です。

私が提案した順番は、被害者救済を研究に優先させることですが、アメリカ側はまず研究をしてから支

グエン・チョン・ニャン。「ほんとうの被告はアメリカ政府です」

援をするという姿勢です。クリントン大統領は返書で、米越共同の化学研究に賛成しました。そして、人道活動を協力して行うことも賛成しました。つまり、クリントン政権は、化学研究以外に被害者への支援活動を認めたのです。しかしクリントン大統領は辞めました。現時点でもアメリカ側は動かず、誠意を見せていません。だから訴訟を起こす必要があったのです。

ベトナム側が訴訟を起こしたくてやっているのではなく、やらざるを得なかったのです。我慢の限界です。患者の怒りを込めた訴訟です。ベトナム国民の決意・決断を表しています。この訴訟は、ベトナムの枯れ葉剤被害者だけでなく、アメリカを含めた全世界のダイオキシン被害者のためにという気持が含まれています。第一世代から第二世代、第三世代まで被害者が出ていますから、将来の世代も考慮して訴訟を起こしました。溜まった怒りを自分たちの意思として表さざるをえなくなったのが実情です。

訴訟書類の準備面でかなりの苦労が伴いました。ベトナム社会の知的財産の蓄積は低いので、これまで患者のすべての情報を網羅した書類はありませんでした。従って、書類が揃った人たちから訴状を提出しました。

この戦争では全国の青年が戦闘に参加したので、枯れ葉剤の被害者は全国に広がっています。当然南部の人の書類も準備しています。今後とも原告は、南部の政権にいた者であろうが、南部の住民であろうが、被害者の権利を守るため、私たちは出身地域を差別はしません。これは、アメリカの侵略によって起こされたものですから、旧南ベトナムの人も戦争の被害者です。

もし被害者全員が訴訟を起こすとすれば、約四〇〇〇万人の訴状が提出されることになりますが、アメリカの法律では、同じ事情の人は他の人を代表して訴状を提出できるとなっていますので、全国の被害者の原告の数は、ある程度の枠でとどめます。とどめた人数が、残りの被害者を代表することになります。つまり、四〇〇万人を代表できる人数を、私たちは模索中です。アメリカ政府は、ダイオキシンについての化学研究結果をできるだけ隠蔽しようという態度ですから、この訴訟は技術的にも非常に難しいです。この裁判では、被告はアメリカの化学企業ですが、われわれの狙いはアメリカ政府です。われわれは、過去において敗訴した訴訟の経験も学ばなくてはなりません。殺人容疑者が殺人を認めないのも、また世界共通の姿です」

「科学研究者の協力が不可欠です」

レ・ケ・ソン ベトナム赤十字・枯れ葉剤被害者財団部長

一九五四年ゲアン省ギーロック郡生まれ。一九八六〜九〇年、東ドイツに留学し毒薬を研究した内科医。各国NGOと会談し、対外折衝を経験してきた。被害者に関する仕事に従事してきた。著書に『オレンジ色の痛み』がある。表紙には妻のラン・フォン夫人が描いたレ・カオ・ダイ教授のイメージ画が使われている。

「原告は、勝利を確信して訴訟を起こしました。原告の最終目的は補償を勝ち取ることですが、いい結果を得ることは至難です。化学企業は少なくとも遠慮せずに戦うでしょう。この訴訟には、科学的意味だけでなく、政治的、人道的な意味合いがあります。ベトナムが勝つためには、ベトナムと外国の科学研究者の協力が不可欠です。それができなければ、この訴訟は単に短期間で世論を喚起しただけで終わるでしょう。

こんどの訴訟で、米越関係に新しい頁が開かれたという楽観的な見方も、悲観的な見方もしないほうがいいです。われわれは、被害者に対して続けて援助を行い、持っている資料をアメリカの裁判所にできるだけ提供し、説得力のある証拠を出します。ですから、この訴訟は長期化すると思います。

医学者・科学者のわれわれには、被害者の判定基準作りという困難な仕事があります。枯れ葉剤のダイオキシンから受けた被害を認定する基準作りができていません。留意したいことは、血液中のダイオキシン濃度、脂肪中のダイオキシン濃度によって、被害者であるなしの判断はもうできないということです。それをやると、アメリカの口実に乗ることになります。30年もたてば、普通の濃度になったり、排出されてみつからない場合も多いです。もはや、ダイオキシン濃度による判定は、被害者認定の基本的やり方ではありません。

障害児の特徴は、体の色々な部分に複数の奇形性を見せているほか、中枢神経によく奇形性が出ています。手と足、運動神経のほか、家族の構

レ・ケ・ソン。「ダイオキシン被害は、日本の原爆被害に似ています」

成員の多くにも奇形性がみられます。その多くが深刻な症状です。これは、ダイオキシン被害の重要な特徴です。ダイオキシンは猛毒物質であり、動物実験の結果、ガン、先天性奇形、出産事故の原因になっていることがわかっています。ダイオキシンの毒性は認められていますが、この病気はダイオキシンによる以外にないという典型的な特徴を探すのは大変です。ダイオキシンはなかなかみつかりませんし、証拠を残さないのも特徴です。血液検査で血中ダイオキシン濃度が高い人の場合は、まだ疾病が現れていません。しかし、疾病が発生した人の血液検査を行うと、血中のダイオキシン濃度が低くなっている例が頻繁にあります。今後の科学研究者の緊急命題は、ダイオキシン特有の特徴を探すことです。日本の原爆被害の例に似ています。爆心地で火傷をすれば目に見える結果ですぐ結論を出せますが、爆心地から相当離れた所で被曝して白血病になった人は、原爆の被害にあったということを証明するのは難しいです。ベトナムでも、ダイオキシン被害は日本の原爆の被害に似たものがあります。アメリカ政府は、その難しさを盾に巧妙にすりぬけています」

「キーポイントは証拠です」

チン・ヴァン・バオ　ハノイ医科大学染色体分析局教授

一九三六年9月16日ハタイ省キエンフン村生まれ。戦争中は、ハノイで生活をし仕事をした。五九年からハノイ医科大学で教職に就き、七二年遺伝子の研究をはじめる。八三年より教授。

「私たちもこの訴訟の準備作業で協力しています。非常に難しい作業です。被害者は多いですが、明確に証明できる人は少ないです。ある患者が枯れ葉剤に被曝したかどうかを認定するために、まずその人が、撒布地域に住んだことがあるか、また、いつからいつまで住んだのか、この二つが重要な要素です」

「父親から子どもに遺伝するということは科学で証明されました。その事例はベトナムに多数あります。北部の人で、南部の戦場から戻ってきて、健康な奥さんと結婚した例は多いです。そういう夫婦の場合、夫に起きた遺伝子の変化が子どもに遺伝したのです。グエン・ヴァン・クイ（前出）の場合は、訴状に書かれた内容だけで、十分たたかえると思います。夫が戦場に住んでいて、北部にいた奥さんが出産事故を起こしたからです。動物実験結果でも、それは証明できました。つまり、オスに遺伝子の変化を起こさせて、健康のメスと配合させて、生まれた子どもが奇形になるということははっきりしています。人間については、まだその研究はシステム化されていませんが、ベトナムで起きたことはこのことを証明すると思います」

チン・ヴァン・バオ。「アメリカ軍は、ベトナムを実験室にしました」

「しかし、実態の証明を求めるのであれば、非常に難しいです。それは、戦争が終了したのが30年前で、グエン・ヴァン・クイの血中ダイオキシン濃度も普通のレベルになっているからです。ただし、彼の体の中で血中ダイオキシン濃度が高かった時期があるはずです。そのことにより、彼の精子が変化し、障害児が生まれました。いま、彼の中にダイオキシンを測定しても、見つからない可能性があります。しかし彼が汚染地域に行ったことは確かです。一番大事なことは、ダイオキシンに接触したかどうかです。通過するだけで、何も食べない、何も飲まなければ、接触の機会が少ないので、被曝の危険は低いです。ただし、そこにいてそこの水を飲み、そこの食べ物を食べたりすれば、ダイオキシンは体の中に入ります。そこから、いろいろな害を作り出します。ダイオキシンの特徴は、脂肪が好きで、必ず脂肪の中に入ります。ダイオキシン濃度を測定する時、脂肪をとって測定すれば、大体正確なデータがとれます。ただし、血液検査をするには、血中の脂肪を集めて確認することと、1人の血液だけでは足りません。脂肪は少ないので、大体50ミリリットル以上ないとだめです。撒布地域の食べ物を食べたり、泉の周辺を歩いたりすると、被曝する可能性は高いです。そこに駐屯したことがある人、そこを通過した人、そこに長く住んだ人……ほとんど全員被曝した可能性が高いです」

医療従事者からみて、こんどの裁判はどこが一番大変なのですか？

「それは証拠です。アメリカが枯れ葉剤を撒布した時、私たちは、証拠を取っておくことまで考えませんでした。証拠を探すのは大変なことです。これからのたたかいのキー・ポイントは証拠です。アメリカにもし良心があれば、証拠のたたかいは楽になります。枯れ葉剤を研究していた人の中で、故トン・タット・トゥン教授、バック・クオック・トゥエン教授、グエン・スアン・フエン教授の成果は説得力があります。その時、まだアメリカ軍は南で枯れ葉剤を撒いていて、当時すでに被害者が出ていたからです。北に戻って北で診察を受けたので、測定できたのです。トゥン教授は、枯れ葉剤に被曝した人の命を救いたいという純粋な気持ちから研究を行いました。将来アメリカを訴えるための証拠固めの研究ではありませんでした。しかしこの枯れ葉剤についての研究の過程で示された認識では、トゥン教授の最初の記録が重要な役目を果たしています」

「勝利すれば世界の紛争に好影響を与えます」

グエン・カイ・フン　友好村理事長兼枯れ葉剤被害者協会執行委員

一九三六年5月19日フンイエン省ミハオ郡生まれ。ホーチミン主席と同じ誕生日。四七年9月にベトミンに参加。四七～五四年抗仏戦争で、北ベトナム戦線で従軍。七一～七四年南部ベトナムで従軍。七七年4月退役。退役大佐。友好村には、理事長として九七年の立ち上げから関わり、多くの人に励ましを与えてきた。

ハノイ郊外のベトナム退役軍人協会所属の施設［友好村］（友誼村）は、一九九四年に設立され、一九九八年運用を開始した。米・仏・独・日・英の旧軍人団体から財政援助を受けている。［友好村］は、32省からの枯れ葉剤被害の退役軍人を優先して、1回40人を3カ月から6カ月の短期間で療養・治療の目的で受け入れている。この他退役兵士から生まれた枯れ葉剤被害の子ども80人ほどを受け入れている。

「われわれは長年、訴状を出すか出さないか悩みました。訴状はどこに出すのか？　被告を誰にするのか？　苦悶しました。枯れ葉剤のメーカーを被告に提訴しましたが、ベトナム側の考え方は、本当の被告はアメリカ政府とアメリカ軍です。しかし、アメリカの法律ではアメリカ政府や軍を訴えることはできません。民事では企業しか訴えることはできません。国際民主弁護士協会が、ベトナム弁護士協会に、応援するから訴状を出しなさいと連絡してきました。その時点で、ベトナム政府は、枯れ葉剤被害者協会の設立を許可しました。ベトナム側が訴訟に出たことはアイディアとしてはいいのですが、難事業です。

われわれの訴状がアメリカの裁判所に提出されたとたん、世界世論の反響を呼び起こしました。しかし、この戦いは長く続くと予想しています。まず賠償金をもらえるかどうかわかりませんので、全世界の良心に呼びかけて、人類の危機を警告すれば大きな意義があると思います。この訴訟を、世界のより多くの人が理解をして下されば、われわれにとって大きな励ましになります。

われわれの決意と目標は勝訴です。もし世界の世論が強くなれば、勝利までの道程は短くなります。この訴訟が数十年もかかるという精神的な準備はしています。勝訴するまでやります。世界市民もわれわれの側に立ってくれると期待しています。この訴訟に勝利すれば、世界の紛争にも好影響を与えると確信します。この訴訟に理解と関心をもってもらえば、武力紛争地域の緊張の温度も下がるとわれわれは考えています」

「メーカーは自社製品に責任があります」

レ・ドゥック・ティエット　枯れ葉剤被害者協会常務理事

一九三〇年3月5日、軍事境界線に近いクアンチ省ヴィンリン郡ヴィンザン村に生まれた。四五年にベトミンに参加。五六年から六一年まで、旧ソ連で国際戦争法の研究をする。ベトナム戦争中は、クアンチの戦線で歩兵大隊の大尉として従軍。除隊は九一年。現在、ハノイ弁護士協会中央執行委員会委員、枯れ葉剤被害者協会常務理事として、ベトナム法曹界で活躍。

「一九六一年から一九七五年まで続いた化学兵器の戦争ほど深刻な戦争は、世界中でありませんでした。米越両国関係の歴史に、最も悲惨な1頁を付け加えました。アメリカ軍は一九七一年に撒布を終了していると発表していますが、実際は南ベトナム政府が一九七五年まで使用しました。目標を区別せずに継続しました。従って被害者はものすごい数にのぼったはずです。戦争の敵味方に関係なく、戦争に関わった人、巻き込まれた人はその被害者となりました。枯れ葉剤による疾病は治療不可能です。ますます深刻になるだけです。枯れ葉剤の被害者にとっては希望や期待は全く抱けません。1人の女性が生んだ子供が障害児であれば、一生つきっきりで介護しなくてはなりません。それが、どのくらい両親に苦しみを与えるか想像がつくでしょう。枯れ葉剤被害者の悩みは際限なく続きますが、彼らの忍耐力には限界があります。

ダイオキシンは、戦争終了後30年が経過して、初めて本当の姿を現してきました。残念ながら、戦争の両側で戦った人々がエージェント・オレンジの犠牲者になりました。われわれは自らを文明人と呼んでいいのでしょうか？　われわれは文明社会に生きていると、果たして言い切れるのでしょうか？

私は弁護士ですから、ベトナム人の典型的性格も理解しています。ベトナム人は話し合って物事を解決する国民で、訴訟を望んでいませんでした。裁判に訴えるのは好きではない国民です。一九七三年のパリ和平協定には、アメリカがベトナムを初め、インドシナ半島を再建するために援助するということが盛られています。ベトナムは何回も催促しましたが、アメリカは調印したことも忘れてしまったようです。私たちは、訴訟を起こさざるをえなくなりました。訴訟は、全世界に通用するビジネスの文明です。被告は、アメリカの民間企業です。いかなる国の法律の下でも、メーカーは自社製品に責任があります。枯れ葉剤メーカー37

弁護士レ・ドゥック・ティエット。「枯れ葉剤による疾病は治療不可能です」

社の製品がベトナムで撒かれた後、各種の疾病や障害児の問題をもたらしました。37社は責任を負うべきだとわれわれは考えています。実際これは戦争犯罪です。国際刑事裁判で訴訟を起こしてもよいほどのものです。しかし、そこまでやりたくありません。これは、アメリカの枯れ葉剤メーカーに対するベトナム枯れ葉剤被害者の訴訟です。私たちは、話合いで解決したいので、この民事訴訟だけにとどめました。

最初は72人分の訴状を送りました（二〇〇四年5月27日現在）。旧南ベトナム政府軍の退役兵士、枯れ葉剤の荷下ろしをした空港職員と撒布地域を進軍した一般軍人、戦争中から枯れ葉剤の貯蔵庫近くに今も住む住民、植林従事者などが含まれています。

ベトナムで有毒化学物質を使用し始めた時に、アメリカ政府は真実を隠蔽しました。国民からも、兵士からも隠したのです。二つ例を話しましょう。枯れ葉剤の色は、白かミルク色です。オレンジ剤というのは、それが入っているドラム缶につけられた識別の色です。枯れ葉剤のドラム缶には、中味の構成分、安全対策などを表示しなくてはなりません。そう表示するとすべて分かってしまうので、アメリカはアメリカ人にも隠すために、色で区別したのです。ブルー、オレンジ、ピンク、パープル、ホワイト、それにグリーンもあります。それは缶の識別のために色で表示したにすぎません。もう一つ。ベトナムにおけるエージェント・オレンジ使用の決定とともに、当時のアメリカ政府は、さらにその真実に蓋をする対策を講じました。ロバート・マクナマラ国防長官は、撒布作戦に使用する航空機に南ベトナム空軍旗とシンボル・マークをつけようと提案しました。パイロットは、すべて南ベトナム人です。通信は、すべてベトナム語で行われました。国防総省の方針に忠実に従った人がマックスウェル・テイラー将軍です。そして影響が出始めると、今度は自分たちの責任を否定しました。アメリカがエージェント・オレンジの撒布を中止して30年近く、その深刻な結果は人々の人体、環境、生態系に影響を与え続け、これがいつ終わるのか知る人は誰もいません」

「この集団訴訟は、ベトナム人のみならず、人類のための闘いです。〝早かれ遅かれ、来るべきものは必ずくる〟という真理が明らかになると確信します。この訴訟で、アメリカ化学企業がすぐに賠償に応じるだろうという甘い幻想を、ベトナムの枯れ葉剤被害者は抱いていません。しかし、わが国民の損失は、確かなものです」

＊注　一九六五年10月19日～11月26日の戦い。この戦いは、アメリカからみれば、アメリカが北ベトナム軍を中部高原地帯の支配と南ベトナム2分化を阻止したという点で重要であった。正規軍同士の初の交戦で、1回の戦闘行為として、北ベトナム軍がアメリカに最大の損害を与えた。（スペンサー・タッカー『ベトナム戦争・エンサイクロペディア』）

「北ベトナム軍と解放戦線側は18日、イア・ドラング渓谷一帯での戦闘で、1回の戦闘行動としてはベトナム戦争始まって以来最大の被害を米軍に与えた」と米軍当局は発表した（朱建栄『毛沢東のベトナム戦争』東京大学出版会　二〇〇一年）。

2章　七色の霧を浴びて

1　フンの世界

南部での撒布・障害、そして死

「あの戦争」が終わったのが一九七五年4月30日。しかし、終わったはずの戦争がまだ続いている。しかも終わりの先は見えてこない。アメリカ軍最後の砲弾が放たれて30年以上もたっているのに……。アメリカ軍が撤退しても、サイゴンが陥落しても、ベトナム人にいまも付きまとって犠牲者を出し続けるあの戦争とは何だったのか？

戦争中、アメリカは南ベトナムにおよそ八〇〇〇万リットルもの枯れ葉剤をまき散らした。その狙いは、主としてゲリラや南ベトナムへの侵入者に対する天然の覆いを取り払うことだった。それでいて、枯れ葉剤は戦争の力として決して役立たなかったというのは、多くの人の一致した見方だ。その枯れ葉剤が俄然牙を剥き始めたのは、一九七五年の終戦以降だった。

南ベトナム政府軍に7年間在籍していたレ・ヒエップは、除隊後の一九六八年の日差しの強いある日の午後、ベトナム中部のジャングルの脇の細道をコメのはいった袋を引きずりながら登っていた。と、その時、自分の体が空から降ってきた濃い霧に包まれているのに気づいた。この霧はベタベタしていたし、果物のようないい香りを放った。ヒエップは、何回も「黄色い雨」が降るのを見た。南ベトナム兵であったヒエップは、4人目の子どもレ・ヴィエト・フンが生まれるまではこの黄色い雨のことを思い出すことは

ベトナム戦争時における革命勢力側の戦区区分

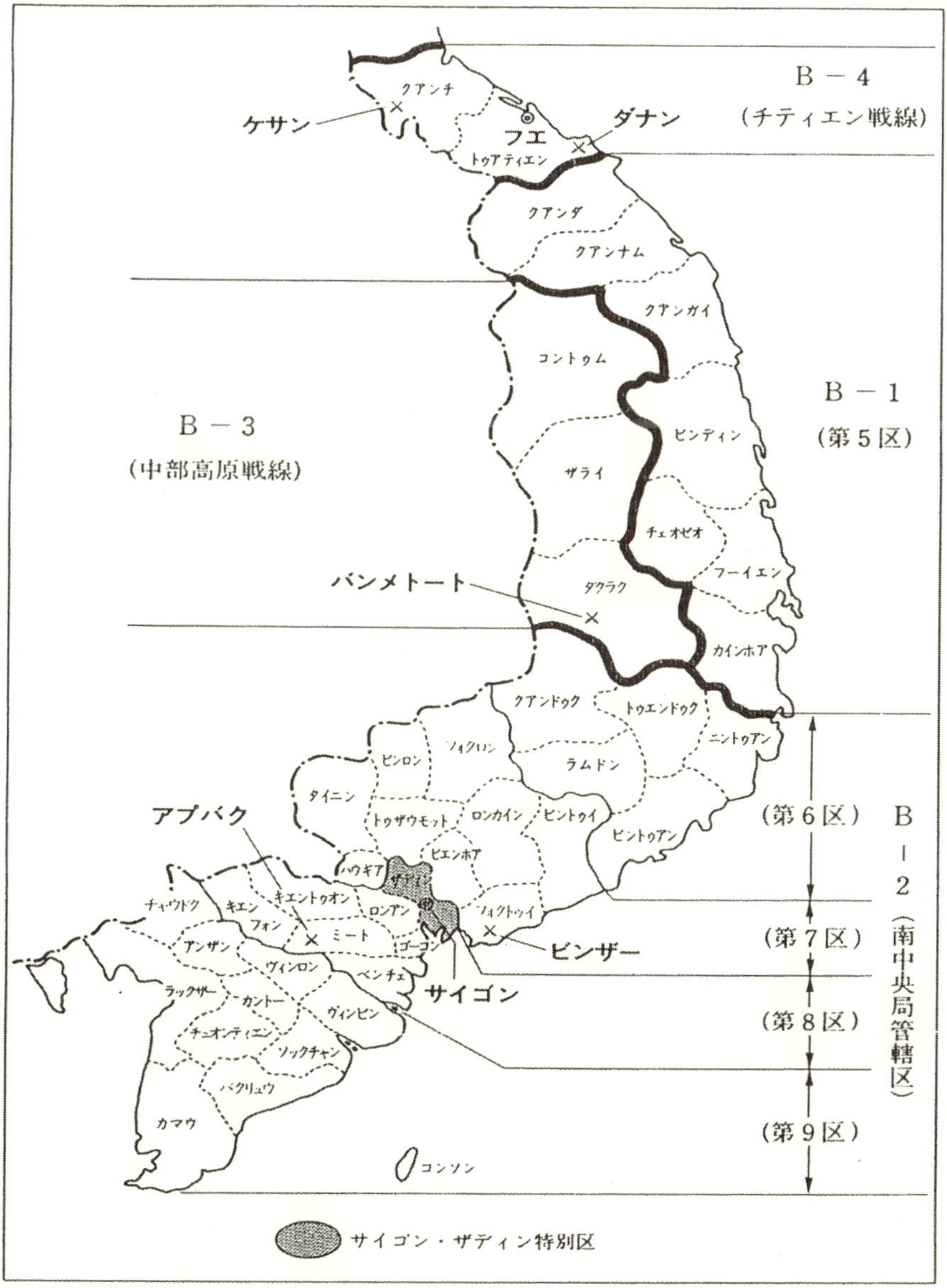

B－4
(チティエン戦線)
クアンチ
ケサン
フエ
ダナン
トゥアティエン
クアンダ
クアンナム
クアンガイ
コントゥム
B－1
(第5区)
B－3
(中部高原戦線)
ビンディン
ザライ
チェオゼオ
フーイエン
バンメトート
ダクラク
カインホア
クアンドゥク
トゥエンドゥク
ニントゥアン
ラムドン
ビンロン
タイニン
アプバク
トゥザウモット
ロンカイン
ビントゥイ
ビントゥアン
ビエンホア
(第6区)
B
－
2
(南中央局管轄区)
ハウギア
ザディン
チャウドク
キエン
キエントゥオン
ロンアン
フォクトゥイ
フォン
ミート
ゴーコン
ビンザー
(第7区)
アンザン
ヴィンロン
ベンチェ
サイゴン
ラックザー
カントー
ヴィンビン
(第8区)
チュオンティエン
ソックチャン
バクリュウ
カマウ
(第9区)
コンソン
サイゴン・ザディン特別区

なかった。

フンは右半身麻痺で生まれた。使えない彼の右腕が変な角度で動く。フンは歩けない。足がこん棒状に太いからだ。頭は体にくらべて大きかった。重い脳障害を患い、車椅子から離れられないフンは学校にも受け入れられず、13歳で自宅に閉じこもるしかなかった。今は、2メートル四方の木枠に囲まれて毎日を過ごす。否、生きている限り多分これからずっと……。それがフンの世界である。木枠の間からしか眺められない世界。大きな頭に比べると、フンの小さな体がいっそうか弱くみえる。顔の大きさは年齢相応だが、頭蓋骨が膨れ上がるような感じだ。水頭症である。脳髄液が脳室の中に多量に溜まって脳室が大きくなった状態をいう。先進国であれば、外科的処置によって脳室に溜まった髄液をお腹の中や心臓のそばの静脈へ逃がす手術ができるのであるが……。原因は、先天性の脳障害なのか?

ヒエップは、疑う余地がなかった。

「息子の障害の原因は、アメリカが戦争中に撒いたエージェント・オレンジです。これしかありません」

ヒエップは力をこめて語る。前線で戦っている者は何も知らなかった。


ハノイ郊外にある旧軍人とその子どもの収容施設「友好村」。かつて少年兵士だったグエン・ティエン・チョウ（46歳）は、中部クアンチ省のホーチミン・ルートで枯れ葉剤を浴びて、戦後歩行が困難になった。ひどい頭痛にも悩む。5人の子どものうち4人までがさまざまな障害で、次々と死んでいった。

タイビン省のファム・ヴァン・バウは、あちこちの戦場を駆けめぐり、クアンチ省ケサインの9号線などで大きな作戦に参加した。それは、祖国を侵略者から守るための若さの栄光とでも言える従軍だった。しかし、ダイオキシンは、彼の体に大きな悪戯をした。故郷に戻って何年もたたないうちに、彼の記憶は一切消えてしまった。家の土壁に寄りかかったまま、無表情に、顔に止まったハエを追うのだった。長女から5女までがすべて口が利けず、発する声はまるで叫び声のようであった。長女のグエン・ティ・ニャンは、腹部と背中が栗色の毛に厚く覆われていた。次女のニャンと3女のニャンの背中一面も黒い毛がはえており、顔には斑のあざがあった。成長するにつれて体の萎縮が激しくなり、骨に張り付いた皮だけになった。やがて、5人の子どもが相次いで亡くなった。最後の2人が世を去ったのは、一九九四年11月だった。記憶を失っても、バウは、妻とともに子どもを抱き締めて号泣した。子どもたちの土葬で5回も土をかけねばならなかった。バウの顔はざらざらしており、首や腹の皮膚は鱗状になっている。気候が変わると、黄色い膿が出てくる。これほどの状態を、彼らは黙って堪えなければならないのだろうか?

こういう悲劇が数多くみられたが故に、ダイオキシンで死んだ家族を悼んだ歌は全国的に有名になった。この歌をきくと、あちらにもこちらにもと、そういう家族の存在が思い当たるのである。
なぜ　あなたは　逝った
作詞・作曲　タイン・チュック
街が　夏に　はいった
通りも　夏に　はいった
なぜか　あなたは　何も　知らない
なぜか　あなたは　まだ　苦しんでいる
私の妹は　もう　いない
私の妹は　もう　これからは　歌わない
アメリカ軍が　彼女を　殺した

彼らは　枯れ葉剤で　殺したのだ
枯れ葉剤は　昔　私の母を　戦いで殺した
私に　孤独な妹を　残して逝った
私が　妹に
大事な光　大事な夜　大事なバラの花を　あげた
けれど　枯れ葉剤は　妹の体を壊した
枯れ葉剤が　彼女の体に入ってしまったので
お母さんにも　妹にも会えない

彼らのこの苦しみをほんとうにわかってくれるのは誰なのか？　アメリカ政府はベトナムの患者を黙殺している。ベトナム政府の手当も少ない。時間は確実に過ぎて、老いていく第一世代には焦躁感がある。なんとか、老いを止める薬はないものか？　と真剣に探した人もいる。誰が自分の子どもの面倒をみるのか？　と。

「果物を食べてその木を植えた人を思う」「水を飲んではその源を思う」——これは、ベトナム民族の道徳の根源である。北であれ、南であれ、自分の血肉を分け、力を注ぎ、祖国のために尽くしてきた人々である。

一九七五年4月30日。「もう戦わなくてすむ」と、皆が喜んだあの日は幻の終戦だった。否、武器を取らない新たな戦いの始まりの日だったのだ。撒かれた化学剤の真の怖さを誰もわかっていなかった、アメリカ政府と製造した化学企業以外は。

敵機の撃墜にかけた

グエン・フィ・ヴィ

一九三六年1月5日ハナム省生まれ。六五年9月10日入隊。対空砲第7師団第4軍団に所属し、南部B2戦場の東側で従軍。優秀戦士として6回表彰を受ける。

毒ガスとの戦い

68歳になるヴィは、二〇〇一年5月の診断でガンが分かった。いま、口腔ガンとリンパ節ガンとの闘病中だ。ヴィはそんな逆境を微塵も感じさせない。元気溌剌で、記憶は鮮明だった。

「自覚症状はありました。鼻から出血したことがありました。左右の首筋が痛く、しこりのように固くなっていました。今は右耳がほとんど聞こえません。ガン病院で3カ月（二〇〇一年8月3日～10月25日）放射線治療を受けて、少し良くなりました。だから、今日まで生きてこられました。でも、私はこの病気でいつ死ぬかわかりません。いつ死んでもおかしくありません」

「私たちは、ベトナムを解放するために自分の青春を犠牲にしました。国に貢献して、アメリカ軍を駆逐することができて元気で故郷へ帰りました。その結果、こういう危ない病気にかかって、妻も子どもも苦しんでいます。家族の皆に迷惑をかけています」

「七一年10月に私は入院しました。戦闘中に包囲され、毒薬を撒かれ、壕から外に出られず、毒ガスの中で何時間も過ごしたその後です。七二年に除隊しました」

ヴィが言う毒とは、白い粉のことを指す。

「肌が痛くなって、火傷をしたような気分になって、涙と鼻水が出ました。洗剤のように白かったです。ドラム缶のようなものが落ちて、空中で爆発し白い粉末が飛散しました。ヘリコプターから袋が落とされました。その上、毎朝のようにC一二三が化学物質を撒布しました。木もすべて枯れて、芽も出ませんでした」

白い袋が落ちてきたのを見たのはどこですか？

「サイゴン市内のティゲ橋の周辺です。一九六八年5月2日でした。そこには5月8日まで滞在しました」

解放戦線が深手を負ったテト攻勢の時、すでに北ベトナム正規軍はサイゴンにいたのだ。

「この時は、一九六八年のテト攻勢の続きの小さな作戦に従事していました。サイゴンで第9師団が戦っていましたので、それを援護するために対空砲をティゲ橋に設置して戦闘しました。目的は、ビエンホア基地を出てサイゴン市内に向かった四〇〇台の戦車を阻止することでした。必死でティゲ橋を守り、激しい戦いをしました。アメリカ軍は4機のヘリを飛ばしてきましたが、全部落としました。一生忘れられない戦いです。死者も多くて。大きな損失を被ったので、忘れることはありません。多くの戦友が亡くなりました。涙を流しました。そして、アメリカ軍は化学物質を撒きました。私たちは被曝したので、これも忘れることはありません」

ティゲ橋での経験は、ヴィの戦争経験の中で最大級のものだった。

化学物質が撒かれた後、ヴィさんたちにはマスクとか防護具の支給を受けたのですか？

「その時、私は対空砲第K24大隊にいました。そこは重要な場所なので、1個連隊（一〇〇〇人）の応援が入って、その中に地上大砲、歩兵、工兵もいました。アメリカ軍は化学物質を落とした後、また大砲を撃ってきて、私たちの応援部隊で生き残れたのは一七〇人だけでした。その時、支給されたマスクを持っていたので、私の命は救われました。でも、必要ないと思ってマスクを捨てた戦友は、大事な時に着けることもできなくて死んでいきました。私はマスクを着けましたので、こういう状態ですんでいます。かぶらなかった人は、故郷に帰った後でも病気で苦しんでいます。その時は、肌は非常に痛かったです、火

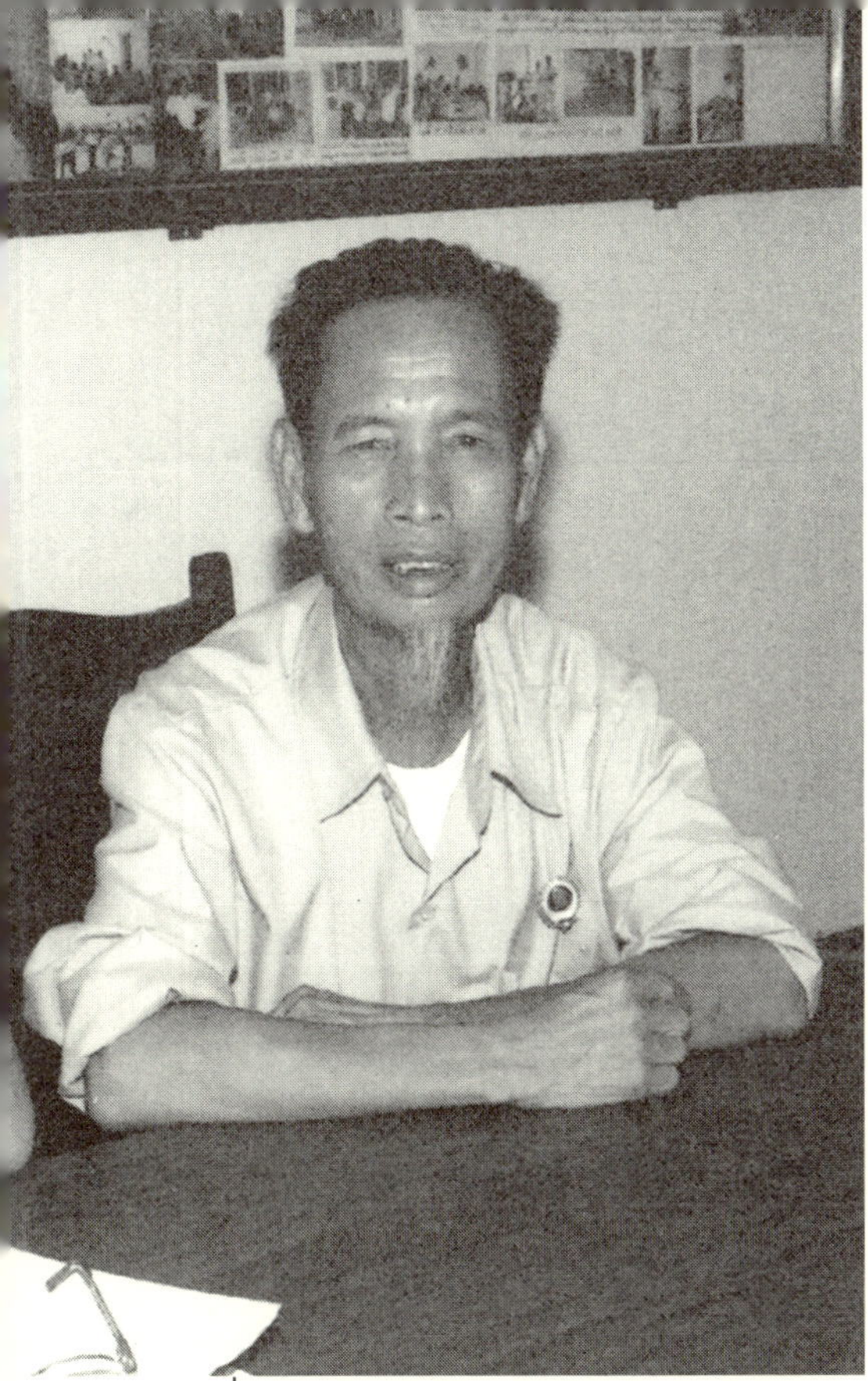
グエン・フィ・ヴィ。「毎朝のようにC123が化学物質を撒布しました」

傷をしたような痛さでした。マスクそのものは頭だけちょっと覆う簡単なもので、軽量小型でした。化学部隊の兵士が着けているような正規のものではありません。野戦マスクと呼んだものです」

マスクを着用していた人と、着用していない人との差はそれほど歴然としていたということですか？

「その通りです。トンネルの中にいる限りはまず撃たれませんから。毒ガスのようなものが入ってきたとしても、マスクがあればトンネルから出なくても済みました。マスクがなければ、呼吸が苦しくなってトンネルから出ざるをえません。そうするとすぐ撃たれます。それが敵の毒ガス作戦でした」

「当時私たちは敵と戦うことしか頭にありませんでした。殺された多くの戦友のために報復しなくてはなりませんでした。犠牲者が多かったですから、戦友の死が増えれば増えるほど、私たちは最後まで戦う決死の覚悟を強めただけです。あまりにも多くの戦友が死にました。その戦友たちのために報復を誓い、最後まで戦い抜くという強い決心をしました」

除隊直後の健康状態はどうだったのですか？

「私は化学物質に中毒（汚染）しましたので入院しました。健康が戻らなかったので、除隊せざるをえませんでした。故郷に戻った後でも、何回も気絶して健康ではなくなっていきました。自分の病気以外は心配するものはありません。戦場で必死の思いで戦って生死の境に立っていましたので、今の病気もそれから比べれば大したものではありません」

ガンだから治せないと思います。いつか死ぬでしょう。私にとってガンで死ぬのはそれほど怖いものではありません。

撃墜、また撃墜

ヴィの入隊は一九六五年9月10日。除隊は一九七二年4月だった。行った戦場は、南部東側のB2戦場*注という所で、ビンロン、フクロン、サイゴンなどである。ヴィの所属部隊は、対空砲第7師団第4軍団だった。

*注：アメリカは、北ベトナムが南部を侵略していると全世界に宣伝していたため、北ベトナムは、北部、南部、ラオス、カンボジアという地名を戦場につけるとアメリカの主張を肯定することになるので、秘密のコード名をつけた。A戦場は北部、B戦場は南部、C戦場はラオス、K戦場はカンボジア。

妻はチャン・ティ・サン、一九三六年生まれ、戦場の経験はない。結婚は一九五六年だった。1男2女がいるが、3人とも障害はなく、全員中学校を卒業している。

「今はまだ障害が出ていませんが、将来はどういうことになるか分かりませんので、心配は尽きません」

ヴィは自分の戦争体験を子どもが小さい時に話して聞かせていた。

「敵軍機の撃墜のこと、そしてどんなに苦しんで戦ったのか、聞かせてあります。毎日戦闘しなくてはならなかったので、戦闘服の洗濯は間に合わず、戦闘で服が汚れてしまい、泥まみれのまま戦ったことを話して聞かせました」

ヴィは、贈られた表彰状6枚を大事にしている。一つ目はアメリカ兵を撲滅した優秀な戦士としての表彰状だ。これは、15人のアメリカ兵を殺さないともらえないという。二つ目は戦闘機撲滅優秀戦士としての表彰状。これは3枚もらった。米軍機1機を撃墜すると、1枚贈られる。ヘリ3機を撃墜した。決戦優秀戦士の表彰状は2枚。申し渡された任務をすべて遂行できたことに対するもの。この他に勲章を二つ受章している。

「私の大隊だけで、八六二機の戦闘機を撃ち落としました。12・8ミリの対空砲で落としました。30機を撃墜した戦いもありました。最初撃墜した時は宴会を開いたものです」

ヴィの顔つきが変わったのは、アメリカのことを聞いた時だった。

「はっきり言いましょう、恨んでいます。許せません。私の病気も彼らのせいですから……。今は、関係は改善されていますが、恨みは忘れることはできません。私たちは、ホーおじさんの軍人ですから、たとえ病気にかかろうが、自分の人格を守って輝く見本になるようにと心得てきました」

ヴィは、私が友好村に連れて行った元アメリカ兵と握手はしたが、にこりともせず、むしろ表情は厳しくなった。元アメリカ兵は、彼の怒りの深さを知るよしもなかった。

不治の皮膚の炎症……

タン・チ・バー

一九四八年クアンニン省生まれ。入隊は六八年。第9歩兵師団に配属され、南部B2戦場の西側で従軍。入隊から除隊まで、タイニン省で従軍。ゲアン省のヴィンからB2戦場まで徒歩での行軍をした。

いざ戦場へ

タン・チ・バーが入隊したのは、テト攻勢の後の一九六八年7月だった。

「3カ月と20日、全部で一一〇日もかかって歩き通しました。北部のクアンニン省ドンチウからゲアン省ヴィンまでは汽車で移動して、そこからは徒歩でした。移動中は、大隊規模で行動しました。われわれは煙を出さないように（調理の時に煙を出して爆撃されたことがある）規則を厳守して、隠密行動の原則を守り通したので、幸いなことにチュオンソン山脈を進軍中も、アメリカ軍の攻撃を受けることもなく無事に戦場に着きました。昼間はジャングルの中を移動して、夜はジャングルでない所を通ったこともありました。B2戦場のタイニン省に着いたのが六九年2月でした。徒歩での行軍中は何もなかったのですが、タイニン省について1カ月後にマラリアにかかりました」

バーは、タイニン省で多くの恐怖の経験をした。

「至近距離でいきなり直接交戦状態に入った時でした。こちらが死ぬか、敵が死ぬかという間一髪の戦いです。一九七〇年でした。5、6人で行動していたある夜のことです。私が先頭を切って行進していました。3、4メートルほどの先の至近距離で葉が動く音がしました。乾燥したバナナの葉っぱの音だと思います。バナナの葉の上に寝ていた敵はわれわれに気がつき、すぐトンネルに入って、機関銃で攻撃してきました。トンネルに入って身を守ろうとしたとき、機関銃の音がして……、先頭にいた私は負傷しました。M79にやられ、両腕、頭、腹部を負傷し入院しました。後ろにいた仲間4人も重傷で、後方で残ったのは1人だけでした。敵のほうが一瞬早く銃撃態勢に入りました。戦いに参加する時は、いつも耳を研ぎ澄ませなくてはなりません。今でも私の頭にはこの時の弾の破片が入っています」

そこは、ベトナム、カンボジア国境だった。近くに南ベトナム政府軍の小さな基地があった。バーたちは偵察班から情報をもらって、攻撃をしかけようとしていた。しかし、味方の偵察班の情報はいい加減だった。目的地に入った時、敵にすでに待ち伏せされていたのだった。

「私は、戦争中全部で15回ほど大きな作戦に参加しましたが、この戦いでは待ち伏せにやられました。バーたち15回の作戦のうち大体は勝利しましたが、勝ちもしない、負けもしない、敵味方の力が拮抗したまま終わった時もありました」

バーは第9歩兵師団に所属して、除隊までを同じタイニン省の戦場で従軍したが、アメリカ軍の枯れ葉剤の撒布は見たことがなかった。

殺虫剤のような臭い

「枯れ葉剤を撒いた所を通過しましたが、非常に気持ちの悪い臭いでした。農薬のような匂い、殺虫剤のような匂いでした。鼻が刺激される臭いです。でも、咳は出ませんでした。タイニン省に着いた頃は、枯れ葉剤が撒かれた跡が見えましたが、直接浴びたりしたことはありません。大きな木は枯れましたが、その後小さな木が出始めました。化学物質が入っている袋もたくさん残っていました。マスクは足りませんでした。足りない分は、タオルを濡らすなどしてなんとか間に合わせました」

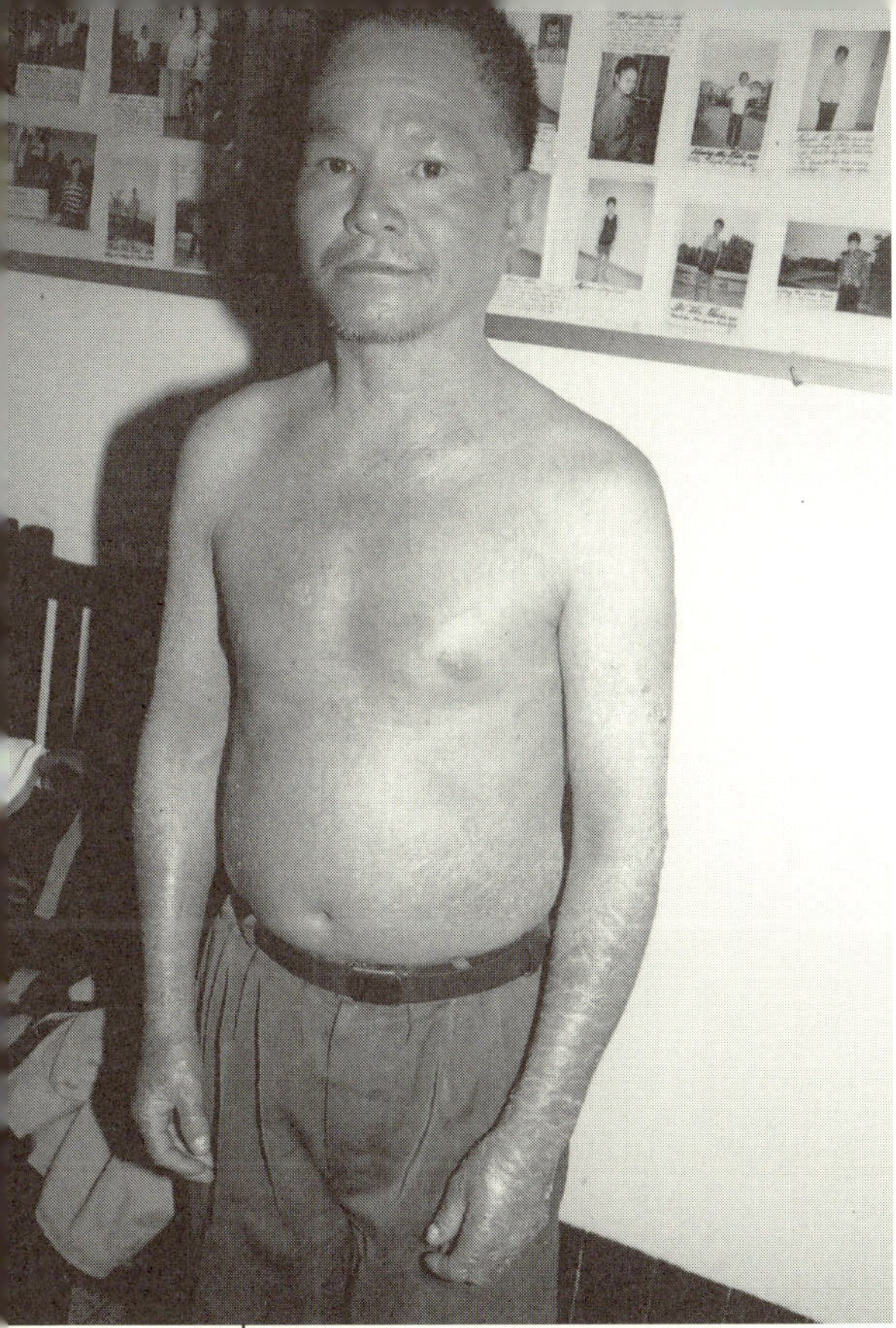

タン・チ・バー。皮膚がいつもどんどん剥がれていく……

しかし、皮膚には症状が出てきた。一九七四年の末からだった。

「頭から始まり、最初は小さかったのですが、どんどん下まで広がりました。全身に広がるまでにたったの5年でした。薬を飲んでも治りません。特に、薬を飲むと皮膚が膨脹して痛くなります。皮膚が赤く腫れます。あかぎれのように裂けて中から血が出てきますが、血の量はほんの少々です。病名は鱗病と言われました。いくら薬を飲んでも治りません。この間も三〇〇万ドン払って漢方薬を買いました。薬を飲めば飲むほど、体は気持ち悪くなります。テレビの広告を見て買いましたが、全然治りません」

治らなくても、今でも薬は飲んでいるのですか？

「ここ（ハノイ友好村）のお医者さんは薬をだしてくれますが、私は飲んでいません。飲むと、また体が敏感に反応します。九八年に友好村に来た時、いろいろな薬を飲みましたが、体が強く反応して腫れて、それから薬を飲まなくなりました。関節痛の薬（ビタミンB1）だけは飲みますが、それには体の皮膚が反応しないので助かります。他の薬は、何でも強く体が反応します」

バーの現在の症状は、皮膚が常にどんどん剥がれていくのだった。痒みはない。皮膚はいつも突っ張っているような感じで、痛みが少々ある。体がいつも熱っぽい。日ざしが強い所にちょっとでも出ると、我慢ができないほど熱っぽくなる。涼しい所にいても、常に水を浴びたいようなほてった温度を感じる。ただし、水を浴びた後は、またすぐ元の肌に戻るのだ。

「水浴びする時は石けんは使いません。いつもぬるい水で洗います。シャンプーも使いません。水だけで洗います。自宅では井戸水で洗います。シャワーの後タオルで水を拭き取るのは痛くありません。あかぎれが入った所は拭くのを避けるようにしています。冬の季節、11月から3月くらいまでは空気が乾燥しているので、皮膚がつれるようになって触れば痛いです。少し湿度があった方が快適です。今のシーズン（8月）がいいです。汗をかいて皮膚に潤いがでるので、痛くありません。あまり暑くならなければ、3月から10月まではまあなんとか落ち着きます。30度以内ならよしとすべきです」

睡眠も充分取れ、食欲もある。ふだんは何の不自由も感じない。ただし、日差しの強い所に出ると我慢できなくなる。

私の子どもたちも

タン・チ・バーは、一九四八年3月26日に生まれた。現在はダムハー郡在住である。除隊は一九七六年5月。

戦場は、南部の西側のB2戦場と言われるタイニン省だった。入隊時には同じ郡から多くの人が出征し、同じ師団に所属し、戦死した人も多かった。

バー夫妻はザオ族同士で、結婚は一九六七年だった。妻は、チウ・タイ・ムイ（一九四八年4月生まれ）といい、戦場経験はない。バーの家は農業だ。

2人の間に4人（2男2女）が生まれた。長男タン・ヴァン・フー、長女タン・ティ・ムイ、次男タン・ヴァン・クイ、次女タン・サン・ムイに、バーと同じ症状は出ていない。しかし、長女（第2子）は目と耳が不自由だ。目は見えるには見えるが、特別な姿勢をしないと見えないという。

「第1子、第3子、第4子は健常者にみえます」という。親と会話はできるが、勉強はできない。下の2人とも小学校2年生まで勉強したが、何も覚えられずに学校をやめた。友好村のタウ医師は、「2人の子どもにごく軽症の知能遅れが認められます。やはり普通ではありません」という。

バーには、国からの傷病兵手当として二〇〇三年1月から18万ドンが支給されている。しかし、子どもには手当がない。農業からあがる分と自身の月18万ドンの手当では、生活費は全く足りない。「仕方ありません」と諦め顔だ。

バーにとって、ハノイの友好村での療養滞在は2回目となる。

「もしこちらで治せる薬があれば、長くいたいですが……治る薬がないので、期間がきたら、故郷に帰ります」

バーは、ホーチミン主席の肖像画が入ったベトナム退役軍人協会のバッジをシャツの胸に着けていた。「死ぬまでホーチミンの軍人ですから」と誇らしげだった。

皮膚病を患う戦友たち

私が会えないまま亡くなった人の1人に、チャン・ゴック・ソンがいる。ソンは一九九九年に友好村にやってきた。亡くなる2年前だった。その時ソンは、体中が出血状態だったという。最初の3カ月、ベトナムの伝統医学で野生の草から作った外用薬と内服薬で治療したところ、いったんは皮膚が再生したのだが、抵抗力がつかないままやがてまた元に戻ってしまった。

ソンは、クアンチ省ケサイン、アールオイ、アーサオなどの激戦地で、しかも枯れ葉剤を多量にまかれた戦場ばかりをめぐった。

一九七五年に除隊して故郷に戻った。病気が発症したのは一九八〇年のこと。ソンは大病院といわれるところをくまなくまわった。しかし、現代の武器から発射された毒物による疾病を、現代医学では治せなかった。そして、友好村にきた。友好村にきた時、膿が出て出血がとまらなかった、という。ある人は慢性皮膚炎といい、ある人は皮膚ガンといい、ハンセン氏病にも似ていると言った人もいた。ベトナム人の間では、「蠟燭の鱗(うろこ)病」と呼ぶ人が多い。ソンは、完治しないまま二〇〇一年2月15日に他界した。

同じような皮膚の病気で悩む戦士たちには、現在イエンバイ省在住のカム・ヴァン・シュー、一九三七年生まれでハノイ出身のチャン・ヴァン・タイン、一九三七年生まれでイエンバイ省出身のドー・ドゥック・キエン、一九五一年生まれでハイズオン省出身のヴー・フイ・スエンらがいる。

イエンバイ省のキエンは、「数カ月に1回は痒みが出て、骨が痛みます。食欲がありません。睡眠がとれません。1日1、2時間しか睡眠がとれません。体中が不快です。病気の根本治療ができないんです。症状を抑えるための対処療法をしているにすぎません。子どもにも同じ症状がでています」と言う。

こういう人たちに共通しているのは、枯れ葉剤を直接浴びた後、意識を失い、体全体が痒くなり、高熱が出て、皮膚が剥がれ始め、痒みが出てくることだった。多くの人が不治の病と感じている。

「戦死していればよかった」

マイ・フー・ホアット

タイビン省生まれ。元中佐

タイビン省のマイ・フー・ホアット元中佐は、ラオス戦場と中部のタイグエン戦場で従軍した。「一九六七年5月、私の隊は、サタイ川べりの後方陣地に入りました。すると、アメリカ軍の飛行機が数機飛来して化学物質を撒きました。多くの部下が気絶しました。私は屈強でしたので、気を失うまいと頑張りました。2回目は六八年に、コントゥム省のダクトで浴びました。この時は、陣地に霧のように降りました。体は熱くなり、呼吸が苦しくなり、頑強な私も気絶しました。3回目は、七〇年8月、ザーライ省南部の森で、化学物質に遭いました。3日間連続の空襲でした。彼らは化学剤を投下し続けました。そのため私は息苦しくなり、病院に運ばれました」

木が枯れ、汚染されたと分かっても、撒かれた所の食べ物を食べざるをえなかった。汚染されたと言って食べなければ、それは飢え死にを意味した。

一九六七年以来枯れ葉剤はホアットの体に染み込み、3人の子どもに影響を与えた。七五年に除隊して、七六年に生まれた第1子は、体が動物のように真っ黒い毛で覆われ、肌は黒いあざのようになっていた。生まれて数分間もがき、うめき声のような声をあげて死んでいった。

七七年12月にうまれた第2子マイ・ティ・ズエンも、盲目で口もきけない。目はつり上がり、口は歪み、体は萎縮して、手足は震え、知的障害をともなっている。てんかんも頻繁におこした。一九八一年生まれの第3子は、マイ・ティ・ディエウ。「頭は異常に大きく、手足は縮こまって、腰には小さな尻尾がついていたのです」と、言う。6年間、ほぼ1日中うめき続け、やせ細り、てんかんをおこして、6歳であの世に旅立った。死んだ時の体重はわずか6キロだった。

彼は、アメリカを非難する。「彼らは何かというと行方不明アメリカ兵のことだ。われわれや次の世代に彼らが引き起こした苦悩についてどう考えているんだ。多くの家族が、アメリカの化学剤でめちゃくちゃにされたのだ。彼らは悲しみしかもたらさなかった」

生き残った娘を誰がめんどうみるのか? 彼の心はこの1点に集中している。「アメリカと戦って自分が戦死していれば、その方が家族にはよかったかもしれない。妻も他の男の人と結婚できたろう。子どももこんな生活を送らずにすんだはずだ。私が死ねば、戦争遺族として妻に政府からカネもでる。その方が暮らしはよくなる」

「視力を失いましたが、夢は失っていません」

レ・ヴァン・ロップ

タイビン省出身。クアンチ省チュオンソン村で被曝。一九七七年除隊。

レ・ヴァン・ロップ。やはりタイビン省からの出征兵士だ。クアンチ省のチュオンソン山脈で戦った。一九七七年除隊して、タイビン省フンハ郡のホアティンという小村に戻ってきた。妻と新しい生活が待っていた。健康な家族がほしい、父親になれるという夢は、一転して地獄になった。ロップに身に覚えはなかったが、一生つきまとう戦争の化学物質に汚染されていたのだ。妻が妊娠した時、最初の子どものために粗末ながらも家を新築した。幸せな日々が前途にあると思っていた。

「妻が陣痛を起こしたので、地元の産婆さんを呼びました。私は、父親になる興奮を覚えました。待望の赤ちゃんが出てきた時、産婆さんが悲鳴をあげ、気絶しました。少しして子どもを見た妻も気を失いました。頭も足もなかったのです。その子はすぐ亡くなりました」

以後、ロップ夫婦は、9人の子どもを生んだ。みなが、奇形性を抱えていた。ロップ夫妻が住む家の隣りの墓地に、9つの墓ができた。出産のたびにロップは物を売って、妻が適切な処置を受けられるようにしてきた。2人はパゴダに祈るために日参を欠かさない。しかし、2人が祈っている神の御利益はなかった。ロップは視力がなくなった。

「私が視力を失ったのは、あまりにも泣きすぎたからです。私は視力を失いましたが、夢を失ったわけではありません。屋根に穴のない家で、健康な赤ちゃんを迎えることが最大の夢です」

「私たちにはなぜ髪の毛も歯もないの」

ダン・ヴァン・ミン一家

一九五三年タイビン省生まれ。19歳の一九七二年に入隊し、クアンチ省、クアンビン省で歩兵として従軍。一九七四年に除隊。4人子どもが生まれて、3人が死亡した。死んだ3人とも女の子で、生存しているのは男の子だ。

19歳の少年兵だった時

タイビン省にいるもう1人の戦士を訪ねて、ハノイを早朝に出て国道1号線を南下した。

ダン・ヴァン・ミンは一九五三年に生まれた。戦闘の激しかった一九七二年8月に入隊した時は、19歳の少年兵だった。歩兵第三一二師団に配属され、クアンチ省とクアンビン省で従軍した。ミンは、一九七二年のクアンチ省の山岳部での激戦を生き抜いた。

「クアンチの戦闘は、ほんとうに熾烈でした。苦しかったです。同志全員が苦しんでいました。われわれは、『北部にいる水牛ほど幸せなものはないよな』とよく口にしたものです。のんびり草をはんでいる水牛が、どれほどうらやましくみえたことか」

一九七一年にアメリカ軍自体は枯れ葉剤撒布を中止した。その1年半後に出征したミンが戦地でみた山の姿は、「当時木はほとんど枯れていました」。その異様な光景は、ミンの目に焼き付いている。

V字の丘で

「山の中の小川の水を飲むのは当たり前のこと、生き抜くためにはね。当時、川の水か、泉の水か、爆発跡のクレーターの水しか飲み水はありませんでした。一九七二年にクアンチのV字の丘という所にいた時です。爆弾でできたクレーターに水が溜まっていました。敵・味方に挟まれてその水がありました。当時、激しい戦闘が繰り返され、双方に死体だけが増えていきました。やがて水たまりを見つけるのにも苦労する状態でした。敵に無線で連絡し、水を汲みに行く兵士を射殺しないことで、話がつきました……それでその水を思い切り飲みました」

戦場で殺し合うより水が大事だったのだ。敵を殺す前に自分たちが脱水症状で倒れる……そういう切迫した双方の危機感が束の間の一時休戦を生んだのだ。敵味方双方の兵士たちは、戦闘休止の時に汲んできた水で、思い切り喉を潤した。水で戦争が起きるかと思えば、水のために戦闘が休止する。

「でも、その時から体が弱くなって、体力的には戦闘不能の状態になり運ばれました。1カ月間ゲアン省の第42号医療所（ヴィン市の近くのナムダン＝ホーチミン主席の故郷＝にある）にいました。その後北部のバクタイ省タイグエンに配属されました。ところが、防空壕に入っていて、アメリカ軍機から北爆を受け、頭と脊椎に損傷を受けました。診断では背骨の12％に障害を受けました。戦争は残酷で厳しかったです。そして苦しかったです……」

ダン・ヴァン・ミンと妻のレ・ティ・モー。
「当時木はほとんど枯れていました」

ミンは終戦の年の75年に除隊して、旧暦の一九七六年12月16日にモーと結婚した。除隊して帰郷した時のミンは、「非常に弱っていました。マラリアで苦しんでいましたし、体のあちこちの不調を訴えていました」
モーは当時の夫を振り返る。

子どもが生まれた

ミンには3人の子どもがいる。だが世間体には「子ども3人」というと聞こえはいいが、子宝に恵まれたという状態からはほど遠い。

生まれた子どもが順調に育っていれば6人家族だった。第1子は長女のゴ。第2子は次女のフエ。第3子の長男ダン・ヴァン・トア（一九八四年生まれ）のみが健常児だ。そして第4子として、一九八六年生まれの3女、生を受けてダン・ティ・トゥオイと命名されたが、生後5カ月で死亡した。難産で出産し、体も黒かった。この3女も、先天的に長女、次女と同じ障害像の子だった、という。生まれた時から呼吸困難が生じ、体が紫色になった。結局は肺炎で亡くなった。

一九九五年12月29日にミンに会った時、テレビ朝日のカメラに向かってこう答えている。

「他の子と違う点は、まず髪の毛がありません。歯もありません。目もあまりよく見えません。明るい、暗いの区別はできます。首が据わったのは2、3歳になってから。2人ともハイハイができたのは4歳の時です。2人とも歩き始めたのは5歳になってからです」

2人とも、妊娠中や分娩時に異常もなく、正常に出産した。

長女ダン・ティ・ゴ、一九七八年生まれ。

次女ダン・ティ・フエは一九八〇年生まれである。

2人の姉妹は、背中は曲がり、歩き方も遅く、重々しい。頬はぶよぶよして、黄色い肉塊のように垂れ下がっている。口はだらりと開けたままでよだれが流れ、大きな目は常に涙のように潤んでいる。茶碗を持っても手が震え、声は低くしゃがれた風邪声である。一九九五年のホーチミン市公安新聞の特集号は、「まるで老婆のようだ」と書いた。

この2人は、ムコ蛋白代謝異常によるガルゴイリズムという聞き慣れない病名が考えられるという。遺伝病の概念に属する病気の代表的なものとして先天代謝異常がある。独特の顔貌、低身長、背部に脊椎瘤が見られる。髪の毛がない。視力障害がともなっている。顎が発達していない。2人とも歯がない。舌が大きいので、言葉が不自由。2人とも知能障害なし。遺伝子異常は確定できるのではないかというのが、医師団の考えだ（年齢は一九九六年当時のもの）。

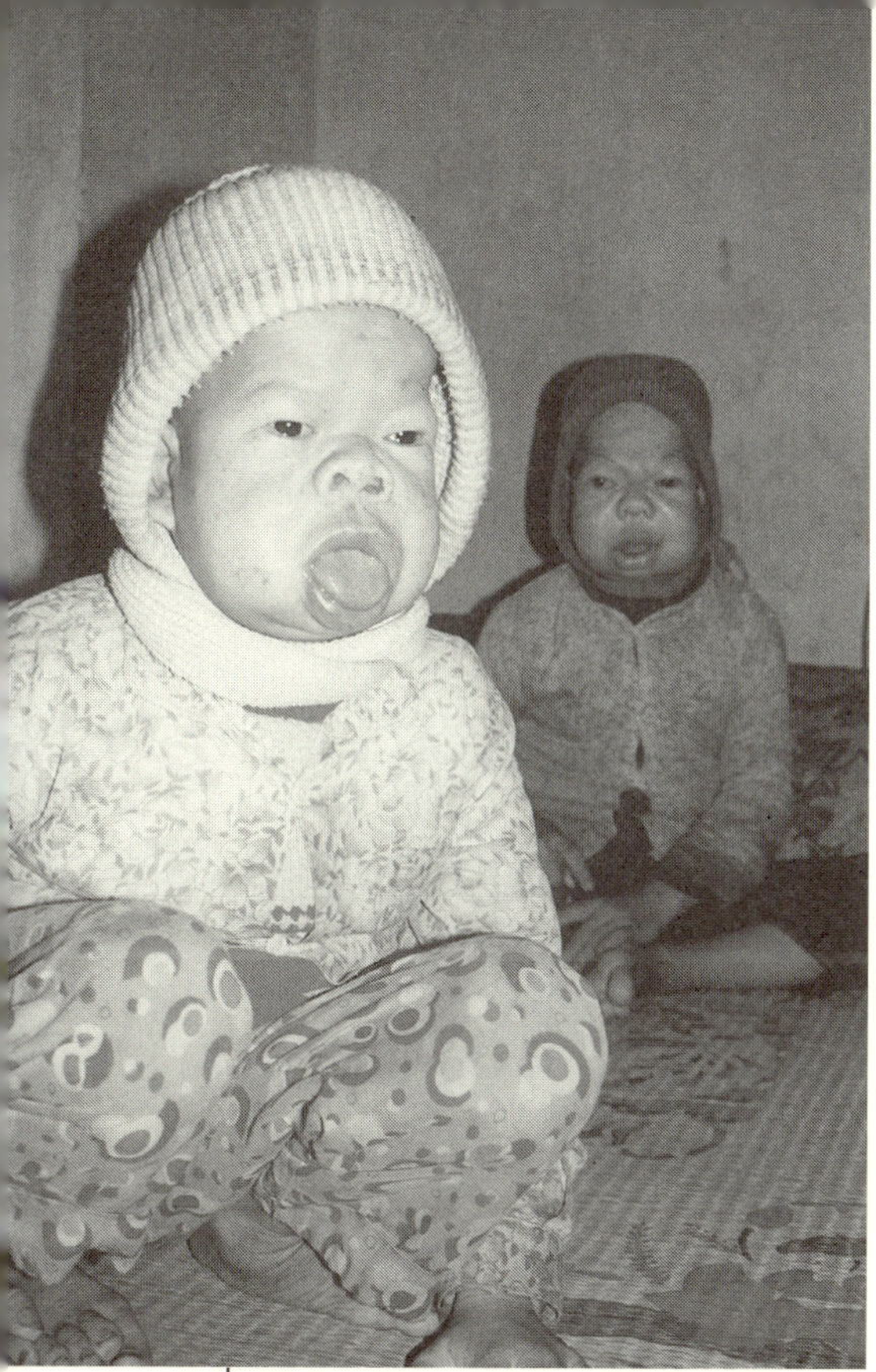

姉のゴ（手前）と妹のフエ。記憶力がよく計算も速かった。姉妹は相次いで亡くなった。

妻のレ・ティ・モー（一九五八年3月17日生まれ）が外から戻ってきた。モーは、「最初の子を生んだ時、普通の子だと思っていました。末の子を生む前に心配したことがあります。次の子も同じ症状になるのではないかと。生んでみてやはり同じだった……と。2人の子を見ていると、親としてとてもつらいです」と言う。ミンの家系では、父、祖父とも元気で、こういう子どもが生まれたことはなかった。

アメリカの医者が来た

一九九三年にハノイで国際会議が開かれた時、ミンは、2人の娘を枯れ葉剤被害の証人としてハノイまで連れていった。

「海外か国内で外国の医者による治療が受けられるかもしれないと聞いて、大きな期待をもってハノイへ向かいました。ひょっとしたら治してもらえるのではないかと。アメリカ人の医者が診察してくれました。医者は無言でした。私は、直接会いに行きました。『私の娘を治して下さい、お願いします』と。彼は正直に言いました。『治療はできません』と。絶望的でした。アメリカ人の医者はうちの子どもを抱きしめて泣いていました」

「この子たちの症状も、戦争の影響とか枯れ葉剤の影響とか原因がはっきりしませんでした。誰も何も言ってくれませんでした。当時の社会では、枯れ葉剤の影響がどんなに恐ろしいものか知りませんでした。むしろ枯れ葉剤の話を避けたものです。そういう状況の中で、私たちはその怖さが正確にわかっていませんでした。今はうちの2人の娘も枯れ葉剤の影響と強く疑っています……」

ハノイの国際会議（一九九三年）に被害者として出席した後、姉妹には1人月八万四〇〇〇ドンの手当の支給が始まった。農業をしても、1カ月で十数万ドンしか収入がない。それにくらべて体の弱い子どもたちが医者にかかると、1回で10万ドンが飛ぶように出ていく。この収入では、医者に定期的にかかるのは無理だ。

首つり自殺を

ミンは2回自殺しようとした。自分で責任を取ろうとしたのだ。「楽しい日など1日もありませんでした。その上、家庭は経済苦でした。かなり深刻でした。家内にも相談しませんでした。一九八〇年と一九八二年の2回、首つり自殺を考えました。2人の子どもたちと一緒にいた時でした。子どもに見つかりました。そのたびに親戚や友人から励まされました。『お前たちが死んだら、あの子たちが大変だぞ……』と」

ホーチミン市公安新聞（一九九五年12月）に、彼はこう話している。

「この2人の子は、戦争が残したダン一族の最大の苦しみです。もし、私が負傷しなければ、またエージェント・オレンジを浴びなければ、あるいは前線でそのまま死んでいれば、こんなことにはなりませんでした」と。

死ぬ気持を、生きようという気持に変えたのは何でしたか？

「あの子たちに何の罪もないと気がついたんです。子どもは障害児なので、親がいないと困る……と。私たちが娘たちを残して向こうの世界に行くと、娘たちはもっと苦しむことに気づきました。当時は錯乱状態になって、何もわからなくなっていました。周りの人は、こういう子を生んだのは親の罪でもないから、責任はないと慰めてくれました。私が一番望んでいることは、普通の人のように健康な子どもを生みたいということです。多分実現しないでしょう」

普通の健康な子どもがほしい。行き場のない怒りを抑えて、ミンは心情を吐露した。ミンはいつ会っても物静かな人だった。常に控えめだった。

「戦争に出て、こういう子どもが生まれてしまいました。これが枯れ葉剤か戦争のためか、私にはわかりません。私が戦争で足をなくしたり、怪我をすれば社会福祉のカネが出ます。でも、私は怪我もしなかったので、国からの給付は全くありません。国からはビタ一文もでていません。爆弾の破裂で背骨の障害を受けましたが、これに対しては除隊後2カ月分の給与をもらっただけです。子どもには1人当たり1カ月8万ドン出ますが、これとて、普通の子どもと違うわけです。体も弱いし……、ベトナム国家には、社会福祉制度を再検討してもらいたいです。障害児家族には経済的困難が多すぎます。生涯を通した社会制度がほしいです。恩給の制度もほしいです……」

全くまっとうな意見である。そのまま国の政策になる話だ。

姉妹の死

悲しい知らせが届いた。両親が誠心誠意尽くして見守ってきた2人の姉妹が、先年相次いで亡くなったと聞いて、タイビン省に向かった。ミンとは7年ぶりの再会だった。次女が先に天国へいった。それも一九九九年旧暦の1月1日の朝、テット（旧正月）の明け方だった。

「前の晩、大晦日でテレビを見ていました。手に飴をもって眠そうにしていたので、飴を取って寝かせました。午前3時半頃、姉のゴが、『フエちゃんが死んだみたい。呼吸していないよ』と教えてくれました。ふだんは、夜中におしっこのために起こすので、そろそろ起こそうと思っていた矢先です。揺すりましたが、動きませんでした。ゴは『フエが息をしていない』と言って泣き出しました」。突然だったが、フエの静かな往生だった。

父親のミンは、その日の朝を振り返る。

「新しい家が建った時は、フエは人一倍喜んでくれました。前の家はほんとうに粗末なあばら家でした。雨粒が容赦なく落ちてきて、逃げ場がないほど古くてひどい家でした。新しい家になって、雨も落ちて来なくなって喜んでくれました。『なんで飴をとっちゃうの……』というのが最後の言葉でした。見かけは醜かったですが、頭がよくて、おとなしい子でした」

そして、妹の後を追って、姉のゴも2年後の旧暦二〇〇一年2月27日に亡くなった。皮肉なことに、二〇〇一年から国の枯れ葉剤被害者手当も増額されるという連絡がきたばかりだった。

「2人とも頭のいい子でした。親に迷惑をかけたことがありません。外に出たがっていました。でも、笑われると恥ずかしいからどうしようと……言っていました。からかわれることを非常に意識していました。親には、決してこういうことは言いませんでした」

2人の子は外のことを知らなかった。ミン夫婦が、子どもたちをどこかに遊びに連れていったことはない。娘の容貌をみて、人から笑われることが大きな理由だった。「あの娘らは他の惑星からやってきたんだ」。村人の心ない声が、何回も2人の娘やミン夫妻の耳に届いた。近所で、髪の毛がないぞと言われて悲しくなって家に帰り、その話を聞かせてくれたことも何回もあります。娘2人が近所で笑われた回数は天文学的数字だ。


父親ミンは、自分の耳元から離れない2人の会話を教えてくれた。

「私が外出から帰ってきて家の入口の陰に立つと、2人が互いに頭をさわりながら、『私たちはどうしてこういう格好になってしまったの。どうして、私たちには髪の毛がないの』。口をさわって、『どうして私たちには歯がないの』と、泣きながらお互いに聞きあっていました。この時、姉が15、16歳でした。娘たちは目が見えないので、足音をたてなければ、私が帰ってきたこともわかりません。私は家の中に入れませんでした。その時子どもの顔をみて泣くしかありませんでした。親としては、科学が追いついていつか病気は必ず治せる、とそう固く信じてきました。よもや子どもが先に向こうの世界に行くとは……」

私の耳朶から離れない話がある。ミンから聞いた話だ。

「娘たちがこの間、こう言いました。『一番好きな人は自分を大切にしてくれる人。一番嫌いな人は自分たちを嫌う人。一番楽しい日はテット。皆と遊べるから。一番嫌いな日は毎日』だと。親戚の中にも娘が嫌っている人がいました。目が見えなくても、娘たちは人を見る心は研ぎ澄まされていました」

耳も遠く、視力も弱い姉妹は保育園以外は生涯、学校には行かなかった。でも、頭はよかった。

「2人はうちの誰よりも計算が速かったです。目と耳が弱いけど、記憶力はしっかりしていました。豚を売りに出す時、売る豚の生年月日をよく覚えていて、何回も助かりました」

母親モーは言った。「娘2人は、私たち夫婦の身体の中にあった毒物を、全部引き受けてくれたのでしょうね」

「こういう病気もアメリカが作り出したものです」

ヴー・ヴァン・グエン

一九四七年5人兄弟姉妹の末っ子として生まれる。20歳になった六七年に歩兵第三五〇大隊に配属された。現クアンナムダナン省に派遣される。クアンナムダナン省で枯れ葉剤を浴びる。体には数百の大小のイボがでて、鎮痛剤の手放せない日々が続く。ハイフォン市在住。

奇襲作戦の成功

ハイフォン市トゥイグエン郡ドンソン村の自宅を初めて訪ねた二〇〇三年6月30日、グエンが、杖をついて、家の奥からゆっくり足もとを確かめながら姿を表した。グエンの顔がイボだらけのことは、ハノイの施設・友好村に保存されている写真をみて知っていた。私はひと通り話を聞いた後、勇気を出して頼んだ。「上の服をとってくれませんか?」

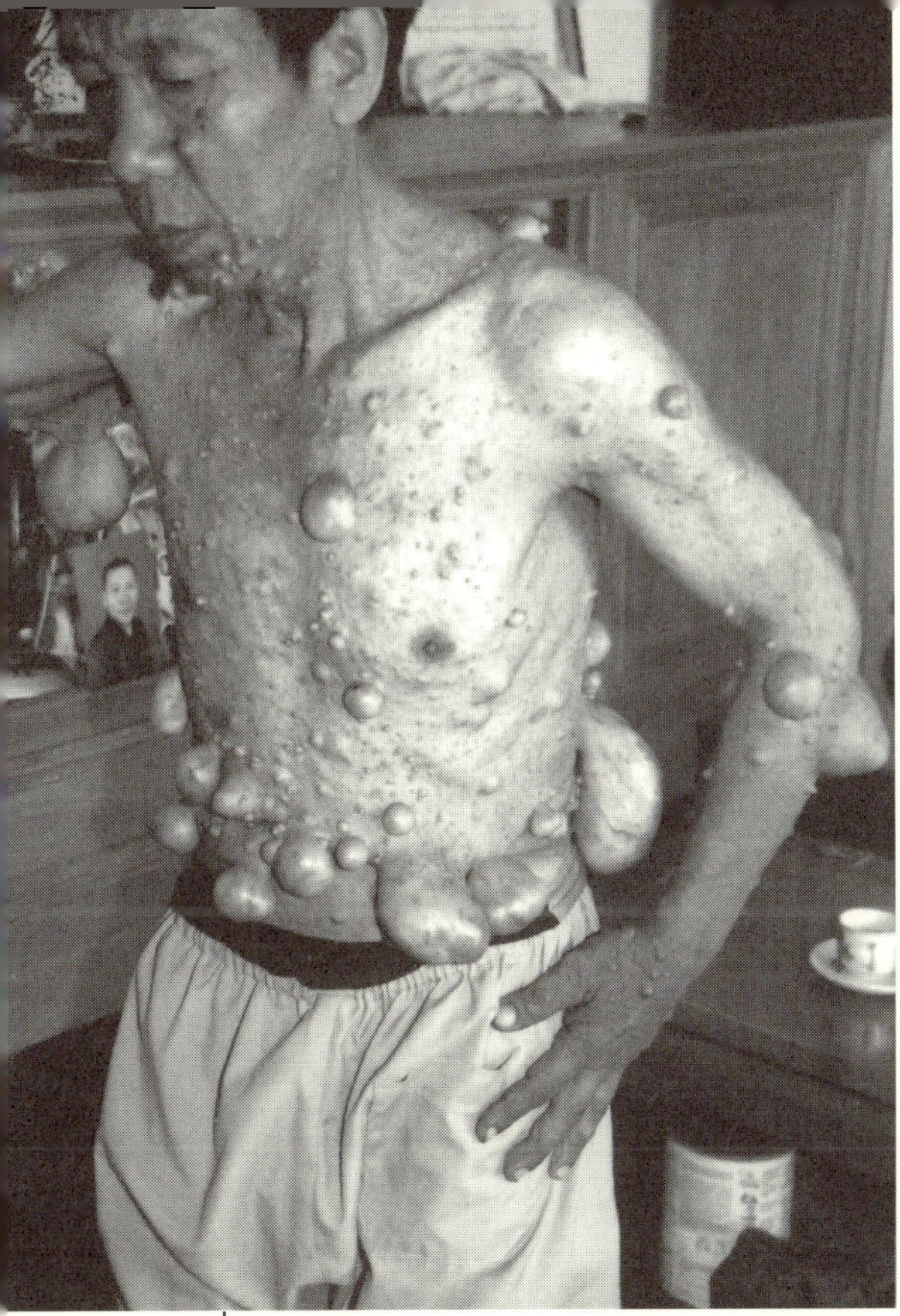

ヴー・ヴァン・グエン。2回目は頭の上で撒かれた

グエンが上半身裸になった時、私は一瞬呼吸が止まった。このような醜い症状の人を目の前にしたのは初めてだった。胸も、腹も、背中も、両の脇腹も、ありとあらゆるところに4、5センチから10センチ大のイボが無数にぶら下がっている。瓢箪がぶら下がっているように。私は、自分が生きていることに嫌悪感を感ぜずにはいられなかった。

グエンは、一九四七年に、男3人、女2人の異母兄弟の末っ子として生まれた。男は3人とも戦場に行った。グエンの入隊は一九六七年11月1日。20歳になった年である。歩兵第三五〇大隊に配属され、1週間後に行軍を開始した。リュックと銃を背に、ただもくもくと何も考えずに歩いた。「銃を取って戦うのは当たり前だと思ったからです。3カ月かけてクアンガイ省に着きました。そこで、上部の指示を待って、さらに行軍が続きました。昼も夜も行軍に次ぐ行軍でした。特に考えることはなく、わくわくしていました」

「戦場は、クアンダー（今のクアンナムダナン省に相当）でした」と、昔の古い名前で答えた。ここで一番記憶に残っていること、それは、ベトナムの分水嶺の一つ、ハイヴァン峠でのゲリラ戦のことだった。「ハイヴァン峠のあたりは、高くて険しい山ばかりでした。待ち伏せして山の上から銃撃しました。地雷B40も使いました。待ちぶせの隠密行動は敵に見つからず奇襲作戦は成功しました」

白い煙

そのクアンダー省にも、アメリカ軍が多量の枯れ葉剤を撒いた。

「当時、上官は、アメリカが化学武器を撒いていると教えてくれました。進軍中に2回ほど見ました。1回目は、ジャングルの中でしたのでアメリカの飛行機はあまりよく見えませんでした。2回目は、飛行機の白い煙が見えて、その後何も見えなくなりました」

2回目は、グエンの頭上で撒かれた。撒布の煙をみても、何の怖さも感じなかった。

「雨が降っているのと変わりませんでした。恐ろしさはありませんでした。近くに水があれば手で水をすくい、ジャングルの葉っぱをとってはそれですくって水を飲みました……飲んだのは私だけではありません。部隊全員が飲んでいます……」

「われわれの部隊には、それに対する装備は何も支給されませんでした。2回目に見た時（一九六九年と推定される）でも、タオルを口に当てるということはしませんでした。臭いも記憶にありません。でも、その翌日から具合が悪くなり、体がだるく、皮膚も痛くなりました。ハンモックに寝て、タオルを顔にかぶって横になりましたが、ほとんど寝たきりになりました。ハノイの一〇八軍病院に送られて、点滴と内服薬の投与を受けました。10日間入院したあと第3軍区のハイズオン省第7号病院に転院しました。それから2カ月後に除隊になりました。一九七〇年です。病院での治療で健康は回復しました。第7号病院から退院して、いったん故郷に戻り、さらにハイフォン市のヴィンバン診療所に移動しました」

髪の毛が抜け、イボが出た

グエンの髪の毛が入院先で全部抜け落ちたのは、一九六九年のことだった。そのことに恐怖心を抱いたことはなかった。「すべてマラリヤのせいだと思い込んでいました。髪の毛は、完全に抜けてから2、3カ月して生えてきました」。その後、グエンの髪の毛が全部抜けたりすることは2度となかった。

その時発症したのは、部隊でグエンだけだった。髪の毛が抜けた時に、奇妙なものが体に現れた。「髪が抜ける時は、体全体が熱く……熱っぽく感じたのを覚えています。一九六九年の年末でした、こういうイボが腹部に出ているのに気づきました。七〇年7月には、それが原因で除隊になりました。その時はまだ顔には出ていませんでした」と、力のない声で話す。

腹部のイボが将来の危険信号だったのか。イボは一九七二年頃から増え始めた。顔に出てきたのは2人目の子どもが生まれた後だった。「ニョウ（たくさんあります）」と言って、グエンは視線を床に落とした。今では全身に広がっている。背中。長く伸ばした髪の毛をかき分けて、竹の子のように頭にも。腹部のイボは柔らかかった。左右の踵にできた大きな瘤、特に右足の踵の瘤は踵よりはるかに固く、くるぶしより大きい。イボのサイズは多種多様である。今までこのイボが減ることも、小さくなることもなかった。

七味トウガラシの瓢箪型容器のように膨らんだイボの皮膚は、薄皮饅頭のように薄くなり、皮膚を通して見える血管に身の毛のよだつような恐怖をわが身に感じる。グエンが着ているカーキ色の厚手の軍服風の上着が、その皮の薄いイボに触れると、そこから血が流れてくる。「寝ているうちにシャツが汗で濡れたと思ったら、自分の血だったということもしょっちゅうです」

グエンの苦痛は、醜いイボにあるだけでなく全身に痛みが走ることだ。私のインタビューを受けている間中、グエンは杖に両手でしがみつくようにしていた。それが、当面楽な体の支え方だったのだ。椅子に深く座れば背中の瓢箪が背もたれにくっつく。両手を肘掛けにおけば両手のイボが痛む。

グエンは、毎日どうやって寝ているのか？　腹ばいになろうが、手枕をして横になろうが、天井を仰いで寝ようが、いずれの方向で寝ようが、大きなイボの上に寝ることになる。椅子に深々と腰をかけて背もたれに自分の体重をかけて寄りかかるわけにもいかない。だから、夜の睡眠は浅い。

「熟睡はできませんから、ちょっと寝てはまた起きて……。大体4時間がいいところです。夜9時頃寝て、朝3時か4時には起きます。寝ていられないんです。体全身が常に針を刺すような痛みです。それに、暑い時期はイボの下の部分に痒みが出ます。なんともつらいです。涼しいと体調はいいし、暑くなると体が痛くなります。乾燥した日もよくありません」

グエンは、ボンタレンという鎮痛剤（痛む場合は1錠一〇〇ミリグラムを1回4錠。通常の場合は1日2錠）と他に炎症防止薬を服用している。飲まないと我慢できない。毎日、1日2回。つまり、1日4錠。鎮痛剤の費用もグエンの自己負担だから、痛みは倍加する。10錠（2・5日分）で一五〇〇ドン。飲めば痛みは我慢できるくらいまで一応収まる。この鎮痛剤の効き目がなくなる日がくるかもしれない。

頭から足の底に至るまでグエンを覆い尽くした、何十、いや何百というイボ。

「戦争にいって、こんなに自分が醜くなるとは思いませんでした。最初は医者も病名が分かりませんでした。私自身はもう治らないと思っています。最初は、なぜ私がこういう姿になったか分かりませんでした。新聞とかテレビを見て、これは多分枯れ葉剤の影響を受けたのかなと思いました。その時もまだその程度でした。ハノイの友好村に行った時（二〇〇三年3月13日）に、同じ症状の出ている戦友と会って、その時初めて自分が枯れ葉剤の被害者と確信しました」

誰にも会いたくない

ハノイのバクマイ病院神経科のディエップ医師は、所見から病名は神経繊維腫といい、良性の腫瘍だという。イボの一つ一つが良性腫瘍なのだ。ディエップ先生は説明する。

「このイボは引っ張ると動かせます。ということは、このイボは皮膚の上にできているものです。進行している感じですが、中に根を張っていません。まだ神経には影響を与えていません。イボの中はかなり固まっています。生検を取れば分かりますが、中に膿はないと思います。神経組織があるだけです。大きくなってできた場所が悪いと、神経に影響を与えます。こういうイボが血管の中にできることはありません」

髭が伸びても、剃刀で髭は当たれない。髭は自分で抜き、髪が伸びると自分で切る。洋服を着ても顔のイボは隠せない。

「友人にも親戚にも会いたくありません。最後に友人に会ったのは一九九〇年ごろでしたか。こんな姿になってしまったので、楽しみなんてありませんよ。テレビもたまにしか見る気はしません。働くことも、家族の手伝いもできませんから、楽しくありません。いまはもう何もできません。ご飯を作りたくても鍋も運べませんし……。杖がないとまともに歩くこともできません。この2、3年で杖は完全な必需品になりました。寝ていても気は晴れないので、朝と午後もできるだけ歩くようにしています。人が通らない道を」。ダイオキシンによる自宅軟禁である。まだまだこれからの54歳という若さなのに。

グエンは、一九七三年に現在の妻のター・ティ・ヌイ（一九五〇年生まれ）と結婚した。除隊から3年後であった。現在、子どもは4人。子どもが生まれてから、グエンには新しい心配の種が増えた。

第2子の長男は今のところ健常だ。結婚して1男がいる。この子が女の子だったら、何か異常が出ていた可能性もある。第4子（次男）も健常者である。この家は女の子にだけ異常が出た。

第1子の長女のヴー・ティ・トゥイ（一九七四年生まれ）には視力障害がある。バクマイ病院のディエップ先生の推測は、視神経のところにイボが出ている可能性が高く、ほっておくと視力を失う可能性があるという。「視神経にあたるイボを切除すれば、視力を守ることができると思います」とアドバイスして、しっかりした診察を勧めた。

次女カイン

第3子は、次女のヴー・ティ・カイン（一九八〇年生まれ）。姉と違って、6歳の時からイボが出始めた。額から始まり、その後顎、足に。太股にもナツメの大きさのものが。そして最近は手にも出始めて、小さいがほぼ全身にわたっている。ディエップ医師がカインの背中に直接さわってみた。「できてますね」と言った。「この辺にもできそうです」と、カインは口の周りを指さして先生に見せた。

カインは、「背中のはまだ小さいので、寝ていてもイボの痛みはありません。でも、大きくなっています。薬を飲むと痛みが治まります。夜もあまり眠れません」と言う。

イボだけでなく、全身が痛み、時々針を刺すような痛さが襲うことは父に似ている。

「2年前から呼吸困難が毎日起きるようになりました……。進行しているようにみえます。食べる時も呼吸困難になりますし、水を飲む時も苦しくなります……時々食べ物がつかえます。呼吸困難の時はズキズキ痛み、目まいがしますので、壁に寄りかかっていると少し楽になります」。カインは眉間に皺を寄せた。

ディエップ医師が、カインに聴診器を当てた。

「カインさんの心臓は普通です。ですから、原因は心臓ではなくて、イボが胸部にあると推定されます。呼吸が苦しくなるということは、おそらく呼吸器にもイボができていると想像できます。皮膚だけではなくて、体内にもできているはずです」と言って、ディエップ医師は、カインに、胸部レントゲン撮影を勧めた。父親にも呼吸困難が起きている。自分を父の症状に重ね合わせる次女カイン。カインは病院で本格的診察を受けたことはない。病院で診断を下されることが怖いからだ。「父のようにはなりたくありません。ちゃんとした病院で診察を受けたいです」と、カインは初めて意志表示した。グエンは、「私はもう死んでもいいが、この娘が心配だ」とそばで言った。

いまグエンの家は農業の収入で食べている。2カ所に畑を所有していて、総面積は二一六〇平方メートルだ。畑仕事では人手を借りざるをえない。グエンにとっては畑仕事などとんでもないことだ。次女も近隣のことを気にして畑には出ない。いきおい畑仕事は、体の弱い妻のヌイと健常者の長男、次男が頑張る。すでに家を出た長男。次に次男が結婚して家を出ていったら、この家の経済はどうなるのだろうか？

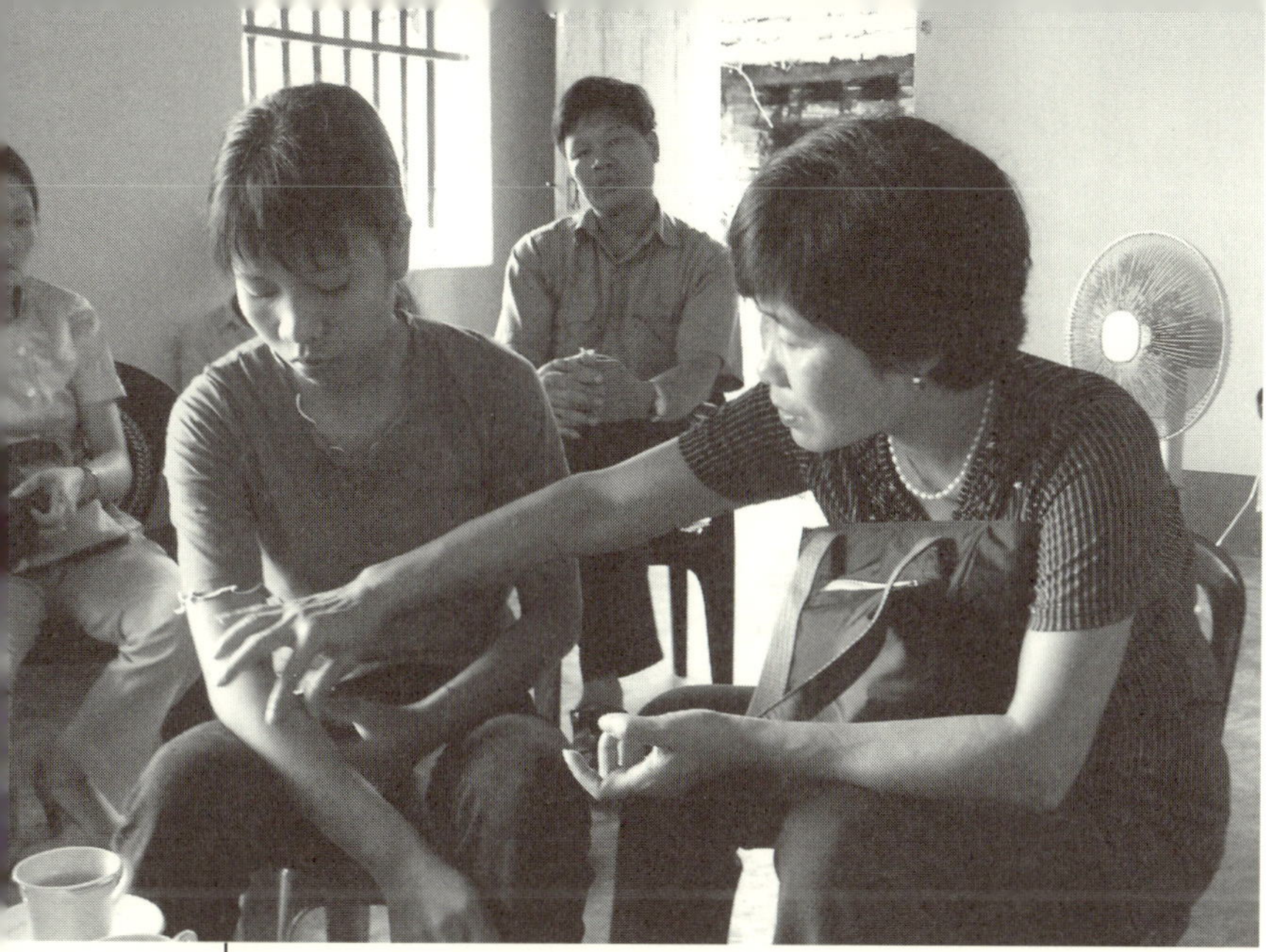

グエンの娘カイン（左）を診るディェップ先生

差別

農業では、地域の労働力を借りると獲れたコメで返す。2期作で、二一六〇平方メートルからあがるコメで労働力分を返すと、残るのはモミで一〇〇〇キロから一五〇〇キロ。この収穫高では、2カ月分くらいコメ不足になることもあるという。不足分は、「食べる量を抑えるしかありません」と、グエンは言う。

グエンは、いま、国から月10万ドンの手当の支給しか受けていない。3女の枯れ葉剤被害者手当については申請中である（二〇〇四年5月30日時点）。少しでも現金を捻出しようとするグエン家族に、さらに追い打ちがかかる。家族が作った野菜を地域に売りにいくと、あの家の野菜を食べるとイボができるという噂が広まっていた。なんという差別、偏見。枯れ葉剤被害は伝染しない。野菜とイボは無関係だ。「隣の人だけです、つき合ってくれるのは……」と、カインは言う。これは、枯れ葉剤撒布被害の二次災害でもあり、行政による災害でもある。地元の行政が偏見を除去しない限り、グエン家族の苦労は果てしなく続く。ベトナム社会の人権意識の問題である。必死に生きている人に対して、なんぴとも生存権を否定する権利はない。

妻ヌイの野菜売りは今も続いている。差別も続いているが、買ってくれる人も少しずつ出てきた。朝7時頃でかけ、昼頃帰ってくる。野菜売りは通年でできない。端境期があるからだ。

第2世代のカインに6歳の時から出始めたイボが、若いカインの人生を灰色に変えた。交錯する不安や想像が微妙に乙女心を塞ぐ。11歳の時に小学校を中退してしまった。学校に行くと笑われるからだった。「小学校5年生の時です。学校の友だちは私のことを避け続けました。誰もつき合ってくれませんでした。今でも、誰もつきあってくれません」

人は1回信じると、それを覆すのは難しい。

カインは、将来、近くの皮靴工場で働くことを夢みていたが、会社から健康が不十分だと言われて、その夢も破れた。

今また、グエンに心配ごとが起きた。八方ふさがりになっている娘のカインが、このところ毎朝7時頃家を出て、夜遅くまで帰ってこないという。

「悲しいので、ふらふらあちこちを歩いていました。誰にも会っていません」とカインは答えた。ベトナム社会では、こういう状態の人に心の休まる所はお寺しかないのだが……。

女性ばかりに障害が出てしまったグエン家。夫と妻の家系には、こういう障害はないという。母親のヌイが、「いっそイボは息子たちにうつればよかったのに」と、部屋の隅から大きな声を出した。娘をかばう親の気持ちである。遺伝学的には、男に移ると、いつまでもその家系から病気が消えないこともある。

イボの切除

二〇〇四年の旧正月明けに、イボが大きくなって血が出てきたので、グエンはハイフォンの病院に20日間入院して、肋骨の所にあるイボを一つだけ切除手術をした。切除後、痛みはなくなった。「もっと切除したかったですが、お金も足りませんでした。手術のために、医者に払う謝礼金が足りませんでした」(グエンは、謝礼金30万ドン(二〇〇〇円ほど)を払った)
「入院しても、根本的な治療はありません。できれば、大きなイボから切除した方がいいです。背中にある大きなイボをとれば寝やすくなりますし、足にあるイボも切除すれば歩きやすくなります。手にぶらさがっているイボもとれば、手が動かしやすくなります。頭のイボを切除すると出血が多くなるので、腹部よりは危険性が出てきます。良性の腫瘍ですが、場所によっては神経機能を邪魔し、機能を喪失させることもあります。ですから、グエンさんにはレントゲンの撮影が不可欠です」と、ディエップ医師はグエンに説明した。
「病院にいくことはそれほど怖くはありません。金銭的な援助があれば、ぜひ入院したいです」と、手術を受ける意欲をグエンは見せた。せめて、生活しやすくなるようにイボの除去手術に伴う費用が集まらぬものか。
少し前に、グエンは、友好村でアメリカの元軍人に会った。

「アメリカ元軍人も被害者でした。彼らに恨みはありません。アメリカ政府を恨んでいます。私の病気を治してほしいです。家族のこと、戦友のこと、面倒をみてほしいです。こういう病気もアメリカが作り出したものです」

アメリカ政府に対する強烈な憤怒が感じられた。まずは病気を治して元気な体に戻してほしいのだ。それがグエンのいつわらぬ気持ちであった。グエンの叫びは、歴史の闇に消えていくのだろうか？ ダイオキシンは、グエンのイボの数を今でも増やし続け、医学にも治せない病気を作ってしまった。

一九四六年10月10日生まれ。青年奉仕隊としては早期の六五年7月に入隊して、六九年に除隊した。主たる任務は道路工事だった。公式的には枯れ葉剤が撒布されていないとされるクアンビン省に派遣されたため、国からの手当は出ていない。

夫婦で同じ部隊 筋肉硬直化が進む妻

グエン・ティ・カイン

撒かれなかったはずのクアンビン省で

妻のグエン・ティ・カインは、一九六九年に除隊した日をこう表現した。

「それはもう地獄から戻って来られた日ですから、大変うれしかったですよ。今、父（84歳存命中）は私の病気を見て、『昔お前はボランティアで戦場にいったんだろ』と皮肉気味にからかいます。自分の意志で病気をもらったのだから……自分で責任を持ちなさいという意味です。今でも厳しい親です。除隊した日と一九七五年4月30日（サイゴン陥落・終戦の日）と……天秤にかけても、それは両方ともうれしかったです」

ハイフォン市在住のグエン・ティ・カインは、一九四六年10月10日生まれ。20歳の年、アメリカが本格介入を始めた年の一九六五年7月5日に青年奉仕隊として入隊し、戦場にまるまる4年以上身を置き、一九六九年12月に除隊した。戦場はクアンビン省で、入隊から除隊までほとんどをクアンビン省で従軍した。所属部隊だった青年奉仕隊N49とC一一九の主たる任務は道路工事だった。同期で入隊した青年は一〇〇人以上いたという。

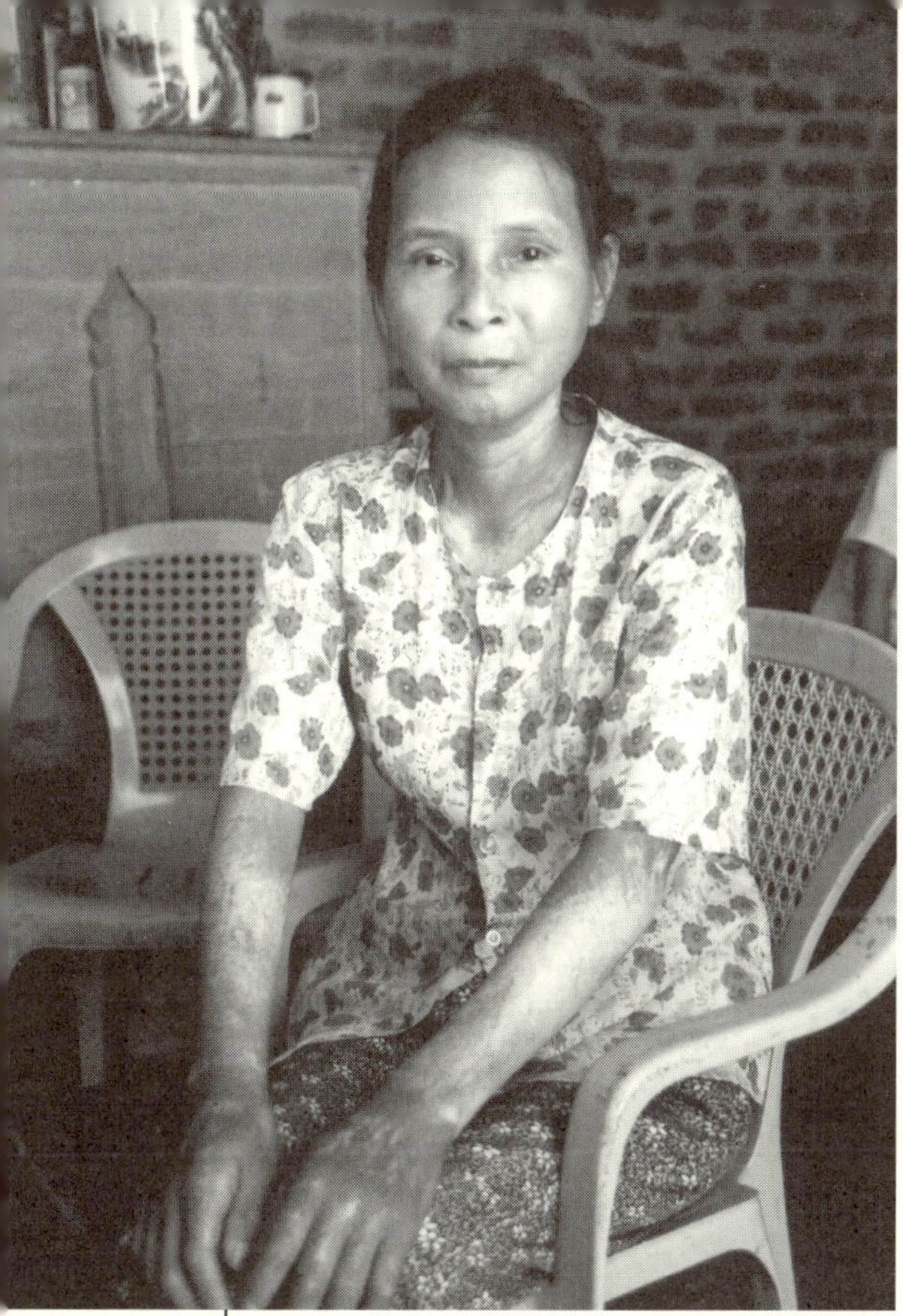

グエン・ティ・カイン。「手を洗ったあと、自分の手がいやに黒ずんでいるのに気づきました」

「戦場でアメリカ軍の飛行機が、2、3回自分の頭上を飛んでいるのを見ました。煙ばっかりで、何も見えませんでした。ある日、泉で水を浴びた後、急に皮膚が痒くなって、体が真っ赤になりました。そして、体が膨らんできて、ハティン省の青年奉仕隊用の病院に入院するほどになりました。2、3カ月入院しました。私と同じように道路工事をしていた女性と、4人一緒に入院し、一緒に退院しました。原因も理由も知りませんでしたし、知らされませんでした。ジャングルの中の毒が葉っぱに入って枯れて、泉に流れたと思いこんでいました。魚も死んで水面に浮かんでいる姿を見ました」

「2、3カ月で症状はおさまり、

痒みも消えました。私は、道路工事中に爆撃を受け、破片で怪我をしましたので、それもついでに治療を受けました。大変に痛い思いをしました。その時の爆撃では、死者も怪我人も出ましたので、皆恐怖を感じていました。退院した時は元の状態に戻っていたと思います」

また戦場へ

そして、退院後すぐまた戦場に戻ると、木はもっとたくさん枯れていた。
「葉っぱは黄色くなって全部落ちて、木も植物もすべて枯れていました。不思議に思いましたが、私たちは、その理由を知るはずもありませんでした」

カインたちには、その時軍隊からマスクなどは何も支給されなかったし、除隊するまで保護用のマスクも薬も何も支給されなかった、と言う。

初耳だった。クアンビン省でアメリカ軍機が枯れ葉剤を撒布していた。これは重要かつ貴重な証言である。ベトナム共和国として調査をする価値があるのではないか？　アメリカ軍の越境撒布が裏付けられるはずだ。2人の話を聞けば、撒いていないと否定するほうが難しい。枯れ葉剤は北緯17度線以北にも撒かれた公算は大であるが、公式的には北緯17度線からカマウ岬まで撒布されたということになっている。

ちなみに、アメリカ軍によって撒布された約八〇〇〇万リットルの枯れ葉剤のうち、カンボジアに撒かれたのは0・1％弱だった。ラオスに2％。北ベトナムに無視できる量（と言われているのだが、これが曲者である）が、そして、残りの98％近くが南ベトナムに撒かれた。

除隊して35年

除隊して、35年以上経過した。カインの今の症状はどうなのか？

「約3、4年前、畑仕事をして手を洗った後、自分の手がいやに黒ずんでいるのに気づきました。2年前には指の関節も固くなり、今はもう働けなくなりました。こんなに固くなって、これしか曲げられません」と、指の関節が確度をつけて曲げにくくなった状態をみせてくれた。

隣で夫チエンが、「手は竹筒のように固くなりましたし、足もそうです」と言った。竹のようにしなやかではないのである。私も触らせてもらった。両腕、足も脹ら脛だけではなくて脚全体の筋肉も固く、皮膚はつっぱるように干からびている。普通の人の皮膚と違って、しっとりとした湿り気が全くない。カインの肌は柔軟性を失っていた。皮膚も霜降り肉のように、白い部分と黒茶色の部分が斑になっている。これも2年前から出てきたものだ、と言う。

「皮膚は突っ張っているような緊張感と乾燥した感じがあります。そして、そういう所が痒い部分です。それに手の中が痛みます。斑になっている部分で、白い所は痒いです。体の皮膚は常に引っ張られるので、赤くなって痛くなります。お腹のあたりも固いです。全身固くなっています。黒ずんだ所と白い部分が全身で斑になっています」

カインは腕を背中に回すというようなことは全くできなくなってしまった。「関節は、何かに固定されたような気がするほど固いです。動かしにくいです」と言う。

いま、カインにできることは何もない。洗濯も、食事を作ることも。すべてが過去形になってしまった。

「ご飯を食べる時は、関節が固くなって箸が持てません。茶碗をテーブルに置いて、スプーンで掬って食べます。それでも食べにくいです」

箸が使えなくなったのは、つい最近のことだった。

洗濯もできない、ご飯も作れない。歩いて買い物などはどうですか？

「歩けません。玄関まで歩くのも杖が必要です。足は時々感覚がなくなります。両足はほとんど自分の足ではないような感じです。つまり、そこの肉をつまんで引っ張ってもあまり痛く感じません。右足は特に痺れがひどいです」

睡眠も十分にとれなくなった。そしてこの1年食欲も落ちた。

夫のチエンと結婚したのが一九七〇年。2人とも一九四六年生まれというおない年の仲のいい夫婦だ。夫とは同じ部隊である。入隊も除隊も同じ日だった。結婚生活30数年、チエンも、愛妻カインの変わりように驚いている。

枯れ葉剤に関しては、夫はより詳しい情報をもっていた。

「われわれの部隊にアメリカの戦闘機が毒薬を撒くという情報が入って、われわれはタオルを準備しました。私の場合は、遠くから見ましたが、上から撒かれた経験は記憶にありません。水がある所なら水に浸して鼻に、水がない所にいる場合には自分のオシッコで濡らして鼻に当てます。マスクはくれませんでした。そして、タオルは自前の物です」

情報はくれたけど、マスクはくれなかった……?

「情報をくれて、タオルを用意してくれというだけでした。67年か68年頃のことです」

それで、効果はあったのですか?

「私も効果があったどうか知りません」

夫の場合は、皮膚には影響を受けていないようだ。

「家内はいろいろな病院に入院しましたが、枯れ葉剤の影響と言われたことはありませんでした。最近友好村で治療を受けた時、枯れ葉剤の影響だと言われました。私は家内と違うグループで、私たちのグループからは入院患者は出ませんでした。当時のわれわれの任務は、怪我人を別の場所に移動させることでした。道路工事中に亡くなった人、爆撃を受けて亡くなった人、そして怪我をした人はとても多かったです。その地域の診療所のような所まで竹で作った担架で運びます。そこで簡単な救急処置をしてから、必要な人はさらに別の病院まで運ばれたかも知れません。その先のことはわかりません」

カイン夫婦には4人の子どもがいる。第2子の長男だけが慢性的な頭痛に悩まされているが、幸いにも他の子には目立った障害は出ていない。

症状の進行

今は、人の手も借りずになんとか1人でトイレに行ける。

「家の中と玄関までの距離でしたらなんとか……頑張って行けます。体が痛くなって動けない日が多くなりました。そういう日は一日中ベッドの上で過ごします。壁に手をつきながら、1人で脱いだり着たりします。体が痛い時は子どもに手伝ってもらいます。髪の毛を洗って、体も拭いてもらいます。痛みが少なくなれば、洗面器を持ち上げて水浴びもできますが……」

カインの症状は確実に進行している。

タウ医師は、「皮膚の細胞が固くなると、血管も固くなり、血液が届かなくなります。血液が届かなくなると、皮膚細胞も死んでいきます。そうすると、手足が冷たくなっていくのです」と言う。

一九七五年4月30日のサイゴン陥落の時点では、カインの体にはまだ何も発症していなかった。「最近です、発症したのは。発症した時にすぐ治療すれば、抑えられたはずですが、農村ですからおカネもありません。治療をしないままこんなになってしまいました」。専門医から治療を受けたことはなかった。

カインの家は農家だ。私が訪問した7月1日。快晴に恵まれて、周辺農家は田植えの真最中だった。田植えは、7月いっぱいまるまるかけて行う。一四四〇平方メートルある。農作業は人を雇わないとやっていけない。土作りから、田植え、収穫まで人を雇うと、手元に残るものは少ない。不作の場合はむしろマイナスになる。

カイン夫婦を支える収入は、田からの収入以外に、養鶏と養豚と、果樹の栽培しかない。しかも、この夫婦に国から手当の支給はないうえ、娘2人が嫁ぎ、息子2人のうち1人が独立して、貴重な労働力を失った。このような農家の経済の現実はあまりにも厳しい。

「私たちは何の手当も受けていません。この間、家内が友好村で枯れ葉剤の被害者だと言われた後、こちらの労働・傷病兵社会省の事務所に申請しましたが、その対象者はベンハイ川以南の戦場で従軍した人に対してのもので、われわれが行った所はベンハイ川より北部のため、貰えませんでした」

この線引きは不可解だ。ベトナムがアメリカの発表に盲従することはない。独自の調査が求められる。もともと隠し事の多いアメリカだ。ベトナムが真実を公表すべきだ。アメリカ軍がベンハイ川以北にも撒布したに違いない。証言できる人は他にいないのか？　カインが、クアンビンで見た飛行機の撒布は何だったのか？　そして、枯れ葉剤の他の患者に酷似するカインの症状の原因は何なのか？　なぜ、クアンビンで枯れ葉が見られたのか？　それとも、カインたちは、クアンビン以南に入って任務を遂行していたのか？

「こんな病気になっていても、何の手当ももらえません。非常に困っています。手当が出る時にはもう死ぬ頃かもしれませんね」と、カインの口元は淋しそうだ。

枯れ葉剤の被害者として、国がきちんと調査して認定すべきではないのか？

「戦争は大嫌いです」

レ・ヒュー・ドン

一九四二年生まれ。六三年にビンディン省で、南ベトナム政府軍に入隊して、終戦までアメリカ空軍特殊部隊の情報収集活動に従事した。クアンチ省の激戦地の一つカムローには六三年から六九年までおり、その後クアンチ市には終戦までいた。子どもは1人死亡。長女・3女が奇形。

アメリカ空軍特殊部隊で

クアンチ省のクアンチ市内。土地はやせていて貧農が多い。市のはずれにドンの家があった。敷地は広いが、まさにあばら家である。

ドンは一九六三年にビン・ディン省で南ベトナム政府軍に入隊して、七五年のサイゴン陥落で南ベトナム軍の軍籍が消滅するまで、アメリカ空軍特殊部隊に従事して情報収集活動をしていた。そして、クアンチ省のカムロー、ケサイン、クアで諜報活動をした。ドンは、情報収集任務中に被弾もしている。

狭い家の隅に座って、ドンは話し始めた。

「私は一九六九年から解放までクアンチにいました。一九六三年から六九年までカムローにいましたので、枯れ葉剤を浴びました。空中撒布した時は、霧みたいでした。一日で葉が落ちました。体にも浴びました。みかんの皮のような匂いがしたのを覚えています。軍隊に参加して、枯れ葉剤の影響を受けました。かぶってしまいました。撒かれた所から1・5キロほど離れた所にもいたことがあります。ジャンクション・シティ作戦の時です。一九六七年10月から一九六八年6月半ばまでです。自分自身でも何回浴びたかわからないほどです。そして、子どもが障害になりました」

レ・ヒュー・ドン（一九四二年生まれ）とズ・ティ・イエン（一九五〇年生まれ）が結婚したのは、サイゴン解放後だった。

お茶をいれるために立ち上がった。皆にお茶を入れて、ドンの話はまだ続く。

ドンとイエン夫妻には、6人の子どもが生まれた。長男レ・ヒュー・ズン（一九七〇年生まれ）は健常である。長女レ・ティ・ホアイ・ニョン（一九七三年生まれ）は両脚が極端に短い。次男レ・ヒュー・トゥアン（一九七六年生まれ）は病死である。「体が青みがかっていて24時間で死亡した」と言う。次女は一九八二年に生まれたが、生後1カ月で次男と同じ状態で死亡。3女レ・ティ・ホア（一九八五年生まれ）も、両足が短い。姉妹とも両脚がない。両方の手のひらも無い。3男は健常者だ。

「最初の障害児を生んだ後、アメリカの団体がきて、採血し、検査をしてくれました。枯れ葉剤のダイオキシンの影響を受けて、次も同じ子が生まれると教えてくれました。どこの病院でしたか、母親の体に毒が入っているから、『子どもをつくるのはやめてください』と言われました。最初はベトナム人の医者に、次はアメリカ人の医者に言われました。家内は、六三〜七〇年にケサインにいましたので……。家内の方により問題があると言われました。3女を生む時も心配しました。自信をもって生むしかありませんでした。3番目、4番目の子の時も心配でした。そして私の目がとても心配です。視力が弱く、しょっちゅう涙が出ます。そして頭痛がします。今一番心配していることは、子どもたちと自分の健康です。私自身は六七年に銃弾を浴びて、頭と背中に怪我をしました。頭痛が起きやすいんです。自分は日毎に弱くなっていっているようです。自分が死んだ後、この子たちの面倒を誰がみてくれるのか……」

この日、私の訪問に備えて、母親イエンが2人の身だしなみを整えさせていた。少しでも娘にきれいな格好をさせたい……やさしい母心が感じられた。

ドンはひと呼吸いれた。

村でのいじめ

「これまで村人からのいじめにずいぶん遭いました。いやというほど、ね。先祖の祟りがお前に来た、

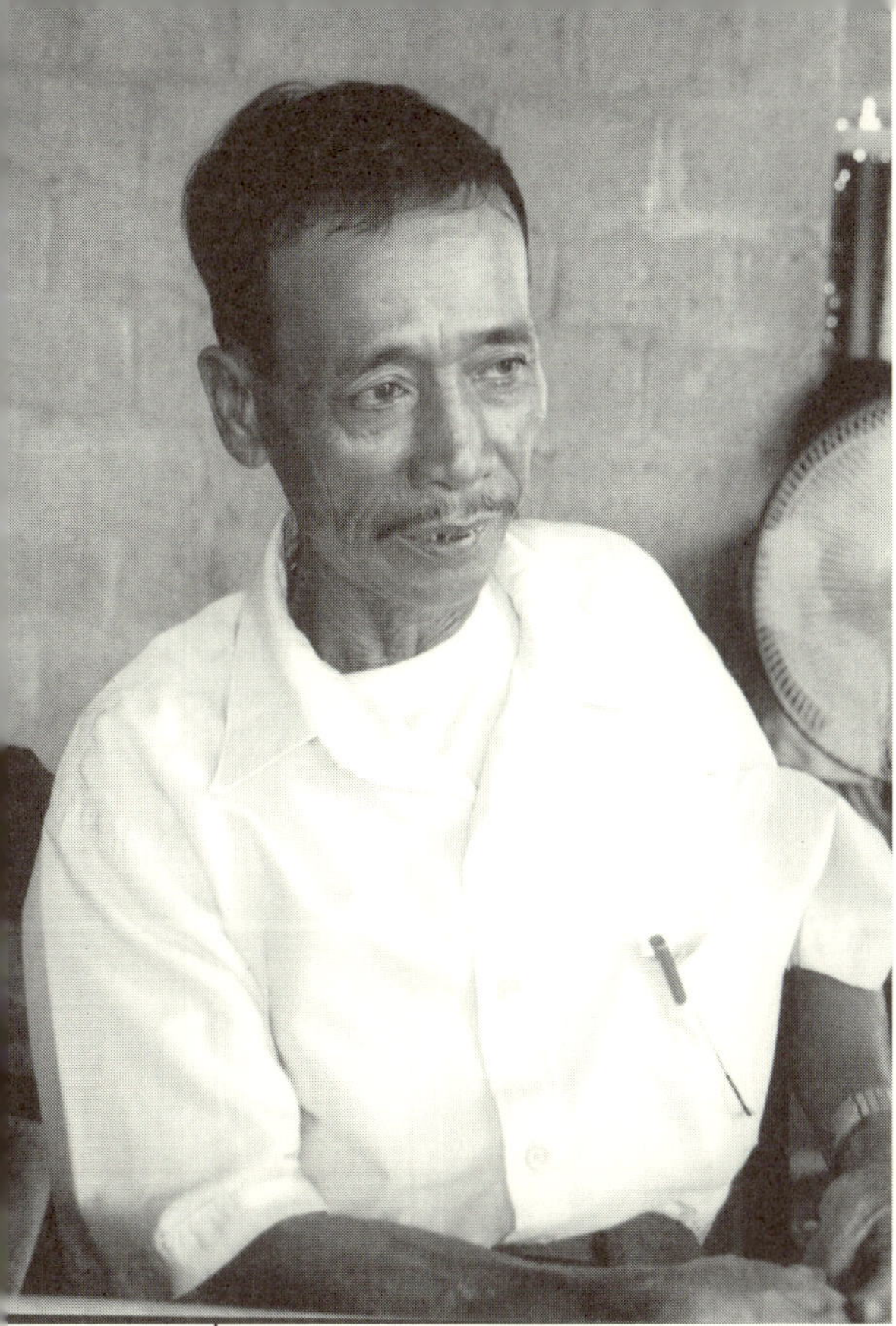

レ・ヒュー・ドン。「いじめにもずいぶん遭いました」

と言われました。この子たちが石を投げられたことも1回や2回ではありません。最近ではここの住民も2人には親切にしてくれるようになりましたが……ね。普通の子どものように教育を受けさせて、社会に貢献させてやりたいんです、親としては、そうでしょ？　でも、2人の子どもをもうけてからは、体がきつくなりました。なんとか収入を増やそうと思って無理をして働くようになったからです。それというのも、医者にかかれば1人あたり月に一〇〇万ドンも必要だからです。この子ら2人とも体が弱いんです。長女は胃も弱い。そして、毎月生理のときに、手伝わなければなりません」

ほんの少しため息をついた。

ベトナム社会には厳然と障害者への差別意識が残っている。もし、障害者を国民生活のすべての分野に入れようとするなら、差別の根を断ち切らなくてはならない。ベトナム全人口の7%は障害者である。ここにも大きな戦いがある。障害者を社会に全面的に溶け込ませることを阻もうとする社会の認識を変えなくてはならないという大きな戦いだ。

入れたお茶を自分で飲むのも忘れて、訥訥として話し続けた。

下のホアは、足の指に骨がない。血もかよっていないという。夜痛むことが多い。ここ数年1本ずつ、足の指がとれていく。左脚には指が2本しか残ってない。右も2本だ。親はつらい思いをしながら、その現象をみている。

一九九五年10月と11月の大洪水でクアンチ省に大きな被害が出た。ドンの肩が落ちた。

「農業の厳しさを改めて教えられました。できたらもっと南に引っ越して、仕事をしたいんです。中部ハイランド地方、特にラムドン省に移住したいんです。問題は親戚がいないことです。いまでは、ここは、助け合いの精神が出てきましたので、引っ越しにくいんですけど……でも、南部は生活がしやすいし、収入を得やすいんです。できたら農業はやりたくありません。今住んでいるクアンチ省の土地は肥沃ではありません。部分的にはやはり戦争の影響を受けていると思います。それに洪水もあるし、天候もよくありませんし……」

ドンは、「あの戦争」をどう思っているのだろうか？　ドンの反応は速かった。

「戦争は嫌い、大嫌いですよ。軍隊に強制的に参加させられ、私には選ぶ権利など全くありませんでしたから……。とにかく、今の私には、私の子どもたちの面倒をみてくれる人か機関が必要なんです。今まで、たくさんのグループが娘を見に来たけど、1回として誰も応援してくれたことはありません……。クアンチ省の責任ですよ」と、省の姿勢をついた。「金銭以外の問題では、国の内外の組織や子どもを守る委員会が、うちの2人の子どもを支援してくれることを希望します。今後、親が死亡した後も、2人の子どもが援助を受けてやっていけるようにしてもらいたいんです……」

もし、ドンが解放戦線の兵士だったら、ドン一家には、少なくとももう少し追い風が吹いていたはずだ。

再会

二〇〇二年8月、ドンに6年ぶりに再会した。

姉・ティ・ホアイ・ニョン（右から４人目）と妹・ティ・ホア（右から２人目）。ホアはコンピュータと英語を勉強している。日本人とも交流がある。

元南ベトナム政府軍特殊部隊の兵士らしい精悍な顔つきに、６年の歳月を感じさせなかった。娘のこと、家庭の経済のことが老け込むことを許さなかったのかもしれない。相変わらず、お茶でもてなす習慣も変わっていなかった。変わったことは、家が引っ越して小ぎれいになっていたことだった。

また、一つの新しい話を聞かせてくれた。

「長女のホアイ・ニョンが一九七三年にダナンで生まれた時、足と手が短かったんです。ドイツの医者が『娘さんを下さい』と言いました。私は『病気や障害を持っていても自分で育てます』と言って断ったんです」

障害児を持って生まれたがゆえに、子を遺棄した親も数知れぬほどいた。しかし、子を放棄するなど、ドンは考えたことすらなかった。

「枯れ葉剤さえなければ、障害児も生まれていないはずです。長女が生まれてから、精神的な苦痛が続きました。政府に言いたいことはあっても、障害児はうちだけではありません。自分の希望だけを言うわけにはいきません。政府がやってくれなければ、自分で努力するしかありません」

「今でも、本当はいじめがまだあります。姉のホアイ・ニョンに、お前はこんな病気になって外国人に頼ったりして……と嫌がらせ、妬みを浴びせます。すごく関心をもって、私たちのことを理解してくれる人たちもいます。今でも、輪廻で先祖の祟りが回ってきたと悪口をたたく人もいます。でも、最近は言いたい人には言わせておく……そういう心境になりました。自分にも責任があります。責任をもって子どもたちを守らなければなりません」

外国人の援助で、2人は自宅の隣に店をもつことができた。これが、一部の人から妬みを買っている原因だ。

妹のホアに聞いてみた。

「同じ年齢の人がいろいろな仕事をしています。自分も勉強して、他の人と同じようにやっていきたいです。いまコンピューターと英語を勉強しています。将来は……」と、しばらく間をおいて、「通訳になりたいです」とホアははっきり言った。

父親が助け船を出した。「店は一九九八年に開きました。店は2人が楽しむためのものです。下の娘は外国から1カ月30万ドンの援助を受けて、英語の勉強をしています。上の娘は、季節の変わり目に頭痛がおきます」

いま、2人の姉妹に家庭教師がついている。

一九七五年4月30日をどう迎えましたか？

「この日、私は南ベトナム兵として終わりました。国（南ベトナム）が陥落した以上、自分で政権を選ぶことはできませんでした。誕生した政権に従うしかありません。4月30日は複雑な気分でした。〈解放後〉はいろいろなことが心配でした。南ベトナム兵として、銃をもって北と戦ったわけですから。何年刑務所に入れられるかわかりませんでした。解放された時に政府軍の兵士だったために、再教育キャンプに入れられました。解放の前、〈あまり悪いこと〉をしてなかったので、3カ月ですみました。しかし、銃から離れることができた……人を殺さなくてもすむようになったことは大変うれしかったです」

20平方メートルの田んぼで一家8人が食べる

チャン・ヴァン・チャム

クアンチ省生まれ、出生年は一九四八年頃と推定される。本人は、西暦での出生年月日に記憶がない。南ベトナム政府軍に入隊した年も記憶がない。六六年ごろからクアンチ省カムロ―で従軍。六九年に結婚。七五年の終戦まで、南ベトナム政府軍兵士として活動した。

子どもたちが……

クアンチ省カムロ―郡は、フエ市から国道1号線を北上し、ドンハ市内を左折してラオス方向に向かっていった所にある。カムロ―郡は激戦地であり、枯れ葉剤の多量撒布地であり、種々の障害児を抱えた地区でもある。

チャムの妻チャン・ティ・ザン（54歳）に挨拶をして、母屋に入ろうとしたその時だった。私は目を疑った。私たちが挨拶する声が聞こえたのか、子どもたちが両手を地につけて、足を曲げずに、四つ足の動物のようにして自宅の庭を私の方に歩いてきたのだった。最初は、子どもたちが植物の種でも拾っているのかと思った。

チャムの家には、6人の子どもが両親と住んでいる。次女と3女は、離れと言えば聞こえはいいが、粗末な掘っ立て小屋で母親と寝起きして、母屋には父親チャムが長男、次男、3男、4男と寝起きする。長女は嫁いで、2人のこどもは正常である。長男も健常者だ。次男のチャン・ヴァン・トゥアン（一九七八年生まれ）は障害者である。精神遅滞である。話はできるが、反応はあまりない。手を貸せば、ゆっくりの歩行は可能であり、手を貸せば、しゃがむことも立ち上がることもできる。両手の握力は図抜けて強かった。次女チャン・ティ・リエン（一九八〇年生まれ）は、学校に行っていないので、読み書きができない。物に衝突したりするらしいが、母親は「たぶん視力が弱いのではないか」と言う。視力検査を受けた形跡はない。3男のチャン・ヴァン・ホアンは、視力がほとんどない。話せない。独歩もできない。地を這うだけである。先天的に歩けない。学校にも行ってない。3女のチャン・ティ・ルーイ（一九八五年生まれ）は歩けない。車椅子が支給されているが、車輪を動かす力が手にないので、どこからか寄贈された車椅子には厚く埃がたまっていた。親との会話も通じない。「生まれた時は小さかったので、障害をもっているのがわかりませんでした」と、ザンは説明する。出産の経過自体には何の障害もなかった。4男のチャン・ヴァン・ラム（一九八九年生まれ）は、危なげながらなんとか自立歩行ができる。発音・発声がしにくいようだ。学校にも行っていない。精神遅滞と思われる。クアンチ省カムロー郡では、胎内でダイオキシンに被曝したと思われる障害と、両親の遺伝子の損傷を介して生じる障害と思われる疾病が散見される。

チャン・ヴァン・チャムも妻のチャン・ティ・ザンも、ともにクアンチ省の出身である。ザンは、クアンチ省で、アメリカ軍が枯れ葉剤を撒布しているのを何回もみている。「たくさん撒きましたよ。そしてジャングルも燃え、田畑も燃えました。撒いた時は、目、鼻、口が唐辛子を入れた時のように痛かったです」。この話には、若干誤解が含まれていると考えられる。「ジャングルも燃え、田畑も燃え……」は、枯れ葉剤を撒いた後、ナパーム弾などでジャングルが焼却されたことを指していると思われるが、「撒いた時は、目、鼻、口が唐辛子を入れた時のように痛かったです」は、CS爆弾と混同しているようで、むろ

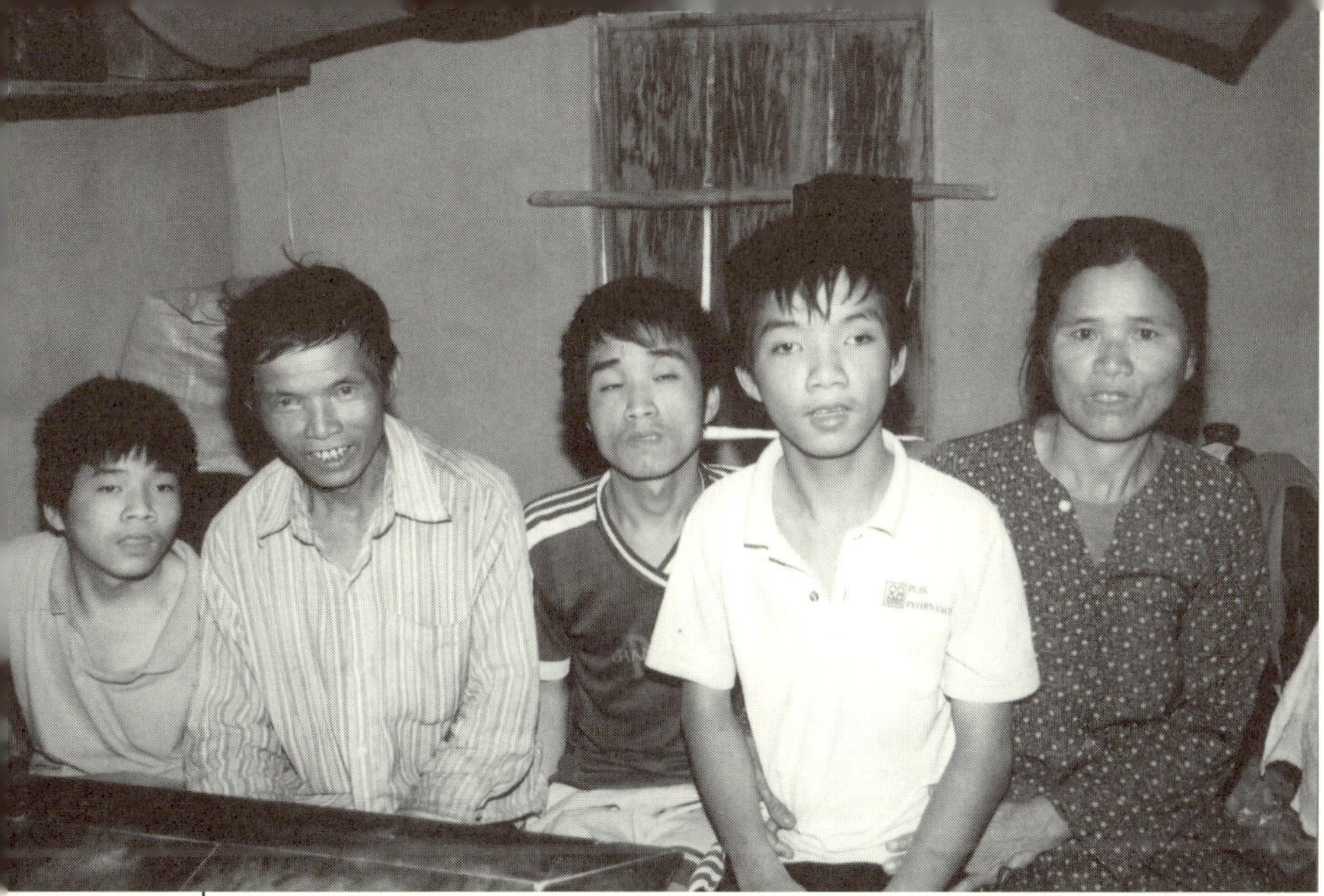

チャン・ヴァン・チャムと妻チャン・ティ・ザンと３人の子どもたち。左から４男チャン・ヴァン・ラム、３男チャン・ヴァン・ホアン、次男チャン・ヴァン・トゥアン。

んそんな知識があろうはずもなく、すべてが枯れ葉剤と思いこんでいるのも無理はない。

ザンの1日は、重労働に終始する。朝5時に起きて、朝食を子どもたちに食べさせて、田んぼに行く。8時ごろ戻ってきて、昼食を作り、４人の子どもに食べさせ、シャワーを浴びさせて12時頃、再び田んぼにいく。そして、夕方5時か6時ごろ戻ってくる。夫もほぼ同じ行動だ。戦争の頃より続く苦労は、障害児がうまれただけ増した。変わったことと言えば、田畑に出ても命を落とす恐れがなくなったことくらいだ。「２人一緒に協力していくしかありませんからね」

元南ベトナム政府軍兵士

夫チャム（55歳）が、重そうに薪を背負って帰ってきた。

「これを売りに行くのです。薪は1キロ五〇〇〇ドンから六〇〇〇ドンで売れます。それで米を買ったり、子どものおかずを買います。去年は凶作でした。今年は田植えをしたばかりです。どうなりますか」と、天を見上げた。

チャムの手当が国から入ってくるが、貧しい。子どもの障害児手当は微々たるものだ。チャム一家が住む家も、兄弟のカンパで建ててもらったと聞いた。

夫のチャムは南ベトナム政府軍に従軍した。20平方メートルという狭い土地しかもらえなかったことは、戦争中に南ベトナム側に従軍したこととおおいに関係がある。私は経験則でそう判断する。もし、チャムが解放軍に従軍していたら、このような小区画ではなかったと思う。あるNGOの某氏も言っていた。住居を訪問すると、その家をみただけで、かつて南ベトナム政府軍についていたか、解放軍についていたかがわかる、と。とにかくここでは20平方メートルは、とびきり狭い田んぼである。

「豊作の時は足りますが、不作の時は全くコメは足りません。キャッサバを栽培しています。長男が時々手伝ってくれます」と母親ザンはいう。

「私たちが年をとってからこの子たちの食べ物をどうするのか。牛や水牛も持っていません。これだけ子どもがいますが、労働力になりません。水牛の賃貸もありますが、水田一枚当たり14万ドンで、私たちには、その賃貸料を払うカネもありません」（水牛の相場は1頭六〇〇万ドン＝9万円という）。チャムの内心は不安で仕方がないのだ。

アールオイで見たもの

チャムは、一九六六年から、戦争中はほぼこのカムロー郡周辺やアールオイにいた。その時見たものは何だったのか？

「枯れ葉剤は、いま考えると毎日5、6回撒いていましたね。1回は3機で飛んできて、真っ白の煙を出しました。真っ白の煙を出すのはほとんど毎日でした。森林の上ばかり撒いていました。呼吸をすると、息苦しくなりました。戦争が終わってからも、アールオイに行きました。爆弾や軍のスクラップやドラム缶を探すためにです。枯れ木の姿は変わらなかったですね。あの辺の山は完全にやられましたね」

「この辺（カムローのこと）は、一九六六年から七五年まで、戦闘はずっと激しかったです。M16銃を持っていましたが、一番怖かったのは、解放戦線、北ベトナム軍と直接戦うことです。ここは徴兵制ですから、どちらの軍に入るか選べませんでした。自衛団にはいりましたので、ふるさとからあまり遠く離れていない所で戦っていました。七五年当時の南ベトナム政府軍はバラバラでした。みんな武器を捨てて逃亡していきました……。一九七五年4月30日、戦争が終わってふるさとに帰った時はうれしかったです」

次男のトゥアンの話に話題を移した。

「一九七八年に生まれてから2年間何も気がつきませんでした。本当は最初から歩けなかったのでしょう。2人目が生まれても気づきませんでした。3人目が生まれて、これはおかしいと。この辺には医者もいないので、病気がどうなっているのかわかりませんでした。障害児が生まれたのは、私と家内の家系でうちだけです。私の家系には奇形や障害はありません。5人連続ですから。今では、（原因は）枯れ葉剤の影響に違いないと思っています」

アメリカのNGO「キッズ・ファースト」がクアンチ省に建てる施設（二〇〇七年完成予定）に、チャムは子どもを預けたいらしい。チャム一家に許される条件はただ2つ。障害児全員受け入れと無料介護であることだ。これしかない。ベトナムの今の農村社会では、介護や医療を必要とする障害者たちを支えきれない。子どもも生きる権利を奪われているが、その面倒をみる親もまた生きる権利を奪われていると言える。在宅看護と言えば格好はいいが、チャムの家庭は預ける場所も預ける資金もない典型的な例であり、家族介護力の不足が大きく立ちはだかっているのである。

これだけの苦痛を全身に背負っていて、チャムはなお悲痛な表情をみせなかった。帰り際に「こんなに遠くまで来て下さってありがとうございます。皆様のご健康をお祈りします」と挨拶した。なかなか言える言葉ではない。返す言葉はみつからなかった。

「夫は出ていった」

ファム・ティ・ホイ

一九五〇年生まれ。クアンチ省ハイフン郡出身。七一年青年奉仕隊に参加。激しかったクアンチ高校周辺の戦闘を間近に経験した。

毎日起こる発作

一九四五年までグエン朝13代の王都となっていたベトナム中部の古都フエを出て、ドンハに向かった。フエから北隣りのクアンチ省にかけてはベトナムで一番東西に狭く、それだけラオスは近い。夏には身を焦がす熱風が隣国ラオスから流れ込む。

ファム・ティ・ホイの家は、ドン・ハ市内の国道の通りから50メートルくらい入った路地裏の住宅街にあった。腰の低いか細い木を寄せ集めて作った門構えは、この家の住人が底辺に属していることを示していた。

家の門の前に立つと、たまたまホイが玄関から出てきた。なりも着のみ着のままだった。お化粧や飾り気とも全く無縁の女性だった。

「どうぞ中へ」との声に促されて家の中に一歩踏み入れた時、子どもがてんかんを起こしていた。ベッドの上に横になり、発作を起こしながら呻(うめ)く男の子に、母親は子の口に枕をあてがい、子はそれを噛むように口の開閉を繰り返した。体は柔軟性を失って四肢が硬直し直線的になっていた。

「落ち着くまで待ちますから……」と言ったものの、なかなか落ち着く気配がない。ちょうど発作が始まった時に訪問したようだった。

「毎日こうなんです」と言うホイの仕種には、悲しいことだが扱い慣れた感じがした。さしてあわてている様子は伺えなかった。てんかんの特徴はきまった形の発作が繰り返し起きることであり、大脳疾患として神経疾患の中ではもっとも多い病気である。脳を構成する神経細胞（ニューロン）に何らかの変化が生じているのか？　慣れているとはいえ、放射状に体がつっぱる子どもの世話するのは、ひと苦労であるに違いない。

発作は1回起きると30分は続く。20分が経過した。ホイには先が見えたのか、長男を抱くようにしながら、話を始めた。その子はもともと四肢が麻痺状態で、特に足は硬直していて曲がらないという。この子の発作は先天性だ。「夜は精神安定剤抗ヒスタミン剤という睡眠剤を飲ませるので、痙攣は起きません。痙攣は夏の方が頻度が高いです。こんな状態ですから、私は全く働けません」とホイはいう。

子どもは、ブイ・クアン・キーといい、一九九二年生まれの1人っ子だ。母親のファム・ティ・ホイは一九五〇年生まれ、今年53歳。

すべてが視野の中におさまる家の中に、新品に近いテレビと扇風機が

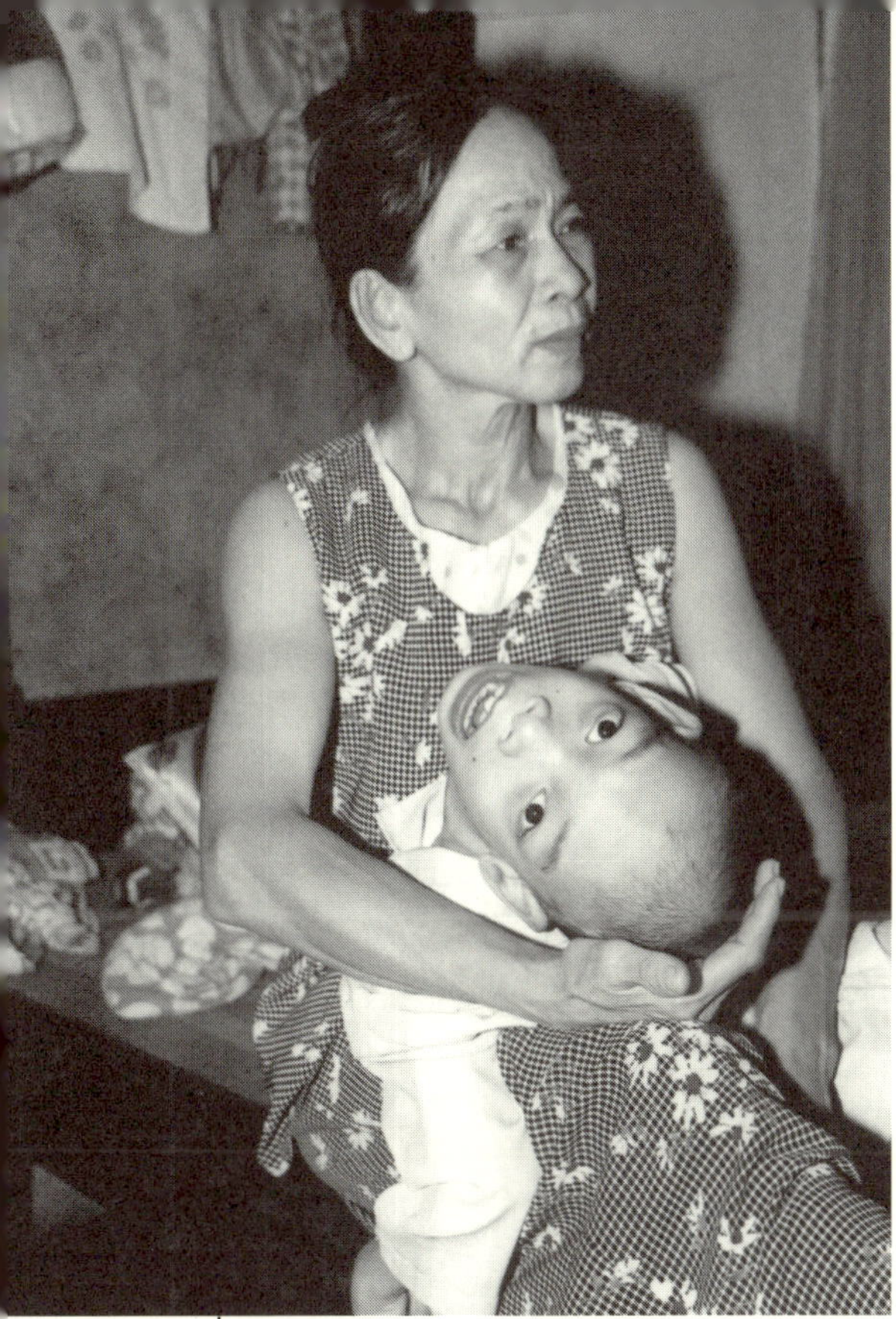

ファム・ティ・ホイ。「夫はこの子が生まれてから出て行きました」

置かれてあった。ホーチミン・ルートの高圧線工事をしていた会社が寄付してくれた、と言う。いくら新しいテレビをもらおうと、扇風機の風に当たってゆっくり画面を楽しんで見る時間はない。

「夫」の姿を私は探した。

「離婚しました。夫が出ていきました。出ていった理由はこの子の出産です。この子が生まれてから別の女性とつきあうようになりました」

感情的になるわけでもなく、毅然として話す。

元の夫に言いたいことはありますか？

「言いたいことは何もありません。責任ある年齢の大人が自分でしたことですから。愛情がなくなったので家から出ていきました。そういう人に対して、言う言葉は何もありません。不幸な定めだと思っています」

かつての夫は今年58歳。17歳で入隊して、クアンチ戦場で戦った。一九六八年に怪我をして北部で治療を受けて、また解放戦線に戻った。

「私は初婚ですが、主人は再婚でした。夫が45歳の時に結婚し、2番目の妻になりました」

ホイが42歳の時、キーが誕生した。誕生時から障害をともなっていた。「それが2番目の子を生まなかった理由です」と、ホイははっきり言った。妊娠も変わったことは全く何もなかった。医者からは何も言われなかった。

「誕生後、この子に高熱が出て、肌の色が黄色に変わりました。何の病気かわかりませんでした。2、3カ月間クアンチ総合病院に入院しました。今でもごはんは流動食にして、ほんとうにどろどろの状態にしてからでないと入りません。1日の食事の量は、茶碗1杯から半分くらいです」

「この数日、この子は何も受け付けないんです。『食べないと死ぬよ』『飛行機に乗せてハノイに行くよ』

と言って食べさせます」

「ハノイに行く」というのは、キーにとって外出ができるという意味があるらしい。母親ホイは、かって知人の結婚式に出席するため、ハノイにキーを連れていった。話すことのできない12歳の少年が、楽しかった経験を、母親の最小限の会話とどこかで結びつけている。

「結婚式に連れていくというと嬉しがります。きっと、心の中では、外に出たがっているのでしょうね」

キーが1歳の時に赤十字社から支給されたカネと、数十万ドンを貯金して、ハノイの小児中央病院に連れていった。診断は、「枯れ葉剤の被害者だから治せません」だった。ホイは、大きな失望を背負ってクアンチに帰ってきた。

つっぱるキーの体を一生懸命抱くようにして、ホイは話を続ける。

「この子が落ち着いている時は、泣いたりも笑ったりもします。近所の子どもが遊んでいるのを見るとうれしがります。生まれた時、体が黄色になり、障害があるとは思いましたが、まさか一生涯、精神的、肉体的障害者のままになるとは思いもしませんでした」

青年奉仕隊として

ホイは、クアンチ省の最南部ハイラン郡の出身である。一九七一年に青年奉仕隊に参加して、一九七五年に除隊した。

「一九七二年、一九七三年の戦闘は激しかったです。特にクアンチ高校周辺での戦闘は猛烈でした。その最初の激しい戦いが終わってから、私たちは、武器、食糧を運びました。その時死者はもうたくさん出ていました。北ベトナム側は勝ちましたが、その後またアメリア軍がやってきて、クアンチ高校を三方からとり囲みました。クアンチ高校の周辺には省の重要な機関が集まっていましたから、そこさえ支配できれば優勢になるとアメリカ軍は考えていたのでしょう。三方が包囲され、残り一方からの逃げ道を見つけて逃げた人もいますが、逃げられなかった多くの人が殺されました」

アメリカとイギリスのテレビ・クルーがクアンチに来て、戦争被害の取材をした時、ホイは、きちっと庶民としての声を伝えた。

「アメリカ、イギリスがイラクを攻撃しようとしています。そういう戦争を起こさないように、皆さん協力して下さい。戦闘が起きたら、無実の子をいつまでも被害者にします。アメリカの枯れ葉剤の被害で不憫な子を生んだ母としてほんとうに苦しみぬいていますので、そういう苦しみをもう2度と作らないで下さい」と。その部分が放映されたかどうかわからない。なんぴとと言えども、この叫びに反論などできない。この1人の人の存在そのものが反戦・平和である。

「枯れ葉剤のことはよくわかりません。昼でも霧が続いていたことを、変だなと思ったことはよくあります。しばらくすると、植物が枯れて……そんなことは何回もありました。体全体がしっとりと濡れてしまうことも、しょっちゅうありました。私は枯れ葉剤の撒布は見たことがありません。私が見たのは、B52とかヘリコプターとか、ダコタ（飛行機のタイプ）です」

アメリカ軍による枯れ葉剤の撒布中止後も、南ベトナム政府軍機が撒布していたと思える。

「青年奉仕隊には、たくさんの女性がいました。私のように障害児を抱えた人も多いです。戦友で4人出産した人がいます。2人はすぐ死亡し、2人は精神障害で、私の子どものように毎日痙攣を起こしています。全部の妊娠が流産に終わった友人もいます。もう1人は子どもが生めない体になりました」

アメリカは死と悩みと苦しみをばらまいた

ホイの辛い生活は、今に始まったことではなかった。

「私の父は若い時から革命運動に身を投じましたので、フランス側の機関から逮捕されました。母と妹と私には食べる物もなくなり、母娘で泣く泣く乞食をして食いつなぎました。ベトナムがフランスから解放されて、父も釈放されました。革命精神を貫こうとした父は、一九六八年に敵に殺されました。今夫も出ていき、一番大変なことは、日常の生活を確保できないことです。子どもをつれて市場にいき、そして……長い間……乞食をしました。少し昔は、物乞いで稼いだカネで小売りをしたこともあります。市場へ行くのに、セーオム（バイク・タクシー）に、無料で乗せてもらったことも何回もあります。家に帰る元気もない時には、子どもと市場で寝ました。父が逮捕された後、そして今、この年になって乞食をするとは想像もできませんでした。子どもの食べ物を買う、病気を治すカネを作る……そのためにどんな仕事でもやると思えば、私には何の恥ずかしさもありませんでした」

最底辺を経験した人の精神は強い。見栄などはない。ホイの家は絶対的貧困に近い。子どもには手当が毎月8万ドン、ホイには年金が27万ドン支給されているだけ。絶対的貧困とは、最底辺にまで落ち込んだ人たちのことである。収入はおろか、希望までも奪われてしまった人たちのことだ。国防長官を辞任したのち世界銀行総裁に就任したロバート・マクナマラ氏の説明が皮肉に聞こえる。

「絶対的貧困層の生活条件は、疫病、文盲、栄養不良、非衛生によって劣悪であり、人間が基本的に必要とする最低限のものさえ与えられていない。そしてもって生まれた遺伝子の潜在的能力さえ、ほとんど発揮できないほどに生活条件はひどく、人間の尊厳をそこなうほどのものである」（E・P・エックホルム『地球レポート　緑と人間の危機』石　弘之・水野憲一訳　朝日新聞社　一九八四年）。そこまで追い込んだのはどこの国なのだ。

彼女のアメリカへの思いもまた、普通のベトナム一般市民と同様だった。

「恐らくアメリカ国民もベトナム国民と同じように戦争が嫌いでしょう。アメリカの指導者がそういう一般国民を軍隊に入れて使ったことに恨みを抱いています。私自身はアメリカの一般国民には恨みはありません」

「ベトナム戦争は、社会主義国の北ベトナムと傀儡の南ベトナムとの戦いです。北爆もすごかったと思いますが、クアンチの戦いで使われた爆弾、使われた武器は相当量で、残酷な戦争でした。アメリカが戦争を起こさなければ、こんな障害児は生まれなかったのです。元気な子を生んでいたと思います。アメリカは、化学物質だけでなく、死と、悩みと、苦しみをばらまきました。元気な子どもを生めれば、それに優る幸せはありません」

キーはやがてホイの腕の中で寝てしまった。「この子が病気になって、私が病気になると、子どもに食べさせる人がいません。将来はどうなるのでしょうか……」

チャウの誕生は、一九三二年と推定される。五九年結婚。六三年にベトナム人民軍に入隊。最初の2人の子どもは健常者だったが、戦争で死亡した。

「死ぬまで安息はないでしょう」

グエン・ホン・チャウ

額(ひたい)まではありました

クアンチ省クアンチ市のチャウの家を訪問した。外は春の柔らかい日がさしているのに、チャウの家はうす暗かった。

グエン・ホン・チャウ（二〇〇三年現在で71歳）は、自分たちの運命を呪った。健常者であった第1子と第2子が戦死してしまったからだ。

チャウは、一九五四年に北部に住んでいて、一九六三年入隊し、ティティエン省で戦時の連絡業務として郵便や書類などを運ぶ仕事をしていた。一九八〇年に退役した。軍歴は足かけ18年になる。

最初の2人の子どもは、北部のイエンバイ省で生まれて健常者だった。しかし、2人とも一九六五年に戦死した。第3子以降は、クアンチ省に来てから生まれた子どもだ。3番目の子は無脳症の子だった。

「額(ひたい)まではありましたが、脳はありませんでした。生後2日で死亡しました。この子が生まれた時、恐らく主人の家族が昔悪いことをして、その罰を受けたと思っていました」と、妻のカーはそう言った。4番目の長女グエン・ティ・リン・ゴックは、一九七〇年生まれ。結婚したが、生まれつき精神障害を伴っている。「この長女には指の爪がありません。知能も遅れています。話すことがはっきりしません。物忘れが非常に多いです」と妻は話す。そして「生まれた孫2人にも元気はありません。その孫も知能は遅れていますし、関節にいつも痛みがあります」と、第三世代の影響を妻は語った。5番目のグエン・ティ・ラン（次女＝一九七三年生まれ）は盲目だ。「5歳までは何の障害も出ていませんでした。5歳

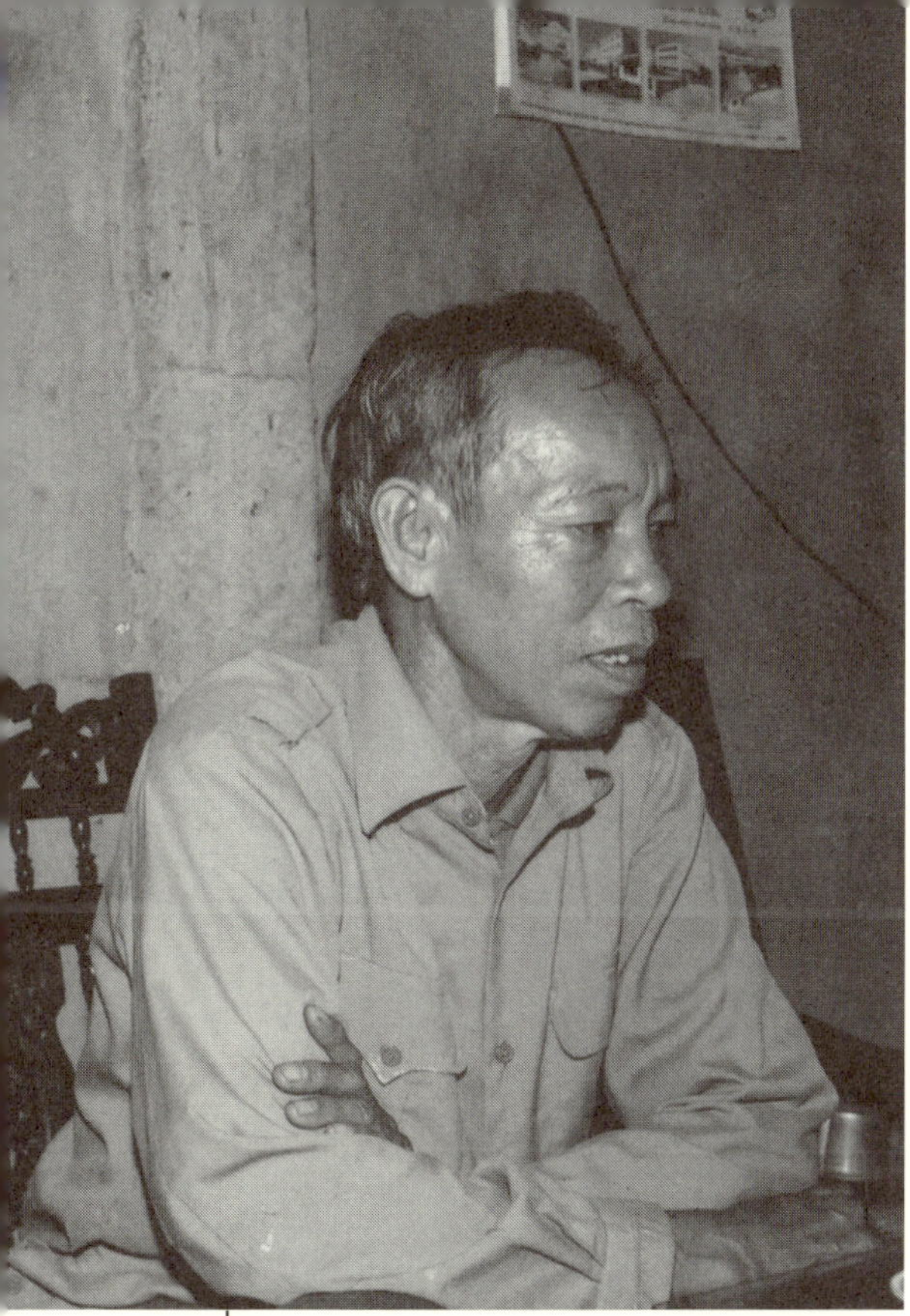
グエン・ホン・チャウ。「軍歴は足かけ18年になる。どんな水でも飲みました」

になった時、突然失明しました。目が見えなくなる前に少し精神的に変だと思ったことがありますが、今は完全に精神障害も出ています。5歳までは親と話は通じていました」。しかし、両親が異常を感じた時ですら、子どもを医者には連れていっていない。今となっては当時の詳しいことはわからない。6番目のグエン・ティ・フエ（3女）は、サイゴンが陥落する2日前の七五年4月28日に誕生した。精神的な憂と鬱の高低差が激しい。時には興奮し、時には落ち込む。学校はいけるが、勉強の進捗状況はきわめて遅いという。「頭は鈍い」と妻は言った。「資格を取るために専門学校で勉強していますが、多分仕事には就けないでしょう」と、父親は暗い予想をする。7番目のグエン・ティ・ホン（一九七七年生まれ）も盲目で、ふだんは寝たきりである。父親は「あの子は大臣みたいだ」と言った。食べることからシャワーを浴びることまで、すべてを親がやらなくてはならないからだ。「この子が生まれる時も、医者からは何も言われませんでした。9カ月目くらいまではほぼ正常に近かったと思います。それ以後は精神的に異常が出て、今は何もわかっていません」。母親の重い説明が家の中に響く。

「目が見えなくなった子どもをハノイに連れていき、眼科の教授に診察を頼みましたが断られました。それで、ファム・ヴァン・ドン（Pham Van Dong　元首相兼外相、党政治局員、第6回党大会で引退）と昔からつながりがありましたので、頼みました。すると、ファム・ヴァン・ドンが、一番優秀な9人の教授に診察を指示してくれました。医者からは『眼球自体が壊れているのと、視力を支える神経が収縮しています』と言われました。その時から、この子のために何とかしたいと思い、仕事も辞めて、資産を売ってハノイに半年滞在しましたが、何もできなくて戻ってきました」。チャウは、打つ手がないといった表情だった。

ファム・ヴァン・ドンの紹介をもらうことができたのは、昔ドン夫人とチャウの祖母が、チュオン・チン*注を革命運動で匿ったことがあって、その恩義をファン・ヴァン・ドンが感じてくれたと言う。

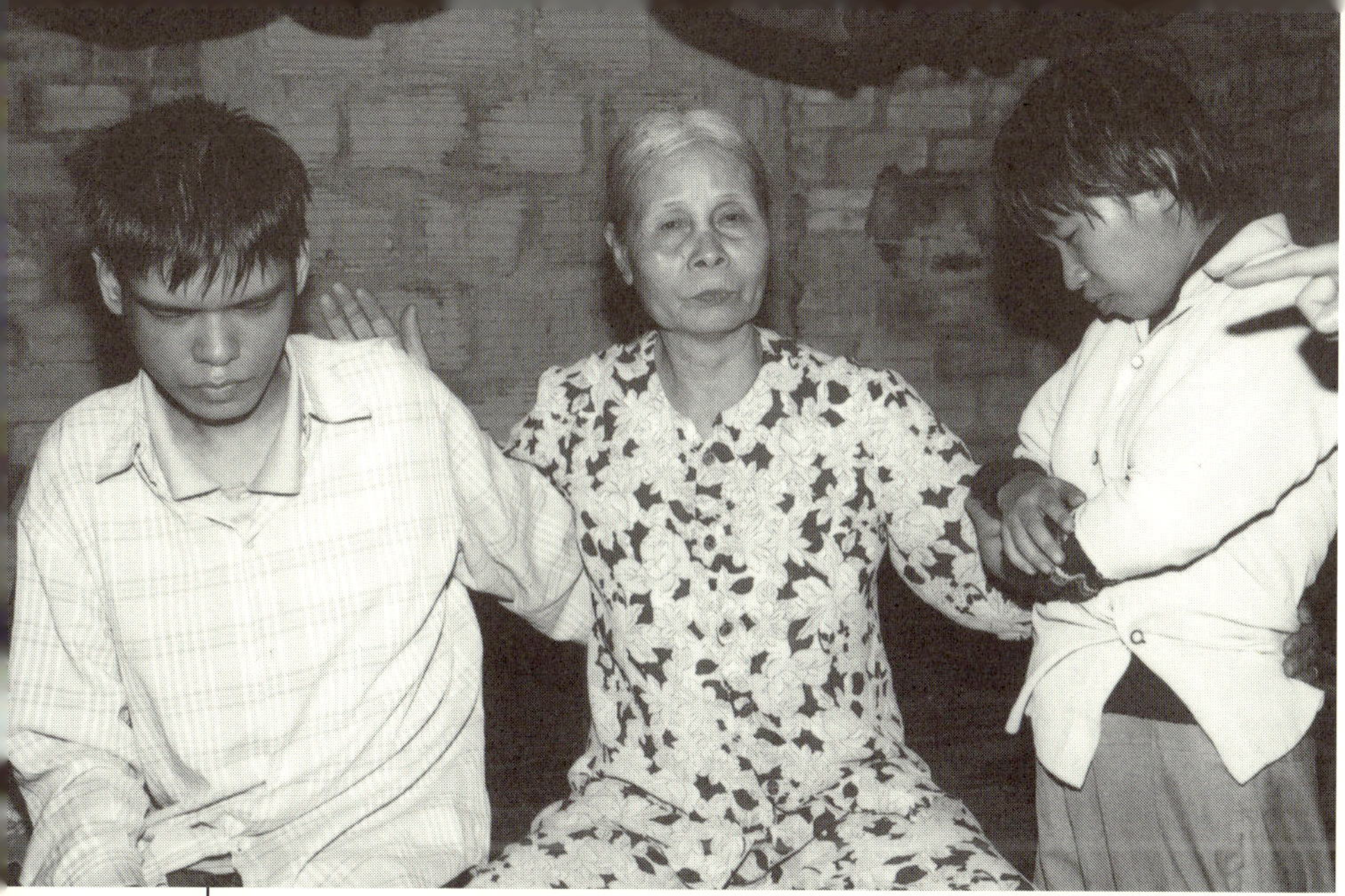

妻カーの悩みは深い。「死ぬまで安息はないでしょう」

＊注　一九〇七―一九八八。漢字で［長征］と書く。名前の通りベトナムにおける親中派の代表格。一九五〇年代の農地改革時代の党書記長。農地改革失敗の責任をとって辞任した。レ・ズアンの死去後再び書記長に就任。ベトナム労働党政治局員、国会常任委員長を歴任。「ドイモイ」の提唱に大きな役割があったとされる。一九八六年12月17日引退。後任書記長にグエン・ヴァン・リンが就任した。一九八八年死去。

妻カー（二〇〇三年現在で68歳。一九五九年に結婚）の悩みは深い。

「私たちは定年になって年金収入も月50万ドンしかなく、いまこの5人の家族を養っていくのはとても難しいです。兄弟が出し合ってくれて家を建ててくれました。私の子どもは枯れ葉剤被害者として認められ、いまでは子ども1人に毎月八万四〇〇〇ドンの手当が支給されています。でもこの金額ではとてもではありませんが足りません……」

「親戚も、私にもう1人別の女性を探して結婚したら、と言いました。私にはそのつもりは全くありませんでした……」と夫のチャウは告白した。

「私は確かに障害の子を生みました。私の両親は早死にでしたが、私の家系に障害はありません。別れて別の人と結婚しなおしたらと勧める人もいましたが、私にもその気は全くありませんでした。私たちには、死ぬまで安息というものがないでしょう。子どもが生きているうちは苦しみます」と、妻は言った。

毎日のように浴びた時も

チャウは、一九六三年から一九七一年まで9年間戦場にいた。

飛行機からの化学物質（枯れ葉剤）の撒布をたくさん見ている。「ほとんど毎日浴びていた時期がありました。撒布は霧のようでした。ある日の撒布で目が痛くなり、鼻と口も辛くなり、2日後髪の毛が抜け落ちて入院したことがありました。ダコタ（飛行機）も撒いていたと思います。撒布されていた時は、主としてクアンチのアーサオ、アールオイにいました。きれいな水がないので、どんな水でも飲むしかありません。池の水、川の水、溜まり水……。自分で携行している消毒剤を入れて飲みます。木は枯れましたが、毒物が体に影響を与えることを知りませんでした。頭痛のため1年間中国で治療を受けて、特別な薬を飲んだおかげで、髪の毛は戻りました。その薬がなければ、痛みが激しかったので、どうなっていたかわかりません。中国から戻った後は北部にいました」

夫チャウの病院通いの間隔が縮まり、毎週になってきた。関節が痛くて眠れないのだ。あの化学物質（枯れ葉剤）の撒布のことが頭からはなれない。

小頭症の子どもたちの将来を案じて

ダン・ヴァン・マン

ダン・ヴァン・マンの誕生は、推定一九三七年、クアンチ省生まれ。一九六五～七五年、解放戦線兵士として従軍。道路建設に携わりながら、青年劇団に参加し、役者をしたり、楽器を演奏したりした。退役後は公務員をしていた。

自由登校

私は、テレビ朝日の仕事で、一九九六年1月に、フエで枯れ葉剤被害者家族を、枯れ葉剤被害者の研究をしていたフエ医科大学のグエン・ヴィエト・ニャン講師*注とともにダン・ヴァン・マンの家庭を訪問した。こぎれいな家だった。

注：一九五八年9月23日生まれ。現フエ医科大学生理学部講師。一九八二年フエ医科大学卒業（生物学専攻）。一九九一年薬学博士（レベル1）。専攻：人間遺伝子。一九九四年から枯れ葉剤被害国家調査委員会（通称10-80委員会。現在は解散されている）のメンバーで、トゥアティエンフエ省とクアンチ省の研究責任者をつとめるとともに、ベトナム戦争中のベトナム中部地域の枯れ葉剤汚染地域における先天的奇形児に関する考察で博士論文作成中。一九九五年から始まった奇形調査プログラム（これにはシアトル在住のアメリカ人女性医師も参加している。アメリカの1家族がベトナムの1家族を助ける、というもの）の責任者

フエ市内のダン・ヴァン・マン（58歳）の家には、妻のグエン・ティ・ミン・トゥオン（47歳）と、5人の子どもがいた。第1子（長男）は一九七〇年生まれ。第2子（次男）は一九七二年生まれ。第3子（長女）は一九七五年生まれである。いずれも戦争中に生まれ、実家で面倒をみてもらっていた。マン夫妻は、この3人の後にさらに2人の子どもをもうけたが、一九七八年生まれの第4子の3男ザン（18歳）と一九八二年生まれの第5子の次女イエン（11歳）の2人に問題があった。

「3男と次女は、生まれた時は普通の子と同じでした。成長するにつれて、頭が小さくなってきました」と、マン夫妻は言う。

3男のザンは小学校1年生を5年間やった。次女のイエンは、小学校2年生を7年間繰り返した。いま校長の計らいで、気分のいい時は登校する、気が進まない時には学校に行かない「自由登校」にさせてもらっている。

小頭症の兄と妹がそろって出てきた。兄ザンは身長一七二センチ。長髪で、立派な青年に見える。妹イエンは11歳で、細身である。ピンクのジャンパーにジーパンをはき、こざっぱりしたおかっぱ姿だった。一見普通の女の子だった。父親が「あいさつしなさい」というが、2人はあいさつしない。珍客訪問で緊張しているからだろう。父親が「座りなさい」というと、それは理解して、床に座った。

ニャン「名前は何ていうの?」

ザン「ザン」

ニャン「何歳?」

ザン「16歳」

ニャン「毎日何をしているか、話してごらん」

ザン「水汲みをしています。それから、薪割りをしています」

ニャン「イエンは何歳?」

イエン「……」

ニャン「何年生かな?」

イエン「3年生」

ニャン「学校へ行くのは楽しい?」

ダン・ヴァン・マン（右端）と妻グエン・ティ・ミン・トゥオン（左端）、妹イエンと兄ザン。先のことを思うと心配はつきない。

ニャン「学校は好き？」
ニャン「友達はたくさんいるの？」
ニャン「近所に友達はたくさんいる？」
ニャン「友達にからかわれる？」
イエン「……」

ニャン先生が次々に質問をするが、イエンは少しでも難しい質問には全く答えられない。

「学校には長く行っているだけで、勉強はできません。何もちゃんとしたことは勉強していないんです」とマンは言って、下の子ども2人が、能力的に正規の授業を受けられないことに困っていた。

一見正常に見えるこの子たちは、どこが異常なのか？

「この子たちは小頭症といって、頭が普通より小さいのです。顔面は普通ですが、頭頂部や後頭部が普通より小さいです。頭の直径が短くて、頭蓋骨が普通より小さいのです。それで精神の発達が遅く、学習が困難になります。同じ年齢の普通の子にくらべて、頭がとても小さいです。後ろの部分がありませんから」と、ニャン先生は説明した。

小頭症は、脳の発育が思わしくなく頭蓋骨が大きくなれないのである。体の発達はあまり遅れていないが、頭囲が大きくならない。そして精神遅滞を伴う場合が多い。原因としては、遺伝要因の他に、母体の環境異常、発育中の胎児の酸素不足などがあげられる。

現在マンは公務員として生活しているが、老後と死後の子どもの生活が気が気でないという。

青年先鋒隊の劇団で

マン夫妻は、その昔、2人とも北ベトナム軍に参加した。

「一九六五年に青年先鋒隊に入りました。先鋒隊では、クアンビンからクアンチまで、ホーチミン・ルートで道路建設に当たりました。その後、青年先鋒隊の劇団に入り、各部隊を慰安奉仕するために各地を回りました。例えば、レートゥイ郡（クアンビン省南部）、トゥアティエン省、キー丘、ザンチュー三叉路、テンルア丘などに行きました。任務は歌手でしたが、役者になる時もあれば、ギターを弾いたりして戦闘部隊を鼓舞することもしました。劇場の準備をする設営班もやりました。当時、私たちは苦しかったですが、とても楽しかったですよ。精神的にも、祖国を守るために戦って、何の犠牲も恐れませんでした。各部隊は出発前にあらかじめ死を覚悟して黙祷を捧げたものです。精神はとても高揚していて、恐怖感はありませんでした。誰もが自分から志願することをためらいませんでした」

妻のトゥオンも、一九六六～七六年、トゥアティエンフエ省のアールオイの山中にいた。枯れ葉剤が多量に撒かれた所である。そこの劇団に所属していた。一九六六年にマンと山の中で知り合って、その後同じ劇団に入った。一九七〇年に結婚。妻も青年団で道路建設に携わっていた時もあった。出産時は、フエに戻ったりもした。

マンさんは枯れ葉剤の撒布を見たことがありますか？

マン「飛行機を遠くから見たことがあります。つまり、米軍機が爆弾を落としたり、枯れ葉剤を撒いたりするのを見ました。当時は、枯葉爆弾（とマンは言った）のことなど全く知りませんでした。私たちが通過した地域はハゲ山になっていて、木はみんな枯れていました。土地は爆弾で掘り返されていて、軍隊の中の専門の同志にアメリカの爆弾は木をなぎ倒してしまうのか、と尋ねたことがあったくらいです。木が枯れて平らになった土地では、敵に発見されないように部隊を分散させていました」

トゥオン「各部隊を慰問に行く途中、チュオントゥイなどで化学剤が撒かれた跡を見ました。そして、長い間そこで暮らしていました。ある時、夜間行軍している時、米軍機が化学剤を撒いていました。逃げるのが間に合いませんでした。かなり近くです。撒かれた所から五〇〇メートルくらいの所にいました」

その枯れ葉剤が撒かれた所にどのくらい長くいたのですか？

トゥオン「六七年から七六年までです」

川の水をずいぶん長く飲んでいたのですか？

トゥオン「すべて川の水です」

朝昼夜と飲んでいたのですか？

トゥオン「ほとんど川の生水で、滝の水も飲みました。時々川の水が赤くなっても、それを飲んでいました」

マン「最初に生まれた3人の子は健康で、学校の成績もいいんです。あとで生まれた2人の子はこういう状態です。私たち夫婦が山にいて枯れ葉剤に汚染されたので、2人の子がこうなったのだと思います。上の3人の子はとても健康で、従軍中の下の子2人がこうなので、間違いなく枯れ葉剤の影響だと思います。今は私たちが健康で仕事ができるので、2人の子を養っていますが、とても心配なことは、私たちが死んだりすると、誰が世話をしてくれるのかわかりません。兄や姉が家を出ていくと、世話をする人がいませんし、2人の子は勉強もできませんし、誰にも助けてもらえません」

悲しみがこみあげてきたのか、トゥオンの涙が止まらなくなってきた。

トゥオンさん、戦争がなければ……？

トゥオン「こういう風にならなかったと思います。夫婦2人の親族・親戚の者はみな健康で、私たちの子どもだけがこうなっているのは戦争のせいだと思います。私はまだまだ仕事ができますが、こども2人は何もできませんので、大変悲しいです。今後年老いて体が弱くなったり入院したりすると、子どもたちは困難に直面します……」

別れ際に、マンは写真を見せた。

「これが長女です。大学でベトナム現代史を勉強しています」と、マンが指をさした娘は美人だった。

トゥオン「長女は国立音楽学校に合格しましたが、フエ総合大学史学科に行かせました。将来も歴史の研究をさせたいです。この長女の下が、あのザンです」

お母さんの血を引いているのに、お嬢さんを歌手にさせないのですか？　と聞くと、トゥオンは笑顔で首を横に振った。

軍隊の慰問歌舞団として戦場に

チャン・タイン・ビン一家

昼間は弾薬運び

チャン・タイン・ビンは、推定一九四七年頃北部にて誕生。一九七〇年にハナム省でベトナム人民軍に入隊。南部のB戦場の主としてクアンチ省に派遣される。夫妻は、クアンチ省のアールオイで知り合い、一九七六年に結婚。退役後は、ビンはフエ芸術大学の職員として勤務。

チャン・タイン・ビン（47歳）はフエ芸術大学の職員である。妻のディン・ティ・キム・チョン（45歳）は健康を害して職場を退職し、現在は専業主婦だ。

チョンは、一九七〇～七五年、軍隊の慰問歌舞団に所属していた。昼間は砲弾・弾薬はこび、夜は芸術活動に従事したが、弾薬運びをしているさい、彼女は、枯れ葉剤が撒かれるのを何度も目撃している。その時に、飛行機が箱を一緒に落として、それが空中で爆発したのをはっきりと記憶している。撒かれてから2、3日後に木が枯れたのも覚えている。当時は、それが何だったかは誰も知らなかったし、教えてくれる人もいなかった。

「撒かれた後に森に入っているので、息と一緒に吸い込んだり、食事に混ざったり、水を浴びたりした時に接触したのだと思います。だから、この子も戦争と関連があるはずです」と自信をこめて語った。

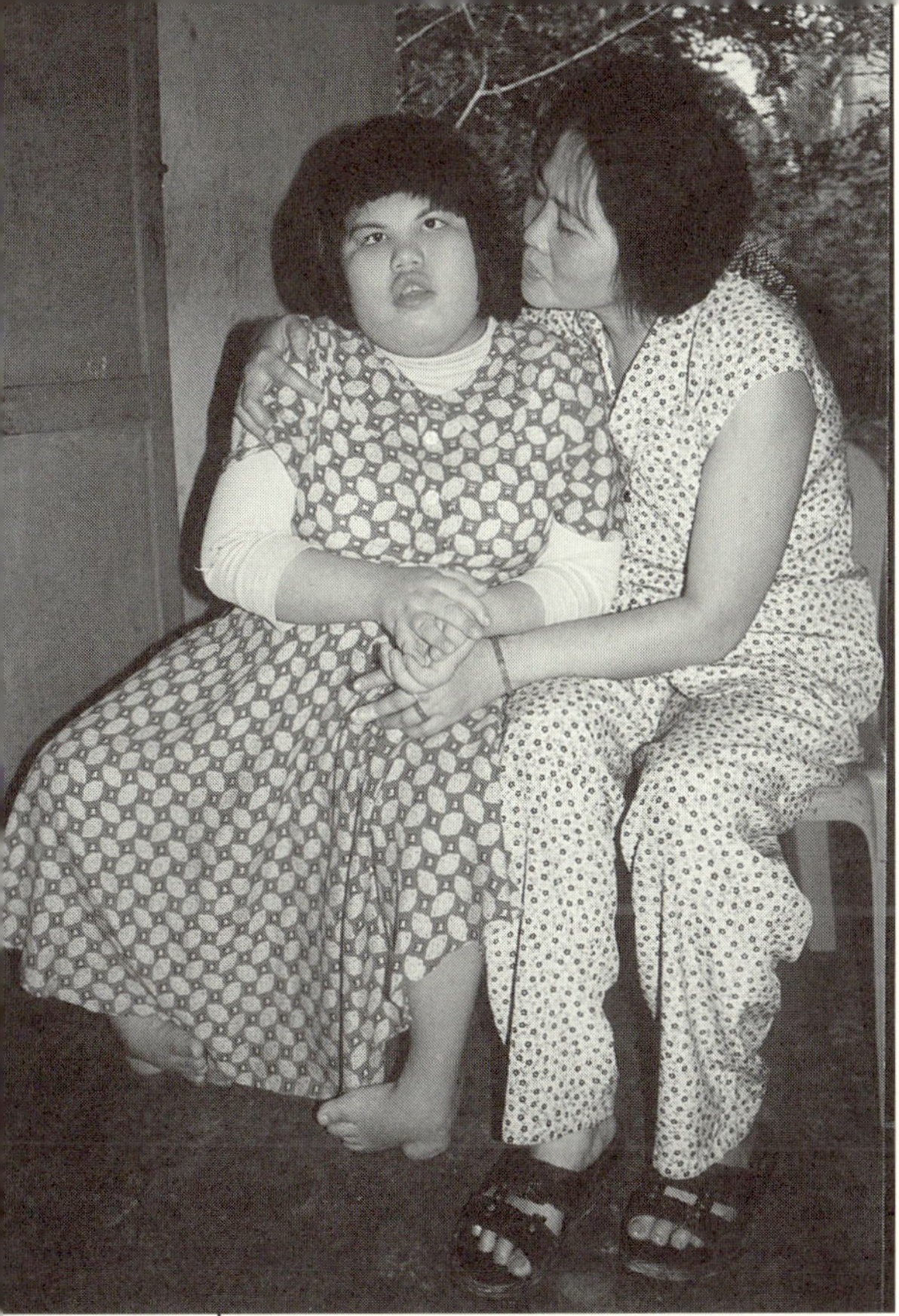

長女ミンは写真を撮られるのが好きだ。母ディン・キム・チョンと。

戦争中、アメリカ軍は、トゥアティエンフエ省のアールオイの山中に、枯れ葉剤を撒き、木がなんとか蘇生しようという時に、こんどはナパーム弾を投下して山を焼いたという話も土地の人から聞いた。

彼女が大事にしている写真が2枚ある。1枚は、一九七三年に撮影されたクアンチ省チェウドの枯葉の山での写真だ。座っているのが解放戦線兵士、立っているのが南ベトナム政府軍兵士で、パリ協定締結を記念して撮影したものだ。非常に珍しい呉越同舟の写真である。「この写真を撮った直後に戦闘が始まりました」という。束の間の歩み寄りだったのだ。もう1枚は、一九七二年に撮られた5人の集合写真で、チョンが一番左に立ち、芸術団の人たちと一緒に写ったものだ。数少ない戦争時代の思い出だ。

夫ビンは、一九七〇年に、北部のハノイに近いナムハ省で北ベトナム軍に入隊した。その後ハタイ省に派遣されてB戦場（南部戦場）に赴いた。一九七〇～七一年は、トゥアティエンフエ省のアールオイで従軍した。

2人はB戦場のアールオイで知り合った。一九七一～七四年は、激戦地で有名なクアンチ省バロン（ダクロン郡）にいた。ここはB52の爆撃をかなり受けた所だ。夫ビンも、何度も枯れ葉剤の撒布を目撃していた。「体に浴びたこともありました。常に森の中を移動していましたので、間接的にも浴びたり接触したりしているはずです」

そして、終戦翌年の一九七六年の末にフエで結婚した。長女チャン・ティ・トゥエット・ミン（18歳）、次女チャン・ティ・ナム・ザン（17歳）、長男チャン・ヒュー・クアン（15歳）が生まれた。

妻チョンは、長女を妊娠・出産した時のことを今でもはっきりと思い出すことができる。

「妊娠2カ月後に病院に行きました。妊娠中毒と診断されました。8カ月半入院しました。医者は、母体を気づかって中絶しなさいと勧めてくれましたが、頑張って出産したんです。フエの病院で長女を出産しました。中絶は母体を救うためだと言われました。その時、『障害児が生まれる』という警告も医者から聞いていませんし、子どもの異常については何も言われていません。私の体が弱くなったのも枯れ葉剤のせいだと、今になって思います。娘は生まれつき異常でしたので、2カ月間病院で集中看護を受けました……」

私は、次の言葉が出るまでひたすら待った。

チョン「政治的にはアメリカ人を友人と言えるようになりました。しかし、アメリカの取った行動が後遺症を残していると考えると、そしてとりわけわが子に奇形が出ていますので、とても恨んでいます。仲よくすることは大切なことです。でも、昔のことを思い出したら、許せるわけがないでしょう。クアンチ省にいる知り合いの子どもは5人とも障害児でした。アメリカのやったことは野蛮な行為だと思います。植物を殺そうと言っていたのが、人をも殺そうという気持ちも持っていたということですよ。今でも、自分の体は強くありません。関節もよくありません。心臓も悪いです。年寄りになったら、どうやってこの子どもを養っていくのかを考えるとつらいです。子どもの生活のことが……」

長女ミンは写真を撮られるのが好きだ。特に私がフラッシュを使うと手を叩いて喜ぶ。私が持参した菓子を家族全員に配るほどやさしい気配りの神経も持ち合わせている。しかしテレビ朝日のカメラマンが、異常に太い彼女の足を撮影した時には、怒って家の中に入ってしまった。

同行してくれたニャン先生は、こう話す。

「この子は、精神の発達が非常に遅れています。次に、この子は足が奇形で、横に曲がり、歩くことで足の甲の部分がつぶれています。精神障害とこの外形の異常性が組み合わさっています。この子の両親は、以前枯れ葉剤が激しく撒かれた地域にいましたので、この子はその影響を受けていると思われます」

ニャン先生はさらにこう続ける。

「この子はもう大人ですが、重要な問題は足の外形の異常ではなく、知能障害です。生殖機能も異常です。この子は生理のある年齢に達しています。普通の女性は月に1回で3～5日が普通ですが、この子は10日も続きます。しかも、月に2回もありますので、1人ではその処理ができません。だから家族の負担になっています」

夫ビン「私たち夫婦はまだ若くて元気なので子どもを養えますが、そのうち年老いてくると子どもは1人になり、困ってしまいます。いまも、毎日の生活費は十分ではありませんので、できるだけ貯金を心がけています。この子の兄弟も、この子をいつも手助けしてくれますが……（長い沈黙）……私の頭の中にはこの子のことしかありません。何をしてもこの子のことに結びついてしまいます。どうしたら、幸せにしてあげられるか……親としてそれに尽きます」（ビンさん一家の年齢は一九九六年時点のもの）

二六時中離れられない

ファム・タン一家

ファム・タンは、推定一九五五年生まれ。クアンチ省で、鉄道建設の仕事に従事していた。軍隊の経験

戦後の汚染地域で

両手の親指と両足がないタイの家を訪ねた。タイは、フオン川沿いのスラムのような住宅街に住んでいた。

「お入りください」という母親の声が奥から響いた。「挨拶しなさい」と、母親が子どもたちに言っている。その振る舞いに恐縮した。

タン一家の家族構成は、両親と子ども4人。父親はファム・タン（40歳）。母親はチュオン・ホア・ミー（39歳）。長男ファム・タイ（14歳）を頭に、次男のファム・タイ・ヅイ・アン（12歳）、3男はファム・タイ・グエン（9歳）。長女ファム・タイ・ヒエン（5歳）の家族だ。

父親タンは、戦後の一九七六～八〇年、枯れ葉剤が多く撒布されたクアンチ省にいた。兵士として戦うには年齢が若すぎた。タンは、枯れ葉剤ですっかり何もなくなってしまったクアンチの丘陵地帯で、鉄道建設の手伝いをした。そして国道1号線にあるアイトゥ米空軍基地から2キロほどの所のレンガ工場で働いていた。アイトゥとは「子どもが好き」という意味だが、それとは裏腹に、この基地にはアメリカ軍があのおぞましきボール爆弾を多量に残していった所だ。この基地には枯れ葉剤が貯蔵されていたと言う人がいた。アイトゥ米空軍基地跡地近くで昔から住んでいる人に聞いてみたが、枯れ葉剤が貯蔵されていたとか、貯蔵庫があったという形跡は認められなかった。

タンは、鉄道建設の仕事をしながら、地元の市場の食べ物を食べ、爆弾でできたクレーターに溜まった水を飲んだ。タンは、丸裸になったジャングルが農地に変わった所でできた野菜も食べた。

タンがフエに戻った時に、妻が「子どもがほしい」と言った。9カ月後、子どもが生まれた。その子は重度の精神遅滞を伴い、両脚はなかった。両足がいきなり腰につながり、それぞれの足には7本の指がついていた。

長男ファム・タイがそういう身体なので、生まれてからの14年間は夫婦はタイの世話にかかりっきりになった。母親のミーは、毎日、24時間、ほとんどタイのそばを離れたことがない。歯を磨いてあげ、ご飯を食べさせ、タイのしたいことをしてあげる。母親は、「息子が何かをしてもらいたい時は、声を出して教えてくれるので助かります」と言う。

タン夫婦は、子どもの命名で一計を案じた。子どもの名前をみても分かる通り、自分たちが死んだ後でも兄のことを全員が忘れず、兄のことを必ずいつも思っていてほしいと願って、子ども全員に兄の名前を入れ込んで命名した。夫婦の気持ちが痛いほど伝わってくる。

母親のミーは言う。

「タイを生んだ時の気持ちは、言葉に表せないほどとっても悲しかったです。言葉がみつかりません。不憫でしたし、不幸な子どもだと思いました。周囲の人からからかわれたり、虐められたりして、本当に辛い思いをしました。『お前んとこの子どもは、オバケみたいだ。若い時に悪いことをしたからバチが当たったんだ』という信じられない言葉が周囲から飛んできたんです」

迷信が根強く残るベトナム社会では、「奇形」は過去の悪行を意味する。しかしながら、タイを取り巻く近所の人たちの気持も変わってきた。タイは時々近所の人を殴ったりするが、近所の人は文句を言わなくなった。近所の人がビデオを見せてくれたりするようにもなった。

タイの成長

「タイも変わってきました」と母親のミーは言う。

「5歳ごろまでは大変でしたが、5歳から精神的に成長したと思います。以前はとても悲しかったです。その後、気分は持ち直しました。この子も、少しは物がわかるようになり、少し慰めになりました。意志表示もできるようになりました。体を動かせない他のもっとひどいケースにくらべれば、幸運だったと思えるようになりました。トイレに行きたい時には言えるわけですから。タイは動けますから、うれしいです。タイも最近はやさしくなってきました。5、6年前はとても怖かったんです。とても心が荒れていました。大人になって、話ができるようになってきました」と、息子の心の成長を認めた。

母親のミーは、毎朝起きると、何を食べたいかタイに相談するのが日課になった。

「タイがぜいたくになって、おいしいものしか食べなくなったのには困りましたが……最近タイの頼み事が多くなってきました。だから面倒を見るのが大変です」と、母親はタイの自己主張というまた別の成長に気づき始めた。

時には、意地を張って2日間何も食べないこともある。タイの趣味は映画鑑賞、特に香港映画の大ファンだ。「映画の内容は何もわかっていません。この子はご飯を食べることと遊ぶことしか知りませんから。夢中になると、ご飯も食べずに映画を見ています」と、母親ミーは説明する。

タイ一家は、かつてはサイゴンの東一〇〇キロのブンタウに近いドンナイ省に住んでいた。八五年のことだ。サッカーの試合に連れていった後、両手で体を支えて、無い足で紙ボールを蹴った時、夫妻は涙が出るほど感激したことを覚えている。

「足さえあれば……」と、2人はその時同時に心の中で思った。

今でも、タイは、両手を使って家の中を素早く移動している。

トランプをして1人で遊んでいるタイを指さしながら、「タイは一生こういう生活でしょう。彼ができるのは、トランプで遊ぶことと食べることだけです」と、父親のタンは淋しそうだ。

夫妻は口をそろえて言う。

「心配なのはタイの将来です。私は40歳という若さですから、体力的には今は何でもありません。若いですから、カネの蓄えもありません。2人が死んだ後のタイの生活は考えられませんね」と、顔を曇らす。

父親は今、薬を売りに歩いている。雨の時は仕事にならない。1日平均一万五〇〇〇ドンの売上げが精一杯だ、と言う。昨年は、フエ名物の洪水に見舞われ、2カ月間仕事ができなかった。水が屋根近くまでかぶった。親戚から借金をして急場をしのいだ。

寒くなってタイが風邪をひいても、医者に連れていくカネも十分にはない。正直なところ、シクロに乗せるカネもないのだ。仕方なく父親のタンが背負っていくが、くたびれて、途中で戻ってくることもあるという。そして、やむをえず母親ミーが薬屋で安い薬を買ってきてすませてしまうというのが常だ。

タイは、3~4年前はよく夜に熱が出て、生死の境をさまよった。

「2人目、3人目が元気な子でよかったです。この子1人でも大変なのに……」と夫妻はいくらかの安らぎを覚えている。

タイ君の後の2人目、3人目、4人目の出産は怖かったと思うのですが?

「結婚したら、どの女性も完全な子どもが生まれるのを願っています。最初の出産でタイを生んだ時は、怖かったです。最初の子がこうだったので、次の子は生みたくありませんでした。でも障害の子を生みましたので、主人と相談して、この子の面倒を見てもらえるように、もう1人作ろうと決心しました。その子が完全な子なら、タイの面倒を見てもらえる、と思いました。私の運命はこういうものだと思って、2人目の子のために尽くすことにしました。2番目の子は完全な子でした、大変安心し、またうれしかったです。幸いに元気でしたので、続けてその次の子も生みました。下の子どもたちが、上の子のことをいつも思うようにと私たちの期待をこめて「タイ」という名前をみんなにつけたわけです。私たちが死んでも、上の子のことを思うようにです」

そして、母親のミーが、こんなことを言った。

「もう1人障害児が生まれたら、夫婦で1人ずつ引き取って、離婚する決心でいました。フエ中央病院で血液をとってもらって検査しましたが、夫婦とも病気を持っていませんでした」と、辛い心の中をみせた。

夫妻のささやかな願いがあることに気づいた。それは車椅子だった。

希望は車椅子

「私たち夫婦の希望は車椅子です。今の所に来てから、どこにも外に出たことがありません。わずかに中央病院と薬局だけです。公園すら行ったことがありません。タイは毎日家にしかいませんので、タイは苛々してきてすぐ怒るのです。私と夫が暇な時に、その車椅子で行ったり来たりすれば、この子の気分も変わります。テット（旧正月）には、この子を押して遊びに出ることもできますし、私はこの子と物を売りに行ったり、幼稚園に行ったり、運動場に行ったりできます。そうすれば、家の中で物をぶつけたりしなくなるでしょうし、この子も満足して、ノートを破ったり物を壊すことはしなくなるでしょう。今は経済的に苦しくてお金がほしいですが、車椅子があれば援助金を求めなくて済みます。今まで、いろいろな人が来てくれましたが、誰も応援してくれたことがありません。タイのための願いです。車椅子がほしいんです」

タイの障害の重さについて、ニャン先生はこう説明してくれた。

「体の傷害と知能の障害は重いと思います。十分に年を取っていますが、普通のこともわかりません。一方で知能の発達に障害があり、他方で手と足全体が奇形です。当然、運動に障害があります。私は半年ほど前に、類似の症例で、この子より重い症例に出会いましたが、その子は生まれた直後に死亡しました。クアンチ省には、このような症例の子が3人いますが、タイ君は、その子たちと比べて奇形の程度が比較的重いケースです」

「今後息子の生活がどうなるか。もし、私たちが早死にすると子どもは孤独になります。父親としての私の心配はこれに尽きます」

2　五五九部隊の人々は今

かつて、ヴォー・グエン・ザップ将軍は言った。

「ひとたび戦争になったら、全員で戦わなくてはならない。全員が戦わなければ勝てない。抗米戦争中に、軍隊だけで戦闘していたら勝てなかった。国民が参加してこそ勝てるのだ」

これはイデオロギー戦争の最大の特徴である。戦闘員は当然のこと、非戦闘員も立ち上がらなくてはならない。一騎当千の力を持たなくてはならないし、1人当千の意識も必要となってくる。まして国土が戦場となり、アメリカの跳梁を許さぬとなれば戦闘員、非戦闘員の区別はなくなってくる。ちなみに、ベトナム人民軍が採用した「人民戦争」理論とは、正規軍、地方人民軍、自衛民兵を3本柱として戦時に対応するものである。だから、職業軍人のみならず、いろいろな階層の人が戦争に参加したのである。

ホーチミン・ルートの建設や物資の運搬はまさに壮大希有な発想であった。言うまでもなく、多くの人がこのルートづくりと運搬などに参加したのである。五五九部隊に従軍した人を追った。

霧のあとはドラム缶が降る

一九三八年、ハナム省生まれ。六二年9月26日、五五九部隊に入隊。33号兵站所で兵員、武器輸送の調整を担当。アメリカ軍との直接戦闘は経験していないが、韓国軍とは戦闘経験がある。七五年、カントーで終戦を迎える。七七年除隊。

グエン・ヒュー・スック

兵站任務を負って

「私は、2人の息子と1人の孫を同じ日に失ったのです」

グエン・ヒュー・スックは、隣に座って私の手を固く握りしめたまま放そうとしなかった。ハノイの友好村での初対面の時だった。自分の歩んで来た道を聞いてもらいたかったのだろう。一九三八年生まれの五五九部隊の元副小隊長とは、二〇〇二年6月、近い将来の再会を約束して別れた。

二〇〇三年11月26日、ハナム省キムバン郡のスックの自宅を訪問した。1年半ぶりの再会を喜んでくれたスックは、いきなり自家製の酒を私の前に出してきて、小さいグラスで乾杯を求めた。胸を焦がすような強い酒だった。

スックが五五九部隊に入隊したのは、六二年9月26日。クアンニン省で訓練を受けて、一九六四年に南部戦場に向かった。トラックでタインホア省まで運ばれた。チュオンソン山脈に入るルートが多くなかったので、そこから徒歩で隠密裏にアールオイ（現トゥアティエンフエ省）まで行軍した。ラオス国境に近いファーメ峠では、幅7キロ、長さ15キロにわたって、何も植物が残っていなかった。ほとんど荒れ地だった。さらに南部ラオス領のムオンフィンまで行った。タインホアから徒歩で2カ月の行軍だった。支給された4着の軍服などをリュックサック一つに入れ、銃を含めて40キロほどを担いでの行軍が続いた。ゴムサンダルでの進軍は、蚊と蛭の格好の餌食となった。サンダルのゴムの鼻緒が時々切れる。鼻緒が切れると、1人3メートル支給されているゴム紐を切って修理した。

スックが所属する五五九部隊司令部参謀室の担当区域は、コントゥム省、ザーライ省、クアンチ省、クアンナム省、ホーチミン・ルート国道20号線と広範囲に展開した。この五五九部隊司令部管理下の兵站所は、1号から48号まであり、スックは五五九部隊司令部参謀室付き副小隊長として33号兵站所を直接担当した。33号兵站所の任務は、武器倉庫の管理・警備、トラック、兵員や武器輸送の調整だった。兵員の道案内、なかでもＢ52の爆撃を考えて安全な道、安全な休憩場所と夜寝る場所の確保は容易ではなかった。

一番苦労したことは、負傷者の後方への移送と、戦場の需要に合わせて新たな兵員を受け入れて戦場に送る調整任務だった。一九六八年から七二年にかけて、負傷者が続出した。特に七二年は非常に多くの負傷者が出た。アメリカのＢ52の絨毯爆撃が頻繁に行われ、昼間15回、夜15回という頻度で爆撃が行われたからだった。負傷者、死者はうなぎ登りに増えた。

「負傷兵の輸送は、まず最寄りの兵站所で初期手当を施し、安定したら後方に運びます。座れない重傷の兵士は担架で運び、座れる人はトラックに座らせて輸送します。そして、その次、その次の軍兵站所と少しずつ北上させて運んでいきます。軽傷の人は治療後、戦場に戻りたいと必ず言います。皆、国の解放作戦に参加したかったので、途中で北部に戻りたくないというのが当時の戦士の本音です。ですから、私の仕事も多忙を極めました」

遺された言葉

全滅した隊もあった。〝死体は運ばず、その場で埋葬〟が軍の原則だった。昨日作った墓地が、今日は爆撃されることもしばしばあった。「死にゆく兵士が遺した言葉がいまなお耳にこびりついております。『国土解放のために頑張ってください、ホーおじさんの言葉を実現してください』『最後の1人になっても、アメリカ軍と戦ってください』。これらの兵士の顔と言葉を忘れることはできません。冷静な人なら丁寧

グエン・ヒュー・スック。「息子2人と孫を同時に失いました」

に言いますが、アメリカ軍を憎んでいれば、命令形で言います。これらは次の世代に伝えたい彼らの遺言です」

「アメリカの強さは、われわれの恐怖でもありました。私たちは、トンネルを掘ってアメリカの爆撃を避けました。いろいろな爆弾を経験しました。アメリカの爆弾の風圧はすごかったです。五〇〇キロ爆弾か1トン爆弾で、すべての木が破壊され、直径40メートル、深さ10メートルのクレーターができます。1トン爆弾は三〇〇メートル離れていても、すごい圧力を受けます。爆心から直径50メートル以内にいれば、必ず全員即死です（広島の爆心地付近の爆風は1平方メートルあたり35トン）。爆弾が爆発すると空気が圧縮され、その圧力で死者が結構出ましたし、大木がそのまま倒れるほどの威力があります。体が突然コンクリートの壁に打ちつけられたような衝撃を受けます。私も3回ほど近距離で風圧を受けましたが、トンネルにいて難を避けられました。それでも爆弾の圧力で気絶し、気がついたら鼻、耳から血が流れ出ました。1日2回気絶したこともあります。2回後方に搬送されました。1日2回気絶したこともあります。B52が落とす爆弾は脅威でした。（B52戦略爆撃機は30トンの爆弾を搭載できる。二五〇キロ爆弾で一〇八個）この頃には、あらゆる地雷が使用され、アメリカ軍はC一三〇でも地雷を投下しました。木を破壊するための爆弾、トンネルを破壊するためのドリルのような爆弾。倉庫や道路を破壊するための爆弾、ナパーム弾などなど。VO1偵察機やL19偵察機が飛んできて、写真撮影をし、疑わしい目標物がみつかると、F一〇一やF4がすぐ飛んできて爆撃しました。チュオンソン山脈では、アメリカ軍の爆弾は24時間営業でした。私は幸運でした。この村から同期で10人出征して、生きて帰ったのは私だけです」

C一三〇が撒いた液体

スックは、クアンチ省のアーサオやアールオイ、トゥアティエンフエ省、国道20号線のホーチミン・ルートの枯れ葉剤多量撒布地域を歩いてきた。スックは、国道20号線で、C一三〇輸送機（主体はC一二三型機だった）が、朝から晩まで何かわからないが、液体を撒いているのを目撃していた。「今覚えているのは、市販されている殺虫剤のような臭いで、色は、白と少し赤っぽい色でした」と、彼はいう。

そこで、スックは奇妙なものを目撃した。

「C一三〇輸送機が2本のドラム缶をつけて煙のようなものを撒きました。1日3回も撒かれたのを覚えています。ドラム缶の外側には、2本の黄色い線が入っていました。これが撒かれると、直径1メートル以上の木でもすべて葉が落ちました。われわれの輸送道路と倉庫を発見したかったのではないでしょうか。第7艦隊の船から飛んできたのか、飛行機の翼の下にドラム缶が2本ぶら下がっていましたよ。大きくて長いという感じでした（直径約1メートル、長さ約5メートルと言ったが、大きさには記憶違いがあると思われる）。しょっちゅうです。撒布は、幅二〇〇メートルほどで雨のようにやってきます。化学物質（枯れ葉剤）は数えられないほど直接浴びました」という。

スックは、また他の人が気づかなかった点に注目していた。

「飛行機は霧を撒いた後、ドラム缶を投下してきます。多くの兵士が見ています。彼らはどこにでも捨てました。大きな物なので、自分の上に落ちると大変ですから、みな飛行機のコースを自分の目で追いました。ドラム缶が地上に落ちてくるのも何回も見ました。落ちた現場に行ったこともありました。地上で、ドラム缶をたくさんみました。落とされたドラム缶に近づくと、涙、くしゃみ、鼻水が出ました。実際、撒布しているのを発見すると、私たちはカッパをかぶりました。カッパから出ている部分の肌は、痛くなったり痒みが出たりしました。そういう時のために、中国製の薬（シナモン風の香で、透明。撒布地域に従軍している兵士で、常に道路沿いで軍務に従事していた人たちだけに支給されたもので、全員に支給されていたわけではない）がありました。液体を綿に滲ませて鼻につめます。これは、普段は瓶に入れて胸のポケットの中に入れておきます。その薬がなかったら、タオルを自分の尿で濡らして口や鼻をおさえます。マスクのある人はマスクを使います」

「私が見たのは、ほかにオレンジ色の帯のついたドラム缶の2種類です。これが撒かれると24時間後には葉が落ちました。黄色が撒かれると、いくら大きな木でも即死でしたね。そして、1週間後にまたアメリカは爆弾を落とします。私たちの道路、食糧、人が住んでいる証拠を捜したかったのでしょう。その時に化学兵器を使用したなと実感しました。でも、それが人体に影響を与えるとは想像もつきませんでしたからね」

飛行機の翼の下にドラム缶を下げて飛行し、撒布が完了するとドラム缶を投下したという目撃証言は、スックが初めてだった。非常に興味深い話だ。ベトナムの退役軍人からは誰も聞いていないし、どこにも書かれていない。が、のちに聞いたマダ森林の管理人やクイニョン出身の森林局の役人の話と見事符合した。

スックは、山が焼けたのも見ていた。これは、枯れ葉剤を撒布して枯れ木状態にした後、アメリカ軍がナパーム弾を落として山焼きをしたことを指している。ナパーム弾は、セ氏八〇〇度から一二〇〇度くらいの温度で燃え続ける。燃焼すれば、またダイオキシンが出る。葉が落ちて、樹木が燃えて自然の天蓋がなくなれば、人の動き、物の流れが上空から把握されやすい。アメリカ軍によるあぶり出しである。

13年間の戦場

一九七五年4月30日のサイゴン陥落の日、スックは、メコンデルタの大都市カントーにいた。

「この日はわが国とわれわれの誇りです。戦友が死に、多くの人々が血を流したのは、実にこの日のためだったと思いました。南部を早く解放しようという気持で戦ってきました。ジャングルの生活は苦しみでしたから、この日、私たちはほんとうに歓喜を感じました。全員が、空に銃を向けて思い切り空砲を撃ちましたよ。私はすぐに故郷に帰りたかったです。部隊には残りたくはありませんでした。戦場から帰ってくる戦友と会うのが楽しみでした」

スックの妻も青年奉仕隊として五五九部隊に一九七二年に入隊した。「〈みな戦場に行こう〉という運動に乗って、入隊しました」と妻のタンは言う。そしてタンは、子どもを親に預けてクアンビン省の戦場に向かった。妻のタンは、ソ連製のウワット（戦場用の乗用車）の運転手として、主に国道1号線を走った。しかし、タンの戦場での仕事は3カ月だけだった。肺病と診断されてニンビン省の病院に送られ、その後除隊した。「しかし、実は肺病ではなかったのです。戦場の水がよくなかったのではないかと自分では思っています」と妻のタンは言う。ジャングルのないクアンビン省には、枯れ葉剤がほとんど撒かれなかったことも、妻のタンにはよかった。

スックがファム・ティ・タンと結婚したのは一九六一年。戦場に向かう一九六二年に妻は妊娠し、その年に長男グエン・ヴァン・チエンが生まれた。「7年後に一時休暇で戻ってきた時に、長男は、私のことした。

を『おじさん』とよびました」とスックは苦笑した。戦場にいく前に生まれた子どもは、健康そのものだった。スックが故郷に戻ってきたのは、一九七五年七月。実に13年間を戦場で過ごし、一九七七年に除隊した。

白いあざのようなもの

入隊した時には、体重は64キロで体格はよく健康だった。枯れ葉剤を浴び、マラリアにやられた時から、体重は減り、急に体は弱くなっていった。スックが戦場から戻ると、背中に7つの白いあざのようなものができた。そして、ごく最近、額にも白いあざのようなものが浮かんだ。それは、時として痒く、時として痛む。皮膚病がスックの第二世代に移った。次男グエン・ヴァン・タン（一九七四年生まれ）には、皮膚のアレルギー症状があって、働けない、という。背中の皮膚が剥がれる症状だ。頭痛があり、肩が痛む。「よく病気になります。普通の子どもではないように思えます」と妻のタンは言った。次男が結婚してできた3歳と4歳（幼稚園通学）の娘がなかなか大きくならない。冬になると、生まれついた時から2人とも皮膚は父親と同じ症状を見せる。第三世代にも影響が出てきた。

3男のグエン・ヴァン・ハウ（一九八四年生まれ）は、生まれた時は正常にみえたが、数カ月後にてんかんが始まった。「精神的には一部正常でしたが、精神遅滞でした」と、スックは言う。一九八五年に第4男グエン・ヴァン・ハイが誕生した。下の子ども2人は障害児だった。3男は座れるが、4男は座れない。2人とも親の話は理解できなかった。

「仏壇の写真をみただけでは、誰も4男が病人とは思いません。生まれた時普通のようにみえました。生後5~6カ月目からてんかんが起き始め、1日2、3回から4、5回のてんかんを起こしました。食事の最中にもてんかんが起きました。てんかんがおさまると普通の子どもになって……それが死ぬ（19歳）

まで続いていました」と、スックは言った。

除隊後生まれた3人とも待望の男の子だった。しかし、下の2人が一九九四年6月2日（旧暦）の夕方5時過ぎ、連れ立って他界してしまった。かわいい孫である長男の子まで連れて。

事　故

事故はこうだ。

夕餉の準備をしながら孫の相手をしていた妻が、子ども3人が家を出ていくのに気がつかなかった。もう一つの不運が重なった。

「ふだんは、下の2人には絶対目を離すことはないのです。私が15分いなくなったその瞬間でした。3人が外に出て、目と鼻の先の池に落ちたのです。午後5時すぎです。たぶん4男が池のほとりでてんかんを起こして倒れ、3男と孫が一緒に救おうとして、2人が4男に引っ張られるように池に潜ってしまったようです。長男の子どもは6歳でした。腰までもない浅い池だったのに」

その池のほとりに、道路からすぐ池に近づけないようにコンクリートのブロックが作られていた。

旧暦の6月2日は、障害がいつかは治せる日がくると信じ続けてきた夫婦の夢が、大きな音をたてて壊れた日だった。子どもたちが死んだ時も、下の2人が枯れ葉剤の影響を受けているとは思っていなかった。スックが浴びたあの液体。その液体と子どものてんかんとの関係は？　自分の子どもが、枯れ葉剤の影響を受けているとスックが確信したのは最近だ。ハノイの放射線医学研究所で二〇〇二年に診断を受けた時、枯れ葉剤の影響と言われた。近くの村に、3人の精神障害の女の子を抱えた家族がいた。あの親も戦場で浴びたに違いない。スックは、あの〈液体〉こそが、自分たちのかわいい子どもを障害児にさせた〈犯人〉だと、確信するようになった。

559部隊の誕生

ホーチミン・ルート建設に踏み切る転換点は、1959年１月に開かれた北ベトナム労働党第２期中央委員会第15回拡大会議での第15号決議であり、その建設を担ったのが559部隊である。「南部革命の主要目的は南部解放であり、実現方法として武力を利用する。具体的には、政治闘争から政治と武力を混在させる戦闘へ発展させる。まずはアメリカに従うゴ・ディン・ジェム政権を打倒し、革命政権を樹立する」（要約）というものであった。

当時、ソ連共産党は、「一つの火事で、世界の平和が燃え尽きることはない」という言葉を引いて秘密裡の実行を黙認したが、「北ベトナムは武装による方法ではなく、経済を強固にすることによって国家の統一を計るべきである」という意見であった。中国の鄧小平総書記は第15号決議における南部革命の方針に賛成はしたが、中隊規模での武装を強調していた。「そういう兄弟国からの忠告も考慮して、政治局とベトナム人民軍は、北部からの南部への支援が露呈しないように、細心の注意をはらった」（人民軍歴史研究所談）

59年５月５日、グエン・ヴァン・ビン国防副大臣は、ヴォ・バム大佐補佐に「特別軍事隊」の設立を指示した。その軍事隊の任務は、北部から南部までの円滑な交通のための道案内、第５軍区への軍事物資（7000本の歩兵用銃）の緊急輸送、南部主力軍を統率する幹部500人の南部戦場への安全な移動であった。特別軍事隊は59年５月に樹立されたため、その年月をとって559という番号を与えられ、南部解放のシンボル的数字となった。

559部隊には厳しい条件が課せられていた。それは厳重なる守秘義務であった。これら任務のために行われる北部での準備活動や、路線経路でのすべての活動は、隠密行動が要求された。南部へ続く路線建設は、559部隊に課せられた最大の使命であった。道路工事の起点をどこに定めるか？　路線を適切に設置するにはどうすべきか？　どうすれば、ジュネーブ協定調印直後に南が設定した「敵軍予防線」を極秘で越えることが可能か？　ベンハイ川北岸に兵士と物資を集結させたほうがいいのか、それとも川を渡るべきか？　など多くの難問が559部隊に突きつけられていた。

ホーチミン・ルートは、アメリカの侵略の度合いに応じて延長された、ゲアンからホーチミン市まで1600キロ。人の名前がつけられた道路では世界最長である。

「戦わなければならない時に、われわれは国のために戦いました。最後の3年間で2着の服しかありませんでした。でも、戦いました。しかし、子どもがこうなったのも枯れ葉剤のせいです。戦場で私の体が濡れたのも忘れません。枯れ葉剤さえ浴びなければ、そしてあの戦争がなければ、私たちの子どもは学校を卒業し、立派な社会人になって社会に貢献していたはずです。それが私たち夫婦の夢でした。私の妻だけではなく、戦争で子どもを失った女性は、悲しくつらい思いをしています」と、スックは、息子の事故死の後病気勝ちになった妻の気持ちを代弁した。

「私たちはアメリカに行って戦争したわけではありません。アメリカがベトナムにやって来て戦争したのです。アメリカは、日本に原爆を落としました。南ベトナムには枯れ葉剤という化学兵器を撒きました。残酷な行動を憎んでいます。日本政府も、アメリカ政府に言ってほしいです。アメリカは戦争犯罪をしたので、責任をとってあげなさい、と。アメリカには何の恨みもなかったのに、武器で私たちを殺しました。責任をとらないのはなぜでしょうか？　私たちは報復するわけではありません。アメリカ政府は、ベトナムの枯れ葉剤の被害者の子ども、孫、今後の世代にも、責任をもってほしいです。訴状の中に、自分の名前だけでなく、自分の子どもの名前も入れたいです。私たちの訴状を集めて送りたい気持ちです。私たちのすべての証拠を出します」

アメリカに責任を！　スックの強い願望がにじみ出ていた。

8人出産、4人死亡・流産

ブイ・ディン・ビー

一九四四年8月23日、ホアビン省キンボイ郡生まれ。七〇年、青年奉仕隊として第五五九部隊三一八師団の通信部隊に入隊。以後、クアンチ省、トゥアティエンフエ省、クアンナムダナン省を転戦。七五年8月除隊。

胡椒を体に振りかけたような痛み

青年奉仕隊として、一九七〇年3月8日に五五九部隊に入隊したブイ・ディン・ビーは、ホーチミン・ルート守備の任務を与えられ、主として通信機械の保守を担当していた。戦場は、クアンチ省（アーサオ、アールオイ）、トゥアティエンフエ省、最後がクアンナムダナン省だった。

戦場へ派遣された一九七〇年3月頃は、依然としてアメリカ軍が枯れ葉剤を撒布し続けていた頃である。

「撒布は何回も目撃しました。今日のようないい天気の日に、飛行機がやってきて撒きました。そして霧雨の状態になりました。われわれは、胡椒を体に振りかけたように肌に痛みを感じて、涙と鼻水が出てきました。なんでこんな状況になったのかわかりませんでした。そのあと、どのくらいかして木の葉が落ちました。年月日まで記憶していませんが、5年間で3回は浴びました。うち1回は自分の記憶では、まずは偵察機が飛び、その後へリコプターが飛んできました。ふだんは煙が後ろに出るのに、この時だけは前に煙がでました。変だなと思いました。数時間後に葉が黄色くなって落ちたのもあります。この経験をしたのはクアンチ省です。空は化学兵器でいっぱいでしたね」

「この時は、戦略ルート（ホーチミン・ルート）の保守にあたっていたので、山奥にいました。霧を浴びた時は、タオルを水で濡らして、口と鼻を塞ぎました。幸い近くの泉で水を浴びました。泉に飛び込んだのは体が痛かったのと、鼻水が出て仕方がなかったからです。水に飛び込んだ後は、痛みはだいぶ和らぎました。2回飛び込みました。同じ部隊の人も、やはり水に飛び込みました」

体中の突起　心身の苦痛

ビーの除隊は一九七五年8月だった。ジャングルの中にいた七〇年代の前半には、すでにビーの体に小さな突起が出始めていた。

「小さいのが胸板からボコボコ出てきました。そして背中に広がりました。私は蚊に刺されたと思っていました。除隊後1、2年してから増え始めました」

イボが出始めた頃は、天気が変わると痒くなり、痛みも出た。咳も伴った。ビーのイボは初期の頃より大きくなり、いま全身に広がって腫瘍となった。ビーの一番大きなイボは、背中と右耳の後ろだ。右耳の後ろのイボは、強くつまむと痛みを感じるという。膿は出ないが、血が出ることはある。寝る時にはそっと体重を抜くようにして寝るというのだ。

「二〇〇〇年でした。バクマイ病院と放射線軍医学院で診察を受けました。外国人の医者が診察してくれました。胃と腸の中にもイボができていると言われました。友好村の医者には、レントゲンのフィルムも見せてくれたようです。そして、ほぼ毎日血便が出るようになりました。薬を飲んで、少し出血が抑えられました。お腹も痛みます」

目の所にできているイボは、かなりうっとうしい。

「なんとかして手術で切除したいです。人から笑われますから、出かけられません。友人にもこんな形相で会いたくありません……。どこに行っても追い出されます。『うつすな』と。だから店にも入れません。ホアビン省まで友好村の車が迎えに来てくれなかったら、ここへ来る勇気はとてもありません。長距離バスに乗ろうものなら、乗客の反応は大変だったと思います」

一九七八年末に、自分と同じモン族の出身で、幼稚園の先生をしていたブイ・ティ・ノン（一九四四年生まれ。軍隊経験なし）と結婚した。

現在子どもは4人いる。第1子は長女のブイ・ティ・ビン（25歳。二〇〇三年11月現在。以下同）。小学校3年で中退。第2子は次女のブイ・ティ・ボン（22歳）。小学校2年で中退。第3子は3女のブイ・ティ・ヴァ（19歳）。小学校4年で中退。上記3人は、常に頭痛が激しく、冷やした水を頭に乗せたりするほどだ。第4子は、4女のブイ・ティ・ベン（16歳）。少しは勉強ができる。見かけは普通の人と同じだが、父と同じ症状が出始めた。

8人の子どもが生まれたが……

「この他にはお子さんはいませんか」と質問した後に出てきた言葉が衝撃的だった。

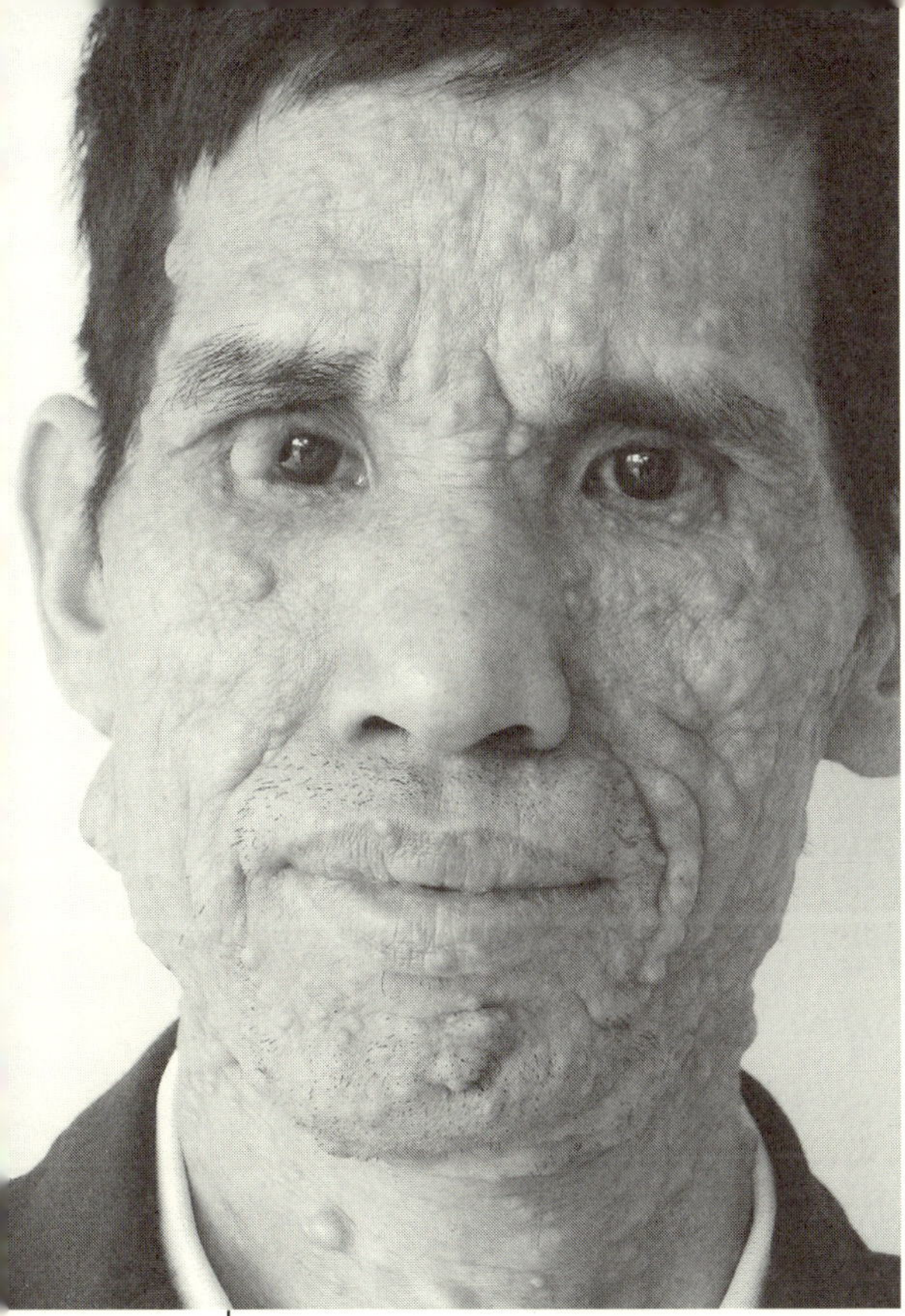

ブイ・ディン・ビー。「私を見るとみな逃げていきます」

「実は私には8人の子どもが生まれました。第1子から第3子は生まれてすぐ死にました。ほんとうの第1子には目と口がありませんでした。手と足はありましたが、体は瓜のような形で……。第2子は未熟児でした。妊娠7、8カ月目の出産でした。姿形は普通でしたが、髪の毛がありませんでした。これは『鬼の仕業に違いない』と思いました。第3子は手と足はありましたが、片方の耳がありませんでした。生後数時間で死にました。最初の4人の中では、その子が一番長生きでした。第4子は流産でした、5カ月目で。それで、さっき第1子と申し上げたのは5番目の子です」

上の2人の子（ビンとボン）を嫁がせた。「退役軍人の子どもだから結婚してくれました。うつらないとわかっていますから……」。ビーはまだ孫に恵まれていない。

ビーは2回自殺を思った。最初は、本当の第1子が生まれた時だった。

「初めての子どもですから、楽しみにしていました。本気で自殺しようと思いました。第1子の出産後、家内はただ泣いていました」と、ビー。この時は、枯れ葉剤の影響などとは思いもしなかった。次に自殺を考えたのは、一九九九年だった。首をくくろうと梁に紐をかけたところを、末っ子のベンに発見された。妻が退役軍人協会に走った。協会の人がやってきて、1週間話し合いをし、必死に説得した。協会も、寄付を募って薬を購入してくれた。

「国は支援しますから……死んではだめです。いま死んだら、子どもが片親になってもっと苦しみます。子どものためにも生きていってください……」と。

妻も説得した。「あなたが死んでしまったら、子どもには父親がいなくなる」と。

「これという直接の原因があったわけではありません、一九九九年にはストレスが溜まってきて……、村人がうつされると思って私をずっと軽蔑してきたのです。私が汚れた人間だと思っていたのでしょう。私に会うのを避けてきました。家内も、そのことでどのくらい苦しんできたか。でも同志が一緒に泊まってくれて励ましてくれました」とビーは言う。調べもせず伝染病と言い触らした村人たちの側に、理解の姿勢などひとかけらもなかった。人の苦しみをわが苦しみと理解できない人たちが世の中には多くいる。

長女のビンが住む省の「ホアビン」とは、皮肉にも「平和」という意味である。ビー夫婦には、子どもが先に死ぬのも、またイボを抱えながら生きている子どもをみているのも辛いのだ。枯れ葉剤被害者を家族に持てば、仮に親が健在であっても年を取るほどにその悩みは重く、深くなっていく。おカネの支援ももちろん欠かせないが、社会の激励がその人を蘇生させていくことは明らかだ。

父親の自殺を寸前で発見した末っ子ベンの症状は、10歳の時から出始めた。今中学3年生。いまは胸部と背中にできていて、まだ全身に広がってはいない。しかし、ビーの初期症状と全く同じなので、「やはり……」の不安がビーによぎる。娘ベンのイボは、ピーナッツ大までになった。

「下の娘が悩んでいるのが手に取るようにわかります。娘がこっそりと泣いているのも、学校に行きたがらないのも気づいています。友達に笑われているからです。学校の先生の激励と家庭訪問にはほんとうに感謝しています」

「いつも寝る時、下の2人のことを考えてしまいます。こういう状態では、娘の結婚も難しいでしょう。そして、私の薬を買うために家族はますます貧乏になっています」

国からの手当は、ビーに月10万ドン。ベンには月八万四〇〇〇ドンだ。三〇〇平方メートルの土地からあがる穀物で食べる分は足りているが、薬を買う余裕まではない。

「私は、もう長くはありません」と言うビーはまだ59歳の若さ。「これまでの奇形の出産も流産も娘の病気も、原因は枯れ葉剤しかありません。そう確信します」と、自信たっぷりだった。二〇〇〇年に受けた放射線軍医学院での血液検査では、枯れ葉剤に被曝されているという結論が出た。「蚊に刺されたと思っていたイボが、実は枯れ葉剤からきていた……こういう症状の人が戦友の中に必ずいるはずです……」と、連絡のとれていない戦友の消息を気づかった。

別れ際の握手は強かった。よくぞ握手をしてくれた、という悦びのメッセージが伝わってきたような気がした。

戦争は終わったが、被害者は残った

グエン・ヴァン・フン（夫）、ファム・ティ・ヴィ（妻）と5人の子ども

夫のフンは一九三六年、ハナム省生まれ。六五年5月31日、五五九部隊入隊。トラック管理部に配属。七五年4月30日、クアンナムダナン省のソンチャー半島で終戦を迎えた。

11年の戦場生活

ハナム省出身のグエン・ヴァン・フンは、一九七六年11月27日に除隊するまで、長い戦場生活を経験した。六五年9月にタインホア省を皮切りに、七六年3月まで、B戦場（北ベトナムが南ベトナム全体を指した戦場の呼び名）、C戦場（ラオス）、K（カンボジア）戦場を広く動いた。そして枯れ葉剤を浴びた。アメリカの戦闘機の爆弾が運転中のトラックの側に落ち、トラックが飛び上がり、木に衝突して前歯を折ったこともあった。しかし、戦死することもなく、11年間の戦場生活を生き抜いた。

だが、長い戦場での生活の影響が、体に出てきた。

「てんかんが起きるようになりました。左耳がほとんど聞こえません。枯れ葉剤の影響だと思いますが、今背骨の障害、皮膚の障害が出ています。背骨の関節が固くなって、仕事ができません。背中を曲げることができないので、鍬を持っても農作業もできません。皮膚はかゆくなり、剥がれていきます」フンの頭皮は、炎症を起こしたようにピンク色になっている。

妻ファム・ティ・ヴィ（60歳）との間に5人の子どもがいる。戦場にいく前に、長女、次女、長男の3人が生まれた。出征してから生まれた2人は、次男のグエン・ドゥック・チュオン（22歳）と3男のグエ

ン・バン・フオン（21歳）である。

従軍前と後を境にして生まれた子どもの健康は、一線を画したように顕著に違う。次男、3男とも、筋肉が発達しない。精神障害をもち、栄養失調状態で、骨だけのような感じだ。下の2人の子どもたちと話が通じる時もある。

「アメリカにメッセージを伝えてください。戦争が終わり、戦争の影響を受けました。戦争の被害者が残って、私たちは苦しんでいます、と。アメリカ政府に私たちの苦しい生活を援助してほしいです」と懇願するのであった。

3　五五九部隊女性兵士たち――ベトナム戦争のキーファクター

前述したような悲劇をもった五五九部隊の男性兵士も数多くいるが、その一方で、男性の陰にかくれて密かに悲しみにくれている五五九部隊女性兵士もまた、数え切れないほどいる。

マイ・ティ・ディエンの部落は、アメリカの爆撃を受けて一〇〇人の死亡者を出した。彼女の親戚の多くが死亡した。それがきっかけで、義勇兵として志願した。「私が志願した時に、私の体重は35キロでした。軍の人は小柄過ぎると言いました。私は、『採用してくれないなら、橋の上から身投げします』と言いましたら、軍の人は『ＯＫ』と言いました」

ディエンは、地雷による負傷の後遺症で今も片足を引きながら歩く。

ファム・ティ・クイ（52歳）は、「『死んでも国は失いたくない、奴隷になりたくない』というホーおじさんの精神に共鳴しましたので、戦場に行くのは怖くありませんでした」と話す。

レ・ミン・クエは、作家。年齢を偽って15歳で軍に入隊した。「私は、情熱的な愛を秘めた人たちが好きです。愛です。その瞬間その瞬間に高地に立っている者のみが理解できる愛です。硝煙の中、戦火の中にいる人々への愛、戦う人々のへの愛です」と彼女は書いた。

チュオンソン山脈で戦闘に従事した兵士を描いた『ベトナム女性戦士』の共同執筆者であり、ジャーナリストのファン・タイン・ハオは、「ベトナム女性は、戦争中に勝利への重要な戦力になっていました。第2次世界大戦の時のソ連以外に直接的な戦闘任務をもつ女性兵士をこれほどもっていた国はないのではないでしょうか。われわれが普通の生活に戻ることは大変難しいことでした。いまでも、私たちの世代は、頭上で飛行機の音を聞けば、心臓が引き締まりますから」と、彼女は言った。

五五九部隊のチュオンソン女性戦士へ

ファム・ティ・クック
戦士たちは　あの時歴史的な道を開いた
彼女たちは本当に明るく無邪気だった
女性の青春時代　私と彼女らの記念は私の記憶に永遠に存在する
彼女たちは私の同志だ
彼女たちは20歳ころの　うら若い女性たち
自分が男性か女性かを意識することもない
祖国が求めると、何があろうと戦場に向かう
彼女たちは戦争の残酷さを2倍受けなくてはならない
爆弾や枯れ葉剤や森の雨などを味わった
マラリアのせいで肌が青白い
全体がダイオキシンで痒いと疥癬になる
道を開く長い期間は　寝不足や食料不足で
髪の毛が抜け落ちるが
悲しみを見せないように絶対涙をみせない
女性の力は小さな山を破壊できるほど強い

苦難な生活で　女性戦士の頬は痩せこけていたが
チュオンソン兵士であることは誇りなのだ
歴史に道を開くために　無邪気に笑ったり泣いたり
そして戦争の犠牲を何も言わずに受入れる
彼女たちのおかげで　多くの地名が永遠に有名になった
10号線のフルニックとホー村のザル坂もそうだ
一日中爆弾にさらされたA字のカーブが
いつも戦線に向かう車の列を迎えた
送別の言葉を言わずに黙って視線を交わす
短い祝いの一言が心を感動させる
彼女たちはロンダイ、スンソンの戦勝に貢献した
五〇〇高地やザンチュー三差路には
夜を日に次いで、アメリカ軍の爆弾が落ちた
それでも軍隊は通っていく
激戦のさ中にある国の歴史的な道で
私は彼女たちに出会った
男性であろうと女性であろうと関係ない
ただ、チュオンソン兵士であるということだけなのだ
チュオンソン　一九七三年12月

ファム・ティ・クック。自作の詩を見せる。

この詩は、ファム・ティ・クック（ニンビン省イエンカイン郡）がチュオンソン山脈従軍中に作った詩に後で加筆したものである。

クックは16歳という若さで、戦場に向かった。少年兵ならぬ少女兵である。「本当に小柄でしたので、チビと言われました」

戦場は、ラオス南部、クアンチ省のケサインとクアンナム省。国道9号線の周辺だ。戦場では兵站部門に所属し、とりわけ食糧の確保とキッチンを担当した。乾燥したコメ、ルンホー（糧乾）といわれる乾燥食、豚肉、ロシア製と中国製の鶏肉の缶詰、日本のコメも入っていた、と言う。

「最大で、一〇〇人から一二〇人の食事を作りました。時には司令官の食事を、また時には病院の患者の食事も特別に作りました。煙は一切出せませんので大変でした。まず地下の台所を作り、煙はあちこちに分散できるように煙突を各所に設けました。泉の近くに引っ張ったのもあります。そういう台所をホアン・カム（煙の出ない台所を考案した人）式台所と言います。ご馳走が出るのは、旧正月、青年隊創立の日（3月26日）、人民軍創立の日（12月22日）です。とは言っても、ジャングルに入って違う種類の野菜をとるだけですが……」と苦笑する。

クックは今、傷痍軍人となった夫を助けながら、小さなお茶屋を開き、戦友の激励に走りまわっている。

女性兵士として義勇兵として出かけた人たちは、多くが10代であった。ほとんどの人が、「戦争が終わったら、いい人を見つけて、子どもを生もう」という夢を支えに何年も戦争に従事してきた。でも、そうならなかった人たちが少なからずいる。一九七五年に戦争が終わって帰ってくると、病気に冒され、栄養失調にやられていた。

ジャングルの中で年をとった

ヴィンフック省のホアン・ティ・イーもそういう1人だ。

彼女は、20歳前で一九七二年に五五九部隊に入隊し、ラオスに派遣された。「国に貢献したかったので志願しました。生きて帰れるとは思いませんでした」と、決死の覚悟だった。一九七五年に戻ってきたが、とても結婚できる体ではなかった。「枯れ葉剤患者に認定されました。病気は戦争の影響です。マラリアとも闘いました。頭痛、目まいの他、甲状腺肥大腫がありますし、胃の病気ももっています。そのうえ、背骨の劣化、リューマチと、頭の先から足の先まで病気が並んでいます。戦争に行かなければ結婚できたかもしれません……、元気になって働きたいという夢はもっています」と言うものの、表情は寂しそうだった。

一五九センチ、54キロのすらっとした女性だ。老いた母親と2人暮らしだ。

ジャングルの中で多くの困難と戦って、体がずたずたになっていた彼女らが、今では望まれていない人たちとなった。戦争から戻ってきた若い男性からも、路上では目もくれられなかった。愛が芽生えても、相手の両親が遮って、出産も子育てもできないような病弱の女性とは自分たちの息子の嫁にはさせられな

ベトナム戦争中のニンビン省出身の559部隊の女性兵士たち。
ジャングルの中で青春時代をおくった。

いという。ニンビン省出身の五〇〇人の女性兵士のうち、50人が枯れ葉剤の影響を受けた。その五〇〇人の女性兵士の1人ヴ・ホアイ・トゥは、「私たちは、ジャングルの中でいかに年をとったか、です。最終的には、私はいい人をみつけました。彼は結婚してくれと言いました。しかし、彼の両親が許してくれませんでした。彼は別れたくありませんでした。でも、あなたは私から去っていったほうがいいと言いました。私はマラリアと栄養失調にかかって虚弱でした。子どもを生めるほど強いとは思いませんでした」

トゥのような女性はいま50代に入った。彼女たちが集えば、チュオンソン山脈で青春を失ったと口々に話す。彼女らの多くが、出征前より、帰ってきた後の生活の方が厳しかったと吐露する。男性は英雄になり、女性は英雄になりにくかった時代の戦争だったのだろうか。その戦争の中で彼女たちは兵士として忘れられていた、という厳しい事情がずっと尾をひいている。

恋人との別れ。一夜の男性

「戦後の生活は、質素でもいいから幸せなものだろうなと思っていました。戦争から帰ってきた時は痩せて体重36キロでした。私は恋人と別れました。彼に言いました、『病気を抱え、片足を負傷し、私はあなたの重荷になるだけだから』と」。こう言うのは、グエン・ティ・ビン（南ベトナム臨時革命政府の同性同名の人とは別人）だ。ビンは以来独身を通した。家族主義の濃いベトナムではやはり異色。不妊の女性と子どものない夫婦は哀れみの対象にしかならない。

一晩男をとって子を身ごもった女性もいる。子どもだけ頂くという場所がかつてあったという。××牧場とか聞いたが、正確には誰も教えてくれなかった。子どもだけ欲しい人がいて、こっそりと作って未婚の母となった。シングル・マザーが、この10年くらい前から認められるようになった。ニンビン省でもシングル・マザーがいるという。昔は厳しかったので、本当に秘密裏に行わざるをえなかった。

「心ある人は理解と同情を示してくれます。ありがたいと思います。でも、中には意地悪い人がいて、自分たちの子どもを連れてきてこう言います。『こういう人になっちゃいけない』と。好きで1人を守っているわけではありません。ぐっと我慢しました。しかし、将来戦争があって、国を守らなければならないという呼びかけがあれば、かつて私も行きましたので、私は自分の子を戦場に行かせます。ベトナムには、こういう諺があります。〈もし敵が来たなら、女性でも戦わなければならない〉」

南ベトナム臨時革命政府の外相として活躍し、前国家副主席だったグエン・ティ・ビン（現在は枯れ葉剤被害者ベトナム基金名誉総裁）は、枯れ葉剤被害に触れて、「多くのベトナム女性には、母親になる権利すら与えられていないのです」（毎日新聞二〇〇四年11月22日付「ひと」欄）と言った。

女性兵士の長い歴史

ベトナムには女性兵士の長い歴史がある。ベトナムで最も尊敬されている女性兵士は、チュン姉妹だ。チュン・チャック、チュン・ニは紀元5年に中国に対して謀反を起こし、ベトナムを解放した。その時の

ベトナム戦争の起点――ドンコイ運動

1954年７月20日にジュネーブ協定が調印されたが、これには、アメリカと南ベトナムは調印しなかった。北ベトナムは、２年後の南北統一選挙と引き替えに、17度線で南北を分割する案を飲まざるをえなかった。

協定に盛られた南北統一選挙は、もともとアメリカと南ベトナムは実施する意志はなかった。アメリカは南ベトナムを援助し、介入の度を強める。

南ベトナムのゴ・ディン・ジエム大統領は、反国家分子の強制収容令を発布し、知識人や一般市民にたいする弾圧を強める。1954年から57年まで南ベトナム政府の非公式発表では、拘束されて殺された人数は９万8000人にのぼったという。この数字は、南ベトナム政府が実行したものの数字であり、例えば体をトラックに結びつけられて引きずられたり、熱湯を体に浴びせられるという拷問死による犠牲者の数は入っていないと、当時を知る人はいう。

ドンコイ運動直前のホーチミン主席の読みは、「いま100万人の共産党員がいる。必ず勝利できる」というものだった。北ベトナム共産党とホー主席は、南ベトナム市民による蜂起を決定した。ベトナム語で、ドンは「同じ」、コイは「起」を意味する。つまり各地方で同時に立ち上がる、という意味であり、抗米救国戦争のはじまりであった。メコンデルタの各省だけで展開された。それは北ベトナムが南ベトナムを侵略するという印象をさけるために、北ベトナムによって用意周到になされた戦術であった。

60年12月、南ベトナムに民族解放戦線が成立した。南ベトナムでの革命勢力は、ドンコイ運動後は敵を攻撃する立場へと変貌し、人民戦争への色を強めた。

南部解放の武装勢力の指導者であり、民族解放婦人同盟の重要な役割を果たしたリーダーの一人にグエン・ティ・ディン（1920～92）がいる。メコンデルタのキエンホア省ベンチェの農家出身の女性だ。ディンは、10代で抗仏戦争をベトミンと一緒に戦った。1940年から43年まで監獄につながれたことが、彼女を45年と60年のベンチェ蜂起へと駆り立てた。

76年に出版されたディンの自著『道はこれ以外になかった』（仮題）の中で、南ベトナム軍を襲撃した時には、彼らはまだ寝ていたと当時を振り返っている。彼女たちは、物売りに変装し、解放軍のために武器を奪った。彼女たちは、村の役人に窮状を訴えた。また、土地分配を議論し、地主に抗議して立ちあがるよう農民たちと話し合った。彼女は、「革命に参加した多くの人が女性で、“長髪軍”を組織した。武器としてのナイフやマッチを作る大工や鍛冶屋も大事な人々だった」と組織作りを述べている。

司令官の1人フン・ティ・チンは、戦争中に出産し、子どもを背中におぶって戦闘を続けたと言われている。ティオ・オウという女性は、象に乗って三〇〇〇人の軍勢を率いて中国と戦ったが破れ、23歳で自殺を遂げたという。

戦史家によれば、抗仏戦争の時は、ほぼ一〇〇万人の女性ゲリラがフランス軍との戦争に参加したという。抗米戦争では、解放戦線の地方司令官の40%は女性だった。有名なベンチェ蜂起の中心人物だった、南部のグエン・ティ・ディンは将校だった。何万人という女性が、それもほとんど若い独身の女性が、戦場に従軍した。彼女は対空砲を操作し、激しい爆撃の中を道路建設に携わり、情報を収集し、スパイ活動をし、男女混合の部隊の中でパトロールした他、渡し船で兵士と物資を運んだりした。

戦場から戻った女性兵士の実家の多くは貧乏だった。貧乏な家に食扶持がまた増える。疾病や栄養失調で虚弱になり、長期にジャングルにいたことで肌は脱色し、彼女たちは村を出て出征する時ほどには魅力的ではなくなっていた。加えて、相手を探そうにも多くの男性が戦死して数が減ってしまっていたことも苦労の原因だった。今日ですら、女性一〇〇人に対して男性は98人と男性優位な社会であり、東南アジアでは最低の比率である。

五五九部隊出身のグエン・ティ・ニョン（51歳）は、「私は幸運でした。チュオンソンでとってもハンサムで若い男性に巡り会いましたから。彼は近くの村の出身でした。私たちは結婚しました。しかし、戦場で好きになり、戦争が終わってからお互いに探しに探したけど、お互いを見つけることができなかった多くの人を、私は知っています」と言う。

女性の多くはなんとか健康を取り戻し、結婚した。しかし、寺に籠ったり、国営の住宅に1人で入っている人もいる。次の歌は、独身でいた人が嫁ぎゆく歌だ。

友を川まで見送る

チャン・ナム

私の友達は中年となった
夕方になって　初めて笑顔になった
驚いたよ　あなたに！
髪の毛が露の色になって
頬が　初めて　桃色になった
苦労を背負って　やっと　今日
春の甘さを味わう
まあ！　近しくなった同志の時
お互いに助け合う
次の季節の種子（たね）を期待しない
枝の樹脂が枯れて　葉が黄色くなった
若い時　進軍の友達と遊んでいた
年をとった時　米を出しあって一家を構えた
会話をした後　目が赤く腫れた
涙が流れていた
おめでたい日に　友の幸せを祈る
いまだ独身のわれわれが　付き添っている
おカネの心配は　もうそれほどない

けれど、孤独は増した
平和の中に　生きているこの瞬間
人生の負い目（債務）を背負っている気がした
われわれのシャツが石灰のように　白くなった
四季の雨で　ぐっしょりぬれた
乾く時は　いつ　くるのだろうか

「川の向こうにいく」ことは、友が結婚するという意味であり、送る方もまた独身の人たちを意味している。「夕方になって」とは、人生のたそがれを意味するベトナム語表現だ。「次の季節の種子を期待しない」とは、子どもを作ることを期待していない、ということである。「人生の負い目」とは、子どもを作って社会に貢献させることのできない辛さだ。戦争帰りで耐えた女性たちの寂しさがにじみ出ている。川を渡れない女性が多くいるのである。

一九八〇年代の初め、彼女たちの社会的孤立緩和策として、ベトナム政府は、未婚女性が出産することに対するタブーを解除することを模索した。そして、未婚の母とその子どもを家族と認め、農地を得る資格があると発表した。何千という女性が、一夜の男性をとったと言われる。

ベトナムでは、多くの女性が戦争へ参加して戦争を下で支えたことは事実だが、戦争への女性の貢献度に対する認知は遅れた。大量動員された女性の力がその後のベトナム政治に反映されず、ウーマン・パワーが低下したが、徐々に認知され始めてきた。一九九五年には、女性博物館がハノイに開館した。学校の全生徒が、戦争における女性の役割について作文に書く。旧非武装地帯に近いニャッレ川の土手に、爆撃の中を男性兵士と物資を運んだ1人の女性の栄誉を讃えて、一つの碑が建設されている。

十代の義勇兵として戦場に行った五五九部隊の女性兵士に、「チュオンソン兵士」として特別のメダルが贈られた。受賞式には、彼女たちは軍服姿で集まった。ニンビン省出身の五〇〇人の兵士の中で、戦場から戻らなかった40人を悼み、傷病兵として戻った50人の女性兵士の栄誉も讃えてレストランに集った。昼食が出されると、女性兵士の1人だったチャン・ティ・ビンが自作の詩を朗読した。

青春時代

チャン・ティ・ビン

17歳になった時、入隊した
チュオンソンにいた時は、もう17歳だった
若い女性のおしゃれすらできない
長い髪の毛はチュオンソンに沿ってなびく
リュックサックと拳銃を持ち
革命の道を歩んでいく
あの時チュオンソンにいた私たち青春時代の女性たちは
道の埃や風や霜などを味わった
とても大変だったのに苦にもしない……
女性たちの足を止めることはできなかったのだ
日夜の爆弾も気にしなかった
私は危険な場所に立って、戦場に進む車のために道を開く
チュオンソンの歌を歌う

あの時チュオンソンにいた私たち青春時代の女性たちは
幸せも苦痛も犠牲も経験した
女性戦士と怪我や犠牲（戦死）を分かち合いたい
チュオンソンに血を残す
一度も妻や母にならなかった女性たち
あるいは枯れ葉剤が体に入った
自分の子ども
不運にも逝ってしまった人たちに……
私は心からの線香を手向けたい
（略）
あの時、チュオンソンにいた私はまだ若い女性だった
人並みにきれいで性格もよかったけど
あれから26年も経ってしまった
もう、あの人をみつけることはできない
彼は永遠に逝ってしまった
（略）
長い髪のお姉さんと呼ばれていた
川で長い髪をといていた
髪の1本1本は、その人の一部だ
だから、抜け落ちた愛情の1本1本を

チュオンソンで拾いあげたい
同志よ　それはできるだろうか
何人の友人が亡くなっただろうか
今日の再会に帰り集えない人は何人？
信頼の目で
チュオンソンで戦略の道を拓いた女性たちと会った
まだ20歳だったのに
戦場で青春時代を送った
あの人と出会えた時の涙が、いまもこぼれている
（略）
二〇〇一年8月17日

目を閉じて詩の朗読を聞く元女性兵士。チュオンソンを思い出すように遠くを見つめている元女性兵士。手で顔を覆っている元女性兵士。ティッシュを目に押し当てたままの人もいた。ビンの詩の朗読が終わると、何とも言えない沈黙があたりに流れた。

五五九部隊に籍を置いた元女性兵士に会って話を聞いた。一九七一年にアメリカは公式に枯れ葉剤の撒布を中止したが、ここでは、その後に出征した女性を主として取り上げる。撒布中止といっても、アメリカは代わりに南ベトナム政府軍に撒かせ続けた。

四〇〇人の元女性兵士を訪ね歩いて

チャン・ティ・ビン

一九七三年8月血判状をしたためて、入隊した。最初はラオス戦場に向かう。その後クアンチ省へ移動。入隊後看護婦の勉強をして、看護婦として従軍。薬が不足する中、苦しむ負傷兵を歌で介護したこともしばしば。二〇〇四年かつての戦場を訪問した。ニンビン省五五九部隊女性兵士の会幹事を務め、女性兵士の激励に回る。

傍観は耐え難かった

台所から婦人たちの元気のいい声が響いてくる。あの人、この人の話が飛びかっている。笑い声も聞こえる。大人数の食事を作る時のベトナム人の台所はいつも賑やかだ。ニンビン省の五五九部隊の「女性部隊」の集合だった。台所で開く女性部隊の同期会のようなもので、苦しい時期を戦った仲間の強い絆がそこにあった。ニンビン省は、ベトナムでも最大の女性兵士団を送り込んだ省の一つでもあった。

ニンビン省の省都ニンビンの町中。チャン・ティ・ビンの家だった。茶色のコールテンのワンピースにパールのネックレスという盛装のビン。息子の結婚式を1週間後に控えた多忙な時期でもあった。

「五五九部隊の入隊は自分の意志でした。私は若い時に親と死別していましたので、戦場にいかなくてもすんだのですが、皆必死で外敵と戦っていましたから、傍観は耐え難かったのです。左手小指を切って、村の指導者に宛てて、A4サイズの紙に『入隊させて下さい』と請願の血判状をしたためました」

ビンさんの頬を涙がつたい始めた。

「すると地元の幹部6人が来ました。『本当に熟慮したんですか。戦場は、大変な所です。それでも、我慢できますか?』と聞かれました。私は『よく考えました。辛くても行きたいです。軍隊に入れて下さい。私は正義のために直接戦いたいのです』と言いました。よく考えました、とは言いましたが、1人の女性に何ができるか、想像もつきませんでした。入隊後船で中部まで運ばれ、そこからラオスに向かいましたが、自分がどこにいるかさえも知りませんでした。中には、私と違って心から志願した人ではない人もいて、ホームシックにかかり、毎日泣いていました」

行った戦場は、ラオスのサバナケットとアトプー、そしてベトナムは中部クアンチ省である。

「ラオスまで進軍した時は、女性にとって大変なことでした。一番困ったのは、水が決定的に不足していたことです。五〇〇メートルも離れた所に、ただのチョロチョロした小さな水脈があっただけでした。水を瓶に入れて何回運んだことでしょうか。ジャングルの中では圧倒的に水が不足していました。私たちも水を飲まなくてはなりませんし、そうかといって腐った葉が入った水たまりの水を飲むと病気になりますし……」

チャン・ティ・ビン。「全戦友の家を訪ね歩きました」

入隊後看護の勉強をし、看護婦として従軍した。明るくてきさくで元気の固まりでもある人だ。看護婦の大事な資質である。

「戦場からは重傷の兵士がひっきりなしに送られてきました。ある夜でした。1人の重傷の兵士が昏睡状態のまま車で送られてきました。その人の師団がブオンマトゥオットで戦っていたことは軍の書類でわかりました。胸部、足、手がぐちゃぐちゃになっていました。酸素療法で対応するしか手はありませんでした。手術の道具がなかったのです。止血剤も足りませんでした。本当に基本的な物しか……いえ、基本的なものも足りませんでした。ビタミン剤、心臓の薬『ニカタミット』、鎮痛剤『アトビン』、抗マラリア剤『クイニン』などがあるだけで、包帯も不足していました。洋服を裂いて、包帯にしました。傷病兵が多すぎて、すべてのものが不足していました。その方は亡くなりました」

歌が麻酔がわり

ビンの顔は、昔の看護婦の顔に戻っていた。

「私たち看護婦の睡眠時間は、本当にわずかでした。3、4時間眠れればいいほうでした。患者は痛みから大声で叫んだり、泣いたりしました。それに時間に関係なく夜でも運ばれてくるので、寝ているわけにはいきませんでした」

ほとんどのものを破壊したアメリカの爆撃で、壊れないものがあった。勝つために人を救うビンたちの必死の気持ちだった。

「注射が嫌いで、失敗したこともありました。最初は仕方なく看護婦になるための勉強をしました。でも、怪我をして死にゆく兵士をみて、人の命を救えたらすばらしいと思って猛勉強しました。負傷した軍人は痛みのために精神的に不安定になりますので、歌の勉強もしました。歌わなければならなかったのです。幸い小さい頃からチュオンソンの曲が大好きで、ラジオを聞きながらチュオンソンの曲は全部覚えました。負傷兵は若い人ばかりでした。手術する時麻酔薬がないので、患者の痛みを少しでも和らげるために歌いました。従軍看護婦は、誰でもが歌えなくてはなりません。夜、患者を見回ると、歌ってほしいという人が多いです。患者からリクエストされたら、すぐプロのように歌います。ですから、夜は、歌声が響くのです。歌を聞いている時の兵士は、感動して表情も症状も変わっていくのがわかります。私の歌が気に入られて、ずいぶんリクエストされました。薬がなければ歌で癒そうと。戦場では歌が元気と健康を回復させます。薬不足の戦場では、私たちの歌は薬剤同様でした」

女性とは、「生命を育む人」のことである。薬品のない現場で、看護婦の歌こそが、支えられているという傷病兵の安心感につながった。多くの人に安堵の気持を与え続けたビンたち戦場の看護婦。薬がなければ歌で治す。敵と戦った多くの兵士を癒し続けたビンたちである。

ビンは、当時怪我をした兵士のために作られた曲を聞かせてくれた。ビンの家の居間がステージに変わった。『軍医、戦士に歌う』という曲だった。四七二師団軍病院のダウ・テ・イ副院長が、作詞・作曲したものだった。

チュオンソンの夜に　雲が漂っていた
あなたが休めるように　私は働き続けている
私の心に　あなたの傷を感じ
夜の灯油(ランプ)の光が　私の心のメッセージを送っている
私の心は痛んでいる
子守歌のように　やさしい
風の中の調べのようだ
長い夜のあなたの眠りの子守歌だ
せせらぎの音がして　おやすみなさい
（以下略）

お金で買えない歴史

皆で助けあってこそ、1人1人が勝利できる。友の無事と友の快癒を祈り、戦傷に負けぬ力を呼び起こし、生き抜く力をも与える詩歌。ビンの凛たる歌声が応接間に響き、すっかり戦時中のビンになっていた。集まった五五九部隊の元女性兵士から大きな拍手が沸き起こった。

「この歌は野戦病院のスタッフ全員だけでなく、われわれの師団全員が歌えました。感動的な歌と大評判でした。この歌を聞いて、ほとんどの患者が涙を流しました。チュオンソンの歌は、爆撃の音を消すと言われたくらいですし、また実際爆撃の音を消す歌もありました。ラオスの軍人もチュオンソンで犠牲になったタイビン省の若い女性のために詩を作りました。軍の幹部も賛嘆しました。スタッフは一二〇人以上いましたが、医者は1人か2人。それに薬剤師が1人。後は全員看護婦でした。医師は足りない。薬はない。食べ物もありませんでした。ジャングルの中の食事は、竹の子、肉の缶詰、それにジャングルの中の野菜。これ以上に食べるものはないんです。歌で元気を引き出すしかありませんでした」

乾期になると、ラオスからの暑い風が吹いてきて、ジャングルの中は猛烈な湿度と気温になる。それにめげず働くビンたちの姿があった。

五五九部隊にいた誇りは？

「伝統と実績のある五五九部隊に入ったことは、軍人として誇りです。民衆に貢献できたことを誇りにしています。軍人になった当時の気持ちを今後もずっと保ち続けていきたいです。これはおカネで買えない歴史です。全世界に知らせたいです。私たちの心は、一つには共産党のため、二つには市のため、三つ目はあなたのためにあるんです」

一九七五年4月30日の終戦。ビンは、クアンナムダナン省のナムザン郡にいた。ダナン市から一四〇キロ離れたタトゥーという少数民族がいる所だ。

「進軍状況を毎日ラジオで把握していましたので、大体のことはわかっていました。その日はもう、私たちは泣いたり笑ったり、それは大変でした。ジャングルの中ではぜいたくな物は何一つなく、鹿を捕まえ、川で魚とエビを獲って、竹の子を使って祝宴をしました。その時、私の心の中に二つの気持ちがありました。うれしかったことは、国が統一して平和がきたこと。悲しかったことは、従軍した戦友が戦死して、この日を共に迎えられなかったことです」

30年前のベトナム戦争をいま、どう考えますか？

「もう戦わなくてすむという考えと、戦争ってひどいものだという両方の思いです。戦争中の苦しみ、辛さがどうしても浮かんできます。ニンビン省五〇〇人の女性が自分の青春時代をジャングルの中で過ごしました。今は、戦った場所に行って昔のことを思い出せれば、と思っています。苦しい戦争でした。ほんとうにむごい戦争だったからこそ、国を解放させたいという気持ちでいっぱいでした。できることなら青春を取り戻したいです」

30年ぶりのチュオンソン・ルート

二〇〇四年2月、チュオンソン部隊に女性兵士を出した各省から代表が参加し、ビンは30年ぶりに懐かしいチュオンソン・ルート再訪の夢が実現した。

「私たちが作った道路の近くに住む住民の家族を訪ねました。5、6人の障害児を抱えている家族もいました。やはり、チュオンソン山脈は病んでいるのだ、と思いました。そこで私たちが作った詩（『青春時代』）を朗読しました。私たちが作った道路も見学できて、感激し感動しました。」（次詩はビンの自作ではない）

チュオンソン軍医戦士

学校の椅子に座っていた　幼い頃
私は地理の授業で　チュオンソンが好きになった
祖国が　アメリカとの戦闘を呼びかけている
私は　軍医戦士となった
チュオンソン・ルートが　一年中
出征兵士で賑わっている
どこに行っても　やさしい乙女たちに出会った
爆撃の中でも生き生きとしていた
あなたたちは　春を呼ぶ燕だ
赤十字の箱は
長いみちのりを歩むあなたの友だ
あなたの手は　同志の気持ちで
戦士の傷を癒してくれた
あなたの地道な戦功を知る人は少ない
だが、一〇〇の山　1万の峠を誇るチュオンソン山脈のように
あなたの戦功は　数多くそして聳えている
山の頂きの陣地に　地下のトンネルに

どこにでも　あなたの姿がある
戦いを始めるわれわれの
あなたは　強い味方だった
敵を攻撃した時にも
長い夜を過ごす傷病兵にも
あなたのやさしい子守歌が流れた
あなたの故郷（ふるさと）は
お米の産地のタイビンですか？
シルクの産地のハタイですか？
穏やかな流れのヴァン川ですか？
おいしい椰子のとれるタインホアですか？
あなたの戦勲が　このルートを
いつまでも照らしていた

「私は、除隊してから、戦友たちのために少しでも役立とうと努力してきました。戦友が生きていようが、亡くなっていようが、私は戦友のために生きて行こうと決めました。私のことを皆が少しでも頼りにしているからです」

「科学が早く進歩して、新しい治療方法がみつかるといいです。ベトナムの枯れ葉剤被害者の悩みも日本の広島・長崎の原爆の被害者の悩みも人類共通のものです。どんな形でも世界に窮状を訴え、アメリカが少しでも患者の苦しみを理解して救済をするようになれば、ありがたいです。枯れ葉剤を撒いている飛行機のビデオを見て、ひとしお怖さを感じました。次の世代が心配です」

発症、増え続ける斑点

9カ月ぶりで会ったビンに、以前のような生彩はなかった。生気を感じなかった。何があったのか？

「私たちは年をとるにつれて体力が落ち、いろいろな病気が出てきています。これからもどんどん死んでいくと思います」と言って、二〇〇三年に亡くなった同期の6人の死を悼んだ。ほとんどが50歳そこそこで、大半の戦友が肝臓ガンだった。乳癌で亡くなった方もいる。肝臓ガンが発見されてから20日で亡くなった人もいた。

ビンは、自分のことより、病気で苦しむ同期の女性の世話を常に最優先してきた。鋼のように丈夫だったこの人にだけはダイオキシンが寄り付かないと思っていたが、実はビンも発症していたのだった。

「私も、この2年間体に痒みが出てきました。まず足に黒い斑点が出てきて、今年も斑点が増えています。そして、背中にも出始めました。このような跡が残るのです。黒くなった斑点。足首からふくらはぎ、大腿部、肩にかけて、口元にもでき物が出ています。ニキビではないんです」と言って、ビンは袖とスラックスをまくりあげて手と足をみせた。

この2年間でハノイの結核研究所病院他に3回入院した。入院期間も合計で2カ月以上に及んだ。病名は、急性気管支炎、急性肺炎。呼吸器系の病気が出るようになった。低血圧からくる目まい、体のだるさ、心臓も、腎臓も調子が悪い、泌尿炎、血尿炎……。最近、睡眠がとれなくなった。1カ月に、眠れない日が17日間もあったこともある。眠られる日でも、夜中の12時からせいぜい朝4時くらいまでだという。

「以前とくらべると、体重は増えて体力が落ちました」というビンに、濃い陰りを感じた。

話を聞く限り肺癌の疑いもある。首の付け根にもしこりを感じて、自身でガンではないかと疑っている。

「私の子どもにはまだ大きな病気が発症していません。ただし、娘には、ひざ下から痒みが出始めました。息子の背中にも痒みが出ています。息子は背中の方に集中しており、娘はほとんど膝から下です。非常に痒そうです」

第1子の長男ヴー・ゴック・ハー（一九七九年生まれ）は、ビンの除隊後3年して生まれた。生後から最近まで何の変化もなかった。この5年ほど前から痒みが出てきた。母に似て、よく呼吸系の病気にかかり、母親と同じく斑点が出てきた。「これは目で見られる病気です。でも、見えない所はどうなっているのか、気がかりです」と、母親は先の先まで心配する。二〇〇三年8月に結婚。現在生後9カ月の子どもがいる。ハノイの建設会社に勤務。

第2子は、長女のヴー・ティ・フオン・ザン（一九八一年9月生まれ）。インターネットの大手プロバイダーに勤務。独身である。生まれた時には異常はなかったが、5歳の時から皮膚に痒みが出て、斑点も出てきた。1年中痒みがあるが、天気の変わり目に特に痒みが出る。呼吸器系の病気（咳が止まらない）にもなるし、視力も弱い。目まいも多い。低血圧。「娘は、なぜ自分にこういう症状が出ているか知らないので、現在私ほどは心配してません。母親としては理由を知っているので、辛いです。私が言わなくても、やがて分かる日がきます。その日が来るのは辛いです」

ビンには、ほんとうは4人の子どもがいるはずだった。「2人目のあと、2人の子が流産しました。3人目は2・5カ月。4人目は1・5カ月の流産でした。2回続けて流産した時は、ただ単に体力がなかったので流産したと医者も信じ、私も信じました。流産が2回続いたので、もう子どもを作ることはやめました」。ダイオキシンは例外なしに、誰の体をも壊していく。

この9年間に、ビンは、ニンビン省にいる四〇〇人の元女性兵士を訪ね歩いてきた。バイクや自転車で、ひたすら激励のために。彼女の頭の中には皆が住んでいる所がすべて頭に入っている。「大隊の主力軍」と、女性の戦友からは信頼されてきた。自我を捨てて、大我につく人だ。これだけ人に尽くしてきたビンが倒れたら、ニンビン省女性兵士連絡会は一気にまとまりを欠くに違いない。それほど余人をもって代えがたい人材だ。

「戦友仲間に悲しみを与えたくないので、何も話してありません。家族にも打ち明けてありません。病気勝ちになると、どうしてもアメリカに対する恨みは強くなりますね。抗米戦争で勝ちましたので、自分の疾病にも勝てるように頑張ります」

最後はいつものビンらしくなった。

木が1本もなかったラオスの戦場

レ・ティ・フオン

ニンビン省ナンビン郡出身。19歳の時に、請願書を書いて五五九部隊に入隊。ラオス南部戦場、クアンチ省、クアンナム省の戦場に派遣された。その後、一九七六年に再度ラオスに派遣された。五五九部隊に所属した兵士と結婚。第1子、第2子は死亡。

フオンの恐怖

「国が戦争しているので、共産党の呼びかけに応えました。19歳の独身で、結婚のことなど考えませんでした」とフオンは言う。

レ・ティ・フオンが派遣された戦場は、ラオス南部と国道9号線のクアンチ省とクアンナム省だった。工兵として2年従軍、連絡部隊として1年従軍した。76年に、またラオスに派遣された。「連絡部隊は無線交換機の当番でした。北から、南からの情報を受けて、それぞれにまた発信する役目です」

「南部ラオスの戦場に行った時、木は1本もありませんでした。燃えつきてしまって、草もありませんでした。クアンチ、ケサインもそうでした。枯れ葉剤がジャングルに残っていたかどうかなんて、知るはずもありません」

しかし、フオンの恐怖は、戦場よりも故郷に帰ってからだった。彼女の出産の歴史は苦痛のそれだった。一九八〇年に最初に生んだ子が無脳症だった。第2子は一九八二年3月に出産したが、生後1時間で亡くなった。

「無脳症の子を生んだ時はびっくりしましたし、悲しかったです。なぜこんな子を生んでしまったのか考えました。夫婦で塞ぎこんでしまい、口をきく元気もありませんでした。2番目の子が死んでも、まだ不思議に思いませんでした」

一九八三年に第3子のファム・ティ・トアをお腹に宿した時に、フオンに出血が起きた。3番目の子をなんとか守ろうとして入院した。病院は注射を打ってくれたが出血は毎日続いた。「3番目に生まれた子は普通にみえましたが、精神遅滞でした。目も悪いです。現在高校3年生で、学校に通ってはいますが。出産してみて自分の定めと思いました。私は不幸な定めで生まれた人だと悟りました」

第4子も女の子でファム・ティ・タオ（一九八五年生まれ）。高校2年で、現在のところ健常である。

第5子は一九九三年に生まれた。名前はファム・ティ・ズン。「この子は小頭症です。10歳になっても、頭の大きさは『魔法瓶』のようです。歯が出ると抜け落ちます。その歯が粉のように脆いです。食欲もありません。やはり精神遅滞で、知能が発達しません」

病院が二〇〇〇年9月18日に発行した証明書には、「疾患名：手と足の奇形。痙攣。自立できない」と記入されている。

新しい洋服を着せて

第6子は、二〇〇二年2月18日に亡くなった。病院の証明書と写真を携えて来た。「亡くなる数日前に熱が出て、病院に連れていきました。栄養失調と言われて、点滴を打ち抗生物質を投与してもらいました。熱が下がったので自宅に連れて帰りました。おかゆを作って豚肉を潰して入れてスープのようにして飲ませました。それでもほとんど食べませんでした。泣くばかりで、痙攣が続き、また発熱が起きました。食事もとれませんので、この子は長く生きられないとわかり、体をきれいにしてあげて、新しい洋服を買って着せました。前の晩から私は一緒に抱いて寝ました。そして朝の7時ごろ亡くなりました」

フオンの涙が止まらない。

こういう詠み人知らずの詩もある。

18歳

私が出発する時　母はこう言った
「あなたは竹の子のように小さいから
何でもがんばるのよ！
人より優れていなくても　人並みにはやるのよ！」と。
若い私は救国に出かけた
万里の道やチュオンソン山脈を越えて。

部隊に入り　看護婦になった
戦場の軍医病院だった

季節がめぐる　時がめぐる
トンネル（防空壕）の光の中で
包帯を交換した
深夜　朝　午後　注射をし　包帯を替え
機織り機の梭のように　病床を行き来した

チュオンソンで　塩をまぶした米をたべながら
歩みを止めることはなかった
この戦功にあなたも貢献した
あなたは　ジャングルの中の鳥のように　歌っている
あなたは　チュオンソンの英雄戦士だ

6年を軍籍に置いて

グエン・ティ・ラン

一九七三年入隊。七九年の除隊まで、工兵として、ラオス国内とインドシナ3国国境地帯、及びクアンナムダナン省に派遣された。

第1子第2子は死亡

「皆が戦争に行って寂しかったので入隊しました」。こういう人もいる。ランは一九七三年8月27日に入隊した。

彼女の軍隊在籍は長い。除隊は一九七九年9月27日。まるまる6年間を軍隊に身を置いた。枯れ葉剤の影響で、あちこちで葉が枯れて落ちているのを目撃した。

「悲惨な光景でしたよ」と言う。

戦地では、生活用水の確保が常に緊急を要する問題だった。水不足から皮膚病にかかる人も多かった。部隊の水槽は3立方メートルしか貯められなかった。30キロも離れた所に、金属の水槽をもらいに行ったこともある。兵士たちは、水の瓶を1人1日、1本しか割り当てられなかった。だから、アメリカ軍の爆撃でできたクレーターに溜まった水は貴重だった。彼女たちは、その水をバクダンの水と呼んだ。ある時、彼女が、水の中にバスケットを入れてしゃくってびっくりした。バスケットの中に人の頭が入ってきたのだった。

ランが除隊する前の一九七八年末に生んだ子が、出産から数日後に亡くなってしまった。男の子だった。「妊娠した時から変わったことはありませんでした。普通の分娩でした。見たところ一応普通に見えました。死んだ時のショックは表現できません。なんでこんなに早く死ぬ子が生まれたのか、理由すら分かりませんでした。しばらく子どもを作るのをやめようと決心したくらいです」と、彼女は言う。

第2子の出産は一九八三年で、女の子だった。「この子も生まれた時は正常でした。ところが4歳の時です。突然半身麻痺状態になって、動けなくなりました。直前にてんかんをおこして亡くなりました」

第3子第4子は精神障害

第3子は男の子（一九八七年生まれ）。精神障害を起こしている。「この子も生まれた時は正常に見えました。3歳の時に異常に気づきました。母親の言葉が何とかわかる程度です。普通の子に見えるのですが、突然態度が変わって、別人のようになります。つまり、怒りだしたり、近所の子どもたちを殴ったりします。以前は気がつきませんでした。そうなると、母親の言うことはもう耳に入りません。困っています」

第4子は女の子で、一九八九年生まれである。「この子も生まれた時は普通のように見えました。しかし精神遅滞です。理解ができないのです」。第3子、第4子とも学校に行ったが、勉強はできなかった。

「将来、子どもの健康がとても気になります。国からの子どもへの手当は、3人目は枯れ葉剤と認定され、四万八〇〇〇ドンが支給されていますが、4人目は認定されていません。戦争の影響だから仕方がないと、主人とも話しています」

夫は傷病兵として認められ、国から30万ドンが支給されている。妻のラン自身、5回も手術を受けて健康の回復が思わしくなかったので除隊した。

「太って健康のようにみえますが、健康ではありません。天候の変わり目には、戦争の傷も痛みます。初期手当の消毒が不十分だったのでしょう」

最近、ランの体調が急に思わしくなったと、人づてに聞いた。何か発症したのではないかと、私は推測している。いつか訪問をと考えている。

結婚はできませんでした

ファム・ティ・フック

一九四九年3月17日、ニンビン省生まれ。一九七二年12月に、志願して五五九部隊に入隊した。工兵として、道路工事に従事。除隊は一九七五年12月で、3年間の軍隊生活を送った。

忘れられない戦場

ティ・フックも、志願して戦争に行った。

「私も請願書を書きました。書かなければならなかったのです」

忘れることのできない戦争の思い出は、無数にある。

「最初の思い出は石を壊す仕事です。私の任務は、2・5立方メートルの石を壊すことでした。12個の爆薬をもらって、爆発させることになりました。初めて導火線に火をつけた時、手が震えていました。そこから煙が出た途端、私は逃げました。他の友達は全部爆発させましたが、私は1個も爆発させられませんでした。上司から叱られました。このことは一生忘れられません。二つ目は戦場です。戦場で調理を担当したことがありました。夜中の1時に起きて、ご飯を炊いて、皆におにぎりを作ったことです。三番目の思い出は、ラオスにいた時でした。私たちは道路工事に使う竹を探しにいきました。戦友が、まっすぐ伸びた竹がたくさん繁茂している場所を教えてくれました。3人で言われた通り谷まで下りたら、大きな真っ暗なほら穴が見えました。ひょっとするとラオスのバンパオ軍（北ベトナムはラオスの反乱軍と呼んでいた）のトンネルではないかと思って、身震いしました。その時、反乱軍に出くわして私たちが殺されてでもいたら、戦友は知らないままだったでしょう。私たちは無事に戻りましたが、その後1週間は熱が出て寝込みました。四つ目は、傀儡軍が73年に爆撃をしかけてきた時でした。深夜で寒くて、ぐっすり眠っている時間に起こされて、道路工事をしなくてはならなくなりました。トラックを通すためです。この時は、不発弾の爆破作業に貢献して、ホーチミン作戦を手伝いました」

ドラム缶を開けた人のその後

「クアンチの9号線で、ある日、ドラム缶をみつけました。73年のことです。その時、私たちは6人で作業していました。ドラム缶は道端にころがっていました。鍬でドラム缶の蓋を開けてみると、埃か煙のようなものが巻き上がりました。それが、何であるのかわかりませんでした。息苦しくなってすぐ逃げました。でも好奇心が強くて、もっと穴を開けてみたくて、また近寄ってみると、中は黄色い粉末状になっていました。すぐ目が痛くなりました。これは化学兵器だとわかりました」

ドラム缶の色は覚えていませんか?

「外側は、青色でした。外側には埃がいっぱいついていましたので、どんな感じの青色だったのか、はっきり覚えていません」。ひょっとすると、エージェント・ブルーを表す缶の色かもしれない。

発見したドラム缶は一つだけですか?

「そうです、一つだけです。私たちは工兵ですから、道路を作ったり、直したり、陥没するとそれを埋めたりします。そういう作業の最中に見つけました。当時ドラ

ファム・ティ・フック。「投身自殺をしようとしましたが、やさしい兄嫁に連れもどされました」

ム缶を開けたのは、女性ばかりの6人です。ドラム缶を開けた6人のうち、5人はその後結婚しました。でも、1人は、生まれた子どもが知能遅れでした。残り4人のうち、2人は生まれた子どもが人間の形をしていませんでした。死にましたので、その2人には子どもがいません。この2人のうち、よく会っているのは1人だけです。その人は結婚して3回出産しましたが、いずれも子どもの形をとどめていませんでした。野菜のような形をしていたそうです。生まれても生きているとは言えなかったようです。その女性のご主人は、それを見て怒ったそうです。奥さんにずっと暴力を働いたそうです。その後自分の妻が枯れ葉剤の被害者だとわかって、乱暴を止めました。私はその人から直接話を聞きました。その2人は、子どもができなかったので離婚しました。1人は未婚のままです。ベトナム人男性は、青年奉仕隊出身の女性と結婚したがりません。化学物質（枯れ葉剤）の影響を受けているからです」

フックは小さい時に母が他界し、故郷に帰ってきた時に迎えたのは父だった。

「父は泣きました。『国が解放されて、お前が帰ってこられてうれしいよ』と喜んでくれました。父は、私が戦争に行く前にも泣きました。私は、その時、『私は戦場に行くので帰って来られないかもしれないけど、私は後悔しません』と言ったのを覚えています」

突然、全身にこぶが

いま、体調はどうですか？

「女性の病気以外は、皮膚に突然こぶのようなもの（黒光りしている）が出てきました。約3年に1回くらい出て、消えます。発生した時は、全身がこぶだらけになります。前も後ろも、どこもぼこぼこになります。これはつい最近出てきたばかりです。抗生物質を飲むとしばらくおさえられます」

さわると少し固い。幅1・5センチ、長さ3センチほどで5、6ミリ盛り上がっている。

「押さえなくても痛いです。この間、あまり膨らんだので、開けて中身を取り出しました。血の混じった膿が出てきました。声を出して泣きたいくらい痛いです。それとチュオンソン山脈に行った女性はほぼ全員、女性の病気にかかったのですが、戦場から戻ってきて何人かは治りました。私の場合は治りませんでした。独身ですから、病院まで行って診察してもらう勇気もありませんでした。だから、その病気はまだ続いています」

フックの片目が時々痛くなる。同じ第三一五師団にいたフックの戦友で両目の見えなくなった戦友がいる。同じ道をたどるのではないかと、不安の中で暮らしている。「その人と私は、症状が似ています。頭が痛くなったり目が痛くなったりすることです。彼女は結婚できましたが、私はできませんでした」

「除隊した時も病気でした。何回も結婚の機会があったのですが、結局結婚しませんでした。チュオンソン山脈にいた時にかかった病気のこともあって……女性の病気ですが……（泣く）……今でもそれが続いていています。だから、もう結婚できないと思いました。マラリアにもかかって、髪の毛が全部抜け落ちたことがありました」

結婚の難しさ

戦場から戻ってきた時、結婚することはどれほど難しかったですか？

「とても難しかったです。チュオンソンのマラリアに感染した人と聞くと、それだけで誰もが怖がります。かといって、他の土地へ引っ越していくことも難しい時代でした。自分もいま納得していますので、自分ひとりで我慢しています。他の人に負担をかけたくないです」

いま、この家ではどなたと住んでいるのですか？

「私の家は村の中にありますが、今ここには、2番目の兄の家族と一緒に7年前から住んでいます」

それは、2番目のお兄さんが誘ってくれたのですか？

「違います。1番上の兄は、一九六一年から一九九五年までトゥエンクアン省で働いていたのですが、九五年に帰ってきて、『長男だからその家に住む権利がある』と言って、私が住んでいた家から私たち（妹と自分）を追い出しました。だから、私たちは、2番目の兄と生活することになりました。私は、村に土地を申請していますが、まだ貰えていません。2番目の兄は、少し経済的に余裕があります。ここも兄嫁の土地ですが、嫁もやさしい人で、一緒に住んでもいいと言ってくれました。私が病気で倒れた時、生きていく気がしなくなって自殺を決意しました。病気だし、上の兄とはぎくしゃくして雰囲気もあまり良くなくて、川に飛び込もうとしたんです。2番目の兄の嫁が私を見つけて私を連れ戻しました。兄嫁が励ましてくれました。もし、兄嫁がいなかったなら、今、私はここにいません。私の妹も病気勝ちで、2番目の兄が経済的に支援してくれています」

自ら命を絶つことは止めた方がいいです。

「それは当然です。これから、合作社（チャン・ティ・ビンが、戦友の経済的自立をめざして立ち上げた中国式の協同組合。将来は広い敷地を貰って工場を建設し輸出も計画している）で他の戦友と一緒に働くようになれると思っただけで気持ちが楽になり、最近少し太りました」

今は、2番目の兄の子（女の子ファン・ゴー・クアン）を養子にして育てている。

「おとなしいです。私のことを大事にしてくれます。時には「おかあさん」、時には「おばさん」と呼びます。すみません、もう頭がいたくなりました……」

国からの手当は、二〇〇〇年から月八万八〇〇〇ドン受給している。

水を浴びたら体が膨れた

レ・ティ・ロアン

ニンビン省の生まれ。29歳の時、結婚。夫は再婚だったが、二〇〇〇年に精神異常が発症して他界した。

私が2回目にロアンの自宅を訪問した日（二〇〇三年6月28日）は、偶然彼女の夫の命日だった。祭壇に夫チャン・クオック・チンの遺影と位牌が飾られ、線香の台が置かれて、毎日供養している様子が伺われた。

夫の発病

夫のチャン・クオック・チンは、軍の機関紙「人民軍」などに、「ジャングルを1日70キロも縫って手紙などを運んだ連絡員として貢献した」と紹介された名の知れた人物だった。夫チンは、精神に異常をきたしてわずか5年後の二〇〇〇年に55歳で逝去した。発病までは本当に男盛りだった。50歳で発症すると、チンはすぐ失禁状態になり、大小便のコントロールができなくなった。

「最初は足の中に熱をもって……そのうち足だけではなくて体にも熱が出て、足に針を刺されるような痛さと痺れが出たようです。それで、精神異常が出て、外をずっと走り回りました。私は何回も探しにいきました。歩いているうちに、倒れてしまったこともあります。夫の症状は、突然歩けなくなるのです。夫は非常に忍耐強い人で、足が痛くても歩こうとした人です。それに、努力の人でしたから……。私もずっと病気で、とても苦しんでいる時でした。最初のころは夫自身も少し異常を感じていましたし、家族も回りの人も気づいていました。最後はもう全く自分が分からなくなっていました。病気が出てから2カ月で自分のことが分からなくなりました。『あなたは誰の奥さんですか』と私に尋ねたことが何回もあります。娘のことは、自分の娘と分かっていたようです。娘のことは、甘やかしすぎるほど可愛がっていましたので」

外に出ると、他の家に行ってしまうとか？

「迷子になったことは数多くあります。隣村の家の外で寝ていたこともあります。私は夜中2時まで探しましたが、見つかりませんでした。そういうことは、3、4回あります。自転車に乗っていっても、どこに置いてきたか分からないのです。『自転車はどこに置いてきたの』と聞くと、『家に持って帰ってきたじゃないか』と言うんです。でも、自転車はありません」

4人の子の障害

夫の入隊は一九六四年。除隊は一九七四年で、軍への在籍は10年に及んだ。

「夫は勲章をもらいましたが、誰にも見せませんでした。軍隊在籍中に、夫は、解放勲章と戦功勲章（この二つは個人に授与される最高の勲章）を受章しました。夫と一緒に入隊し、一緒に戦い、一緒に除隊した人が、戦功第3等勲章を受章しましたので、夫も貰えるはずでした。人民委員会へ申告しに行ったのですが、でも、何もしないで戻ってきました。精神異常のために、何のために役所へ行ったのかわからなくなってしまったようです。結局、夫は申告できなかったので、勲章はもらえませんでした」

ご主人とはどうやって知り合ったのですか？

「夫は除隊後、ニンビン省財政局に勤めました。夫は、すでに結婚していて、子どもがいました。夫の先妻も五五九部隊の兵士でした。私が戦場から戻ってきて、「7月27日会社」という会社（7月27日は、ベトナムの傷病兵記念日。この会社は傷病兵を雇用するために設立された）に勤めるようになりました。ところが、夫の妻が浮気をしてしまったので、2人は離婚しました。私は、自分より若い人から結婚の申し込みがかなりあったのですが、化学物質（枯れ葉剤）の影響を受けていたので、おそらく子どもを生め

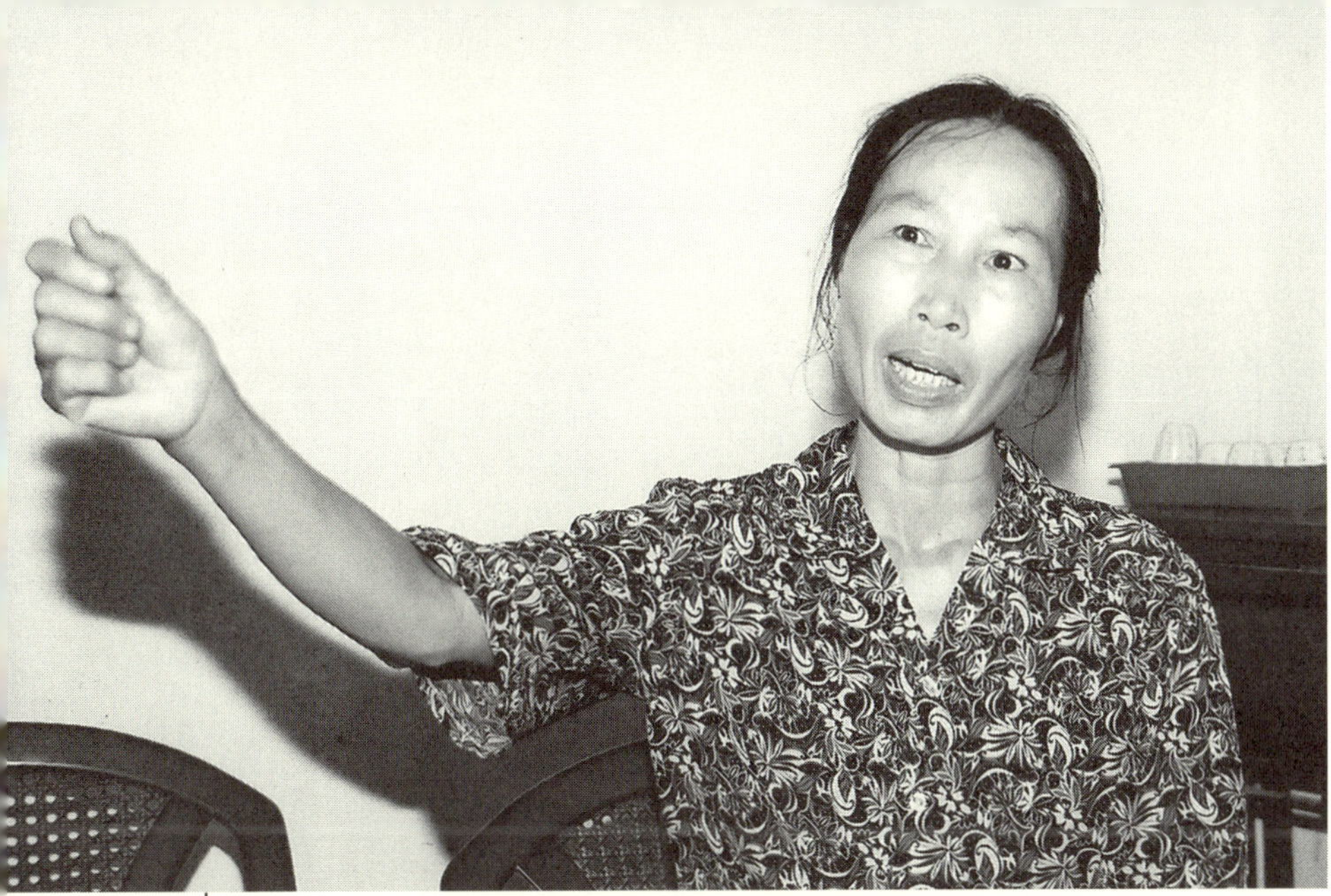

レ・ティ・ロアン。「夫は精神異常をきたして55歳で亡くなりました」

ないだろうから、子持ちの人と結婚してもいいと思っていました。夫の先妻と話した時、彼女は『私の間違いでこうなりましたが、彼のことをよろしく』と言いました。私の家族は最初からこの結婚に反対で、夫が病気で亡くなったことも含めて、まだ家族は私のことを怒っています」

ロアンは29歳の時に結婚した。夫の最初の子どもも含めると4人いる。

第1子は先妻の子で、長男のチャン・クオック・アンといい、一九七四年生まれ。背骨が痛む。検査では、先天性の背骨障害（スピナ・ビフィダのこと）と診断された。体重80キロもあるが、重いものが全く運べない。第2子は、長女チャン・ティ・ミー・アイで、ロアンの最初の子だ。一九八三年生まれ。頭に皹（ひび）が出た。耳から膿が出た。そして知能遅れ。第3子は次女でチャン・ティ・フオンといい、一九八五年生まれ。生後1カ月で死亡した。「頭も柔らかかったし、体全体も柔らかかったです。この子は、生まれた時あまり泣きませんでした。夜はよく唸るような声を出しました。そして、てんかんを起こして死にました」

第4子は、次男のチャン・クオック・ギアで、一九八七年生まれ。現在高校1年生。「生まれて最初の2週間で、頭に皹が出て、そこから血漿のようなものが流れ出ました。それは、血ではなくて、薄黄色の液体でした。そしてこぶが23個できました。第一関節から先の親指ほどの大きさのこぶでした。今は一番大きなこぶの跡が額の髪の毛の生えぎわに一つ残っていて、少し膨らんでいます。それは、治るまでに一番時間のかかったものの名残りです。でも今は普通の子と同じように育っています。『体の中が痛い』とよく言います」

第5子は、3男チャン・クエット・タンで、一九九〇年生まれ。「この子が生まれて7カ月目に、両目の上に大きなこぶができました。私は、針で刺して、中の液体を出しました。今は、もう跡が残っていません。当時、息子は目が開けられないくらい大きなこぶで、何も見えませんでした」

水浴びのあと体が膨らんだ

夫チンの戦場は、クアンチ省、トゥアティエンフエ省とその周辺だった。枯れ葉剤の話をあなたにされたことがありますか？

「爆撃された後、すぐまた目的地に向かって歩き続けたことをよく話していました。『毒薬（枯れ葉剤）が撒かれた時、自分の戦友は倒れたけど、俺は大丈夫だった』などと誇らしげにいっていました。夫の話ですと、戦友は歩いているうちに何もみえなくなり、歩けなくなったので、夫は戦友をおぶって宿営地へ帰ったことがあったようです。その後、その戦友は入院して、それからずっと後になって、枯れ葉剤に汚染されたことがわかりました」

「私には奇妙な体験があります。クアンナム省のソンブンという滝で男性3人と滝の水を浴びました。一九七五年でした。男性は滝の上で、私は滝の下で水を浴びました。水泳が好きで泳ぎました。何日もしないうち体が突然膨らんで服が着られなくなりました。男性も膨らみましたが、私ほど膨らみませんでした。私は自分の服が着られなくなって、彼らの服を借りて着ざるをえなくなりました。その3人のうち1人が重症になりました。その方たちは、アーサオ、アールオイに近いクアンナム省にいた人たちです。重症になった方は意識がはっきりしませんでした。ロシア製の救急車に乗せられて、フエまで運ばれましたが、体が膨らみ、呼吸ができなくなり、フエに着いたら亡くなったそうです。当時、私ほど体が膨らんでいなかったのですが……原因はわからずじまいです」

髪の毛も抜けて

水を浴びてから死ぬまでどのくらいたっているのでしょうか?

「はっきり覚えていませんが、わずか数日のことだったと思います。私は飛行機が枯れ葉剤を撒くのはみたことがありません。しかし、私たちがいたジャングルも全部枯れていました。大木でも、途中で折れたり、枯れたりしました。私はアーサオ、アールオイにいて、そのあたりの道路工事をやりましたので……。そういう出来事は枯れ葉剤と関係があると思っています」

亡くなった1人の男性以外は、2人の男性は生きているのでしょうか?

「残りの2人はまだ生きています。1人はタインホア省、もう1人はタイビン省の方です。その時泳いだ私たちの皮膚に皹(ひび)割れが出てきて、私の皹が一番大きかったのです。男性たちは、私のことを「牛」と呼びました。亡くなった方も、アーサオ、アールオイにいて同じ部隊でした。私は、一〇八軍病院に4カ月も血液交換のために入院しましたし、同時に点滴も必要な状態でした。滝で水を浴びてからは、髪の毛が抜けるようになって、一〇八軍病院に入院してからは、ほとんど数本しか髪の毛は残っていませんでした。その後髪の毛はすべて抜け落ち、坊さんより頭はツルツルになりました。一〇八軍病院に入院したのは、肥満を治すためでもあったのです。治療が成功して、一番太った時の60キロから、退院の時には40キロまで落ちていました。健康は取り戻せました。しかし、記憶力などは落ちて、自分の書類をどこかに紛失してしまったことがありました」

多くの人にみられるように、彼女にも不眠が続く。昼寝もできない。彼女の睡眠は、夜10時から夜中の1時くらいまでだという。毎日ではないが、1回起きると後は寝られなくなることがよくある。

「いま、年金は月29万ドンです。健康診断では、除隊後、私の健康は61％（傷病兵手当は40％の健康を失えば貰える）しか残っていないと診断されました。その証明書ですべての仕事が免除されますが、当時私は働きたかったので、勤務するようになりました。私はまだ少しは働けますので畑仕事もしていますが、自分の健康が先々どうなるのか、とても気になっています。そして、子どもの就職のことも心配しています」

戦争のトラウマによる記憶喪失

ドアン・ティ・ナン

一九五四年、ニンビン省に生まれる。五五九部隊へは、ベトナム戦争末期の七三年8月27日に入隊。ラオスのサバナケットで従軍した。戦争のトラウマと見られる記憶喪失にかかっている。

記憶の喪失

ニンビン省ザービエン郡に住むナンさんとの会話は、1問1答で始まった。

お生まれは何年何月ですか？

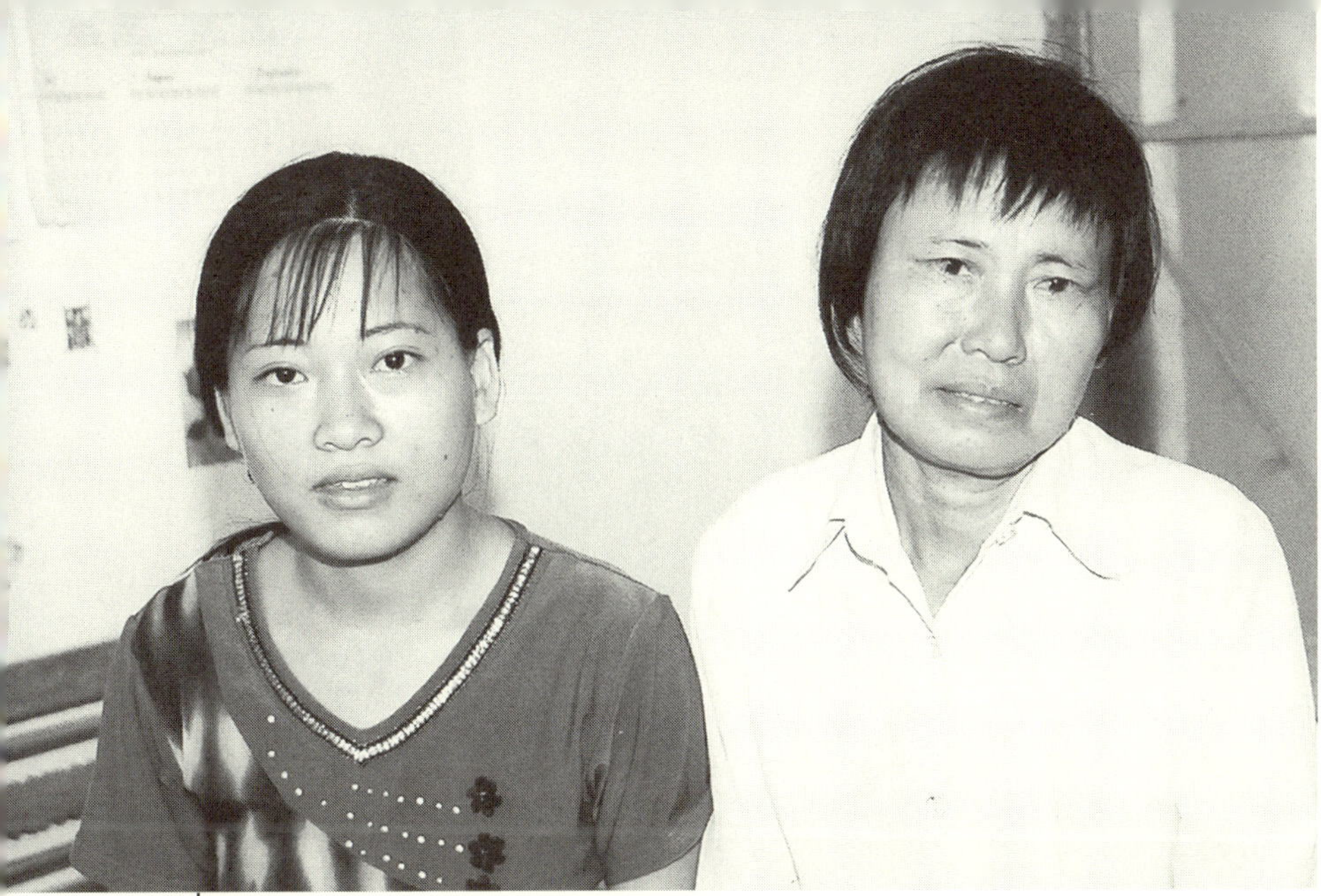

娘ティ・イエン（左）、母ティ・ナン（右）。「お母さんが好きです」。娘のイエンがいつもそばで世話をする。

「わからない」

戦友が助け船をだす。「一九五四年生まれでしょ！」

入隊日は覚えてますか？

「わからない」「一九七三年8月27日です」と戦友。

除隊の年は？

「覚えてない」「一九七六年12月です」と後方から返事がきた。

同行してくれた退役軍人協会の人たちの話だと、ナンは、五五九部隊として、ラオスの町サバナケットで従軍した。そこで道路工事に従事した。

「大変でしたが、当時としてはそれが普通でもありました」「怖くありませんでした」「厳しかったけど普通でしたよ」「ナンさんはけがをしたことはありませんでした」と、退役軍人協会の元女性兵士たちが言う。

では、トラウマの原因は何なのか？

「彼女は、私たちの第五五九部隊の中で一番の美人で、髪の毛は最初踵まで長々とあったのです。戦場で水を飲んだりして、ナンさんは枯れ葉剤の影響を受けているはずです。髪の毛も抜けたことがあります。体の硬直化が始まっています。歯茎からの出血もあります。皮膚が剥がれます」と、退役軍人協会のビンは言う。

何回も入院の末、除隊した。彼女は完全に人格が変わってしまった、と人々は言う。ナンは精神異常の症状が出て、いろいろな病院に通ってみた。けれども、原因や治療方法はわからなかった。質問をしても、人の顔を正視しない。そして、常に両手先を揉む動作を繰り返す。痛みを伴っているのか、あるいはそれがナンにとって一番落ち着く仕草なのかわからない。昼も夜も手を動かしているという。時々意味不明の言葉を発する。同じニンビン省の国立精神リハビリセンターでは、彼女と酷似した症状の元兵士が戦争のトラウマと戦っている。日本語で「廃兵」という言葉がある。とても口に出せない厳しい言葉だ。フランスには、アンヴァリドといって、セーヌ川の南にルイ14世が傷病兵のために建てた収容施設（廃兵院）がある。その昔から、廃兵はいたのである。

「村の中を裸で走ったりしたこともありました」と、兄のトン（一九七二年12月入隊。一九七七年4月除隊）が教えてくれた。記憶がなかなか戻らない。私に同行してくれたクーとビンのことは覚えているが、その人がどういう人だったかはわからない。つまり戦友としてのクーとビンという捉え方ができていないようだ。自分のことも、もうわからない。恋愛して子どもができてしまったことも。後で、その男性は逃げたという。だから、ナンは未婚の母である。その時生まれた子が、ドアン・ティ・イエン（15歳）だ。昔のナンに似て美人ともっぱらの評判だ。彼女はナンの後ろに座っている。

娘イエン15歳

どんなお嬢さんですか？

「おとなしい……手伝ってくれる……」

ナンが初めて質問に答えた。

今日は朝ご飯は何時に食べましたか？

「魚を買いたいので、お金を借りなくてはならない」

魚は好きですか？

「好き。お金がない」。貧しさは理解しているということか。

体が痛い所はありますか？

「もう、痛みは減った」「ふだんは痛い」「手が痛い」「足の……痛みが今日は減った……」と、本人がポツリポツリと言った。

彼女の左手小指はある日突然曲がったまま、まっすぐにならなくなった。今も彼女の左手小指の関節は変形したままだ。右首筋、背中、足に斑点風のものが出ている。他の枯れ葉剤被害者にみられるように、歯茎からの出血も見られた（二〇〇二年）。

トンから聞いたナンの症状は、もっと深刻のような気がした。

「妹は除隊した後、時々てんかんもおこし、時々痙攣を伴いました。口から泡を吹いていました。5、6分くらいでおさまるのですが……。その回数は1カ月に1回か、2カ月に1回です。最近でも月1回くらいは起きています。それは天候次第でもあり、妹の健康状態にもよります。疲れた時にはとくにそうなるようです。妹は右手が痺（しび）れています。ですから、物を運ぶことができません。物を落としてしまいます。時々、持っていることも忘れて放してしまうこともあります」

彼女はよく手のひらを上に向ける。ナンが、突然「痛い」と声を出した。本当に痛かったのか、本当なら、どこが？　兄にも娘にも分からない。

ナンは今何もできない。畑仕事も、食事作りも、掃除も。娘のイエンがいつも母親のそばにいて、食事、掃除、洗たくと家事のほとんどを仕切る。そのイエンは中学2年まで通ったが、授業料が払えないので1

年前に中学校を中途でやめた。月10万ドンの授業料（月八〇〇円ほど）が払えないのだ。

「畑は一四四〇平方メートルあります。私が管理して、田植えから収穫まで人を雇って全部をやってもらいます。1期では籾は二〇〇キロ、そこから雇った人に払うので、残りは50キロの籾です。それをコメに換算すると、35キロが残るだけです」と兄は言う。

1年前から、手当として毎月八万四〇〇〇ドンをもらうようになったが、その金額では全く不十分だ。ナンの家に厳しい経済環境は続く。

田植えをする時、肥料を運ぶのはイエンの役目だ。肥料をリヤカーか自転車に乗せて運ぶ。その時、母が少し手伝ってくるという。

「母が押してくれなければ、自分だけの力ではできません」

ナンの田までは遠い。

「明後日から田植えです。2日かけてしまます」と、イエンははっきり答えた。

みるからに聡明そうなのだが、勉学を続ける気はなさそうだ。

「自分より若い人たちと一緒に勉強するのは恥ずかしいです」

もっとも、学校に行けば日中ナンの面倒を見る人がいなくなる。近くにいる兄も24時間つきっきりの面倒はみられない。

子どもの暴力に手を焼く

ダオ・ティ・チュック

一九四八年、ニンビン省生まれ。六八年に、20歳で五五九部隊に入隊、七二年に除隊した。工兵として道路工事に従事した。ベトナム戦争を生き抜いた夫は、七九年に中国が南下してきた時の中越戦争で戦死した。

夫は中越戦争で死んだ

かつてベトナムの田舎にこんな話があった。

暴力を振う思春期の子どものいる家庭があった。
その子は、村で女の子を見ると飛びかかった。
夜は母親と寝たいという。断ると、暴力を振う。
村人は殺せという。
両親は悩んだ。なんといっても自分の子だ。
直接手を下すわけにはいかない。
食事を少しずつ減らして、体を弱めていった。

なんともやりきれない話だ。チュックの家庭が食事を減らしているというのではない。子どもの暴力に手を焼いているのだ。

「アメリカ軍から爆撃されて大混乱になったこともたびたびでした。でも、私たちは爆撃されてもそこから離れませんでした。最後まで戦う決意でいましたから」

歩兵部隊第一〇五師団に所属したおない年の夫とは、一九六九年に結婚した。この時夫は4日の休暇をとって結婚式に出て、また戦場にUターンした。チュックは一九七二年に除隊した。

抗米戦争から無事に戻ったチュックの夫は一九七九年の中越戦争で、中国との国境の省、ハノイ北部のランソン省で戦死した。夫の没後夫の実家とうまくいかなくなった。彼女は何も言わないが、多分、障害児を生んだことが原因と想像できる。チュックは実家に戻った。両親が健在で、実父ダオ・ヴァン・ラックは93歳である（二〇〇三年現在）。

暴れる長男

チュックの悩みは深い。第1子の長女（一九八二年出生）は3歳の時死亡した。手と足が小さく奇形性が出ており、小頭症だった。第2子の長男はダオ・ヴァン・ドゥオックで、一九八七年に生まれた。

「小頭症の子が生まれた時は、本当になんと言っていいか分からないほど悲しかったです。言葉を失いました。だから、もう1人の子を生もうと思いました。しかし、2番目の子も普通の子ではありませんでした。精神的には何もわかっていません。時々暴れますし……手に入るものは皆壊してしまうし……とても危険な子です。暴れるので、近所の人に止めてもらったことが何回もあります。自分で食べることはできますが、勉強はできません。家を出て行ってしまうこともあります。よく裸になって走り回ったりもします。ニンビン総合病院で、この子は枯れ葉剤の影響と言われました。そして、25歳までしか生きられないと告げられました。ハノイの小児中央病院にも連れて行きましたが、『治療ができない』と戻されました」

「私がジャングルにいた時、飛行機が低く飛んで、白い煙をみて、それで気を失いました。多くの戦友も入院しました。病院の回りも、ジャングルの中も葉が枯れました。今の私の体調は、足が痛くて長く歩けません。慢性的に睡眠不足です。視力も落ちています」

枯れ葉剤の撒布を受けた時の地上部隊というのは、防護をしなければ化学物質の霧をかぶったまま活動し、飲み水とともにそれを飲み、食料とともにそれを食べ、降ってくる霧を空気と一緒に呼吸していた、と言えまいか。

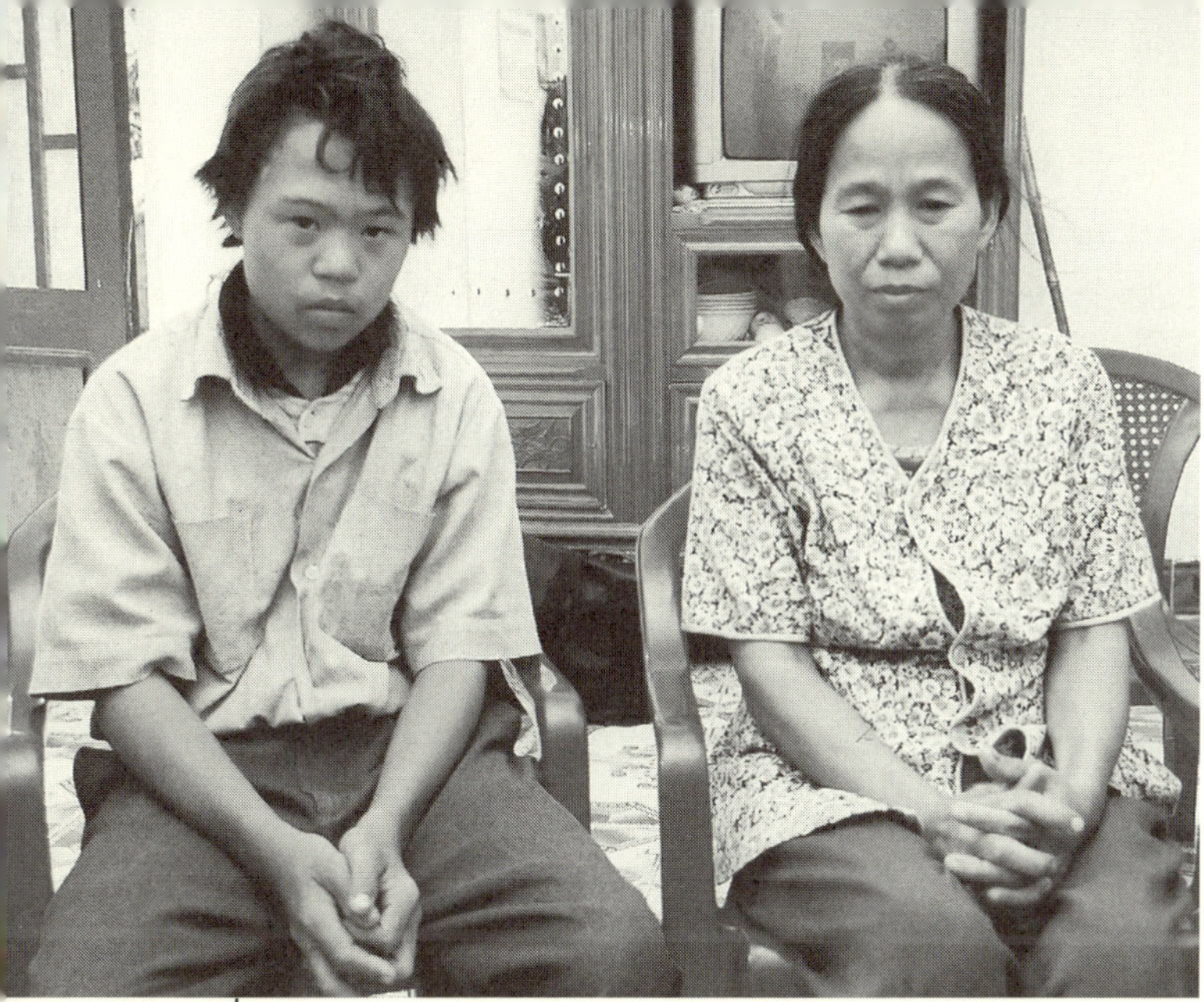

息子ダオ・ヴァン・ドゥオック（左）。母ダオ・ティ・チュック（右）。
「息子の手をとって字を覚えさせようとしましたが……。」

「病院から枯れ葉剤の影響を受けたと言われて、悩みました。アメリカ軍を恨んでいます。本当にアメリカのせいです。私が何を言っても子どもは分かってくれません。この子は食べることしかできません。働くことはおろか、勉強もできません。人を殴ります。いつ暴れるか分かりませんので、近所の子どもたちも怖がっています」

実家に居候しようが、生活は苦しい。子どもには枯れ葉剤の被害者手当が月四万八〇〇〇ドンと、父に軍隊からの年金12万ドンのみだ。チュックには何も手当は出ていない。七二〇平方メートルの土地から穫れる食糧は十分ではない。家畜（ニワトリ数羽、豚1頭）を飼っているが、病気でよく死ぬ。牛や水牛は、世話が焼けるので飼えない。

実弟が話してくれた。

「手に入れるものは何でも使うので危険です。包丁やナタはしまっておかなくてはなりません。暴力を振るった時は、頭から足まで木に縛ります。日によって2、3回縛りつけますよ。おじの私のことは『怖い』と思っているようです。私には絶対なぐりかかりませんが、私の子どもには殴ります。暴力が目立ち始めたのは6歳頃でした。近所の子どもに怪我をさせたこともありました。出会った人を全部殴ったりする時がありますから。私がいると暴れません」

実弟が話をしている間は、ドゥオックは、叔父のそばの椅子にすわって神妙にしていた。時々、外を向いたりすると、おじは足を蹴飛ばしていた。表情はやさしい少年なのだが……。こういう暴力的性癖もまた、胎児期に影響を与えた薬物、化学物質と関係があると指摘する医学界の人も多い。

「子どもと話ができないのは親として悲しいです。普通の簡単な言葉も話せません。寝ても覚めても、頭の中をよぎるのは子どものことです。病気も治してあげたいですし……。子どもに一生懸命、字を教えました。息子の手を持って一緒に書く訓練をしました。この訓練は3歳の時からずっと続けました。夜3時間もかけて必死で教えました。おとなしく従っていましたが、集中できませんでした。そこまでやっても勉強はできませんでした。学校にも行かせました。でも、先生を殴ってしまい、退学させられました。私も殴られました。弟がいない時は、近所の人に助けてもらいます。私はがまんして教えてきました」と言って、昔練習した古いノートを見せてくれた。ぎっしりと詰まった鉛筆の文字。母親の必死の気持ちが各ページから伝わってくる。「息子をなんとかしたい」という母親の一念がノートの各ページに込められていた。

早く国が平和になってほしいと強く思いながら、一九七二年に、チュックは除隊した。不治の病の子どもを抱えて、チュックは戦争中よりも、戦後により大きな問題を抱えてしまった。国は平和になったが、家庭の中に戦争が残ってしまった。

戦場の道路工事に従事して

グエン・ティ・ズン

第2次世界大戦終了から5年後の一九五〇年8月15日、フート省で生まれる。五五九部隊には、23歳で入隊。道路建設に従事。七八年除隊。タイグエン、ザーライ、コントゥムでの戦場経験をもつ男性と結婚。

激しい戦闘　ジャングルの葉が落ちて、草もなく

「2カ月間は、昼も夜も軍事訓練を受けました。武器の訓練、手榴弾の投げ方、軍の規律もしっかり学びました。戦場で殺されると思いましたので、本当に真剣に勉強しました。訓練を受けて、クアンチ省の戦場に向かいました。七三年から七八年までいました。トゥアティエンフエ省にも行きました。クアンチ省は七三年に解放されました」

グエン・ティ・ズンは、ハノイ市の北部フート省ヴィエッチ市に在住している。

彼女が五五九部隊に入隊したのは、一九七三年10月。建設会社で従業員として働いていたが、「国は戦争状態なので、私たち国民が国を守るのは青年としての義務です」。そういう気概で入隊した。

五五九部隊での仕事は道路工事だった。木を切り倒し、山に爆薬を仕掛けて岩を砕く道路作りの危険な仕事だった。その発破で落ちてきた石をまた細かく砕く。石が大きければ、再度爆薬を入れて細かく砕く。幸いなことに、大けがはしなかった。

「戦闘が激しかったせいで、死体はどこに行ってもありました。解放軍側の死者もほんとうに多かったです。爆弾でできたクレーターに溜まった水を飲むのは軍隊生活での習慣でしたが、クレーターの底から死体が出てきたことがありました。死体が出てくるまでは、そういう水だとは思いもしませんでした。私たちは、泉の水、クレーターに溜まった水、そして雨が頼りでした。爆弾でできたクレーターからは、えてして人骨が出てきます。ジャングルの中で小川に出くわしたのはよかったですが、上流に人の頭が出てきたりとか」
「不気味だったのは、ジャングルの葉が枯れていたことです。トゥアティエンフエ省では、葉がほとんど落ちていました。その当時は草も生えていなくて、土の色が見えていました。言葉に表せない不思議な景色でした。その時、なんでジャングルがこんな姿になってしまったのか全くわかりませんでしたし、深く考えることもありませんでした」

励ましあって

ズンは、一九七八年に除隊して数カ月後に結婚した。夫も一九七三年から七七年まで、タイグエン、ザーライ、コントゥムの中部高原の戦場を歩いてきた。

第1子（長男）と第3子（3男）は今のところ健常である。第2子（次男）のグエン・チョン・カイン（一九八一年11月24日生まれ）には異常が出ている。慢性的な頭痛。手足や背骨の痛み。入院先では「脳に病気がある」という診断を受けたらしいが、ズン自身が息子の病気が何なのか全く正確に把握していない。

ズンは、「次男カインは記憶力が弱いし、怒りっぽいです。五〇〇〇ドンを渡して、私の言う通りに買い物を頼んでも、違うものを買ってきたり、私が言ったことも買い物中にすっかり忘れてしまいます。勉強もできません。普通の学校に入学できませんので、カネを出して私立の学校に入れました。何年も留年した末に、高校をついに卒業できませんでした」と言う。

その後、次男は職業学校で溶接の勉強をしたが、続かなかった。

ズンは、この10年間、1日として体のだるさが抜けたことはない。背骨が痛く、重いものを担ぐこともできなくなった。おまけに、多くの退役兵と同じように慢性の頭痛に悩まされている。立ちくらみや目まいがするようになった、という。「肌も最近黄色くなってきました」と語る。

二〇〇三年10月に友好村に来て診断を受けて、腫瘍ができていたことも分かった。肝臓に腫瘍。肺の上部に神経腫瘍ができているという。

「カルテをみせてもらいました。友好村に来るまでは全く分かりませんでした。精密診断を待っているところで、腫瘍が良性なのか悪性なのかは今（二〇〇三年11月26日）はわかりません」と、ズンは言う。通りかかった友好村の医師に、「先生、ハノイでは手術したくありません。ふるさとに帰ってからしたいです」と頼んでいるところをみると、すぐにも手術が行われると勘違いしているようだ。

中部高原を転戦した夫も体が弱く、労働力を喪失した傷病兵の手当として、月30万ドンが、ズンは傷病兵として月13万ドンが支給されている。しかし、この夫婦は、抗米戦争から帰ってきても土地がもらえなかった。ベトナム社会では、土地をもらえる人ともらえない人がいるというのが理解できない。

友好村で治療・静養をして1カ月目、夫から手紙がきた。

「治療に集中してください。家のことは心配しないで」と。

「夫も子どもも応援してくれます。心配せずにここにいられます。これからは夫婦で励ましあってガンを克服していくしかありません」

国からの手当はない

ダオ・ティ・ティ・ソイ

一九五三年5月26日フート省に生まれる。20歳で五五九部隊に入隊。不発弾の多かったクアンチ省、トゥアティエンフエ省で道路工事に従事。終戦をクアンチ省のケサインで迎えた。七七年1月除隊。七七年10月結婚。

横になって塹壕を掘る

「国を守る戦争でしたので、私たちは戦争に行きたかったのです」

五五九部隊の入隊は一九七三年8月23日だった。日本流に言えば20歳の成人式を迎えたばかりの入隊で、青春を戦場で送ることになった。

射撃や塹壕の掘り方など2カ月の訓練を受けた。使用銃は振動の激しいＡＫ銃。3回標的に当てて、30点満点で15点を取った。結果は「良」。

「振動のある銃の割にはよく当たったと思います」

塹壕を掘るのも大変だった。

「立ったまま掘ると敵から銃撃されますので、横になって掘ります。つまり脇腹を地面につけて、横になったまま掘り進むのです。ですから、訓練しないと掘り進めません。長さ1・5メートル、深さ1・5メートルは個人用です。掘りやすい土質の所なら2、3時間で掘れます。石混じりの土質なら、4、5時間もかかります」

訓練を終えて、戦場であるクアンチ省、トゥアティエンフエ省に向かった。道路建設が任務だった。不発弾がたくさんあって気の許せない毎日が続いた。ある日、多くの人が怪我をしているので気を付けていたのに、鍬の先がボール爆弾に当たった。しまったと思ったが、幸いなことに爆発はしなかった。ボール爆弾は道路工事中に当たって爆発すると、普通は鉄片が顔とか胸部に向かって飛んでくるので、即死する率が高い。要注意の爆弾である。

「入隊した頃はホームシックにかかって、泣いてばかりいました。夜になるとどうしても泣けてきます。旧正月にはいくら楽しいゲームをしても、その夜はなぜか泣けてきます」

そういう時は歌の本を開いて歌った。そして、ホームシックにかかるたびに読み飽きるくらいに手紙を繰り返し読む。これは誰しも同じだった。ふるさとからの手紙は次にいつくるかわからないので、何回も何十回も読み返すのだ。

「私たちは、川とか泉の近くに陣地を張っていたので、水の不便はありませんでした。雨期だと水はありますが、乾期になると水はほとんど干上がりますので、井戸を掘ります。3、4メートル掘れば、水が出てきます。落葉した葉がたくさんあって水はきれいではありませんが、湧き泉の近くに井戸を掘ればはずれがありませんでした」

一九七五年4月30日、南部解放

ソイは、終戦まで道路工事専門に従事していた。一九七五年4月30日の終戦の日を、クアンチ省のケサイン空港から2キロほどのところで迎えた。

「激戦地だった空港は、鉄条網が張られており、アメリカ軍が残していったままになっていました。滑走路の鉄の板がまだ残っていました。三〇〇人の師団全員が南部解放を祝いました。うれしかったです。涙は出て来ませんでした。ささやかな宴会を開いて歌を歌ったり、踊りもしました。お祭り騒ぎでした」

通年で温暖の地であるケサインには足掛け2年滞在した。冬もあまり寒くない。ラオスに接している所は冬になると深い霧に包まれる所だった。国が統一された後、怪我人がどんどん北に移されてきたので、ケサインにある第三八四師団に所属して傷痍軍人を受け入れる基地の建設に従事し、そこで調理を担当した。一九七五年7月だった。元気づけられたのは新鮮な野菜だった。野菜を栽培し、ニワトリ、豚を飼育して、それを料理に使った。

ベトナム戦争終結前の重傷者が、続々とタイグエンから運ばれてきていた。なんともすごかった。「手がなくなったり、足がなくなった人、義足をつけている人など、たくさんいました。運ばれて来たけど亡くなった人もいました。銃で頭を撃たれた人が運ばれてきたけど、結局息を引き取りました」

子ども6人が生まれ3人が亡くなった

ソイの除隊は一九七七年1月だった。足掛け4年は、ソイには長く感じた。一九七七年10月に故郷で結婚した。子どもは6人できたが、3人が死亡した。子どもに恵まれたとは言い難い。寂しさが残る。悔しさが残る。怒りが残る。

第1子の長女はチン・ティ・ラン・フオン（一九七九年生まれ）。第2子の長男チン・ザ・フー（一九八一年生まれ）は9歳で死亡した。「生まれた時から筋肉がほとんどついていませんでした。いくら薬を飲ませても治りませんでした」とソイは言う。フーが成長するに従って、筋肉が収縮して機能しなくなったというのだ。例えば、ダイオキシン（2,3,7,8-TCDD）による汚染を受けた人の兆候としては、消耗性症候群といって体重の減少や胸腺萎縮などがある。重症筋無力症という病気でも、筋萎縮や胸腺腫などを伴うこともある。「筋肉がついていない」という話だけでは何とも病気を特定できない。ベトナムの取材でいつも心に重く響くのは、主として経済的理由によって患者がきちんとした診断を受けていないこと。そして診断を受けても治療をする費用がなくてそのままになっているケースがあまりにも多いことだ。さらに患者家族に知識が乏しくて、ことの重大さを認識できていないケース。また、医療側に診断技術が欠けて適切な対応ができていない場合もある。筋肉の収縮でも、原因がある程度特定できれば、治療のための智恵が湧いてくるのだが。

第3子の次男は、チン・グエン・クイン（一九八三年生まれ）。左の二の腕が弱っている。精神障害はもっていない。勉強は大好きだ。第4子は3男で、チン・チュオン・リュー（一九八四年生まれ）。第5子は次女のチン・ティ・フオン（一九八六年生まれ）で、生後4カ月で死亡した。第2子と同じ症状だった。「生まれた時には筋肉は少なく、年を重ねても大きくなりませんでした。生まれた時の体重は2キロほどでした」。そして、第6子は4男で一九八八年に生まれたが、死産だった。

ソイには、戦争の影響と思われる背骨の障害が出ている。背骨が痛む。右手は時々肩から感覚を失って麻痺する。戦時中の道路工事で、岩を爆破させた時に岩の破片が右手に入り、手術で取り出したが、その後も現在に至るまで時々麻痺が続いている。このほかに関節リューマチも持っている。

ソイはこの7年間で極端に労働能力が落ちたのだが、国からの手当は出ていない。北部の部隊で通信を担当していた夫にも国からの手当の支給はない。理由は不明である。

「自分の健康問題が一番心配です。次男のクインの健康も心配です。私と同じ症状になるのではないかと気にかかっています」

国からの手当がないソイ夫妻の家計は、夫が1人で畑仕事をして農業で支えている。昔はコメの収穫は1年1回だったが、今は灌漑工事のおかげで1年2回収穫できる。「そこから穫れるコメは、子どもたちが学業を続けなければとりえず足りますが、学業を続けさせるためには取れたコメの籾も売らなくてはなりませんので、年間で2、3カ月ほど足りなくなります」

その収入の不足を埋めるために、夫が農閑期にフート省の近くで季節的な出稼ぎをする。家族の面倒をみながらの出稼ぎになるので、遠い所へは行けない。生活の苦しさは、季節によってもまた違いをみせる。

戦いに行きたかった

グエン・ティ・タイン・カイン

一九五四年5月10日、フート省に生まれる。一九七三年8月、五五九部隊に入隊。兵站総局所属の第二二一医療所の調理師として従軍。一九七六年に除隊して、一九八五年に軍隊経験のない人と結婚。やがて、破局。

調理員は交換手として

タイン・カインが革命運動に参加し始めたのは16歳の時だった。連絡役を担当した。

「抗米戦争の場合は、兄がすでにラオス戦場に行っていましたので、私が戦争に参加しなくてもよかったのですが、私は行きたかったのです。入隊する時は、2歳多く19歳と偽って青年奉仕隊に入りました。両親には、出征する前日になって初めて打ち明けました。戦争に行くと打ち明けた時、『息子も戦場に行っているので、お前が行ったら私たちはどうすればいいのか?』と両親は言いました。このヴィエッチ市付近には、一九六九年にアメリカ軍の爆弾が落とされて5人が死にました。だから余計戦場に行きたかったです。(ここで泣き出す)……両親は最終的には賛成してくれましたが、母は大変寂しがり、父は母を慰めていました。『娘はもう成人だから、やりたい通りにやらせればいい。兄と一緒に戻ってくるから』と。母はおいしいご飯を作って送ってくれました」

ハノイの北80キロのフート省ヴィエッチ市の中心部の大通りから少し入った所に住むタイン・カインを訪ねた。五五九部隊への入隊日は一九七三年8月24日。当時このヴィエッチ市からは、5人が五五九部隊に同期で入隊し、5人とも無事に戻った。

タイン・カインは、入隊後2カ月間の訓練を経て戦場に向かった。南部戦場のタイグエン、ソンベ省(現ビンズオン省)、ラオス、カンボジアと移動したタイン・カインは最後のホーチミン作戦にも参加した。タイン・カインの最初の任務は調理員だった。

タイン・カイン。「小さくとも自分の家がほしいです」

「調理用の燃料の薪を探しにいくのが大変でした。マラリアにかかった人が食べたがっている物を探すのも任務です。希望するものに一番近い料理を作るのです。そして、朝早く出発する人々のために、夜中の1時とか2時に起きて、しかも雨期で雨が降っている中で準備をするのは大変でした。そして水はいつも不足していました。ジャングルの中に泉を探しにいったり……水たまりがあれば、そこの水も使ったことがあります。ジャングルの中で水を探すのは大変です。大体の場合遠くまで行かなくてはなりません。水がなければ体を拭くこともできません。竹の筒に水を入れて運びます。直径15、16センチの大きい竹です。私は小柄でしたので、1本しか背負いませんでしたが、大柄な人は2本運びます。1週間も2週間も水を浴びることができないことがありました」

その後ソンベ省（現ビンズオン省）にいる時には通信機（交換機）の交換手もした。司令部の指示を受けて、担当部隊に伝達する役目だった。「一九七四年12月に新しい作戦が始まるという軍の情報を受けました。その日交換機には3人の交換手がいました。男性2人、女性は私1人でした。2人の男性が準備のために外出しました。夜になって、ジャングルの中の交換機の所に私1人が残っていると、ナイフをもった2人組が侵入してきて私を脅しました。多分村人だと思います。暗くてよく分かりませんでした。交換機を死守するために、私も必死でナイフで抵抗しました。彼らは逃げましたので助かりました。敵は傀儡軍だけではありませんでした。どこも安心できる所はありませんでした」

親友の死

従軍中は、調理員もやり、交換手もした。通信機のケーブルの保守と切断の修理の仕事もした。川の水位が上がれば、タイン・カインの大隊全員は川に浸かって浮き橋を肩に担ぎ、兵士を通過させたこともあった。国道20号線のラオスに通じるタイグエンとソンベ省では道路工事にも携わった。

ホーチミン作戦（サイゴン解放の最後の作戦）に参加するために、移動の準備を始めたのは74年12月。タイグエンにいた時だった。

「私たちが入隊したのも、ホーチミン作戦に参加するためでした。ホーチミン作戦のために移動すると上官から言われた時は、飛んで行きたい気持ちでした。早く南部を解放しアメリカ軍がどういうものなのか知りたかったです。そして、早く解放して、ふるさとに帰りたかったです。私たちは途中道路工事をしながら、タイグエンからソンベ省を通過してビエンホアまできた時、サイゴンが解放されました。この戦争にはいろいろな爆弾が使われましたので、わが軍のスムーズな進軍のためには、それらをまず撤去しなくてはなりませんでした。ボール爆弾の不発弾もあるし、名前はわかりませんが、羽根が四つ付いている爆弾を撤去している時に、私の戦友で、ゲアン省出身の女性が亡くなりました。何年も一緒に組んで仲が良く、あとちょっとで国が解放されるという時でしたので、非常にショックでした。結局私たちはサイゴンには入りませんでした。ビエンホアでは、死体が多かったです。あちこちにありました。民家は破壊され、壊れた武器や戦車、ジャングルも破壊され、住宅地は瓦礫の山でした。こういう風景をみて、とめどもなく悲しみがこみ上げてきました。国を早く解放したい……そういう気持ちがいっそう強くなる一方でした」

タイン・カインの除隊は一九七七年2月で、足掛け4年の軍隊生活だった。

「戦場の4年間は楽しかったので、短く感じました。私が故郷に帰ったのは、旧正月の12月29日でした。大晦日の前々日でした。私が降りた駅で、私を見た村人が、『お嬢さんが帰ってきたので、駅まで迎えに行ってあげなさい』と、親に教えてくれたようです。その時すでに私の戦死情報は親の所に届いていたので、両親はその村人の話が信じられなかったようです。私が家に着いたのは夕方5時頃でした。両親は立ちつくしまま、何も言えず涙を流していました。母は、私を抱きしめる事なく、ずっと泣いたままでした」

戦場から戻った時は、両親は健在だった。タイン・カインの自宅では、国からの正式な通告がなかったので、墓も作らず帰還を待っていた。祭壇にも写真は飾っていなかった。両親は、無事の生還を固く信じていたのだ。

4年の戦場生活のあとで

戦争に行く前のタイン・カインの体は、健康そのものだった。射撃も常にトップクラスで、何でも先頭を切って走っていた若者だった。戦場の4年間は優秀戦士として表彰状とメダルを受賞した。チュオンソン戦士のバッジも受けたほど、俊敏な戦士だった。

しかし、4年の戦場生活はタイン・カインの健康を変えた。マラリアが根治しない。リューマチ。慢性胃潰瘍。恒常的な大腸の痛み。食欲不振。睡眠が非常に浅い。体重も増えない。若い時45キロあった体重が、今は35キロだ。服用している薬は、胃潰瘍、大腸、腎臓、心臓、リューマチ、頭痛用など多種類にわたっている。薬代はすべて自己負担だ。

結婚は？

「マラリアの症状が抜けず、体が弱かったので、結婚しても相手に負担をかけることになるので、結婚をあきらめました。子どもを作っても子どもの面倒をみることができません。養子をもらうことを決めていました」

進学を希望する養女

女の子をもらった。今は高校3年生になるグエン・ティ・アイン・トゥエットだ。だが、彼女には持ち家がなく、兄の家（正確には兄の息子の家）にこの10年間居候をしてきた。除隊後の会社勤めを九〇年に早期退職して、いまもらっている年金は毎月20万ドン。国からの手当はない。

「親子2人の生活には不十分です。最近政府は30万ドンに増額してくれましたが、私には家がありません。今住んでいる家は兄の息子の家です。兄の家でも不便です。この家の中に6、7人が住んでいますので、私は子どもを連れて出て私の家を作りたいです。小さな家でも、自分の家がほしいです」とタイン・カインは言う。

また一つ困りごとが増えた。養子の娘が大学進学を希望し始めた。

「娘が大学に入っても、私の体が弱いので、働いて学費を稼いでやることはできません。早く仕事をして、と説得しました。でも、子どもは大学に行きたいと言い続けています。もちろん余裕があれば、行かせてあげたい。年金が月30万ドンに増額されても、この年金生活では、2人が暮らすだけでも不十分で、とても大学にやるわけにはいきません」

それでも頑張って、毎朝4時起きして市場に行って野菜を売る。売れない日もある。昼頃戻って、午後また出かける。

9人兄弟で、今生き残っているのはその兄とタイン・カインの2人だけだ。抗仏戦争戦士を父にもつタイン・カインには、病死した弟もいれば、フランス軍が駐屯した地区から逃げている時に飢死したり、その時の大混乱で迷子になり、今も生死不明のままの弟がいる。タイン・カインに落ち着ける日はくるのだろうか。

頑健だった夫がガンで逝った

リュー・ティ・タイン

一九五二年8月7日フート省ヴィエッチ市生まれ。21歳で五五九部隊に入隊。クアンチ省で従軍。工兵として、道路建設、修理、橋の修理、架橋に従事した。夫は肝臓ガンに倒れて、二〇〇〇年に他界した。

石を棒で担ぐ

「入隊できたことが歓喜でした。若い女性たちが行きましたので、胸がわくわくしていました」と、五五九部隊へ入隊した七三年8月のことを彼女は思い出していた。

軍から支給された緑のリュックサックに、軍服2着（軍から冬用に2着、夏用に2着支給される）、米、銃、乾燥食料、ビニールシート、ハンモックを入れて15キロを超える荷物を背負う。ハンモックは宿営が建つまでは使用し、宿営が建った後は原則として使用しない。宿営は竹を使って建てる。

戦場は、クアンチ省ケサイン→ドンハ→ゾーリン→ラオバオで、ほとんどはケサインで従軍した。任務は、道路修理・建設と橋梁の修理および新規架橋工事だった。タインが解放後のクアンチ省に行った時は平和に見えた。

クアンチ省は激戦を裏づけるように、道路の破壊状況は目に余るものがあった。破壊された家々、乗り捨てられた戦車、破壊された軍用車。爆撃にさらされた道路は進みづらかった。道路工事の仲間一〇〇人ほどは、破壊された道路をみつければ、徹夜ででも完成させた。なぜそれほど緊急を要したか？

「それは、南の戦場でまだ続く戦闘のため、北からの支援トラックを大量に送り込むからです。特に国道14号線を中心に工事が忙しかったです。車両がいつも順調に往来できるように道路状態を確保する必要がありました」

道路工事には、重い石の運搬が付き物だ。石を運ぶブルドーザーなどはなく、全部人の手に頼った。時には棒で担ぐ。

一番頭に残っているクアンチの景色は、大木ばかりのジャングルの中の生活。人間の身長より高かった草。それにもまして木が残っていない所があまりにも多かったこと。爆撃と枯れ葉剤の撒布が繰り返し行われたからだ。樹木は爆撃でほとんど破壊し尽くされていたが、それでも、道路工事の時には、樹木の残っている所を探して宿営地にした。

濡れた服を翌朝も着る

3年の軍隊生活でのもう一つの敵。それは病魔だった。最初は病気の頻度が低かったが、だんだんと病気が出てきた。栄養不足と疲労は、マラリアの格好の餌食だった。数カ月入院した。今は、マラリアが陰をひそめ、リューマチが出てきた。それは雨期の長雨と関係があった。雨期になると朝から晩まで雨が降り、それが数カ月も続く。朝7時に出て、夕方5時に宿営地に戻るまで、一日中雨に濡れながらの道路工事が普通だった。服を乾燥させる場所や時間もなく、濡れたままの服を着ていたのでリューマチが出てきた。宿営地では焚き火を起こして、その回りに軍服を置いて乾燥させるのだが、雨期の湿度は焚き火如き

リュウ・ティ・タイン（中央）と娘たち。「上の子は会社員に、
下の子は教員になってほしいです」

の火で乾くほど生半可なものではない。夜は特に乾かない。濡れた服を次の朝再び着るほど気持ちの悪いことはなかった。

「これも戦場では当たり前のことでした。そういうことを忘れさせるくらい、道路工事はさらに厳しい仕事だったのです」

軍からは靴1足とゴムサンダルが支給された。靴を履くのは乾期だけ。雨期に靴を使用すると非常に履き心地が悪く、耐えられない。雨期の道路工事はゴムサンダルか裸足が一番なのだそうである。

「ですから、最初戦場についてから、いろいろな病気にかかりました」

クアンチ省の冬は、雨期のいやらしさにくらべれば耐えられる。支給された服を重ね着すれば寒さはしのげる。故郷のフート省の方が寒い。戦地の雨期に一番ほしかったのは、乾燥した服だった。

月1回の「女性の日」は大変だ。爆弾の穴に溜まった水や泉の水とか小さな穴に溜まった水を見つけて、洗わなければならない。だから、婦人病にかかった人が多い。生理用品としては、当時ガーゼが支給されるだけだった。

ベトナムでは、一九九〇年代の初めですら女性は布切れを使っていた。生理と雨期が重なれば最悪だった。

痛みの中での夫の死

タインは一九七六年10月に除隊して、八二年に結婚した。翌年、第1子が誕生し、これまでに女の子2人に恵まれたが、健康そうにみえる2人のお嬢さんも体が弱い。2人とも耳が遠いが、それぞれ高校と中学で頑張っている。

戦場でも出ていたタインのリューマチは、九四年から深刻になった。歩行が以前より困難になった。背骨にも障害がでてきた。今では、下に落ちたものを拾うのも容易にできなくなった。背骨にも痛みが走り、体を前方に曲げにくくなったからだ。寝たきりの状態になった。熱は常に38、39度あり、すべての関節に腫れがみられ、痛みが出た。動くためには、杖を必要とし、あるいは娘の手を借りなければならなかった。

そのさなか、九八年にタインの夫が肝臓ガンで倒れた。夫は特攻隊員で3年間ラオス戦場、南部戦場に行ったが、その後、夫は石油パイプラインの担当になった。爆弾でパイプが破壊されて、石油が流出したが、夫は腰まで石油の流れに浸かってパイプラインを修理した。20年間頑丈にも軍隊生活を送った夫だった。「その後、体調は悪化して、『体に数万本の針が刺し込まれたような痛みがある』と夫は言い、数カ月入院しました」と、苦しい歳月を振り返った。夫も倒れ、タインも動けなくなり、一家の柱2人が寝たきり状態になった。

「家族の困難を乗り越えて頑張ってほしい。子どもが成長できるように、頑張って下さい」という言葉を遺して、夫は二〇〇〇年に他界した。

「死の直前、夫は痩せこけ、お腹は膨れて、痛みの中で死にました。鎮痛剤が欠かせませんでしたが、飲んでも全く効きませんでした」

夫婦が寝込んだままで、子どもが小さく、辛い毎日だった。夫が死んだ時、自分も生きていても仕方がないと思う日々が続いたが、今は、夫のあの遺言を胸に秘めて、タインは生きている。「元気のいい人で、ハンサムでした」と言うと、タインの泣き顔が急に笑顔に変わった。

伸びる病魔の触手

戦場帰りの女性には、常に健康問題がつきまとう。タインの体に、その後も病魔の手が伸びた。背骨に障害も出てきた。体全体が固くなっていっそう背骨が動かなくなっている。

出征前、体重50キロもあったタインは健康そのものだった。今、血圧の不安定に悩む。時には高血圧、時には低血圧に悩む。夜、救急病院に運ばれたこともある。原因はわかっていない。左後頭部を下にして寝ると、すぐ目まいが起きる。寝る時は、頭を右下にして寝ないと気分が悪くなる。胃潰瘍も患い、乳ガン（良性腫瘍）を持っている。

「自分の頭の中で何が起きているか分かりません。記憶力も落ちてしまっています。例えば朝ご飯を食べたのに、2時間後まだ食べていないとはっとする時が多いです。私がなぜ今日まで生き残れたのか不思議です」

少しでも生活費と子どもの塾のおカネを稼ぐため、気力のある時は毎日でも野菜を売りにいく。気力、体力が落ちると1週間でも休む。元気な人は4時に出るが、タインは6時か7時頃家を出て、12時まで。全部売れるとは限らない。

子ども2人は、食べる分も減らして学費を貯めている。そして、市場で物売りをする母を助けるために、2人が家庭教師のアルバイトを始めた。タインの兄弟が生活費の一部を支援してくれている。働けなくなったので、四〇〇平方メートルの畑は親戚に譲った。その後、その土地は公園の予定地に入っていたために、国が買い上げてくれた。

タインは除隊後、繊維工場に入ったが、体力が続かなかったので早期退職の道を選んだ。規定の勤務年数に満たない早期退職では年金ももらえない。国からの手当も、現時点ではタインには支給されていない。枯れ葉剤被害の申請をしたが、まだ受理されていない。夫の遺言である「家族の困難を乗り越えて……」はまだまだ先のことである。

私にお茶の準備をしながら、同行してくれた戦友の女性たちと歌を口ずさみ始めた。

「戦場で一番よく歌った歌は『道路の乙女』でした。戦地では大変な生活でしたが、当時は非常に楽しく過ごしました。辛くなると、この『道路の乙女』が今でも口をついて出て来るのは不思議です。この青春時代の歌を歌うと、少し元気が出てくるのです」

夜も更けて　シャツが霧で濡れた
乙女たちの歌声が　ジャングルに響く
爆弾や砲火をものともせず
乙女たちは　トラックのために道路を作り続ける
可愛らしい道路の乙女たちよ
ジャングルは百花撩乱
あなたたちほど美しい花はない
あなたたちは　ジャングルと山を削り
乙女たちは　湧き続ける泉のよう
乙女たちは　愛しい祖国の英雄の道を辿っている

敵に勝利する力に貢献している

パイプラインの建設に青春を賭けて

ファム・ティ・ソン

一九五三年2月、ハバック省（現バクニン省）ケーボ郡生まれ。18歳の時に五五九部隊に入隊。南部へ送る石油のパイプラインの建設に従事。送り出してくれた両親のうち、七二年のアメリカ軍の北爆で母親が死亡。除隊後も独身を通す。

重さ70キロ、長さ6メートルの輸送管

ホーチミン・ルートに石油パイプラインを走らせるのだ！　ファム・ティ・ソンたち若い乙女は、石油パイプラインの建設の任務を負っていた。

「ガソリン輸送管の担当部隊でしたので、チュオンソン地域のどの辺に派遣されたのか詳しく覚えていません。ただ、国道18号線の近くだったことは覚えています」

五五九部隊への入隊は、七一年5月10日。同じ村から3人の女性が出征した。入隊して戦場に向かった時、ティ・ソンは18歳だった。北部からの最初の女性奉仕隊として出征したのだった。「青年でしたのではしゃいでいました」

世界初の国際パイプラインは、旧西ドイツのブラント首相が旧ソ連からパイプラインで天然ガス輸入を開始した一九七二年であったと記憶している。これが冷戦終結に一役買ったのである。北ベトナムも同じ時期にアメリカ駆逐のためにパイプラインの南進をはじめていた。石油の輸送管は、直径15センチ、長さ6メートル。重さ70キロ。その1本6メートルの長さのパイプの両端を2人の女性が肩に乗せて運ぶ。

「忘れられないのは、海抜九一一メートルの丘での敷設工事でした。パイプを上まで担いであげました。そして麓に油の送出用ポンプと、丘の上には吸い上げ用ポンプを設置しました。そんな重い物を持ったのは私の人生で初めてでした。何しろ高校を卒業したてでしたから」

まずはパイプを下から運び上げて繋ぐのだが、「運びあげる」といっても生半可な角度ではない。18、19歳の乙女が、急斜面を担ぎあげていくのである。コツは斜面に杭を打つことだったという。それにつかまりながら、上っていく。斜面を上がる時は、下でパイプを担ぐ人に重量がかかる。

「ですから、交代します。平坦な道でパイプを運ぶ時は、前と後ろで話ができますが、急斜面を上る時はその余裕は途端になくなります」と言う。

6カ月続く雨期の時の苦労は、さらに原始的になる。そして皮肉なことだが、雨期の方が仕事は多いのである。

あそこにもここにも不発弾が

パイプの敷設には、当然地面の掘削が伴う。掘削と不発弾とは危険な不可分の関係がある。危険の二大要因である。そのために、金属探知機などが部隊に装備された。怖いのはボール爆弾などの不発弾だ。爆発すれば広範囲に飛散し、その殺傷能力も高い。よほど注意しないと、不発弾に触れたり、踏んだりする。不注意からうっかり踏んでしまったティ・ソンの仲間がいた。爆弾の知識を身につけるために研修も受けた。軍から金属探知機が支給され、自力で不発弾の発見に努めた。不発弾を調査して、報告する役目も回ってくる。

「金属探知機で調べたら、相当の数の不発弾がみつかりました。信管を抜く技術をもった人がいないので、そこに棒で目印を立て、皆が近づかないようにしていました」

信管を抜くのは工兵の仕事だが、なかなか来てくれない。ティ・ソンのグループは10人だったが、その担当区域は20キロの長さに及ぶ。その20キロの区域の不発弾状況を、かなり正確に熟知していた。上部から××作戦のためにパイプを繋げてほしいと言われると、その作戦の始まる前までに徹夜をしてでも繋げなくてはならない。そして、石油パイプラインは敷設したら、すぐ油を通すのが原則だった。だから、不発弾の発見と目印をつけることは相当重要な仕事になってくる。そして戦闘機が飛来すると、パイプの敷設作業は中止する。

「私たちは、現場にいた経験則から、何時ごろ、どの辺で爆撃が行われるか、その規則性を把握できるようになりました。アメリカ軍の爆撃は、午前7時1回、午前9時1回、午後1時1回、夕方5時1回、夜7時1回と大体決まっていたものです。それほど大きなずれはありません。この時間がくるとポンプの稼働を止めます。その爆撃の時間以外は稼働させます。稼働すれば、私たちは楽になります。戦闘機がきて爆撃でパイプが破壊されると、すぐ修理にかかります。稼働させなければ、パイプが破れても大火災を起こすことはありません。破れれば、そこだけ修理すればいいですから。1グループに2、3人時計を持っている人

ファム・ティ・ソン（右端）。「怖いのはボール爆弾などの不発弾でした」

がいました。そして、上司がいちいち稼働中止の時間と、稼働再開の時間を指示してくれます」

それでもパイプラインの石油に火がついたことは度々だった。石油に火がついたら、まず消防用の消化器を使用すると同時に、素早く新しいパイプを入れる。破損区間が高所にあれば、また急斜面をパイプを担いで登らなくてはならない。パイプラインは大体国道に沿って敷設されており、パイプの破損区間が短ければ、自分のグループの10人で交換できるが、被害区間が長ければ、他のグループに応援を頼む。数時間以内で稼働させるというのが軍の方針だった。パイプはジャングルの中なので、偽装を施さなくても上からは見えないはずだ。ティ・ソンたちが駐屯していた近くの山の麓には、数百立方メートルを貯蔵するガソリンの貯蔵所があった。見つかれば敵の格好の軍事目標物になった。石油貯蔵所が爆撃されると、数週間も燃え続けた。消火活動はほんとうに大変だった。

戦友5人の死

ティ・ソンが戦地で迎えた初めての旧正月。一九七二年。彼女の部隊がアメリカの爆撃に遭った。その爆撃を受けた日の午前中、ティ・ソンが調理をしに炊事場に行く途中で、交換機室当直の3人の女性が戦死していた。そして午後、ティ・ソンが交換機室に行くと、今度は炊事場が爆撃でやられ、2人の女性の戦友が死んだ。「私は震えが止まりませんでした。幸いにも、私はまだ死ぬ運命にはなかったので生き残りました」。その日は、彼女が死の淵を歩いた一日だった。「弾は人を避けるが、人は弾を避けられない」という農民の諺（デニス・チョン著『ベトナムの少女』押田由起訳　文春文庫）があるらしいが、運命の慈悲を痛感するのだった。ティ・ソンたちは部隊全員で埋葬し、薬品の空き瓶の中に戦死者の名前と戦没の日を記入した紙を入れて、墓に立てた。これが、ティ・ソンにとって仲間を埋葬する初体験だった。

同じ日に、5人の戦友を失った。「同郷の人が死んだので、私たちはぜひ戦場に残って、たくさんの石油を南に送って、早く国を解放したいという強い気持ちが湧いてきました。でも、頻繁に爆撃にさらされたので、自分もこうやって死んでいく時がくるのかと思いました。除隊してみて、つくづく自分は幸運だったと思います」。生きて今日あることが奇跡としかいいようのない日々を必死に生き抜いてきた。

北爆で死んだ母

戦場でかかったマラリアが、ティ・ソンの体を一気に弱めた。健康を崩した人から先に故郷に送り返される。その抜けた穴を元気な人たちで補充していく。戦争とはそういう機械的なものだ。ティ・ソンが戦場にいた時、体重は50キロ。戻った時は30キロだった。トラックに乗せられて、皆に別れを告げた時は悲しかった。ティ・ソンと一緒に戦場を後にした五五九部隊の兵士は一〇〇人にも及んだ。ほとんどが健康を害した人たちだった。

「自分としては残りたかったです。ずっと熱が出て体を動かせない状態でしたから、残っていても国に貢献できないことはわかっていました。故郷に帰りなさいと、上官から言われました。『私は残りたい』と申し出たのですが、上司は首を横に振りました」

この時ティ・ソンが壊した健康があとあと尾を引くことになる。

除隊は74年6月だった。故郷にたどり着いたソンを迎えたのは、墓の中の両親だった。国を出る時、「任務を遂行して無事に戻ってくるんだよ」と激励してくれた両親。バクニン省にいたその両親が、一九七二年のアメリカ軍による北爆の犠牲者となった。畑で働いていた両親のうち、母は即死。銃後の守りについていた母親の訃報が届いたのが5カ月後。国家存亡の時とあれば母親の葬儀にも帰れるわけがない。父はその翌年亡くなった。戦場の娘が生還し、銃後の守りにいた両親が死亡。明確な「前線」なきベトナム戦争。アメリカの北爆で「銃後」はなくなった。ティ・ソンが故郷に帰って真っ先にしたことは両親の墓参りだった。

「墓の前で泣き続けました。言葉も出ませんでした。戦場に行っていた私が無事に生還したのに……迎えてくれるはずの両親がアメリカの北爆で死ぬなんて……悔しかったです。許せません」

ささやかな楽しみ

ティ・ソンさんにとって、チュオンソンにいた3年間は？

「楽しかったです。同志と姉妹のような強い絆が築けたことです。お互いに隠しごとなど一切なく、手紙も全員で読み回しました。ある同志にきた手紙に、『うちの牛が子どもを生みました』と書いてありました。皆、うれしくて泣きました。兄弟からの手紙はきましたが、母は私が出征してから亡くなりましたので、ついに母からの手紙はもらわずじまいでした。母の訃報は5カ月後にきましたので、友達が寄り集まってくれて、慰めてくれました。涙があれほど溢れたことはありませんでした」

ティ・ソンは6人兄弟の4番目。現在兄弟は3人が生存している。除隊後も独身を通すティ・ソンもまた、戦争による健康破壊の犠牲者と言える。

「北に戻った時は健康を害していましたので、結婚はしませんでした。いま、子どもが1人いる人とつき合っています。時々見舞いにきてくれています」

ヴィエッチ市にある今の家は、自分の持ち家だ。付近の住民全員の意見がまとまり、四〇〇〇万ドンをかけて家を新築した。自己資金一〇〇〇万ドンに、残りの三〇〇〇万ドンは友人、兄弟、銀行からの借金だった。ソンは、その返済を心配している。国からの年金は、月30万ドン受給している。

今彼女は健康も維持できないから、勤める気はない。その代わり、縫製工場に勤める人の子どものベビ

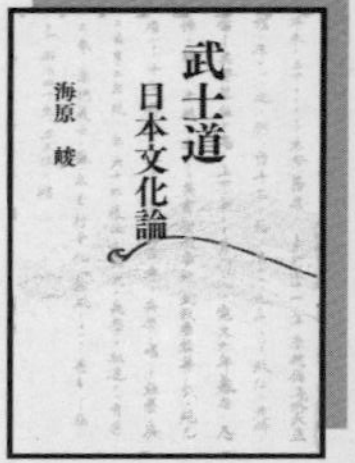

4-8166-0501-0
46判・306頁
定価2,500円+税

武士道　日本文化論

海原　峻著

グローバリゼーションのなかのサブカルチャー？　アメリカ主導のグローバリゼーションのなかで、サムライ・武士道文化は、地域的に限定されたサブカルチャーという側面をもって登場した。

4-8166-0409-X
A4・140頁
定価1200円+税

愛する、愛される

デートDVをなくす・若者のためのレッスン7

山口のり子（アウェアDV行動変革プログラム・ファシリテーター）著
【まんが・海里真弓　原作・レジリエンス】

◆愛されているとおもいこみ、暴力から逃げ出せなかった。愛する、愛されるってほんとうはどういうこと？
◆おとなの間だけでなく、若者のあいだにも広がっているデートDVをさけるために。若者のためのレッスン7

●シリーズ・平和をつくる1
4-8166-0406-5
A5判・180頁
定価1800円+税

いま、聖書をよむ

ジェンダーによる偏見と原理主義の克服をめざして

高柳富夫著
（日本基督教団　中野桃園教会牧師）

一つの価値観をおしつけ、自由な批判精神を摘み取る点で、「キリスト教原理主義」と「日の丸・君が代原理主義」は同じ根をもっている。
原理主義克服のために、原初史（創世記一章から十一章）に託された真のメッセージは何かを問う。

4-8166-0408-1
46判・150頁
定価1400円+税

憲法9条と専守防衛

元防衛政務次官・元郵政大臣　箕輪登
弁護士　内田雅敏

●箕輪登氏　8月11日朝日新聞
「ひと」蘭で紹介される！

◆箕輪登氏は二〇〇四年一月二八日、自衛隊イラク派兵差し止め訴訟を提訴、内田雅敏は三月十七日に提訴した毎日毎日提訴運動の発起人で原告です。日本の保守政治家は、日本の防衛問題をどう考えてきたか。敗戦後憲法九条を持つ国として、日本の防衛をどう考えるか。

梨の木舎　東京都千代田区神田神保町1-42　TEL03-3291-8229　FAX03-3291-8090
〒101-0051　http://www.jca.apc.org/nashinoki-sha/

ーシッターをして僅かな稼ぎを得ている。毎朝6時には、ごはんとおかずを持参で連れてこられる男の子を夕方6時まで面倒をみる。生後4カ月から面倒をみて、今は生後9カ月目だ。

「楽しいです。12時間預かりますので、子どもは寝たり起きたりです。おむつを換えたりします。給料が低いからなんでもやらないと」

ベビーシッターに人生のささやかな楽しみを見つけているようだった。

綱渡りのようなか細い健康がいつまで続くのか彼女にも分からないが、いつの日か、青春を賭けたパイプラインの敷設現場に戻ることを夢見ている。

「敵がくれば女性も戦う」

マイ・ティ・トー

一九五五年5月5日フート省生まれ。七三年8月に五五九部隊に入隊。工兵として、クアンチ省の国道14B号線の建設工事に従事。一九七六年に結婚。障害児を出産したために、夫と離婚。1人で子ども4人を育てるかたわら、フート省の退役女性兵士の組織作りを始めている。

母と押し問答

「チュオンソン女性戦士フート省連絡会会長」のマイ・ティ・トーに会ったのは、二〇〇三年11月の訪越の時であった。戦争の後遺症に苦しむ戦友ばかり紹介してくれて、この人には、戦争の悲しい経験はないのかと思ったほど、戦争による陰りを感じさせない端整な女性だった。トーは、6人兄弟の下から2番目（男3人、女3人）だった。

「ベトナムには『敵がくれば女性も戦う』という諺があります。私も敵と戦いたいと志願しました。その時両親は、『兄が戦場にいっているのだから、女性が戦場に行くのはよしなさい』と強く反対しました。

私は戦場にいく必要がなかったのですが、友達が志願したので、私も行動を共にしました」

トーは、一九七三年8月24日に第五五九部隊に入隊した。バクタイ省（現タイグエン省）で訓練を2カ月受けて、七三年11月30日に現地に配属になった。

母は出征に強く反対した。バクタイ省で訓練が始まった1カ月後、驚いたことに母が迎えにきた。いや、引き取りに来たのだった。

「『一緒に帰ろう』と。『いやです。国が統一しない限り、私は帰りません。今、私が帰ると、軍隊から逃げたということになって恥をかきますよ』と言いましたら、母は1人で泣いて帰っていきました」

トーの自宅からタイグエン省までの一五〇キロの道程を、娘を戦場に送り出したくないがために、母は1人で列車に乗ってきた。母は、失意のうちにまた汽車で帰って行った。娘の訓練中に母親が基地を訪問するケースは、当時ベトナムではほとんどなかった。母親には恥も外聞もなかった。娘のため一筋だった。母親の強い一念も娘の決心の固さの前には通用しなかった。娘を思う母親。国を想う娘。家庭の平和を願う母。国の平和を願う娘。母娘の考えがすれ違った。寸毫も信念を曲げなかったトーを、もういかに説得しても戻らないと諦めた母は、その後、わが娘に手紙を書き送った。

「しっかりと頑張ってきなさい」と。母はどこでも強い。

爆弾の袋

「私たちが最初に着いたのが、クアンチ省のベンハイ川でした。ヒエンルオン橋は建設の準備中でした。ベンハイ川は普通は泳いでしか渡れませんが、その時は水かさが少なく、浅瀬をトラックで渡りました。回りには民家がなく、至る所が爆弾の穴だらけで、タコーン空港は瓦礫の山でした。クアンチ城が解放された直後の話です」

マイ・ティ・トー。子供を失うのは２回目。母親として最大の苦痛です

出征したばかりのトーの脳裏に今も焼きついている異様な光景だった。

戦場での任務は、ホーチミン・ルートの建設であった。トーたちの担当区間は14Ｂ号線だった。軍隊を南に進軍させるために、爆弾の穴を埋めて早期に14Ｂ号線を作る必要があった。そこを彼女らは「爆弾の袋」と呼んだ。爆弾でできた穴の跡の穴埋め、山を削って出てきた大きな岩石の処理、大きな岩を砕くための発破作業だった。発破に火をつけるのは、足の早い人の役目だった。一番目のダイナマイトは一番導火線の長いもの、一番最後は一番短い導火線で、点火したらすぐ逃げなくてはならない。トーは怪我をせずにすんだ。

「若かったから怖いものなしで、任務遂行の決意は強靭でした。食事中でも、部隊が通過するという連絡が入れば、みな食事をやめて道路に戻ります。車輪が穴にはまったら後ろを押し、爆弾の穴があればすぐ埋めるという態勢ができていました。ホーチミン・ルート建設は重要な仕事で、北からの支援軍が早く南部へ行けるようにと皆が心がけていました。私たちがいたあたりには、ヴァンキウ族が苦しい生活を送っていました。その人たちのおかげでずいぶん助かりました。その辺には枯れ葉剤とナパーム爆弾にやられて木の葉が落ちて、燃えかけた木々もたくさんありました。木々が燃えているのは見ていませんが、爆弾の穴があまりにも多く、身の毛がよだちました。私の戦友の中にも、野菜を取りにジャングルに入って、ボール爆弾、葉っぱ地雷などで即死した人もいました」

ホーチミン・ルート建設の歴史の中で、後期には多くの3つ編みの女性兵士が活躍をしていた。「ロング・ヘアー・アーミー」である。トーもその1人である。軍隊での規則は、女性は髪の毛を長く伸ばしてもいいが、3つ編みにしなくてはならなかった。長さは肩までしか許されないので、長い人はその先端を上にもっていくことが義務づけられていた。当然、毎日の軍服の着用を義務づけられていたが、「女性の日」だけは私服が許されていた。

戦場へ訃報が

「ジャングルの中の生活で足りなくないものはありませんでした。女性の場合は何かにつけて一番苦しみました。できるだけ泉をみつけて髪の毛を洗うようにしました。爆弾の跡の穴に溜まった水がいくら汚れていても、そういう水を使うしかありません。石けんもありませんでした。化粧品などとんでもありません。マラリアの薬も足りませんでしたから、一番重症の人を優先します。何でも分けて食べました。竹の子でも何でも。ジャングルの中での生活は苦しく大変でした。でも、苦しむということは当たり前のことでした。いま、そういう生活をもう一度送ろうとすれば怖いことです」

七四年2月の初旬にトーの父親が他界した。戦場の娘には3週間以上たった七四年2月末に訃報が届いた。

「泣きました。自分の心の中でお葬式をするために、蚊帳を破って頭に巻きました。ヴァンキウ族の人たちは、それが服喪を意味するものとは知らず、きれいだよ言ってくれたので、また涙が出ました。ジャングルの中の女性の心は、弱いです……」

トーは、除隊の直前までクアンチ省で道路工事の任務にあたっていた。七六年9月に除隊して、すぐ故郷に帰った。母親は健在だった。

「母に最初に会った時、母は泣き、私の体全体を触りながら、『ほんとうに私の娘だ』と母親は直感で言いました。母は視力をほとんど失って、黒かった髪の毛は真っ白になっていました。『お前の帰りをひたすら待っていたんだよ』と言いました。その言葉を聞いて、私を迎えに基地まで来て、泣きながら帰っていった母の姿を思い出しました」。その母も八四年に亡くなった。

結婚・出産、そして別れ

トーは、七六年11月に結婚した。相手は、南部戦場に行っていた退役軍人だった。4人の子どもが生まれた。

「4回出産しましたが、今は3人しかいません。最初の子は、生まれた時に顔がとても白かったのです。病院からは白血病と言われました」

その子、第1子の長女グエン・ティ・ホン・タオは、慢性の貧血状態だった。毎月の輸血が必要だった。毎月、ハノイにあるベトナム最大のバクマイ病院まで通った。お腹がどんどん膨れ、足が細くなった。

「戦場から軍隊の布製の帽子と約8平方メートルの毛布を持ち帰りました。戦争の思い出として大切に保管していましたが、輸血のおカネがなくなり、その二つの『宝物』も処分しました。毛布に鋏を入れてズボンを作り市場で売って、子どもの輸血代の足しにしました。ふだん輸血する時はすぐ血液が体の中に入っていくのに、『その日』は看護婦さんが注射針を射し込むと血管が崩れました。ですから、両手、両足に射し込む所がなくなり、病院の先生も『もう恐らく救えません』と教えてくれましたので、私も『分かりました』と言いました。頭のいい子でした。誰も言わないのに、死ぬということが子ども心に分かったのでしょう。家族の名前と今まで注射を打ってくれた看護婦さんの名前を呼びました。そして『死にたくないよ、助けてぇ〜』と泣き叫びました。そこの病棟全員の先生、看護婦さんや医療の方々がやってきて泣きました。戦争の被害者（枯れ葉剤被害）だと病棟で知らされたのは、その時でした」

訓練基地で母親に抵抗したトーは、白血病のわが子の回復を必死で願うしっかりした母親になっていた。戦場で使った毛布にハサミを入れて作ったズボンがいくらになったのだろうか。子を想う母の行動に損得感情はない。「血の一滴一滴をたらして、他の人を育てるのは、自分が痩せ衰えるのが自覚されても、楽しいことである」（石一歌著『魯迅の生涯』金子二郎・大原信一訳　東方書店）。貧窮の中で厳とした行動をとった。わが子が助かるならば、どんなことでも母親はした。ホン・タオは薬石効なく短い使命を終えた。八一年4月没。享年4歳。

宿命の波浪が続けてトーに押し寄せる。第2子の長男グエン・ホン・タン（一九七九年8月26日生まれ）。左足が小さく、湾曲。先天性だった。右足は正常で、なんとか歩けた。だがてんかん持ちで、ついに高校1年で中途退学した。勉学の意思はあったが、専門学校への転入も諦めた。てんかんは成長するにつれて減ってきてはいたのだが……。第3子の次男グエン・ホン・タイン（一九八一年11月14日生まれ）。少々知的障害がある。第4子の3男グエン・ホン・テー（一九八四年8月14日生まれ）は理由なく怒る。

第2子、第4子とも、二〇〇一年から国からの枯れ葉剤被害者の手当として月四万九〇〇〇ドンを受給している。トー自身は、現在申請中だ。

除隊した後小学校に勤務していたトーに、次々に難病や障害を抱えた子が生まれた。「早期退職」の道を選んだ。職業より子ども、家庭だった。あの時、母親が訓練基地からトーを連れて帰っていたら、この悲劇はなかっただろうか。

茨の道に先は見えなかった。２日連続して訪問したトーの家に、夫との生活の匂いを感じなかった。

「私は連続して障害児を生みました。主人は一家の長男でした。長男としての立場を十分に理解していましたので、私の方から先に別れ話を出しました。別の女性と結婚して、元気な子どもを作ってもらいたかったからです」

ベトナム女性に比較的多い離婚のタイプだった。夫の立場を考慮して妻が泣いて身を引く、ベトナム社会の実像。兵役中の妻がダイオキシンに被曝されたのか？　夫も被曝されていたのか？　それとも複合的な問題か？　片方が枯れ葉剤に被曝したとして、それで人間的に優劣がつくのか？　女性が貧乏くじを引く文化から解放されるのは、いつのことか。文化といっても、所詮は人間の振る舞いにすぎない。女盛りの30歳直前のトーにとって、辛い離別だった。３人の障害児を抱えて、この先の生活は？　子どもの健康は？　不安がいっぱいだった。世間体もあったろう。卑屈も感じたろう。しかし、トーは、田舎社会の重圧にめげず、子どもの養育に励んだ。

小我を乗り越えて

無論、子どもの障害が治ったわけではない。障害児を抱えながら、故郷フート省で生活苦を抱えている元女性兵士の組織作りを始めた。ともに戦場で働いた仲で、自分だけが幸せであっていいはずがない。本当の信頼感は、信頼し合う人間関係の中にあることを、トーは知っている。

「フート省の女性戦士だけでなく、多くの女性戦士が、健康問題や他の理由で結婚を諦めました。私はそういう苦しむ女性たちの気持ちを理解しています。女性として結婚を諦めた、結婚ができない、これは戦争の結果です。戦場に行く前は皆かわいく健康でした。戦場から帰ってきて、美しさを失いました。適齢期も過ぎて、結婚しにくかったのです。戦場で過ごした経験は、一生忘れられません」

狭い自我を乗り越えて人のために動くトー。そこに本当に人間の強さがある。

二〇〇三年12月18日に、第3子タインが結婚した。苦労して育てた子どもが、ともかく1人立ちした。夫と別れた後、辛酸をなめながら歩んできたトーの一つの夢が結実した。

「うちの子は完全には普通の人ではないですから、これはわが家にとってうれしい勝利です。タインはまだ若いけど、早く孫の顔を見たいです」

そして、もう一つの夢は？

「私の最大の夢は、自分の子どもを普通の人に変えられる魔法を持つことです。子どもの足を普通に戻すことです。ハノイの越独病院につれて行きましたが、治せないと言われました。友好村にも、同じ足の症状を持った子がいて、もしかしたら、うちの子の足も治してくれる人がいるかしら、と思っています。日本では治せるでしょうか？」

子のために必死にならない親がどこにいるだろうか？　わが娘を想うあまり、基地から連れ戻そうとしたあの母親と同じ強い愛情がそこにあった。戦争の後始末は続いている。いつの戦争でも、苦労するのは庶民であり、泣くのは女性である。愛娘の死、障害児の連続出産、夫との離婚……この心の傷は深い。長崎の反原爆詩人福田須磨子が言うところの「心のケロイド」である。しかしどんな目に遭おうが、一歩も退かず前進を続け、なおかつ他の女性戦士の力になろうという闘争の火が燃え続ける限り、トーの生命に不敗はないと、私は思う。

末っ子が危篤に

トーの末っ子が危篤状態だと聞いて、私はフート省に車を飛ばした（二〇〇四年5月31日）。

「末っ子のグエン・ホン・テーが、肝臓ガンで余命いくばくもありません。ヴィエッチの病院から、もう治療方法がないと最後通告されました。今は痛みに耐えながら死を待つだけです。転移もしています。昨夜（二〇〇四年5月30日）は41度の高熱で、ずっと『痛い』と言い続けていました。今は、睡眠薬と痛み止めと漢方薬を飲ませているだけです。まだ意識はあります。隣の部屋で寝ています。この子に真実を言うことはできません。本人はまだ治ると思っています。4歳の娘が死んだ時以来、私にとって2回目の試練です。子どもを失うのは2回目です。母親としての最大の苦痛です」

隣の部屋でお見舞いをさせてもらった。命終近き人、といっても無量の財宝である青年を前にして、私には言葉がでなかった。使命を背負って生まれてきた青年だ。塵埃にまみれた社会の中でこれから果たすべきことがたくさんあるのだ。なんとか助からないものか。なんとか使命の舞台に立たせて上げることはできないものか。未来は青年のためにあるといわれる。この青年の未来が奪われようとしている。これもまたダイオキシンの仕業である疑いが濃い。戦争に憤怒を感じる。

「この間、ハノイから集団訴訟のことで連絡を受けました。私も、枯れ葉剤の被害者の1人で、私の家族の悩みも大きいですが、私だけではなくて、フート省の全員の被害者をその訴状に入れるようにしたいです」

ぶどう子が生まれた

グエン・トゥン・ゴック　グエン・ティ・タム夫妻

グエン・ティ・タムさんは一九五三年7月2日フート省生まれ。五五九部隊には一九七三年8月入隊。クアンチ省内にできた五五九部隊の司令部に勤務。総務・会計・兵站担当。七九年に除隊して結婚した。夫はフート省のジャーナリスト。タムさんは地元で写真店経営。

請願書を書く

「抗米戦争中は、多くのジャーナリストに関心をもってもらいました。日本のカメラマン石川文洋さんの本も知っています。抗米戦争では、フート省からは、約五〇〇人の女性ボランティアが参加しました。私は第五五九部隊司令部の人事部勤務で、彼女たちの請願書を受け取りました」と、語るのは夫のゴックである。

第五五九部隊に入隊した夫のグエン・トゥン・ゴックは、除隊後、フート省の新聞社に勤務して20年。今もジャーナリストの道を歩む。

妻グエン・ティ・タム（一九五三年7月2日生まれ）は、20歳になったばかりの七三年8月に五五九部隊に入隊した。

「請願書を書きました。戦場に行きたいという希望を持っていたからです」

タムの母は、タムが11歳の時（一九六五年）に亡くなって、出征する時は父しかいなかった。「戦場に行く」と言った時、父は何も言わずに賛成した。父の姿の中に、外敵を追い出すのだという無言の激励が込められていた。

タムは、まずクアンビン省まで入り、そしてクアンチ省へ移動した。クアンチ省内の五五九部隊の司令部勤務になり、ゾーリンやゾクミェウに駐屯した。解放地域に入ったので直接戦闘には参加しなかった。司令部勤務で、他の多くの女性兵士のように道路工事もしなかったし、戦闘状態の中に身を置くこともなかった。戦闘後の被害を見るだけだった。

「どこにいっても爆弾の爆発した跡が無数にあり、あちこち鉄条網が張りめぐらされていました。地雷も無数に埋められていると聞きました。住民もかなり苦しんでいて、ちゃんとした住む家もなく、食糧もありませんでした」

「戦争中、父と兄弟から手紙をもらいました。『人に負けずに任務を遂行して下さい。戦場で国のために貢献して下さい』と父は書き、慰めと激励の気持が添えられていました。あまりに苦しい生活に耐えられず、私が逃げてしまうのではないかと、父は心配していたと思います。だから、私は『安心して下さい、必ず立派に任務を遂行して帰りますから』と返事を書きました。父は農家の出身で、背が高く、大柄でした。ディエンビエンフー作戦では輸送部隊で活躍しました。だから、戦地に行くことがどれほど大変か、父にはわかっていました」

グエン・トゥン・ゴックとグエン・ティ・タムの夫妻。右端は通訳のラン・フオン。左端は著者。

前線の司令部勤務

抗米戦争末期の北ベトナム軍司令部は次々に解放された地方に移動して行くので、安全確保を第一にして最前線の南下につれてどんどん移動した。タムは、移動につれて戦禍を目撃していった。

「化学兵器でジャングルが枯れて惨めな姿になったの

も見ました。枯れ果てた死んだジャングルでした。落ちた葉が腐り、それが浮かんでいる泉の水を生活用水として使わざるをえませんでしたし、ジャングルの中の野菜も食べなくてはなりませんでした。七三年頃には、食糧補給の支援物資はかなり送られてきていました。中国などからも入ってきていましたが、それでも食糧不足などは七三年当時でもまだありました。司令部の中に軍需・兵站部門があり、そこから出先の所属部隊に輸送されますが、途中で爆撃にあって届かなかったこともかなりあります」と妻は説明した。

緯度、経度、気候、地形のどれをとってみても変化に富んでいることで、ベトナムは非常に多様な生態環境と動植物に恵まれていた。国土総面積の3分の2を占める森林は、山脈、丘陵、そして渓谷といった多種多様な地形の条件のもとで育ってきた。森林は、土地や水資源に欠かすことのできない要素であり、森林資源は、種々の異民族の生命維持の拠点として極めて重要であった。その破壊された姿をタムは司令部の移動とともに目撃してきた。

やっと終戦

タム夫妻は、七五年4月30日のサイゴン陥落をクアンチ省で迎えた。

「その頃は、毎日勝利のニュースが入ってきて、毎日喜んでいました。30日は、歌ったり踊ったりで大変でした。司令部は1カ所に集中していたわけではありませんので、車で司令部の各機関に勝利を伝えに行きました。戦争が終わったのだ、これからやっと自分の生活ができると……その嬉しさは一言では言えません。泣いたり、大声をあげたりしました」と、タムは懐古する。

「私たちは、かなり前から勝利できるという予想はしていましたが、国の喜び、民族の喜び、友人の喜び、自分の喜びを同時に味わって、やはりうれしかったです。その時の気持ちは、長年かけて努力して、やっと大変な仕事を為し遂げたというほっとした気持ちです。われわれがいた所は解放区ですから情勢は落ち着いていました。野菜も自分で栽培し、米も作りました。米から作った酒もありましたが、許された祝酒は1人1杯だけでした。ただし、その時点では司令部は手放しの喜びはありませんでした。引き続き警戒態勢をとっていました」と、ゴックは言う。

「恐らくそれは皆同じ気持ちだと思います。一般の人は喜んでいたと思いますが、国の指導部、軍指導部は、戦争後遺症の問題を悩み始めていたのではないでしょうか」と言う妻のタムは、戦争が終了して1年後の七六年6月に任務を解かれて司令部と一緒に戦地を離れた。戦争が終了すると、女性から先に除隊するのが普通だが、タムは自分から希望して軍の仕事を続けた。

妻タムは七九年に除隊して、ゴックの求婚でその年に結婚した。夫ゴックの除隊は八三年だった。

最初の子が……

「私は、枯れ葉剤の影響を受けているのに後になるまで気づいていませんでした。八〇年に生んだ最初の子どもは人間の形をしていませんでした。ぶどうの房のようでした（胞状奇胎。一般にはぶどう子ともいう。英語名コーリオモルcholio moll）。妊娠してから、出血が続きました。医者は『出血が続けば、子どもが生まれても栄養失調になりますので、中絶を勧めます』と言いました。妊娠6カ月目で、産婦人科の先生が私の中絶手術を担当してくれました。取り出した子どもを見て驚きました。性別もわからない、ぶどうの房のようでした。夫も病院にいたので、同じことを言っていました」とタムは言う。

タムの説明から判断すれば、中絶した子どもは、胞状奇胎と考えて間違いないと思う。胞状奇胎は、胎盤の絨毛という繊細な組織が嚢状に丸くなり、嚢胞（のうほう）を形成する。ほとんどの場合、胎児は形成されないか、妊娠初期で死ぬ。タムが言うように、自覚症状としては、最初は性器出血や膣から褐色のおりものが出る。

出血はたまにないこともあるが、80、90%出血がみられる。原因は、卵子の受精機構の異常にあると考えられている。つまり、一つの卵子に二つの精子が侵入すること。受精時に卵由来の核が不活化し、精子由来の核のみが分裂増殖していくと考えられている。(www.welcomebaby21.com/houjou.htm/www.ladys-home.ne.jp/faqsite/ans-files/FAQ-J/FAQ-j8.html 二〇〇四年7月13日アクセス)

「その時は非常に驚きました。今後の家庭生活のことが心配になりました。その原因は戦争にあると直感しましたが、顔には出しませんでした。司令部に戻った時に分かりました」と、夫のゴックは言う。

「私が生んだ時、この人はそういう話は何もしてくれませんでした。もしその話をすれば、私が混乱状態になると気を遣ってくれたらしいのです」と、妻タムは当時の状況を話した。

タムは、その後2年間ハノイの母子保護センターに検査と治療のために通った。胞状奇胎の場合、産後の処置が大事である。治療後の処置も、タムの話を聞く限りは適切に行われていたとみてよい。胞状奇胎では、子宮の中の物を除く手術や胞状奇胎娩出術という処置が行われる。この後で大切なことは、致死率の高い絨毛ガンが起こらないようにすることで、そのために長期にわたる尿のホルモン検査が必要となる。奇胎摘出後の管理に必要なのは基礎体温の測定と妊娠反応検査で、病院によって異なるが、大体6カ月から2年くらいの避妊を通告される。

「八二年に妊娠した時、非常に心配しました。2、3カ月の静養を言い渡された時期もありました」と、タムは当時の心の中を明かした。次も胞状奇胎では? と心配するのも当然だが、きちんと管理された後なら、普通の妊娠と同じと考えていいと多くの医者は言う。

子どもたちのいま

第1子は男の子で、グエン・アン・ヴーという。

「生まれた時は正常でした。生後3年して病気が出てきました。咳が止まらない、呼吸困難になる……、それで喘息と診断されました。いつも病弱の状態で痩せています。胸部の片方が凹んでいます。なんでそういうふうになったかも分かりませんでした。月2回入院したこともあります。今、22歳を過ぎても病弱の状態のままです」と、妻は心配げだ。

ヴーは、いま大学で電子通信を専攻し、併せて営業の勉強もしている。

「第2子は女の子でした。グエン・ティ・タイン・スアンで、八四年生まれです。先天性真菌の病気を持っています。バクマイ病院の皮膚科研究所や他の病院に連れていっていろいろな薬をもらいましたが、どこでも治してもらえませんでした。この時でも、子どもが枯れ葉剤の影響を受けているとは思いませんでした。この真菌の病気がますます進行しています。今では体全体に、顔にも出て、真菌の症状（痒み）が出ています。顔、頭、性器の皮膚が剥がれてきます。毎日洗髪していますが、痒みがとれません。薬用シャンプー以外は使用できません。少しもよくなりません」

スアンは今ハノイの短期大学で会計学を専攻中だ。

「娘も枯れ葉剤の影響だろうと思っています」と夫は言い、妻のタムは、「2人目の出産の時もとても心配しました。2人の子どものことが気が気でなりません。息子は体が弱いし、将来また孫に遺伝する可能性があるので、気がかりです。娘はかわいそうです」と母親は苦しんでいる。

「3人目、4人目の子作りは、二つの理由でやめました。つまり枯れ葉剤の影響の心配があったことです。作らなくてよかったと思います。そして、もう一つはいい教育環境といい家族関係を保つためには、子どもは2人で十分だということです。これは大家族の両方の親から学んだ教訓です。私（ゴック）の兄弟は8人（男7人女1人）です。家内の家は7人姉妹です。子どもをたくさん作って、結局いい子育てができなくなって、子どもは非常に苦しんでいました」とゴックは言い、子どもには、将来健康に影響を与えない仕事に就くようにアドバイスしている。
夫婦2人、子どもも、ともに枯れ葉剤の手当は受けていない。

気になる裁判の行方

「私たちは、診察しに行きませんでした。二番目の子は勉強がよくできるので、日本の奨学金をもらっています」と言って、ゴックの表情は和んだ。

診察に行かないのは、子どもに与える心理的影響を配慮してのことのようだ。

ベトナム側は、二〇〇四年1月30日に、枯れ葉剤被害の集団訴訟に踏み切った。タムは心配している。

「ベトナム戦争では、アメリカの枯れ葉剤によって被害者が数え切れないほど出ました。アメリカがベトナムで起こしたことに責任をとらなくてはなりませんが、裁判では、ベトナムは、アメリカの犯罪を十分証明できず、ごく一部分しか訴えられないのではないかと思います」と。

「国民の戦争後遺症の問題、国の経済問題、国民の生活、そしてわれわれ自身の健康のことなどあまりにも多く山積しており、どう克服すればいいのか分かりません。つまり枯れ葉剤の影響が将来どうなるのか、という不安です。アメリカは枯れ葉剤に被曝したアメリカの旧軍人にその被害を認めて賠償をしたのに直接撒かれたベトナム人に対して何も賠償しない、というのは理解できません。アメリカはベトナムのことを認めていない気がします」とゴックは、ジャーナリストらしい発言をした。

ゴックの家はいま、妻タムの定年退職金と、ゴックの新聞社からの給料、経営する写真店の売上げで生活している。私が取材した人の中では、経済的に一番恵まれていた。日本製フィルムと日本製カメラしか売らない日本びいきの一家である。

4　第三世代

影響は明白だが証明できない

「時折私はこれらの先天性奇形の子どもたちを、汚染されたメコンデルタの村落で見かけた。私が子どもたちのことを尋ねると、人々は決まって空を指さすのだった。ある男は地面を引っかいて、ずんぐりしたC一三〇型飛行機が撒布飛行しているところを上手に描いた」("Hidden Agendas", John Pilger, 1999. 著者はオーストラリア人ジャーナリストで、イギリスをベースに活動している)

第一世代、子どもである第二世代、孫である第三世代の枯れ葉剤の最新の被害者状況の公式統計のごく一部だが、数字を入手した。それによると、ベトナム全国の労働傷病兵社会局及び赤十字の二〇〇二年の統計データに入っていた四五万三四二四人の被害者のうち、三万一六二二人は第二世代で、三万二二一六人は第三世代である。先天性奇形を伴った四〇万三九四九人のうち、16歳未満の被害者は八万九四九二人である（22％）。また二〇〇三年のハイフォン市赤十字の報告では、七七四七人の被害者のうち、第一世代は一六四七人、第二世代は一一七三人となっている。16歳未満の被害者は八〇〇人だ。

旧南ベトナムには、胎児に奇形を起こす物質であるテラトゲンが大量に撒かれたわけだが、今、第三世代への影響の出現が問題になっている。ダイオキシンの第三世代への影響を公式に発言する人はわずかしかいないが、ベトナムの学者、医療関係者の間ではほぼ常識となっている。枯れ葉剤の被害が最悪の事態を過ぎていないという声がベトナムの医療現場にあるのは、そういう理由である。

ハノイ一〇八軍病院のグエン・ブイ・ダイ元院長は、第三世代についてこう語る。

「第二世代への影響は明白ですが、われわれが入手している資料では、第三世代への影響は証明できていません。しかしながら、第三世代の子どもの中に、先天性奇形児が現れています。その子どもの親は何の異常も見せていません。従って、そこには遺伝の問題が発生して、まだ現れていない遺伝子もあるのではないか、ということです。これが、第三世代の被害を証明できない理由の一つです」

長期的な調査が必要だ

第三世代の被害を証明できないもう一つの理由は、もっと長期の監視を必要とするからだ。それは、第二世代では何の異常も見られなかったのに、第三世代でどんな影響を受けたかを証明できないからだ。第三世代への影響の結論を出すために、祖父の世代で、戦場に行ったことのある祖父と戦場に行かなかった祖父の孫を最低でも一〇〇人集めて行う調査・比較方法によるデータが求められる。第三世代への被害を科学的に証明しにくい第三の理由は、ダイオキシン濃度を示せというアメリカの要求に対して、第三世代にはそれが残っていないからだ。ダイオキシンの痕跡も残っていない。それを証明するには、第一世代の精子にダイオキシンがあるということを証明する必要があるが、このことはすでに証明できた。これからは、比較免疫学を適用して証明しなくてはならない。

「困難は伴うが、証明はできると思います。北部で生まれた第一世代の孫一〇〇人、南部で影響を受けた第一世代の孫一〇〇人を比較すれば、なんとか結論は出せるのではないかと考えます。比較対象者が多ければ多いほど、結論は説得力があるのは当然のことです。ただ、アメリカが主張するように、直接ダイオキシン濃度を示せと言われると、それはできない相談です」とブイ・ダイ元院長は言う。

第三世代を証明するには、相当の努力を伴う比較証明が求められる。さらに医師の中には、慎重な言い回しながらも、長期的にみれば第四世代にも引きつがれる可能性があると指摘する声もある。
第三世代の被害を持つとみられる家族を訪問してみた。

祖父ホアはジャングルの水を飲んだ

トー・タイン・ナム

祖父ホアの入隊

ハノイのノイバイ国際空港の近くにハノイ市ドンアイン郡グエンケー村がある。この閑静な村にもハノイの住宅街が迫りつつある。そこに、第三世代とみられるトー・タイン・ナムがすむ農家がある。

祖父ホアの入隊は一九六八年4月22日。戦場に入ったのは、新婚早々の一九六八年7月7日だった。戦場は、トゥアティエンフエ省ナムドン郡ケーチェ、クアンチ省のアーサオ、アールオイ、そしてラムドン省と移動した。所属は歩兵第三二四師団。除隊は七五年11月19日だった。

「戦場では、晴れている日は、L19（偵察機）やC一三〇（輸送機）が、煙を出して飛んでいました。その光景は今でもはっきりと覚えています。クアンチ省、トゥアティエンフエ省の西側のジャングル、アーサオ、アールオイで見ました。ひょっとすると化学兵器かという考えが頭をかすめました。大分たってから、やはりあれは化学兵器だったに違いない、と。そうではあっても、植物だけに影響すると思っていました。高い山の頂上に立ってみると、大体10キロの範囲内で植物が燃え、赤い火の海になっていました。

（化学物質を）撒いてから3、5日で葉が落ちて、ナパーム弾を落としたからです。数カ月も燃え続けた所もあります。まさに火が海のように広がっていました。部隊は木が枯れると移動しました。化学兵器（枯れ葉剤）を撒いた所は何の植物も育ちませんでした。生き残ったのは、菅笠を作る葉だけでしたね」

「われわれは、ジャングルが残っている所まで水を飲みに行きました。その時固形の消毒剤を1人数十個もらいました。それを使い切って最初に水のあるところに来た時は躊躇しましたが、ためらっていては次にいつ水にありつけるかわかりませんので、思い切り飲みました。その後ロシア製の化学兵器（枯れ葉剤）用防具セットが支給されました。これには炭が入っていて、ゴムのパイプがついていて、ヘルメットのように頭にかぶるものでした。24時間効き目があると言われましたが、重さが2・5キロもありました。銃弾と武器だけでも、十分重かったわけですからね。ロシア製は使っているうちに壊れました。その後中国製が配られました。頭の半分くらいかぶり、メガネとマスクもついていました。炭を入れると、12時間防毒が可能だというのです。でもこれも壊れました。いずれも、戦闘の時には重くて使えませんでした。それで水がない時は、おしっこでタオルを濡らして、風下に逃げました。化学兵器（枯れ葉剤）をかぶったせいか、衣服がいつもじっとりしている感じで、火で乾かしても湿っぽかったです」

「私はそもそも特攻隊員でしたが、健康を損ないましたので歩兵に移りました。マラリアもやりました。注射1本打つと一応収まります。第三二四師団では、健康が蝕まれていた人も多かったのです。休みが取れる時は近くの温泉で湯あみをすると割合良くなりました。水浴びをしない人で、皮膚に蛆虫が湧いている人もいました。そういう人でも温泉につかると良くなりました。温泉はクアンビンにはたくさんありますよ」

川に流して運ぶ

ホアは正規軍だったので、戦闘中でも比較的物は豊富だった。食べ物、酒も入ってきた。たばこも、薬剤もあった。戦いが予想より早く進行したために、支援軍の到着が間に合わなかったこともあった。物資を車で運んでいるのでは遅れることもあり、コメ、ミルクなどを川を使って流し、ホアが川までしばしば取りに行った。

戦場から帰って来たご主人はどんな様子だったか、妻に聞いてみた。

「比較的物資があったと言っても、やせて帰ってきましてね、自分の夫だと思えませんでした。骨と皮だけでした。退役後も主人はマラリアに苦しめられて、マラリアの薬を服用していました。八五年以降も注射を続けていました」と妻のガイは言う。

祖父ホアに抱かれるトー・タイン・ナム。「生後10カ月でおじいちゃんと呼んでくれた」

アザラシ肢症の子

孫のトー・タイン・ナムが生まれたのが一九九七年6月。祖父は夜8時に病院に行ったが、孫が生まれる時間には間に合わなかった。

「妻が先に病院に行っていて、男の子が生まれたと知らされて喜びましたが、それも束の間、障害児と聞いてショックを受けていました。妻は泣いていました。病院から孫をみせてもらった時には、何とも言えませんでしとを）前もって言ってくれませんでした。医者は、（こういう子が生まれてくるかもしれないことを）前もって言ってくれませんでした。医者が私に質問しました。『戦場に行ったことがありますか』と。『あります』と答えました。そうしたら、ある日、突然カメラマンがきて写真を撮っていきました。その写真を退役軍人連絡会に送りましたら、枯れ葉剤被害国家調査委員会（10-80委員会）の人が調査に来ましたよ。この孫を生んだ私の長男は、一九七三年に私が休暇をとって67日間自宅に戻っている時の子なんです。それは、トゥアティエンフエで戦功をあげて、勲章をもらった時に取れた休暇です。最初は枯れ葉剤の影響とは理解できませんでした。他には、もっとひどい状態の人がいます。この近所でも、私の戦友に生まれた子ども2人は自分で食べることはできるが、排便ができなかったりで……。奇形の孫が生まれた時の長男の様子は、本当に悲しそうでした。『他の病院で診てもらおう』と息子が言いました。枯れ葉剤の被害かどうかを調べるのに、三〇〇〇ドル近くもかかると言われました。息子に、『冗談じゃない、そのカネは私にはないよ』と言ったんです。本当に、そんな大金はどこを探してもありません」

生まれてきたトー・タイン・ナムは、アザラシ肢症だった。脚のない先天性異常である。彼の2本の足は胴体についている。フォコメリー（アザラシ肢症）とはギリシャ語のphōkē（ポーケー）に由来する語である。奇形の系統は、ナムの父方の家系にも、ナムの母方の家系にもなかった。医者は、ダイオキシンの第三世代の犠牲者という点で一致している。祖父自身は枯れ葉剤による症状はいまのところ出ていない。しかし、ホアの最初の息子ホアップが生まれた時、右足の指は4本しかなかった。そして、ホアの孫が生まれた。

レ・カオ・ダイ教授による追跡調査

この家系に注目していたのは、ベトナム赤十字の枯れ葉剤被害者財団理事長の故レ・カオ・ダイ教授だった。故ダイ教授は、ホアの息子とその孫の奇形がダイオキシンによって引き起こされたという証拠は何もないが、家族にもまた村の人々の間にも先天性欠損症の記録は以前にない、とかつて指摘していた。その時教授は、他にも、祖父が枯れ葉剤に被曝したとみられる同様の条件をもった12人の子どもを追跡調査していた。

「その関連を科学的に証明するには、高度な調査が必要です。わが国ではそれは現在できません。しかし家族を検査したり面接調査すると、他に全く原因がなく、枯れ葉剤との関連性を信じないわけにはいきません」と生前、ダイ教授は語った。

「この子が生まれた時には、テレビに出てくるような精神障害児になるのではないかと、ずっと不安でした。生後10カ月の頃、初めて『おじいちゃん』と呼んでくれ、それから『おかあさん』と呼びました。精神障害にはなるなよ……と、祈る毎日でしたので、ホッとしました。近所の戦友が2人の障害児をもっていますが、その人より本当に恵まれていると思います」と、祖父が言った。

ナムは、今は学校に通っている。ナムは聡明な顔をしており、幼稚園に通っていた時も、頭がいいと先生からほめられた。字と絵は両手で書けるが、右手指は親と同じ4本で奇形性を見せ、左手は中指と薬指が結合している合指症だ。

「7年7カ月戦場にいて、南部で怪我をして1週間入院したことはありますが、こうやって本当に生き残れて幸運です。戦争で足を失っても、命が残っていればいいと考えていました。怪我をしましたが、生命は救われました。七一年に国道9号線でアメリカ軍の戦車と戦ったこともありましたが、その時も生き抜きました。私は中学1年で中退しました。字はあまり書けませんが、戦争の真実は書いておきたいです。戦争は最初から激戦でした。西から東へ進軍しようとして、北の正規軍は何回も失敗しています。ベトナムで出版された戦争の本は、都合のいいことばかりしか書いてありませんからね」

「一九七五年4月30日、ビントゥアンからファンティエットまでの14キロを行軍していていたら、サイゴンが解放されました。どうせなら、サイゴンにいきたかったです。解放日の4月30日から3、4日間は寝られませんでした。戦場に行った時は、もう故郷へは帰られないと思っていました。生きて終戦を迎える喜び……それはね、言葉では表せませんよ。勝利のニュースを聞いた途端、コメびつを壊して、それでマンドリンを作って演奏しました。傀儡政権の金を奪って、上司に渡し、そこから金をもらって市場に行って物を買って食べました。犬、豚、牛を買って、殺して食べました。その時私は中隊長で、もらえたものは時計、肉、ボールペン1本、ラジオ、自転車でした」

ホアの声は、当時の興奮が蘇ってだんだん大きくなっていった。

三重苦

ダン・ティ・ヌー

髪の毛が抜けて

祖父ダン・ソン・ハーは、一九三七年生まれ。ハノイ近郊のハタイ省出身である。入隊は六六年12月で、除隊は七〇年だった。歩兵第8師団に配属されて、フエ省の戦場に向かった。

ハーはフエの戦場に六七年1年間駐屯していて、チュオンソン山脈の山奥のアールオイ、アーサオにも行ったが、アメリカ軍による枯れ葉剤の撒布は見ていなかった。

「ジャングルの中にいたので、枯れ葉剤が撒かれたかどうかもわかりませんし、大体そんなものが撒かれるということも考えの中に入っていません」

戦争で怪我はしていないのですか?

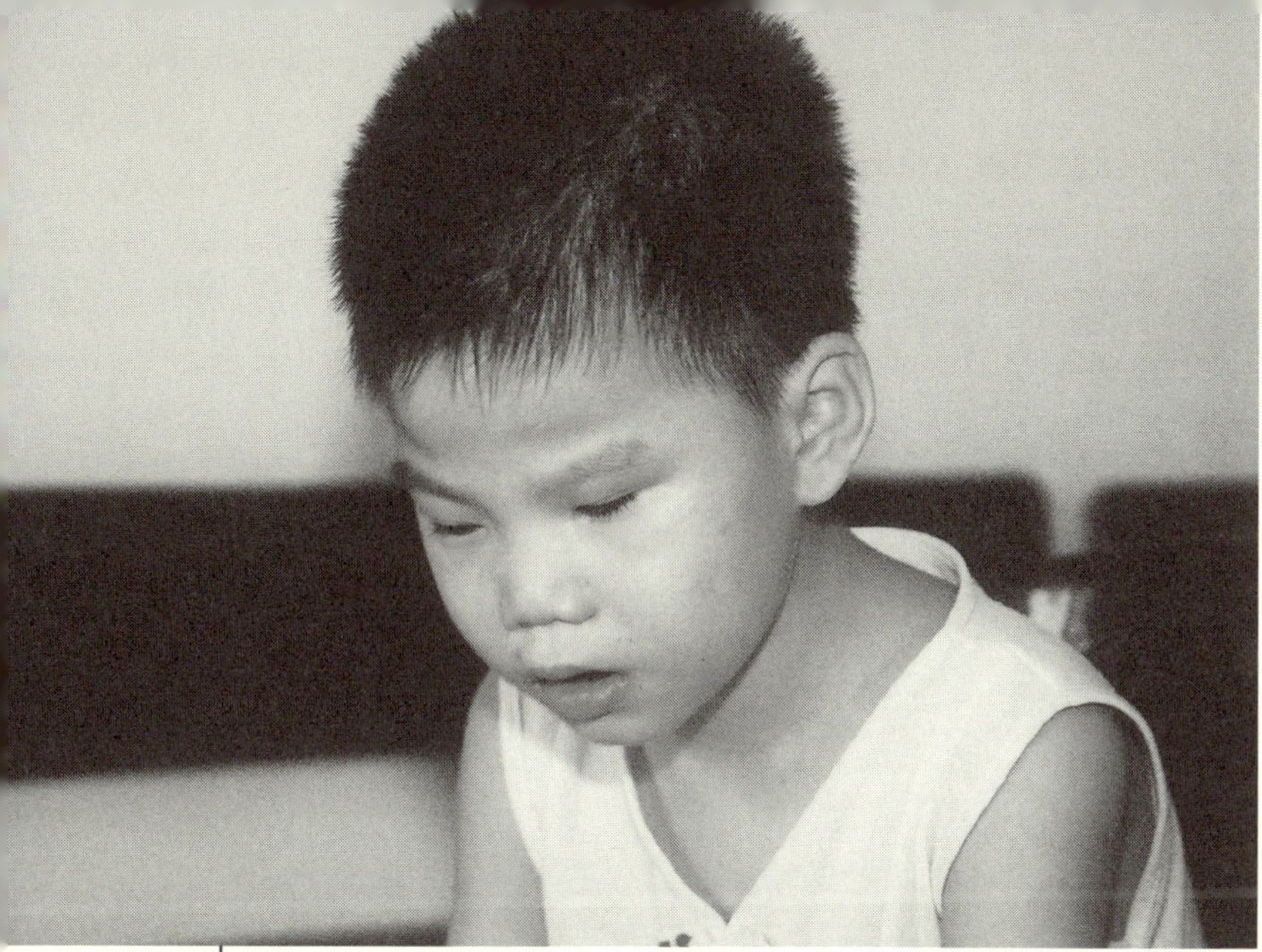
三重苦のダン・ティ・ヌーちゃんだが、理事長と看護の先生が声をかけるとすぐわかる。

「私の怪我は、小型爆弾の風圧を受けてしたものだけです。B52の爆弾が近くで爆発したのでトンネルに入りましたが、爆風の影響は猛烈でした。私の後ろが生死の分かれ目でした。私の後から入った人はみな死にました。私もその時の爆風で、4カ月も入院しました。1回負傷しただけですが、毎日激しい戦いに向かっていたから、生きて帰れる日は絶対来ないだろうと思っていました。無事に帰った時、ほんとうに幸運だと思いました。村に戻ると、村の人がお祝いをしてくれました。当時、私は人間の格好をしていませんでした。髪の毛が全部抜け……、ガラガラにやせていました」

髪の毛が抜けたのは、何か原因がありますか?

「私は、原因なんて何も考えませんでした。枯れ葉剤のことは全く知りませんでしたから……。髪の毛が1本も残っていなかったことだけは覚えています」

髪の毛はどのくらいで生え始めたのですか?

「約半年くらいしてから、少しずつ増えてきました……。今でも頭の皮膚が鱗のように剥がれてきます。1

週間に1回くらいです。常に出ます。今日は、髪の毛を洗ったばかりなのでないかもしれません。今日は痒くはないんです」

他に体の具合の悪い所は？

「胸が痛くなり、呼吸が苦しくなります。呼吸が苦しくなるのは、数カ月に1回ですが、その回数はどんどん増えてきています。それと目まいがします。私の体はときどきジンマシンのようなものがでて、痒くなります。関節痛もあります」

びんろうの実とお茶で結納

妻グエン・ティ・ナムは一九三八年生まれ。従軍の経験はない。妻ナムも夫ハーもまた結婚した年月日をどうしても思い出せなかった。

「あの人が、びんろうの実とお茶を持ってきて結納を交わしました。ほんとうに質素な結納でしたよ」と、妻が思い出したのは結納の時のことだった。

枯れ葉剤の問題でも起きなければ、こういう田舎では生年月日や結婚記念日など必要ないのだ。子どもも第6子を除けば、第1子の長女から第7子の4女までほぼ健常者ばかりだ。

第6子は3男のダン・ヴァン・サンである。一九七四年生まれ。このサンが第三世代の被害者と言われるヌーの父親で、精神障害を持っている。

ダン・ティ・ヌーは一九九六年生まれ。九八年に「友好村」に入った。目が見えない、耳が聞こえにくい、話せない、という三重苦。親の愛情は薄かった。「友好村」のフン理事長と看護の先生が声をかけて身体にさわると、確かにそれが誰であるか理解しているのだ。研ぎ澄まされた感覚を持っている。フン理事長がヌーに声をかけると、理事長の身体によじのぼってくる。エンジェルマン症候群の兆候が見られる。

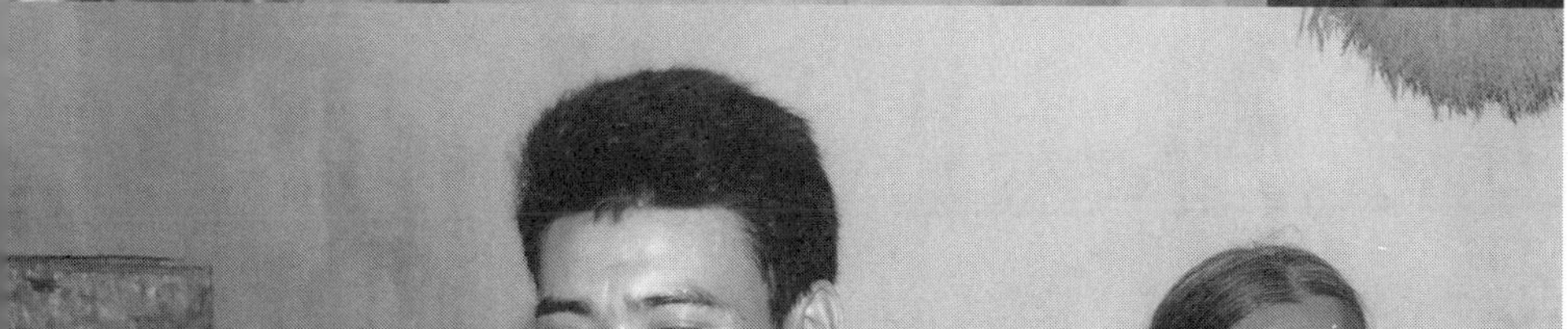

上・祖父ダン・ハー・ソン
下・祖母グエン・ティ・ナム(右)と3男のダン・ヴァン・サン

「ハタイ省の自宅では、家の人が出かける時は、足を紐で結ばれていました」と、「友好村」の看護の先生は言う。

3男サンのことを、祖父に聞いてみた。

「いつから、おかしくなったか覚えていません。生まれた時から異常だったのか、途中で異常になったのかもわかりません。小さいから、私たちも気にしていませんでした。子どもの頃はちょっと雰囲気が違っているなと思っていた程度でした。小学校にいかせましたが、6年通っても一つの文字も覚えられませんでした。知能遅れです。今は、何を質問しても、笑うだけです。返答はしません。顔はハンサムです……。精神病ですから、何もわかりません。昔も今も全く変わっていません。ですから、恋愛結婚ではなくて、見合いでした。仲人にお願いして、妻を見つけてもらいました」

「友好村」の先生からは、〝サンの今の妻が3人目で、前の2人とも逃げた〟と私は教えられていた。最初の妻レ・ティ・ティエップ（一九七五年生まれ）は4年前に家を出た。二番目の妻は、レ・ティ・ティン（一九七三年生まれ）で、今また、三番目の妻がきた。

「息子は嫁の言うことを全部聞いています。息子は言われた通りにやっていますが、自分で考えることはできません」と母親が言う。

息子さんの疾病は戦争の影響かなと思ったことはありませんか？

「私は何も考えたことはありません。なぜ、私たちに、こういう子どもができたかわかりません」

サンに聞いてみた。

北村「サンさん、今どこにいってましたか？」

サン「向こうにいってました」

北村「朝からですか?」
サン「数カ月前から……」
北村「前の奥さんの名前は?」
サン「ティエップ」
北村「次の奥さんの名前は?」
サン「ティン……」
北村「サンさんは今何歳ですか?」
サン「26歳」(実際は29歳)
こういう会話である。ほとんど、単語の羅列に近いのである。

農業をしているハーには、年金も、傷病兵としての国の手当もない。枯れ葉剤被害者として、祖父のハーに対して月八万八〇〇〇ドンを国から支給されているのみだ。

息子サンは、枯れ葉剤被害の手当を申請中だ。このように各省によって認定と支給にかなりのばらつきがあることがわかる。第二世代で受給している人も当然いるわけだが、第二世代でも受給対象にすらなっていない人がいるのもベトナムらしい。

友好村に入っている孫のヌーには、家族の費用負担はないのだが、やはり、祖父の一番の心配は息子と孫だ。

「他の子どもはあまり心配していませんが、息子の3男とその孫娘は心配です。私たち夫婦の体力はますます弱くなっていきます。そこへもってきて、息子らは自立できません。今は何の夢ももっていません。子どもは大きくなったので、自分は元気で仕事ができればいい……とだけ考えています」と、ハーは言う。

他のことは考えたくないという表情だった。

親に捨てられ、祖父母と暮らす

グエン・ティ・ヴァン

ハタイ省クオックオアイ郡フーマン社。のどかな片田舎で、珍種の蝶々が花から花へと乱舞している。そこにグエン・ティ・ヴァンは祖父母と暮らしている。ヴァンの祖父母の暮らしは極貧である。親戚の援助と退役軍人協会からの寄付でなんとか建てた小さな家に住む。4、5人が土間に入れば息苦しくなるほどの家である。精神障害を持つヴァンには、そういう家の狭さも、周りののどかさもわからない。

孫娘ヴァンが、なぜそこで祖父母と暮らすようになったのか。それは、ヴァンが両親に捨てられてしまったからである。両親の温もりも知らない。おまけにヴァンは、両膝と両足首の関節の間の骨が直角に曲がっているので、どうやっても歩けない。「友好村」に預けていた祖父母が最近引き取った。

ヴァンの父親はグエン・ヴァン・ミエン（二〇〇三年11月当時で推定40歳）といい、母親は、祖父母の長女ブイ・ティ・ホン・ロアン（一九六一年1月18日生まれ）である。

2人が結婚したのは一九九一年だった。「長女（ホン・ロアン）は、結婚した当時も健常者でした」と、ロアンの母ディン・ティ・ラン（一九四〇年生まれ）は言う。「婿も健常でした。おかしなところはありませんでした」と、ロアンの父のブイ・ヴァン・タイ（一九三八年生まれ）は自分の目に狂いはないと言う。

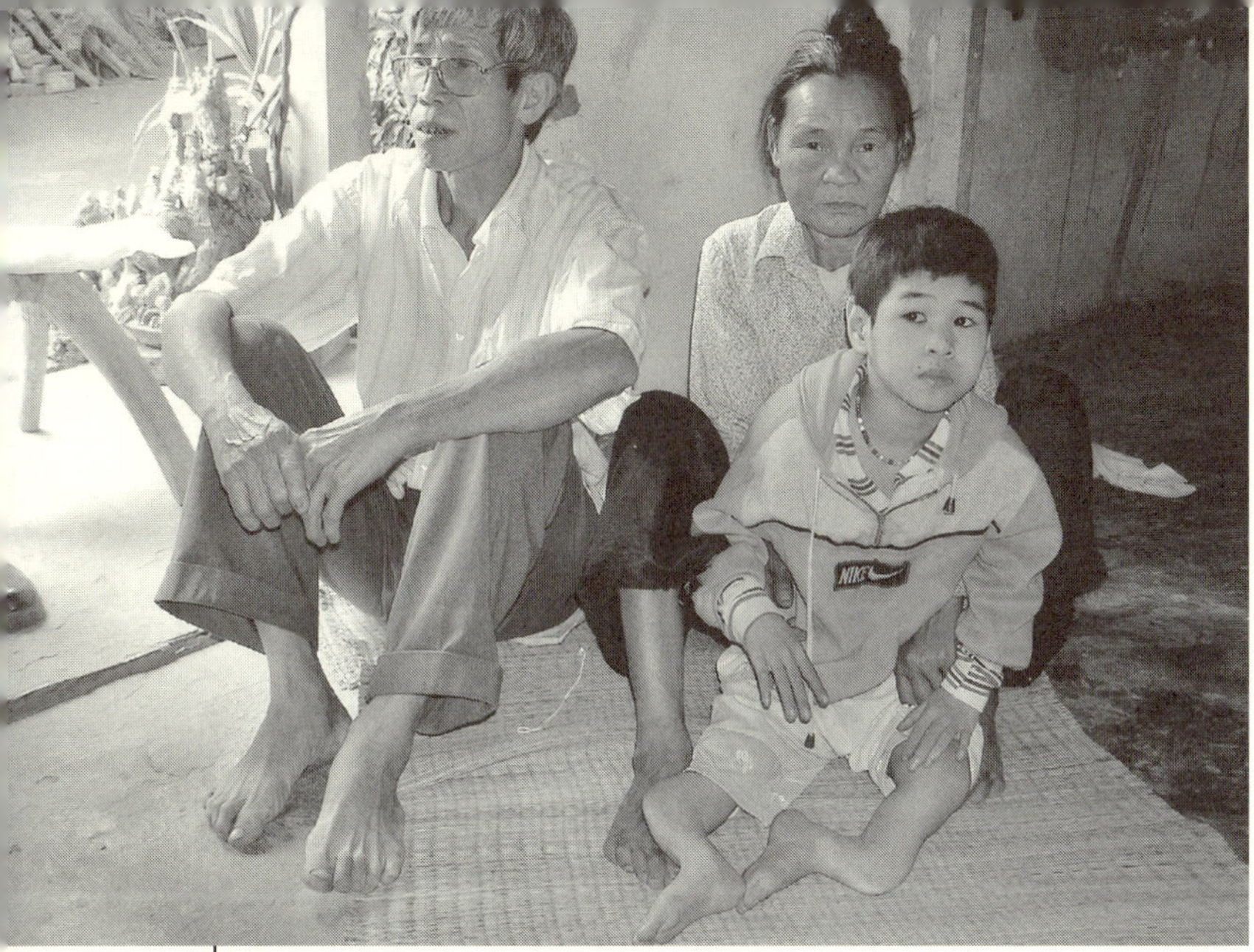

祖父タイ、祖母ランと一緒に暮らすヴァンちゃん

孫娘ヴァンは、一九九二年5月10日に、ハタイ省でこの世に生を受けた。第1子だった。祖父母にとって、ヴァンの父親ミエンは最初の花婿だった。どの家庭でもそうであるが、初孫を楽しみにしていた。それが……。話をする祖父母のそばで、孫のヴァンが、喉から絞るような声で、「メー、メー、メー……」とくり返す。すでに11歳、数えで12歳である。

祖父のタイ、祖母のランは、「ヴァンは生まれた時は普通の子ども、足も普通でした」と、話す。そして、長女一家が南部に行っている時に、このヴァンが倒れた、という。1歳の時だった。

姿を消した両親

南の病院で診断を受けたところ、「白血病と診断されたと、義理の息子が教えてくれました」と、祖父は説明する。そして、2カ月後、家族は南からこのハタイ省に戻ってきた。「その時も、まだ孫の足は普通でした。ここに戻ってきてから、4カ月後、足が少しずつ曲がり始めました」とタイは言う。そしてヴァンの両親は姿を消した。一九九二年だった。2人が姿を消すような雰囲気も異常さも、祖父母は感じ取ってはいなかった。寝耳に水だった。

祖父母が退役軍人の施設「友好村」に孫のヴァンを預けたのは、二〇〇二年。てんかんが頻繁に起きていたからでもあった。入所してから、ヴァンは足を骨折した。「越独友好病院でレントゲン撮影をしてもらったら、足の骨に罅(ひび)が数多く入っていました。他の子より折れやすい骨だと診断された」とフン理事長は教えてくれた。病院は、曲がっている所から切断して、義足を装着する案も検討されたが、精神的障害をもつヴァンに義足を装着してもリハビリの認識ができないために、その話は立ち消えになった。この足の形では、どうやっても自立歩行は不可能である。

ヴァンが友好村に入っていたのは、わずか3カ月間。祖父母夫婦が、ヴァンを再び友好村の施設に預ける気はない。それは、ヴァンが歩けない、話せない、排尿も教えられないので、先生たちに迷惑をかけるというのが最大の理由のようだ。

「自立できればまた預けてもいいと思いますが……友好村は残ってほしいと言ってくれましたが……ね。でも、私たちは孫を預けると先生たちに迷惑をかけるから……預けたくないです」と、祖母ランは言う。しかし、自立できるなら、預ける必要はないのだ。

ヴァンは、2歳未満で親と別れたままである。一九九二年以降、どちらからも連絡はなく二度と戻って来なかった。今でも2人の行方は知れずで、全く音信は途絶えたままだ。「多分、別れていると思う」と、ポツンと言ったのは祖父だった。「仕方がありません。もう戻ってくることはないでしょう」と祖母も言った。ハイフォン市の婿側の家とも行き来していない。60歳を過ぎて、娘夫婦を失い、精神障害に身体障害をもつ孫の面倒をみなくてはならない老夫婦は、体力を消耗している。「もし生きているのであれば、親の面倒をみに帰ってきてほしい。この上、今年33歳になる長男も精神障害を抱えていますので……」と、祖父は苦渋をみせる。

タイ夫婦は、男女2人ずつ子どもをもうけたが、あと1人、精神障害の子どもがいる。第2子のブイ・

ヴァン・トアンで、一九七〇年1月4日生まれである。家を出ていったロアンの弟で長男になる。この人は、知能遅れ、話す時にもはっきりと話せないなどの精神障害があり、自分の行動がコントロールできない。道で出会った人に暴力を振るったりする。離婚歴が1回ある。「長男は精神病だから嫁に捨てられたんです」と、祖母は声を張り上げて言った。この他に、第3子の次男は32歳だが、少々知能遅れがみられる。第4子の次女は現在29歳で病弱である。タイの家系にも、ランの家系にも、過去に異常者はいなかった。

五五九部隊に運転手として

祖父タイは、一九六五年5月に五五九部隊に入隊し、運転手として従軍していた。クアンビン省からラオスまで、主にコメなどの食品と、ドラム缶入りのガソリンをトラックでピストン輸送していた。トラック輸送は、ほとんどが夜間に行われる。夜の運転はタイにとって相当の恐怖だった。

「夜のロケット攻撃が一番怖かったです。照明弾が落とされると、反射を防ぐために、すぐにトラックのフロントガラスを布で覆います。ガラスの反射で発見されると爆撃されますから。そして、すぐ逃げます。森の木がないので、それは怖かったです。約2キロ毎に見張り小屋があって、米軍機がくると、そこから警報の鐘が鳴り響きます。その鐘は、普通の鐘ではなくて、落とされた爆弾の外側の金属を使用して、金属の棒で叩いて知らせるものです。その鐘の音を聞くと、またすぐフロントガラスに布をかぶせて逃げの態勢に入ります」

タイが、輸送中に爆撃を受けたことは数知れない。しかし、幸運にも、見事にアメリカ軍の空爆の戦火をかいくぐって生き抜いてきた。タイが運転していたトラックに爆弾があたっても、幸運にも車が壊れただけで、怪我をしたのはたった1回だけですんだ。強運の人である。

除隊は、一九七〇年10月だった。

「除隊する前の一九七〇年頃のクアンビンとラオス間は、葉がほとんど落ちていましたね。ラオスの南からクアンビン省まで木の葉をみたことはあまりありませんでしたよ。今でも、天気が変わるときまって頭痛が起きます。退院した時の書類がなくなったので、破片がどうなっているかよくわかりません。時々気絶することもあります」と言った。戦争の古傷に今も悩んでいるようだった。

何回も霧のような煙

アメリカ軍が戦争中に飛行機から撒いているところを何回も目撃している。

「煙が飛行機から出ていました。すごく嫌な臭いがしました。当時の上司は、水を持っている人は、タオルやシャツの裾を濡らして鼻と口を塞げ、と命令しました」と説明してくれた。そのことは、はっきりと頭の中に残っているという。

飛行機の形や煙の色とか？　何か記憶にありますか？

「翼が少し四角い飛行機でした。霧のような煙でした。数日後、木の葉っぱが落ちるようになりました。煙の臭いは、石をこすると出てくるような臭いでした。その煙をかぶった時は少しじめじめしていましたが、乾いた時に肌に白い粉が残っていました。その時はすぐ泉に飛び込んで、水を浴びました。そして、そこの泉の水も飲みました。上司に叱られました、なぜそこの泉の水を飲んだのか、と」

なんとも恐ろしい話である。白い粉を洗い流すために水に飛び込んだのは正解であろう。同時にまた、戦時中の従軍活動では、その水で当面の渇きを潤さなくてはならないところに大きな怖さがある。

今、タイの体全体の皮膚が赤味をおび、痒みが出てきた。それは、天気が変わる時に痒みが出てきて、その時首の周囲の皮膚が剥けたりする。そのあとは、またおさまる。特に乾期にはそういう症状が出てくる。季節の変わり目は、判で押したように体のだるさと頭痛を訴えるタイは、漢方薬が手放せない。普通の薬はカネがないから買わない。いきおい廉価の漢方薬へ比重がかかる。「それも体が痛くなる時しか飲まないようにしています」

ヴァンの祖父母は農業を営んでいる。といっても、七二〇平方メートルの畑の面倒をみるのはこの老婆1人しかいない。

「年寄り2人で、ほぼ1人分しか畑仕事ができません。子どもたちは知能遅れだし……」と、ランは困った表情をみせた。

祖父のタイは、体力がなくほとんど畑仕事ができない。ランが畑仕事に出ている間は、ヴァンの面倒は祖父のタイがみる。祖父にできる唯一大きな仕事である。

「凶作の時は大変です。枯れ木を集めて、燃料として売りに歩かなくてはなりません。足りなければコメは買わなくてはなりませんが、とりあえずはまず近所から借りてきます。」というタイには疲労感が滲んでいる。

そういうコメの融通は、村社会では近所同士で気持ちよくやり取りする。この地域の土地が痩せているから、村人相互の理解はできている。この地域は地場産業もあるわけでもなく、村人にとって農業に代わる収入を見つけることは難しい。

この貧しい家庭にとって頼れるのは、国からの手当しかない。枯れ葉剤被害者と認定されたタイには、二〇〇二年から月八万八〇〇〇ドンが支給されている。真新しい手帳を見せてくれた。「枯れ葉剤中毒者　月額手当通帳」と書かれてある。タイの第2子のトアンへの手当は、枯れ葉剤被害者として四万四〇〇〇ドンだ。そして、孫のヴァンには、国から枯れ葉剤被害者として月五万五〇〇〇ドンと、友好村から食事代に相当する1日七〇〇〇ドン、合計で一九万一〇〇〇ドンを国・施設から支給されているが、この手当で一家が安心して食べて行くにははるかに足りない。

タイは、「心配はこの孫のことです。2人とも年をとっていますので、力を出して働けません。蓄えもありません。孫はご飯も自分で食べられません。自立ができません。ヴァンの足の骨が脆いので、手術は不可能と言われました。病気がなおって、何とか話せるようになれないものか……と、それだけを願っています」と言って、タイは孫の口に食事を運んだ。

5　沈黙するマダ森林

鳥の声すら聞こえない

アメリカ軍が撒布した枯れ葉剤約八〇〇〇万リットルのうち、98％近くが南ベトナムに撒かれた。そのうちの86％が天蓋となっていた森林地帯に直接撒布された。南ベトナムのあらゆる種類の森林が犠牲を強いられた。枯れ葉剤の破壊作用は史上最大規模といってよく、環境維持に不可欠な南部ベトナムの森林を実質上枯渇させてしまった。一九四三年から九〇年にかけては、自然の森林被覆の割合が、間断なく、かつ比較的急激に衰退の一途をたどった。中でも一九六〇年から七一年にかけての戦時中は、衰退がより顕著である（ベトナム農業地方開発省資料）。高度別にみた破壊の分布では、標高三〇〇〜七〇〇メートルで42％、標高七〇〇〜一〇〇〇メートルで30％と、高地だけで全体の3分の2を占めている。

二〇〇二年10月私は車でホーチミン市からドンナイ省のマダ高地森林に向かった。

国土総面積の3分の2を占めるベトナムの森林資源はもともと豊富だった。ベトナムには1万種を超える高等植物が生息している。マダ森林の広さは3万ヘクタール。枯れ葉剤の撒布前は、この地域は熱帯性常緑樹からなる独立した森林で、環境及び生態的にも重要性が認識されていた。この森林は、幹の直径2メートル、高さ40メートルに成長するフタバガキを中心に、マカーモン、ミヤマツメクサ、シタンなど価値ある材木の資源を1ヘクタールあたり平均二〇〇立方メートルを生産する森林だった。

「自然森林回復モデル地区（九九・一〇～〇一・十二）」という大きな立て看板のある入口をマダ森林に入っていった。この看板の文字でわかるように、ここの森林は自らの再生機能を失ったのだ。かつては、虎、牛、鹿、猿、リスなどの野性動物がたくさん棲息していたという。今は、鳥の声すら聞こえない。不気味な静寂があたり一面を覆っている。鬱蒼としていたはずの森の中の道を、マダ森林の中心部をめざして進んだ。植林されたゴムの木が整然と並ぶ。

レ・ゴック・ティエン理事長

案内してくれたレ・ゴック・ティエン（43歳）は、このマダ高地森林を含むタンラップ森林場の理事長である。ティエン理事長は、ゴムの木を指さして、

「ゴムの木は、木と木の間隔が最低3メートル、列と列の間隔が最低6メートルないといけません」と説明してくれた。最低基準を満たした状態で植林されているのだが、「木には精気がありません。木が大きくなれません。木は大きくなりたいんでしょうけど。ゴムの木は植えてから7年間は収益がありません。利益が出るのは8年目からです。マンゴーの木も植えていますが、付ける実が少ないです。こんな所で大きくなれとか、こんな所でたくさん実をつけろといっても無理だ、と言われているようでね……」

一九六〇年から六七年にかけて、南ベトナムのゴムの輸出総量が七万七五六〇トン（約四八〇〇万ドル）から四万二五一〇トン（約一二八〇万ドル）まで下落した。化学戦争によりもたらされた経済的損失として、あるアメリカの研究者は、南ベトナムの1ヘクタールあたりのゴム生産量が一九六七年の一〇六六キログラムから一九七六年の七九三キログラムにまで落ち込んだことをあげた（出典：Nieland）。

上・レ・ゴック・ティエン理事長。「こんな殺風景な森をみるのは悲しいです」
下・看板には「自然森林回復モデル地区」と書かれているが……。

木のない森

どこまでも細くうねる森林道の坂道を上り降りしながら、ほぼ10キロも走っただろうか、マダ森林の中心部の高台についた。樹木がない！　鬱蒼とした濃い森はどこかにいってしまった。代わりに青空が大きく広がり、眩しい陽光が射していた。かつての森林の奥地で今ではサングラスが必要だった。暗い森の中で、木は光を求めて上へ上へと伸びる。雨にも強風にも耐えながら、太陽の光を受けて、なおかつしっかりと根を張るための広さと深さが、大木には必要だ。かつてのマダにはその条件が十分に整い、鬱蒼とした森林を構成していたのだ。

アメリカ軍の飛行機が飛んだ航跡がよくわかる。飛行機が撒いた跡を如実に物語っていた。ちょうど、床屋さんに行って、一番最初にバリカンを入れたあの青白い地肌の帯と同じ感じだ。広大な面積に陽光が燦々とさす森林跡地。全くの更地になっているわけではない。人間の背丈よりも少し高い、どうしようもない雑草が大地を支配し始めていた。

植物の成長抑制と環境破壊という枯れ葉作戦の初期の目的は、効果をあげた。一九六八年に調査に当たった戦場のアメリカ軍各司令官は、「水平の見通しは最高70%向上した。上下にも90%見通しが増加した。作戦の効果と安全性にとってこれは重要な要素である」と報告した。しかし、それはアメリカ軍の戦況を好転させるほどのものでなかったことは、結果をみれば分かる通りである。私が立った場所は、まさに見通し一〇〇%であった。

早死にする木々

マダ森林中心部の高台に、ティエン理事長の粗末な事務所があった。背のひくい事務所が火の見櫓のように高く感じられた。そこから一面を見渡すと、飛行機が飛んだ航跡がまた一層くっきりとした。ティエ

上・かつての鬱蒼とした森はなく、枯木の下に広がるキャッサバ
下・ゴムの木も大きくなれずに精気がない

ン理事長と事務所の周辺を歩いてみた。陽光で眩しいばかりの森林跡地に、実はポツンポツンと木が残っている。あの強烈な枯れ葉剤にも耐えた木に違いなかった。

「ハワイにもあるニャンという木ですね。それと、少数民族が神と崇めるコーニアという木です。このコーニアという木は、ベトナムでは男性に例えられて、『コーニアの陰 Bong Cay Ko Nia』という歌もあるほどです。テックという木も生きています。これは、かつては銃身に使われていたほど堅さに定評のある木です」

猛毒の枯れ葉剤を生き抜いたこれらの木々以外は、死滅した。これらの木々はどうして生き残ったのか。一九六二年から七一年の間のこの3種類の木の年輪はどうなっているだろう。猛毒のダイオキシンに必死に耐えて、ぎゅっと圧縮された年輪なのか？　それとも、悠然と年輪を刻んできたのか？　樹木が生きてきた長い年月の中の十数年。戦争に生き抜き、猛毒の枯れ葉剤に耐えたその時の年輪からどんなことが読み取れるのか？　自らの生命の記録を刻み続けてきた年輪を、この木に見てみたいと思った。

枯れ葉剤を浴びたマダ森林の不気味さを、ティエンは、こう言う。

「ここでは木が成長できません。15年くらいすると突然死するのが落ちです。ズンという木など、大きくなりかけたなと期待すると、12年でパタっと命が絶えます。木が成長するということは、根が深く張るということです。ところが、一定の所まで成長すると若死にするんです。ですから、根が深く入らない木、例えばキャッサバなどでしたら育てられます。キャッサバですと、数カ月で収穫できます。そういう短期的なものしか育ちません。ここでは、キャッサバとテックという木を植林していますが、テックは10年以上たちましたら、どんどん死んでいきます。チャムという木は、本来50～70年生きる木です。幹の直径は7～8メートルになります。普通は樹齢で7年以上たてば製紙の原料になりますが、この木は上から枯れていきます。ですから5年で伐採せざるをえないんです。7年は待てません。死を待っているようなものです」

長く生きられない。木の肥大成長（横に大きくなること）では、10年間で1ミリしか成長しなかったという話を聞いた。普通は1年で5ミリくらいは成長するのだが。根が深いといっても、何百メートルも入っているわけではない。樹木の若死には何を意味するのか？

「地表面にあるダイオキシンはかなり流されたと思います。残りは土中に染み込んだのです。地表近く、それほど深くないところで枯れ葉剤がまだ元気なことを示しているのだと思っています」

木と苦楽を共にしてきたティエン理事長の深い洞察である。

土壌の洗浄

ここ一帯では、一九八三年から、禿げ山をなくすための植林計画が進められてきたが、実態はそういう困難との格闘が続いている。一九九八年にベトナムで始まった造林計画で、二〇一〇年までに43％の森林率の達成をめざしている。植えれば容易に育つ環境ではないことが、ティエン理事長の話でわかる。

ティエン理事長が管理しているタンラップ森林場の一万二〇〇〇ヘクタールのうち、枯れ葉剤により完全に死滅した面積は三〇〇〇ヘクタールにも及ぶ。その三〇〇〇ヘクタールというのは、完全に死滅した部分だけで、枯れ葉剤の影響を受けた所をいれると当然数字は膨らむ。他の森林場はまた別の話だ。広大な面積に生息していた貴重な森林が消えていった。

「私は、ここに一九七九年から入っています。森林の中を歩いていたら、ドラム缶が出てきました。つい最近でも5回も見つけています。アメリカ軍が撒いた後、空から捨てていったのです。それと白い粉の入ったビニール袋（CSと思われる）です。見つけた時は淡い水色をしていました。この白い粉は、燃やすと毒性に変化すると言われています。撒いてから火をつけると、毒の煙が出て、ベトコンがいられなくなるということで、これも一つの武器です。私が木を伐採してトラクターで引っ張っていましたら、ドラム缶をひっかけたのです。ものすごいガスのようなものが出てきて、とにかくそこから逃げ出しました。缶が錆びて脆くなっていたのです。目が痛くなり、涙も出てきました。家に帰って、レモンと水で目を洗いました。数日目が膨らんで痛かったです」

タンラップ林場は、フービン森林とマダ森林とからなっている。このフービン森林の被害もひどいようだ。

「とにかく、このタンラップ林場では、肝心な木は伸びませんしね、草ばかり生えてどうしようもないんですよ」と言って、ティエン理事長はもう一つ、指摘をした。

「ジャングルの中や近くに住んでいる人の顔色が違います。黄色いような、茶色のような肌と顔色です。そして、老けてみえます。マダ川を水源として使っている人もいるので、なんとしてもきれいな水源を確保してあげたいんです。土壌の洗浄は絶対にやらなければなりません、絶対に」

土壌の洗浄には、一つは微生物を使って洗浄する方法があるのだが、この方法はまだ信頼感に欠ける。一番効果があるのは焼却法であるが、コストが非常に高くつく。立ち入り禁止にする方法は、あまりに消極的な方法であり、危険物を放置しているのと全く同じで、根本解決にはならない。

破壊されたエコシステム

内陸部の森林の林冠が破壊された地域では、二次森林種群、あるいは多年生常緑植物など、Pennisetum polystachyonや、Imperata cylindrica（別名をチガヤ。熱帯地方では屋根葺きの材料にする。エコシステムの崩れた所にはびこるとも言われる）の草木の定着が認められた。このような植物による支配が、通常の森林再生の妨害となったのである。森林への枯れ葉剤の撒布は、とりわけ海抜七〇〇メートル以上の地域や傾斜が25度以上の急斜面などで、分水界の吸収能力に深刻な影響をもたらし、結果的には洪水被害を招いている。

かつて、一九七〇年代初めに、枯れ葉剤被害を査定するアメリカ科学振興協会の植物学者ポール・W・リチャーズ氏が、内陸部の森林がひどく広範囲にわたって破壊されていることに言及した。ベトナム内陸部の森林のほとんどは、主要河川の水源地ともなっている。エージェント・オレンジの撒布は、このような水源の分水界にマイナスの影響を及ぼし、川の流れや浸食を防ぐ能力を脆弱にし破壊した。多くの森林地帯で土着の広葉樹林がはじき出され、経済的価値の全くない草や竹など向日性植物が取って代わった。ひどく破壊された森林は、未だ再生のめどが立っていない（レ・カオ・ダイ　尾崎望監訳『ベトナム戦争におけるエージェントオレンジ――歴史と影響』二〇〇四　文理閣）。

自然が病めば人間も病む。仏典にも説かれている「依正」とは、依報は環境、正報は人間自分自身であり、一体不二なのだ。ベトナムで長い世紀にわたって守られてきた森林がアメリカ軍の枯れ葉剤撒布という軍事的行為によって良好な生態関係を強制的に断ち切られたのである。東洋では、木々は神とつながり、木をあがめ、人間の精神生活と結びついてきた。その根底には、植物にも生命があり、生きる権利を認めるという思想がある。東洋の人々は生まれながらにして、そういう考えを身に付けてきたのだ。

兄の死

ティエン理事長は事務所の椅子に座りながら、

「この辺は解放戦線の軍事拠点でした。アメリカ軍はなんとしても森を丸裸にしたかったのでしょうね。私の義兄は、マダ森林に解放戦線兵士として入っていました。関節が痛み両足が膨らんで死んでいきました。いろいろな病院にかかりましたが病名がわかりませんでした。下半身は麻痺し皮下に水がたまり、指で押しても肉に弾力性はなく戻ってこない状態でした。46歳でそれが出てきて、49歳で死にました。枯れ葉剤を浴び、枯れ葉剤の上で生活していた人です」と言って遠くに視線を送った。

ティエン理事長の義兄の症状は浮腫（水腫）だったのだろうか。義兄は、アメリカ軍がこのマダ森林で実際に枯れ葉剤を撒布しているのを目撃した貴重な証言者だったという。

「何としても、以前の普通の森に戻したいです。普通の森にしてくれればそれでいいんです。こんな殺風景な姿を見るのは悲しいです。戦争は確かに終わりましたが、戦争の影響が終わったわけではありません。影響は間違いなく残っています。枯れ葉剤を撒いたアメリカ軍人は、アメリカ政府の命令に従っただけですから、アメリカ政府には戦争被害の解決に協力して頂きたいです。われわれには、植林した木が順調に成長していくのを見る楽しみしかないんですよ。突然死んでしまったらほんとうに悲しいし、自分の子どもを亡くしたのと同じです。育てるために投資した資金が枯れて無くなっていくのは、悲しいことです」

マダム・ゴ・ディン・ニュー道路

帰り道、マダ森林の中にあるティエンの家にむかう途中、ティエン理事長は、このマダ森林が豊富な木々を抱えていたことを示す興味ある話をしてくれた。

「今、われわれが走っている道は、レ・スアン道路とか、マダム・ゴ・ディン・ニュー道路（レ・スアンは南ベトナム大統領ゴ・ディン・ジエム氏の実弟のゴ・ディン・ニューの夫人のこと）と呼んでいて、ゴ・ディン・ニューの妻が作ったといっても過言ではないんです。豊かなマダの木を、コメと引換えに手に入れていました。コメが入れば、解放戦線も助かりますから……ね。それをゴ・ディン・ジエムもゴ・ディン・ニューも共に見てみぬふりをしていたと思います。ゴ・ディン・ニューの妻とマダ森林のゲリラ兵士との間に解放戦線が仲介に入って、解放戦線はコメをもらう代わりに、材木をあげていました。サイゴン政府か夫人がその木を高く売って、資金にしていたのではないですか。富を築いていたと思いますよ。まあ、それほどいい木があったんです、当時は」

ゴ・ディン・ニューの妻レ・スアンのために作られた道は、奥深くまで続いていた。しかし、マダム・ゴ・ディン・ニューが必要としていた木はもうかつての所になかった。ゴ・ディン・ジエム大統領自身も、枯れ葉剤の撒布に力を入れてきた人だ。自己撞着も甚だしい話である。

視察にきたアメリカの国会議員が、マダ森林の入口まで行って戻ってきたと、ある医療関係者から聞いた。これは一体、何を意味するのか？　なぜ見ないで帰ることになったのか？

持続的可能性へ

一九七二年6月の国連人間環境会議で提起された「環境教育」という概念は、一九九七年にギリシャで開かれた環境と社会に関する国際会議で採択された「テサロニキ宣言」で定義づけられた「持続的可能性」へと大きな変貌をとげた。変貌の意味するものは、「テサロニキ宣言」にもあるように、「持続可能という概念は環境だけでなく、貧困、人口、健康、食糧の確保、民主主義、人権、平和をも包含するもの」であり、「最終的には道徳的・倫理的規範であり、そこには尊重すべき文化的多様性や伝統的知識が内在している」という広義の環境教育へと変わってきたということである。

つまり、環境とは他のすべての問題とかかわるものであり、環境と自他との関わりの中でとらえつつ、問題解決を計っていくことが求められているのである。その点、壊した環境をそのままにしてあるのを見てもわかる通り、ベトナム戦争後アメリカがベトナムの環境に対して取ってきた行動は何一つなく、最近の5年をみても、アメリカのスタンスはこのテサロニキ宣言の精神とは全く無縁のものである。

枯れ葉剤が大量撒布されたベトナム戦争は、換言すれば南ベトナム環境破壊戦争だった。人間の上に撒いたのと全く変わらないアメリカの重大犯罪だ。ここに至って戦争が引き起こした環境破壊が、いかに想像をこえるものであるかを理解することができる。猛毒の枯れ葉剤によって、強制的に姿を消された原生林を取り戻すことはできない。マダ高地森林を初めとして被害にあった森林は植えれば育つという状態ではない。育てられない大地と化してしまった。原生林の回復、生物相の復元などは、夢の夢である。

21世紀をベトナムの「自然林回復の世紀」と位置づけて、国際的な支援体制が構築できないものか。すべての人々は、未来永劫、安全な自然環境の中で暮らす権利を有している。ペルシャの抒情詩人ハーフィズは「正義の木を植え、悪人共の根を絶やせ」(『ハーフィズ詩集』黒柳恒男訳　平凡社)と謳っている。マダから始めて、ベトナムにたくさんの正義の木を植樹したい。二〇一〇年代までに森林被覆率を40％台に何としても乗せるために。

上・いまなお枯葉剤の害毒にさらされたままの大地
下・猛毒に耐えぬいたニャンの木が立っている

3章　医療現場からの証言

レ・カオ・ダイ教授

故レ・カオ・ダイ教授（元10−80委員会委員長。二〇〇一年没）は、戦争中、ホーチミン・ルートの野戦病院の外科医だった。ダイ教授は初めてみた「黄色い雨」をこう表現している。

「3機の輸送機が低空飛行してきました。森林にかするくらい低空でした。空からゆっくりと霧が降ってきました。化学剤の香りがしました。2、3日後、木々のすべての葉が黄色に変わり、落ちていきました」(http://www.paracelsian.com/ah_immunoassay/news/article_1.shtml)。

ダイ教授はベトナムのエージェント・オレンジ研究の権威の1人であった。

枯れ葉剤の被害が顕著に意識されてきた一九七〇年代後半から、多くの関心がエージェント・オレンジ関連の健康問題に注がれてきた。にもかかわらず、ごくごく最近まで、ベトナムでの枯れ葉剤使用による環境への影響についてほとんど何の手も打たれてこなかった。医者の証言をまとめてみたい。

アメリカは自国の軍人に対して補償しました

グエン・ブイ・ダイ　一〇八軍病院元院長

グエン・ブイ・ダイ元院長は、マラリア研究の大家でもある。枯れ葉剤を調査する10−80委員会の委員も務めた。

「私は戦場に5回入りました。一九六五年1回、この時はホーチミン・ルートに入ってラオス戦場に行きました。アールオイに似ている所です。一九六七年1回、一九七一年1回、一九七三年1回、一九七五年1回です。都合5回行きましたが、そのうち2回は徒歩でした。残りは車に乗っていきました。そのうち私が枯れ葉剤を直接浴びたのは2回です。どういう色だったか覚えていません。私が見たのは、アメリカがほとんど泉（川）沿いに撒いた跡でしたね」

「一九六五年に入った時は、枯れ葉剤の患者をみていません。その後私は2回枯れ葉剤を浴びましたが、まだ大丈夫です。私は楽観的な性格で、いつか病気がでるのではないかという恐怖感ももっていません。一九六五年にチュオンソンに入った時の印象は、戦争ですからもちろん何も残っていません。夜進軍している時、よく照明弾で発見され、またボール爆弾などで爆撃されました。当時のわれわれの任務は、道路建設に従事している青年奉仕隊の工兵第2連隊の健康診断の目的でいきました。一九六五年当時、私は一〇三軍医学院（注1）の感染病棟の医長でした。戦場に行ったのはマラリア対策のためでした。軍隊がいた地方はほとんどマラリアの感染地域でした。マラリア感染を克服できないと軍隊の力も確保できませんでした。時によっては、マラリア患者の方が負傷者よりも多かったことがあります。マラリア患者の比率は罹患率の中でも一番高いです。それで、私は『軍事医学』という雑誌に、『軍隊におけるマラリア対策』という記事（一九六六年）を書きました。記事の中で、マラリア対策として『正しい生活をする』という目標を掲げました。ごく普通のことで笑う人がいますが、当時、北ベトナム軍はジャングルに入るとトンネルを作って生活しましたので、トンネル内に蚊がいっぱい入って多くがマラリアにかかりました。われわれは、トンネルではなく地上で生活し、周りの木を倒して、蚊を殺す薬を撒いて生活することを勧めました。決定的な要素ではありませんでしたが、北ベトナム軍の勝利にかなり貢献できたと自負しています」

枯れ葉剤被害者を見たのはいつ頃からですか？

「5回目くらいから患者に出会いました。患者は、被曝してもすぐ死ぬことはありません。数年かかって発症します。枯れ葉剤を浴びた軍医も多かったです。北出身の兵士、南出身の解放軍、南の住民が協力して戦っていた頃です。もちろん傀儡政権の兵士もかぶりました」

「ハノイで二〇〇二年に開催された米・越科学者会議で、血液中のダイオキシン濃度の研究結果を発表したところ、アメリカ側は証明せよと要求しました。つまり、ガン患者の血液の中、そして脂肪の中にダイオキシンがあることを証明することです。科学的には、ダイオキシンは7、8年を経て人体から排出されます。しかし、ダイオキシンによる病気の発症までの潜伏期間は15年間あります。病気が発症してダイオキシンを体内に探しても、もう排出されてしまっています。その人の血液の中にダイオキシンが発見された場合には、病気がまだ発症していないということです。病気になっていないので証明は不可能です。科学の世界では、そういう証明の仕方ではなく、直接浴びた軍人と浴びていない軍人の健康を比較することで、証明ができるわけです。アメリカ国内でも、同じ方法で調査しました。ベトナム戦争に参加したアメリカ海軍の軍人で、沖だけにいた海軍兵士と、上陸した海軍兵士とを比較調査した結果、やはり陸地にあがった人に疾病が多かったのです。空軍でも同じ比較研究をしました。単に空軍の戦闘機で闘った空軍兵士と、飛行機に乗って枯れ葉剤を撒いた空軍兵士と比較した結果、やはり撒いた兵士の方が、種々の病気が発生したことがわかりました。ベトナムは、ダイオキシンの研究では理想的環境を提供しています。ベトナムでも、軍人を比較研究しました。南の戦場に行った人と行っていない人を比較すると、非常に大きな差が出ました。アメリカも、空軍と海軍の軍人を研究していますし、ベトナムでも、南の戦場に行った人と行かなかった人の比較をしています。その結果は彼らはみなわかっています。アメリカはダイオキシンによる疾病のリストも発表し、リストに載った病気にかかった軍人に対して補償をしました。しかし、ベトナムの被害者に対しては補償を認めません。理解できません」

アメリカは血液中のダイオキシン、脂肪中のダイオキシンと病気の因果関係を証明せよと要求していますが、アメリカは当然わかって言っているのでしょうか？

「アメリカは知っていると思います。彼らは、人体から排出される期間、発症に至る潜伏期間も知っています。それでも証明を要求しています。アメリカでは、病気になった人にすでに補償を行っていますが、ダイオキシンを持っている人をなかなか研究できないでいます。アメリカは動物実験で研究をしています。

グエン・ブイ・ダイ元院長。「ベトナムはダイオキシンの研究では"理想的"な環境を提供しています」

ベトナムは世界の各地の研究所と協力して研究を行いました。アメリカのネブラスカ大学分析センター、ニューヨークの某大学、アムステルダム環境動物研究センター、フィンランドのヘルシンキ科学研究センターなど有名な研究所と協力して比較しました。現在南部地方に住んでいる人の脂肪と、血液中のダイオキシン濃度と、北部の住民のダイオキシン濃度を比較すると、南の人の方が7倍から8倍も高いです。さらに、南部の女性とヨーロッパの女性の母乳の中のダイオキシン濃度を比較したら、ベトナム南部の女性の母乳のダイオキシン濃度の方が極めて高いです。こういう比較をした理由は、ベトナム女性は工業化によって汚染されているから、母乳の中のダイオキシン濃度が高いとアメリカが指摘しましたので、

108軍病院における患者の疾病発生状況

	枯葉剤接触者	枯葉剤接触無し
入院期間５－10年	66.5%	62.4%
年齢45－54歳	71.7%	65.4%
たばこ常習者	49.7%	52.6%
アルコール常習者	18.9%	15.3%
貧困生活	22.4%	24.8%
農薬接触比率（入隊前）	5.93%	9.43%

私たちは、ベトナム北部の女性をはずして、ベトナム南部の女性と先進工業国であるヨーロッパの女性と比較しました。その結果は何倍も高いことがわかりました」

「これ（前頁）はダイオキシンの資料です。私たちの研究結果です。一〇八軍病院で治療を受けた一〇〇〇人の軍人を対象に研究しました。一〇〇〇人のうち、五二三人が南の戦場に行った人です。残りの四七七人は南の戦場へ行った経験のない患者でした。研究の中心は、一〇〇〇人の病気の状態と、その出産事故でした。その結果、南の戦場経験者の方は、消化器の疾病、皮膚の病気、ガンの人が多いということです。ガン患者の中でも一番多いのが口腔ガンです。以下、肺ガン、血液ガン、肝臓ガン、膀胱ガン、リンパ節ガンなどです」

「撒かれた人が補償を受けてなくて、撒いた人が補償を受けている、こんな不平等なことがあるでしょうか！　ベトナム民族の特徴は、度量の寛大さと寛容性ですが、ベトナム民族は怒っています。ベトナム人は、フランス軍の過去のことを追究しません。アメリカはベトナムで戦争を起こしておきながら、賠償していないという事実があります。民族の度量の大きさで堪えています。昨年の国際科学者会議の合同会議で研究結果を発表した後、韓国出身のアメリカの科学者がすべてを否定しました。ですから、外国

108軍病院における患者の疾病発生状況

疾　　病	枯葉剤接触者(523人)		枯葉剤接触無し(477人)
	接触度が高い	接触度が低い	
精神病	48.9%	34.8%	20.3%
消化器病	78.3%	77.8%	69.0%
皮膚病	30.4%	23.3%	17.6%
ガン	17.4%	14.5%	11.7%
口腔ガン	2.58%		0.62%
肺ガン	0.95%		0.41%
悪性血液病	0.95%		0.41%
肝臓ガン	2.67%		2.09%
ホジキン病	0.38%		0 %
膀胱ガン	0.19%		11.7%
他のガン	14.5%		14.2%
口腔炎	17.79%		1.42%
鼻腔慢性炎	3.05%		1.4%
精神衰弱	29.6%		13.2%
前庭不均衡	2.48%		1.04%
静脈瘤	5.73%		2.3%
高血圧	8.79%		5.8%
肝硬変	1.9%		1.2%
慢性大腸炎	23.5%		16.7%
無精子症	1.15%		0.4%
出産事故	戦場に行く前	戦場から帰った後	
122回（78人）	32回（26%）	90回（74%）	

の力に頼らずできる限り自前で解決しようとしています。ビエンホア空軍基地が汚染されており、その処理もしなくてはなりません。一番重要なことは賠償援助です」

枯れ葉剤は死が目に見えないのです

グエン・フン・フック　元人民軍軍医大将

一九四六年にベトミン（ベトナム独立同盟）に参加し、抗仏戦争時代の一九四九年から軍医として薬剤の研究を始めた。一九六〇年から毒薬の研究を始めた。日常生活の毒物、毒薬と解毒について、アメリカ軍の化学兵器について、等々の研究をした。

「抗仏戦争と抗米戦争の基本的な違いは、フランス軍は毒薬を使用しなかったことです」と、元大将は最初から明快な発言をした。

枯れ葉剤の被害に最初に気づいたのはいつごろからですか？

「一九六五年頃です。ただし、被害と言いましても、当時はその化学物質が葉につくと枯れるということだけしか分かっていませんでした。実際、アメリカがベトナムに本格的に軍隊を入れたのは、一九六五年からです。一九六二年から一九六五年までの枯れ葉剤の使用は、これは試験的使用にすぎないとみています。大規模に使用し始めたのは一九六五年からです。ベトナム側も当時の統計データはもっていません。やはり、一九七六年の南北統一後に、われわれが現場までサンプルを取りに行ってから、初めて落ち着いて研究ができるようになりました。そして科学的証拠もみつかり、その時はっきりと「被害」を認識するようになりました。その他にも、化学物質が時々使用されていることも分かりましたが、それが何なのか、その化学物質に致死性があるのか、当時は知識がなく、それを知ることが大きな課題でした。もし化学物質が毒薬で致死性があるなら、この戦争は全く違ったものになるからです」

戦争は違ったものになるというと？

「それに致死能力があれば、軍人は防護マスクを使用しなくてはなりません。マスクだけでなく、全身を防護する戦闘服も必要です。北ベトナムでは当時、防護服などは調達できませんでした。ベトナム戦争は国民総参加の戦争でしたので、その人数分を調達することは不可能です。もし本当に致死能力があれば、この戦争は極めて激しく恐ろしいものになります。アメリカ側がそういう劇薬を使用するなら、ベトナムも劇毒を使用する権利があります。そういう考え方を持ちつつ、しかし抑制していました。当時、ベトナムには劇毒の武器はありませんでしたが、そういう戦争は支援国である社会主義諸国も反対するし、アメリカ国民も劇毒の武器の使用に対して反対するに違いなかったからです」

「アメリカは2種類の化学兵器を使用しました。一つは、長期間徐々に損害を与えて、環境と健康を破壊するもの、もう一つは、その作戦でアメリカ側を有利に展開させるもの。環境と人の健康を破壊するのが枯れ葉剤です。私は軍隊の立場で、アメリカが戦闘に使用する化学物質を専門に勉強しました」

一九六五年以前にアメリカ軍が枯れ葉剤を使用しているという情報はなかったのでしょうか？

「当時、私たちの幹部が知っていたかどうか、それはわかりません。私自身は、使用された後初めて気づきました。ベトナム軍部の中では、毒薬武器の使用もありうるという強い懸念をもっていたことも事実です。それに備えて、一九五七年から一九六〇年までは、軍医の中で、毒薬中毒者の救急措置ができる人を養成しました。彼らは、ソ連と中国で訓練を受けました。この分野では、ソ連はベトナムよりはるかに優れた化学的実績を持っていました。そして、ソ連と中国から提供された情報も非常に参考になりました」

それはどういう情報でしょうか？

「ソ連や中国の化学者たちは、落葉させる物質の本質を理論的に理解できていました。実際、戦場で使用された化学物質を採取して、ソ連が実験室で研究したところ、彼らの推測は正しかったのです。ベトナム戦争で使用されたもう一つの化学物資がCS（注2。ちなみに、開発者のベン・コーソン（Ben Corson）とロジャー・スタウトン（Roger Stoughton）の頭文字をとってCSとなった）であるという彼らの推測も、私たちがサンプリングした結果その通りでした。戦場では死亡者が出ましたが、ソ連と中国からの情報では、このCSガスには致死性はないことになっていました。アメリカではデモ隊の解散に使用するというソ連と中国の情報で、われわれも人間への致死能力はないと思い込みました。世界の毒薬分類法では、これは劇毒には入りません。しかし、同じ毒薬でも、使用方法によっては人の命を奪います。アメリカ軍はCSガスをジャングルだけでなくて、空や防空壕・トンネルなどにも使用しました。私が知り合いのロシア人に、CSは人を殺せるものですかととぼけて聞くと、彼は、致死能力はないと言いました。もし私がCSには致死能力があると言ったら、多分彼は私を信じなかったと思います。しかし実際には、ベトナムではCSによる死者が出ました。なぜかというと、トンネル・防空壕などの密閉された所に大量に使用されると中毒するからです。多分ソ連の人たちは、空とかジャングルの広い空間で使用されることをイメージして、人を殺せないだろうと考えていたのです。トンネルや防空壕では、毒ガスでなくても、普通の煙を入れただけでも死者が出る可能性があります。この毒ガスは、呼吸困難をきたしたり、目から涙が出たり、嫌な匂いがしたりしますが、もう一つの作用は、中毒した人が精神不安定になって突然恐怖心を抱くようになります。トンネルや防空壕に隠れている女性や子どもたちは、パニック状態になって呼吸を止めてしまうケースがあります。私たちはCS対策のために、南の戦場で採取したサンプルで人体実験をしました。密閉したガラスの部屋にCSガスを入れました。救急設備も完備し、もちろん健康な人に入ってもらいました。そして、もう危険だと本人が思えば開けて出てもらうことにしました。私も自分で体験しました。ですから、そういう化学物質には詳しいです」

兵士に枯れ葉剤対策のマスクを支給し始めたのはいつ頃からですか？

「何年から支給し始めたか、私にもはっきりした記憶がありません。ソ連と中国からの輸入です。兵士の命を守るためにと、最初は非常に重い物を支給しました。最大の欠点は、使用時間の経過とともに効果が減衰すること、湿度が上がると効果がなくなること、水分を吸収すると重さが増すことでした。ですから、頻繁に交換する必要がありました。使い勝手が悪いうえ、重くなるので負担がかかります。もう一つの欠点は、現場で簡単に装着できないことでした。ソ連や中国のような寒冷地向きで、マスクの装着には常に訓練が必要でした。装着方法を少しでも間違えると、毒ガスが入ります。どんなに練習しても、25％から30％の兵士が装着方法を間違えました。彼らは、重い武器やコメなども運ばなくてはなりませんので、結局彼らは重たいマスクを枝に吊り下げたりして使用しませんでした。一番大事なことは頭をカバーすることで、これはゴム製で肌に密着するようになっていました。しかし、もともと大柄な人間のために

グエン・フン・フック。「ガスマスクは重たかった」

設計されたもので、ベトナム人にはサイズが大きすぎて隙間ができました。量産したものをサイズに無関係に輸入しましたので、サイズも1から4まで種々入っていました。ベトナム軍兵士はサイズ2でしたので、他の大きなサイズは余りました。マスクは頭を覆い、全身をゴムで防護すると、すごく重量がありま す。使い勝手は悪かったですが、相当良質で、効果のあるマスクでした。ベトナムの気象条件で何分我慢できるか、研究しました。気温が30度だと、15分から20分しか耐えられません。密閉されているため、体温が上がれば、体温を下げるために発汗します。その汗も外に流れませんから、さらに体温が上がって倒れてしまいます」

「装備の重さは、活性炭が入っている部分だけでも1・7キログラム。マスク全体では3キログラム近くになります。そこで簡易型を作りました。触媒を使って活性炭の質を上げました。活性炭は液体が気化した毒だけは防げますが、煙を防ぐことはできません。口元の箱の部分に入っている紙製のフィルターには小穴が開いていて、その紙の繊維が毒を防ぎます。フィルター入りの改良型マスクは現場の人の知恵を結集して作ったものです。このベトナム製マスクを着用することで、汚染地域からの脱出が可能になりました。ただし、このやり方では目は守れません。目を守るために透明なビニールのような物質を使ってカバーしました。所によっては、布をかぶって蛸の頭のような形にした兵士のグループもあります。袋には口の部分をあけ、目は透明なビニールを使用し、口は開けてそこにフィルターを付けられるようにしました」

化学物質による中毒防止のために、ピンク色をした液体を兵士に支給したという話が退役軍人から聞かれます。それは何だったのでしょうか?

「それは、CS対策として私の部署で研究し支給しました。CSガスに中毒した時に、涙が出て、鼻と口腔部分に痛みを感じます。症状としては咳が止まりません。その時、その液体の臭いを嗅ぐと、その症状が消えます。これは全世界共通で使用しているものです。成分は、クロロフォルムという麻酔に使用する薬品です。一〇〇％のアルコール40ミリ、麻酔にも使用するエーテル系の薬品20ミリ、アンモニア水（NH_4OH）10滴、この混合を一〇〇ミリにして、一〇〇本の瓶にいれました。これは蒸発が速いので、匂いを嗅ぐだけものです。瓶の上に出ている釣鐘状の物の内側と外側に綿を配しました。ガラスだけですと、嗅いでいる時に鼻に傷をつける可能性がありますので、綿を付けました。細いガラスを折ると、綿の隙間から、ガスが蒸発して出てくるように工夫しました。釣鐘状の部分を折って使用します。これを、マッチ箱サイズの箱の中に、石鹸（皮膚が毒ガスか枯れ葉剤に接触した時、水で洗浄するため）とアンプル状の瓶を2本入れて1人1人に支給しました。兵士は、その箱を服の中に忍ばせていました。瓶だけですとすぐ割れる恐れがありますので、きちんとした箱に入れたわけです」

「ソ連が致死性の劇毒対策として、金属製の救命箱を援助してくれました。しばらくはその箱を兵士に支給していましたが、ベトナム戦争ではもっと強い劇毒が使用されなかったので、ソ連製の救命箱に出番はありませんでした。戦場になじまないものは、すぐ淘汰されます。では、大きな作戦で、敵軍アメリカが窮して劇毒を使用した場合、どうしたらいいかという問題が緊急浮上しました。ソ連製の箱自体がすごく重いので、北ベトナム軍人に支給しても、外側を捨てて中身しか持たないことが分かっていました。軍は、作戦が行われる現場近くの倉庫に保管するという方針を決めました。アメリカ軍が劇毒を使用したという情報があれば、すぐ現場まで運べるようにしておきました」

毒ガスや枯れ葉剤を浴びた時、水や自分のお小水でタオルを濡らす、という兵士がたくさんいましたが、それも軍隊の指示だったのですか？

「戦争はベトナム全土で展開されていましたので、コメも薬品も届かなかったことがあります。兵士には戦闘以外の任務も多かったのです。だから、この液体も行き渡らないところがたくさんありました。最悪の場合、自己防衛のためにはタオルやハンカチなどすぐに手に入れられる物を濡らして鼻と口を塞いだ方が、乾いている状態より毒ガスを防げるという指示を出しました。移動中に、北ベトナム軍や解放戦線に待ち伏せされる恐れがあるとアメリカ軍が考えれば、CSを先に撒くことが多かったのです。CSの特徴は、中毒した人に咳を催させて発見を容易にすることです。従って、待ち伏せ部隊の1人1人に必ずその薬を支給しました。アメリカ軍の武器はいやらしく工夫されています。CSガスの入った一〇〇キロ爆弾の中に区画があり、その区画がさらに細分化されて、一〇五六のCSガスの区画があります。これを地上に落とすと、約5ヘクタールの範囲にいる人が中毒するようになっています」

「北ベトナム軍をすぐにでもあぶり出したい場合は、ガスが放出されて咳の出る爆弾を使います。あるいは、ある地域に北ベトナム軍にいさせたくない場合は、CSパウダーを落とします。これは地上に長く残るため、敵がその周辺を通過すると咳をします。また敵の追撃を避けるためにパウダーの爆弾を落とします。ベトナム語でボム・チューンといいますが、メタルでカバーされたCS爆弾とポリエチレン製の袋で、その中にCSパウダーが入っています」

塹壕やトンネルが発見されると、北ベトナム軍が使用できないようにこの袋を投げる。中のパウダーの威力によって、北ベトナム軍はそのトンネルや塹壕が使用できなくなる。一九七〇年末までに、アメリカ軍は四八〇〇のトンネルを発見したと言われる。

アメリカ軍は、ベトナム戦争中に、このCSガスのみならず、CN、DMというガスを使用した。これらの催涙ガスは、ベトナム戦争では、一九六四年12月23日に、アメリカ兵捕虜救出のために使用されたのが最初である。アメリカ軍は南ベトナム政府軍にも供与して使用させていた。特に、CSガスの使用は鰻登りに増えた。一九六四年には十一万二五〇〇キログラム、一九六九年には二七〇万キログラム、一九七〇年までの総使用量は九〇〇万キログラムになった（レ・カオ・ダイ著『ベトナム戦争におけるエージェントオレンジ――歴史と影響』)。特に、一九六五年3月、「ニューヨーク・タイムズ」紙のピーター・アーネット記者がCSガスの使用を報じると、アメリカ国内外に囂囂たる非難を引き起こした。にもかかわらず、マクナマラ国防長官が鉄の三角地帯にのみ使用を認めたのを皮切りに、なし崩し的にCNとCSの使用が拡大された。アメリカ軍の言う「人を殺さない兵器」を、ベトナムの故レ・カオ・ダイ教授は、「人道的毒ガス」と皮肉った。しかし、前に述べたように、CSは密閉した場所で使用されれば、肺水腫や窒息などをおこして死亡する。

「このガスには、CS、CS1、CS2と、3種類ありました。ベトナムは高温多雨多湿の国なので、CSが完璧に効果を発揮できたわけではありません。そこでアメリカは、防水剤を添加したCS1という改良型を作りました。私が軍隊にいた頃、自分の机の上に3つのサンプルがありました。CS、CS1、CS2です。CSの瓶を振ると、数分後にはその瓶の中身は透明に戻ります。しかしCS2の瓶を振っても、なかなか透明に戻りません。つまり固体の状態で飛ぶのです。CSのもう一つの特徴は、皮膚に付くと、火傷した時のような痛みを与えることです。暑いジャングルの中にいる兵士は、よく上半身裸になります。そして、皮膚に火傷のような痛みがした時に、特別の石鹸と水で洗浄すると大体5分後には痛みが消えてなくなります。しかし、水が足りなかったり、石鹸もなかったりすると、痛みが増します。心得としては、水が豊富な所で洗うか、乾いたタオルで拭きとることとです」

退役軍人の話の中で、アメリカ軍が白い粉を撒いたという話が出てきますが、それはCSと考えていいのでしょうか?

「アメリカ軍は多種類の化学物質を使いましたので断言はできませんが、白い粉ならCSの可能性は高いです。同じ白い煙でも、その当時受けた人、浴びた人の症状によって、それが何であるのか判断はできます。涙が出て、喉、鼻が痛くなって、皮膚も火傷のような痛みが伴うと、それはCSの粉であり、ただ単に目から涙が出るだけならそれは枯れ葉剤です。枯れ葉剤には粉末はないと思います。各戦場の指揮官は、そういう知識をもっているはずです」

ＣＳの白い粉末には匂いがあって、鼻に入ると、刺すような痛みとか、猛烈に効くわさびを一気に口に入れた時の衝撃に似て、その何倍もある強さが頭を突くのがＣＳの効果だ。退役軍人の話の中に、「辛い」という表現が出てくるのは、これを指していると思われる。

枯れ葉剤は、通常は油の状態である。それは、長時間葉に付着して枯らすようにしたからだ。水に流されにくい点で雨にも強い。枯れ葉剤は粉末では長く環境に残留できないので、油の状態にしたのだ。ＣＳに中毒すると、すごく気分が悪くなって、すぐにその場所から離れたくなる。涙も出て、痛みも増してくるので、中毒した時点では強い反応をする。枯れ葉剤を浴びても、それほど気持ちが悪くならないのが普通だという。ＣＳがアメリカの作戦で頻繁に使用されたのは、敵を即刻その場から移動させられるという抜群の効果があったからだ。その場所の残留濃度の濃淡によって、感じる辛さは変わってくる。

枯れ葉剤を浴びて、数時間後に死ぬということはありますか?

「私の経験ではありません。防空壕の中にいてＣＳ爆弾を受けたなら、死ぬ可能性はあります」

退役軍人の話で、枯れ葉剤を浴びて、体が黒くなって、短時間で死んだという話がありますが、そういう実話はありますか?

「それはエージェント・ブルーです。中にアセン（ASEN）が入っているからです。これは劇毒です。枯れ葉剤のエージェント・ブルーの中に入っているアセンは有機アセンなので、無機アセンと比べて毒性は少ないです。エージェント・ブルーを浴びると、体が黒くなる傾向があります。皮膚が黒くなった被害者の写真ももっています。中毒の程度によって、皮膚が黒くなるか、ならないかの違いが出てきます。しかし、皮膚が黒くなった被害者は、間違いなくエージェント・ブルーに被曝した患者だと言えます」

皮膚の症状をみて、浴びた枯れ葉剤の種類は分かるものですか？

「戦場から帰ってきてすぐ診察すれば判断はできますが、長い時間がたつとその人が病気をもっている可能性もありますから難しいです」

枯れ葉剤の患者の治療の難しさとは？

「アメリカ軍も非常に野蛮です。劇毒で急性的な病気を起こすとすぐ発見できますが、遅効性をもつ化学剤では徐々に病気をおこしますので、防ぐこともできませんし、手に負えないほど難しくなります」

仮にジャングルの中で枯れ葉剤が入っている池や小川に出くわして、その水を煮沸しても防げるものではない。例えばエージェント・ブルーは、沸騰しても残る。ダイオキシンも蒸発せずに残る。ダイオキシンは黴菌とは違う。

ベトナム軍の兵士には、枯れ葉剤の被害を防ぐ手立てはなかったわけですね？

「完全には避けられませんが、枯れ葉剤の知識をもっている人ならば、大分避けられます。枯れ葉剤は急性の致死性をもったものではありませんから、警戒を緩め防止努力を怠るようになると、どんどん中毒していきます。知識を吸収し実行すれば、ある程度避けられます。知識は非常に重要です」

そういう知識を、現場の兵士に徹底させるのは難しかったですか？

「戦場に行く前に必ず訓練させます。その知識を教えます。説明の紙も渡されます。ただし、全員がその通りに実行するわけではありません。死が目にみえないわけですから、どうしても警戒心が薄れます。戦争中ですから、殺される可能性の方が高いわけです。徐々に死んでいくという危険性を十分認識できなかった人も多かったはずです。マラリア対策の訓練も十分行いました。しかし、訓練を受けても、ジャングルの中で、蚊帳を使わなかったり、毎日薬を飲まなかったりした兵士もいました。部隊の指揮官が真剣に物事を考える人であれば、マラリヤ患者や枯れ葉剤の被曝者も少ないのです。無頓着な指揮官の場合は多くの部下がやられます。私の友人の中でもそういう人がいました。医療従事者ならそういう知識を重視していますので、中毒したり、目に見える障害を残したりする人はいませんが、軍事指導者、政治担当者など医療知識を重視しなかった人はかなりやられました。こういう対策を兵士に徹底的に実行できるかどうかは、その部隊の政治担当者、軍事指導者によって大いに違ってきます。作戦でも何でも、部隊の指揮官は一番重要な人です。どこに行こうが、兵士は指揮官の命令に従うわけですからね。自分だけはかからないだろうと思う人、警戒しない人、知識を学ぼうとしない人、皆危ないです」

最初にとりあげた子には脳がなかった

ドン・ティ・ネン　元ハイズオン省キンモン郡病院助産婦

「ベトナムでアメリカが起こした戦争は正義のないものでした。国際法に著しく違反したものです。この問題をあまり話したがらない人々こそ、逆に戦争の影響を受けている人です」という声は、特に北部の医療現場に根強い。ネンもその1人だ。

ネンは、一九六〇年から旧北ベトナムのハイズオン省キンモン郡病院（注3）に助産婦として働いていた。この病院では当時、1日5、6人の新生児が生まれていたが、ネンが助産婦として勤務していた間に取り上げた赤ちゃんの中に4、5人の障害児がいた。

「今でも思い出すと、怖くなります。当時助産婦は私1人でした。最初の子は、首から下は普通の子でしたが、頭は脳が無く、顔は人間の形をしていませんでした。鼻と口が尖っていて鳥のような顔でした。

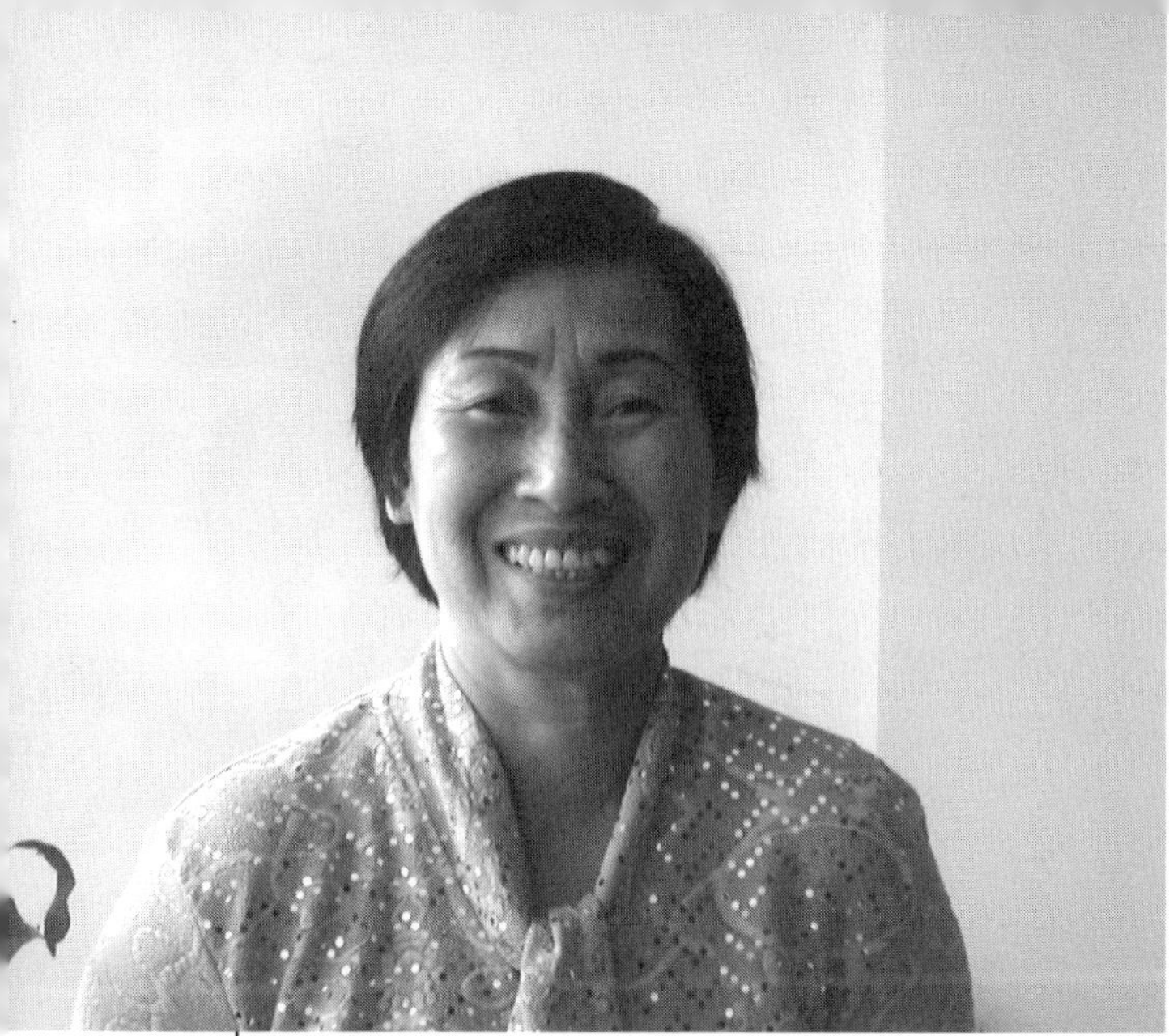
助産婦ドン・ティ・ネン。「郡病院で奇形の子をたくさんとりあげましたので怖くなってやめました」

その子は1日呼吸だけはしていましたが、その次の日の朝には亡くなりました。当日は当直で、その子は朝7時過ぎに亡くなりました。医師が赤ちゃんの遺体を検診した後、葬式を行いました。当時は枯れ葉剤の影響なんて全くわかりませんでした。その子の父親は戦場にいっていましたが、戦地がどこだったかわかりません。当時40歳で、最初の赤ちゃんでした。戦争中で、患者がたくさんいたので、そういう赤ちゃんが生まれて亡くなっても、ご愁傷さまで終わってしまったんです。母親はすぐ退院しました」

「二番目に取り上げた子は、一九六八年のことです。出産前の診察で、普通の胎児ではないことがわかりました。お腹の中に何が入っているかわからないという状態でした。出産の場合、赤ちゃんの頭が先か、お尻が先か、横になっていれば手が先に出るか……これが普通の出産です。この時は、診察の結果、赤ちゃんが横になって手を出していると思ったので、医師にそう報告しました。そして院長先生が診察した結果、普通にお産すると考えて普通の手順でしなさいと指示しました。で、取り上げたら、最初毛のようなものが出てきたのでパニックになりました。上半身は普通でした。しかし下半身は両足が一緒になってくっついて出てきて、しかも先が尖っていて足首はありませんでした。動物のしっぽのように見えました。この子も24時間で亡くなりました。自宅で死なせたいと言って自宅に連れ帰り、自宅ですぐ亡くなりました。父親は南の戦場に行っている方でした。この子はその方の第2子でした。第1子は正常でした。昔先祖が悪いことをしたから罰を受けている、と思っていたようです」

「この他にも、目がないとか、口蓋裂とかはしょっちゅうありました。郡病院でもそういう状態でしたから、省病院ではもっと多かったと思います。口蓋裂の時も、妊娠初期3カ月にインフルエンザにかかり、その時服用した抗生物質の合併症なのか、それとも父、母のいずれかが性病をもっていると考えていました。怖くなって、助産婦は5年間だけでやめました」

女性の負担はとても大きい

ディン・スアン・テュー　母子保護研究所・ハノイ産婦人科病院研究員　元10－80委員会委員

ディン・スアン・テュー医師は、三〇〇〇体の堕胎児から採取した組織に、局部的水泡性のあざを発見した。戦争中に枯れ葉剤が撒布されなかった北ベトナムで採取した組織の奇胎と、撒布された南ベトナム・タイニン省で採取した組織から発見された奇胎とを比較研究した。妊娠期の栄養障害（GTB＝Gestational Trophoblastic Disease）には、部分的水泡性の奇胎、胎盤絨毛障害から、子宮ガンの1種で絨毛（じゅうもう）ガンまで幅広くある。

一九六〇年代からベトナムを初めとするアジア諸国によく見られる産婦人科の病気について、研究を始めたのはテュー研究員の恩師だった。赤ちゃんの周りを包む胎盤絨毛の病気である胎盤絨毛障害（この病気は、コウリオ・エピティリオマの合併症）のことである。テュー研究員がこの研究を始めたのは一九八二年からだった。テュー研究員は、WHOから研究費の助成を受けて、枯れ葉剤の被害者の多いタイニン省を初めとして、全国で、この病気にどのくらいの率でベトナム人女性がかかっているのかを研究した。

まず、タイニン省に在住する一〇〇〇人の中絶女性を対象にした調査で、胎児は12週間以内、自分の希望で中絶した人が条件だった。その結果、一〇〇〇人のうち91人は、局部的なヒダティディフォーム・モウルという病気にかかっていた。この病気には、局部的なものと、全体的なものと2種類ある。調査方法は簡単だ。中絶した後の部分を採取して、水で洗浄すると、後に残るのがこの部分だ。これをコップの水の中に入れると、浮かんできて綿のようにみえる。この中でコメ粒または青豆大に達しているものを取って、パラフィンで固定して切断した後、顕微鏡で調べる。この方法で、91人の患者を発見した。

同じ方法で、同じ条件で中絶した二〇〇〇人のハノイ女性を対象に調査した。その結果、99人から発見された。つまり、南部の女性、特にタイニン省の女性の方が、ハノイの2倍に近かったことがわかった。

テュー研究員は、一九八二～八五年間に中絶したり流産したりした女性の中でこの病気（胎盤絨毛障害）と判断された女性を研究した。これは、顕微鏡検査や病理的な根拠に基づいたものではなく、産婦人科の医師がこの病気と判断したケースで研究した。その結果、南部ではダナン省とソンベ省で、足かけ3年間（一九八二～八五年）で、二万五九二四人のうち、この病気にかかっていたのは74人だった。北部では三万八三四五人のうち、59人の患者が見つかった。つまり、南部では〇・二八五%、北部では〇・一六九%だった（"Herbicide In War The Long Term Effects on Man And Nature, 1993"）。

「これだけの数字では、ダイオキシンによる被曝のためにこういう病気にかかったという結論を引き出すことはできません。この病気は高温多雨の熱帯諸国ではよく見られる現象だからです。この研究結果から言えることは、ダイオキシンが介在している可能性があるという程度です」とテュー研究員は言う。

テュー研究員がソ連で報告をした時、ソ連の科学研究員からこう言われた。

「患者の発生に相違を認めるが、そのデータから何かはっきりした結論（枯れ葉剤が関連しているという）を引き出せるかというと、それは別問題だ。ただし、同じ民族で、同じ生活水準をもち、これほど違うのは珍しいとは思う」と。ソ連の学者もそこまでは認めたが、南部の方が北部よりは暑いという気候条件の違いがあり、ダイオキシンに結びつけるのは慎重だった。

テュー研究員はこうも言う。

「一九九三年の第2回国際会議で、10−80委員会が枯れ葉剤に関する発表した事例は、それは単に事例の紹介であって、直接証明できるものではありません。ダイオキシンは別にして、医学の中でもこういう奇形児がありますから。ダイオキシンと奇形児の関係を証明するためには、もっと科学的な研究が必要なのです」と、証明の難しさを力説した。

母親として健康な子どもを生みたいという女性の本能と、障害児が生まれたけど次は健康な子どもを生めるかもしれないという女性の願望が、枯れ葉剤の被害を拡大した原因の一つにもなったと言えますか？

「おっしゃる通りです。うちの病院でも、そういう障害児を生んだ母親に助言をして、自分の子どもを作らないで、養子をもらうことを勧めたケースも少なくありませんでした。母親は医者の勧めを信じないで、自分の希望を持ち続け、また子どもを作りましたが、それはベトナム女性の一般的な心理ですし、母親になりたいという気持ちは、世界の女性の共通した心理です。特に、ベトナムの母親は、結婚した後で夫に原因があると知っていても、自分が作った子どもという考えを非常に大事にしますから、障害児を生んでも、それは自分の子どもであるという考えにこだわります」

被害者への教育、医師側のレベルの問題、戦後の混乱期にベトナム政府が全体として統一した出産教育に当たれなかったなどの諸原因が、障害児、奇形児などの出産でいっそうの被害の拡大になったことは否めない。

「ベトナムもアジアの国ですから、やはり子どもが大事だと考えています。今もなお封建的な考え方もあって、男の子を重視しますので、10人の女の子を生んでも、子どもがいると言えない社会慣習もあります。大学を卒業した人の考え方と、農家の人の考え方には差があります。農民にとって、男の子を生むと将来嫁をとるので、家族が確保される、将来自分の面倒をみてもらえる。女の子は将来家を出てしまうので、何の役にも立たないという考えは今でも根強いです。農村地帯ではそういう考えはまだ続いていくと私たちは思っていますが、将来社会教育が強化されれば、社会の構成を変えていくことで男尊女卑の考えも変わっていくのではないかと思います」

「私の専門は女性の出産と健康の分野ですので、戦争が起きた国の女性が一番苦しむのがよく分かります。戦争で夫を失ったり、無事に夫が故郷に帰っても奇形の子どもを生んだりすれば、女性の精神的負担はとてつもなく大きいことがわかります。ベトナム戦争は数十年前に終わりましたが、戦争の影響を受けた女性たちの苦しい生活はまだ続いていますので、これからベトナムは枯れ葉剤の影響を科学的に証明して、世界の科学の成果や知恵を集約して、ダイオキシンを二度と人体に使用しないようにと世界に強く訴えたいと思います」

過去に起きたことを記憶していくことです

チン・ヴァン・バオ　ハノイ医科大学染色体分析局教授

「枯れ葉剤被害についてはこういうことが言えます。世界でベトナムほど生物化学兵器の影響を受けた人数が多い所はない、と。アメリカ軍はベトナムの戦場を自分たちの実験室にしました。これが、ベトナム人の健康とベトナムの環境に深刻な影響を与えたということです」

「アメリカは、現在でも枯れ葉剤による疾病を12種類しか認めていません。しかし、われわれが研究した結果、枯れ葉剤の影響を受けた人は、アメリカから発表されたリスト以上の各種疾病に罹病してことがわかりました。ですから、われわれの研究はアメリカの認めた病気の数に左右されません。「わが民族を守るために研究する」――これが一貫したベトナム側の方針です。アメリカが化学兵器の撒布を終えてから30年。その影響も変化してきています。一九七〇年の母性会議で故トン・タット・トゥン教授が発表した研究から今まで種々の変化がありました。しかし、影響を受けた家族は今も悩み苦しんでいます。こういうふうに言えるのではないでしょうか。――化学兵器の濃度が高かった地域では濃度が低くなり、出産事故も減る方向にある。そして、血中濃度、脂肪中濃度の数値も低くなっている。これは自然の排出過程だと考えられる、と。しかし、撒布された地方の女性の出産事故は、撒布されなかった地方の女性より高いです。それはベトナムの急速な工業化により、いろいろな毒物の影響を受けたからだ、と主張している人もいます。しかし、枯れ葉剤以外の要素で影響されそうな地方と、枯れ葉剤が撒布された地方とを私が比較研究したところ、結果は、撒布された地域の出産事故は依然として高いということが分かりました。これは、研究すれば分かる問題で、アメリカが認める、認めないの問題ではありません。私は遺伝学を専攻しています。すでに第二世代、そして第三世代まで影響を及ぼしているかもしれません。疾病も第一世代から次の世代まで続いています。つまり、今の世代から次の世代に遺伝子の形で伝えられるもの以外に、現在もなおベトナムには残留化学兵器の濃度が許容範囲を超えているホット・スポット（重度汚染地域）があります。その周辺で生活している住民は、その地域の地下水脈を利用して飲むので継続して影響を受けています。それがイタリアのセベソの事故（注4）と違う点です。セベソでは、範囲の狭い工場の中で爆発が起きました。そこに住む人を別の場所に移動させればすむことでした。しかし、ベトナムでは非常に広範囲に化学兵器が撒かれました。だから、撒かれた地域に住むすべての住民を移動させることは不可能です。これは、アメリカ側が解決すべきことです。化学兵器に関する研究は、その影響を受けている人がいるかぎり、これからも継続しなくてはなりません。遺伝子による影響、新しい環境による被曝が続いているからです」

患者と枯れ葉剤の関連研究は、この点まで言えるというものがありますか？

「枯れ葉剤と関連する疾病をもっている疑わしい患者全員を診察できない理由があります。それは財政的な理由です。多くの人が、疾病の特徴、脂肪中濃度、血中濃度を比較することを重視しています。いくつかのケースで、ダイオキシン濃度と疾病の関係が見えてきました。例えば、ガン患者、出産事故の患者です。多くの患者はダイオキシン濃度はあまり高くありません。たとえ彼らが撒布地域に住んでいても、です。濃度は高くないけれども、病気をもっています。それにはすごく個人差があります。ですから、ダイオキシンと疾病の関係をいつでも証明できるというものではありません。従って、研究対象を拡大することによりこのことを広く訴えたいと考えます。それは免疫学の調査方法で行うことです。この30年は、日本人も研究に参加してくれています」

枯れ葉剤の中のダイオキシンが直接遺伝子に影響を与えると考えていいのですか？

「これには二つの観点があります。一つは、アメリカ側は、動物実験では遺伝子の変化と染色体にも変化があったと認めました。二つ目は、しかし、アメリカは人体における遺伝子と染色体への影響は認めていません。それは、ベトナムのような枯れ葉剤の影響を受けた人たちのための実験室がなかったからです。動物への影響を認め、人体への影響を認めない矛盾があります。ベトナムでは、アメリカ軍が化学兵器を使用し始めた頃から影響を受けた人が多数おり、深刻な状態です。その時に枯れ葉剤は遺伝子に影響を与えたのです。このことは、トン・タット・トゥン教授の報告に書いてあります。その後、われわれの研究では、その遺伝子への影響は軽くなったということがわかりました。それは自然に排出されたからです。だからこそ遺伝子への影響があると言えます。そして、このことは第二世代、第三世代まで影響を与えるということです。今も、すでに第三世代の孫の代まで影響を与えているという症例をもっています。もちろん、経済的余裕さえあれば、その症例について深く研究することができます。しかし、われわれは細々とでも研究を続けるしかありません。日本も力になって頂きたいです」

今病気が出ていなくても、次の世代に出るという心配は患者に当然あると思いますが？

「それは当然ありうることです。ダイオキシンは、優性遺伝子に影響を与える場合もあれば、劣性遺伝子に影響を与える場合もあります。もし劣性遺伝子が影響を受ければ、本人自体は病気を見せません。つまり、病気は発症していないが、病気の遺伝子をもっているということです。そして、同じ病気の遺伝子をもっている相手と一緒になれば、2人の間の子どもに必ず病気が発生します。私たちがしたいことは、発症してはいないが、病気の遺伝子をもっている人を発見することです」

未発症で、病気の遺伝子を持つ人の発見は、どのくらい大変ですか？

「それは病気次第です。難しくない病気もあれば、われわれの研究では手の届かない病気もあります。でも、難しくても取り組まなくてはなりません。この種の研究は、ダイオキシン問題の解決に役立つだけではなく、工業化を背景にして発生した諸問題を抱えている国、毒性物質に接触している労働者が増えている国にも貢献できます。これは非常に重要な取り組みであり、民族の質の向上に貢献します。人体には46の染色体があります。遺伝子カップルの、優性遺伝子の方に遺伝の病気があれば、外に現れます。しかし、劣性遺伝子の方に病気があれば、その本人には病気は現れません。その劣性遺伝子は第二世代、第三世代でも外に現れないこともあります。ですから、それは第二世代、第三世代に現れるかの問題ではなく、病気の遺伝子はその人が生きているうちは残っています。次の世代に現れるかどうかは、配偶者が同じ遺伝子をもっているかによります。同じ病気の劣性遺伝子と組み合わされれば病気になります。第四世代、第五世代でも出てくるということは大いに考えられます。隔世遺伝子は、相手の同じ遺伝子に遭わない限り、いつまでも残ります。ですから、ダイオキシンというのは、すぐに疾病を出すか出さないかの問題ではなくて、何代目に現れるのか、それはわからないということです。日本での広島、長崎の原爆惨禍と同様です。意地悪な見方をすれば、その病原をもった遺伝子と巡り会うのを待っていると言えます。幸いにして巡り会わなければ、病気は発症しません。病原をもった遺伝子は、相手の同じ病原をもった遺伝子にめぐり遭うまで、眠り続けます。例えば肌が部分的に漂白されたように白くなる病気があります。そういう病気を持っている子どもは、両親がその劣性遺伝子を持っているから発症したわけです。しかし、母親の方には、病気のある遺伝子もあれば、病気のない遺伝子もあります。もし1人の子どもだけ作るなら、その病気を持つ子どもが生まれる比率は半々です。例えば、ダイオキシンの影響を受けている母親の中に、優性遺伝子には影響がなく、劣性遺伝子に影響があった母親がいたとします。その母親が1人だけ子どもを生んだとします。その子どもが元気な優性遺伝子をもった子どもなら、病気はありません。そして、その親族は将来もその病気はなくなります。だから、少子化は、ある面で病気の遺伝子を排除することに貢献していると言えます。つまり、母親の世代でも疾病は見せないし、その子どもにも出ないとなります。不幸にして、その母親が生んだ子どもが劣性遺伝子からなる子どもならば、病気は出ます」

「地球の歴史は地層に、生物の歴史は染色体に」と言ったのは国立遺伝学研究所の故木原均元所長だ。アメリカは、エージェント・オレンジによる染色体や遺伝子の突然変異を認めていない。ベトナム人のような深刻な影響を受けた人の研究の歴史がないからだ。

ダイオキシン特有の疾病がないということは、裏返すと研究が非常にむずかしいということになりますか？

「その通りです。難しいです。ダイオキシンだけにしかない特別な症状というのはありません。これこそダイオキシンの症状だと断言できるものはありません。言えることは、化学兵器に汚染された撒布地域の疾病の頻度は、撒布されていない地域と比べて多いということです。アメリカは限られた退役軍人に発症した疾病で、12の疾病を枯れ葉剤関連の病気として認めました。アメリカが認めた12の疾病は、ベトナムではかなり多くの比率で患者を出しているものです。しかし、ベトナムの枯れ葉剤関連の患者の疾病は12にとどまりません。ベトナムでは疾病の種類も、それより何倍、何十倍とあります。その疾病の現れ方は非常にさまざまです。例えばアメリカは4種類のガンを認めていますが、それに肝臓ガンは含まれていません。しかし、ベトナムの研究では、肝臓ガンはダイオキシンとすごく密接な関係をもっていることがわかっています。出産事故といっても、実態はさまざまな病名で現れています。例えば、流産、胎児死、障害（奇形）児出産、胎盤絨毛障害などです。アメリカが認めた疾病は、最初が8、次が9となり、やがて10、12へと増えました。それ以上もアメリカ内部では知っているはずです。しかし、ある理由で認めないのです。すぐには認めないでしょう。科学の面では、アメリカは誰もが認める先進国です。彼らは多くのことを知っています。しかし、認める疾病は限定されています。認めたくない部分もあるのです」

今後は、ベトナム側が研究を積み重ねて、その結果をアメリカ側に認めさせていくという方向になるのですか？

「われわれとしては、現段階では同時に二つのことをしています。一つは、ベトナム国民への影響を緩和・抑制する方法の研究です。アメリカが認めるまで待てません。ですから、出産事故や奇形児などの問題の解決に努力しています。二つ目は、その一方で私たち自身の研究で、アメリカ側に証拠のある研究だと認めてもらうことです。アメリカ側が言葉の上だけで認めるのか？　それとも自分の考えで認めるのか？　それは彼ら次第です。しかし、科学者として、まず自分の民族のために貢献することが第一です」

数多くの患者の症例を積み重ねただけでは、アメリカの説得は難しいのですか？

「アメリカが認めるか認めないかは、アメリカ次第です。ベトナム側として、科学者として証拠を提供します。その科学の成果は、ベトナム国民だけではなくて、世界にも役立つものです」

枯れ葉剤被害の研究の難しさを聞かせて下さい。

「これは難しい問題ですね。なぜか？　①ベトナムのように枯れ葉剤被害の多い所が、他にはかつてありませんでした。従って、枯れ葉剤被害についての専門の研究機関がなかったわけです。アメリカには実験室はたくさんありますが、それらは動物の実験室だけです。②この枯れ葉剤は猛毒性です。さまざまな形で現れます。それは人体だけではなく、細胞レベル、分子レベルにも現れているからです。③アメリカが撒布した時代は、ベトナム戦争が激しい段階で、研究がすぐ開始できなかったという事情があります。必然的に後手にまわったということです。しかし、30年を経て、ようやく研究は活発になってきています。④残留化学兵器以外に、環境自体からの影響もあります。どれが環境の影響なのか、どれが枯れ葉剤の影響なのか、その分類がきわめて難しいのです。アメリカが南ベトナムで撒布した枯れ葉剤は、ベトナム人の人体に影響を及ぼしたことは動かぬ事実です。それは継続していくものです」

枯れ葉剤がベトナム民族に与えた影響をどう受け止めていますか？

「世界のどこをみても、ベトナムのように化学兵器の影響を深刻に受けている国はありません。それは30年前に起きたという話だけではなくて、長く続くものだと考えています。これは戦争犯罪だと思います。風景とか自然だけではなくて、人間の生命・健康を破壊しているからです。しかし、ベトナム政府の政策は、過去に起きたことを忘れることなく記憶し、その問題の解決に努力することです。化学兵器についての合同研究会は、活発になっています。私たち科学者の任務は、国民の健康を守ることです。私は遺伝学伴っている家族への援助は限られています。私の任務以外にしたいことは、車椅子を提供することです」

の研究者です。出産事故、先天性奇形児を最小限に減らす努力をしたいと思っています。しかし、悲劇を

父トン・タット・トゥンは常に先を見て、先を歩く学者でした

トン・タット・バック　越独友好病院副院長

ベトナムがフランスから解放された後、トン・タット・トゥン教授は35歳の若さで保健副大臣に任命された。その後、一九四七年には、トゥン先生らが、ジャングルの中に医科大学の設立を計画した。越独病院の創立はバクマイ病院より早い一九〇四年だった。当時はフーゾアン病院という名前だった。一九五四年にヒューラーという院長の後を継いで、トゥン教授がベトナム人初代院長になり、一九八二年に亡くなるまで院長を務めた。トゥン教授は、院長兼外科教授として若い外科医を訓練した。抗仏戦争の時には、トゥン教授は外科医として大きな戦いにはすべて参加した。さらに、手術をしながら、肝臓の研究を同時に進めた。教授の肝臓手術はフランスでも有名だった。肝臓の中の血管を探すために、多くの人はメスで切ったが、彼は痛んだ組織を手でつまんで血管を見つけた。フランスで何回もやってみせた。この技術について研究結果も発表した。外科医として、フランスのアカデミーにも認められた人だった。

南ベトナムの医科大学とアメリカの医科大学が、一九七一年に、南ベトナムで奇形児やガンの研究を始

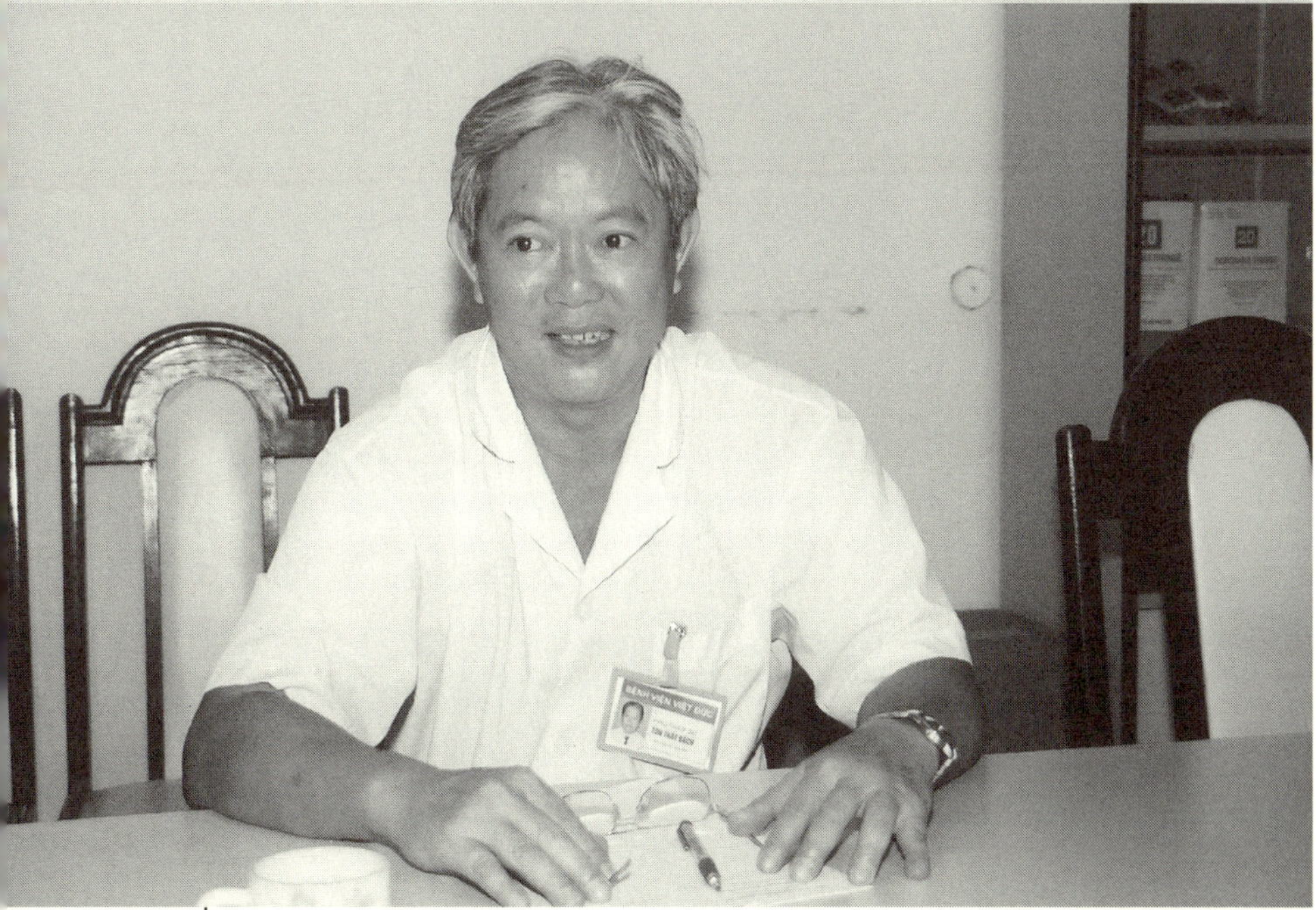

上・ホー・チ・ミン主席を案内するトン・タット・トゥン教授（故人）（右から２人目）
下・父を語ってくれたトン・タット・バック副院長もいまはいない。

めたという。その頃トン・タット・トゥン教授も、ダイオキシンと疾病との関連性を感じ始めていた。

トン・タット・トゥン教授は、オスロで化学兵器の被害について研究発表をして帰国してから、集中的に研究を始めた。南部では症例もたくさんあって研究がしやすいという環境にあったが、ハノイでは、二つの研究グループを作り調査した。一つは、夫婦ともに北部に住んで、枯れ葉剤に接触したことのない家族を対象とするグループ。もう一つは、妻が北部に住んでいて、夫が南部戦場で戦って枯れ葉剤に接触したことのある家族を研究するグループ。この二つのグループの調査結果を比較検討したのである。

一九七〇年という非常に早い時期に、パリのフランス・アカデミーで開催された化学戦争の影響に関する国際会議で、トゥン教授が初めて講演したが、そのペーパーは、探したものの手に入らなかった。

一九七二年のハノイの北爆の時には、トゥン教授自ら救急スタッフを直接指揮して被害者の救援に尽力した。アメリカには、〈曲がり角を曲がったら、先を行く人がいた〉という表現がある。トゥン教授がその人だった。常に先を見、先を歩く学者、医者として確かなものをもち、それがすべて民衆のためという点であった。

やがて、一九八〇年10月にベトナム政府が枯れ葉剤被害国家調査委員会を設立すると、トゥン教授はその委員に任命された。トゥン教授が亡くなった翌年の一九八三年にホーチミン市で、国際会議が開催された。

お父さんはどういう方でしたか?

「国を愛した科学者でした。自分が研究していたテーマは、すべて、悩み苦しむ患者の問題の解決をめざしたものでした。私が父から学んだものは、生活と遊離しているものではなくて、普通の生活に必要なことをするということです。『リンゴが落ちたことは誰でも見ている。しかし、ニュートンのように地球の引力を発見できたのは、彼だけだった』。父はよくこう言って、科学者として観察力が必要だと言っていました」

「私の生活は、ベトナムで起きた二つの大きな戦争と関係があります。私が生まれてから6カ月目に、両親はベトバックの山岳地帯に行き、抗仏戦争に参加しました。私たちの家は川に近いジャングルの中にありましたが、父は手術ばかりしていていつも留守でした。父の後ろ姿をみて育ちました。

お父さんから教わったことで一番貴重なことは何ですか？

「一つだけではありません。一番目は、人を愛する愛情です。私の父は貴族出身でしたが、自分の豪華な生活をやめて、あえて苦しい生活を始め、ベトナム共産党とホーチミンさんとともに歩む道をとりました。それは、自分の力を使って国民に貢献したいという気持ちからでした。父が教えてくれたことは、ベトナムは貧しい人が多く、病気にかかるとさらに苦しくなるので、社会で一番苦しんでいる人から助けていくことだ、と。二番目は忠実ということです。忠実な暮らしをしていないと、忠実な研究もできないということです。成功と失敗の両方がつきものなのは外科医だけです。この仕事はより忠実な行動を求めています。三番目は、仕事の整理方法でした。父はよく、こう言いました。手術は頭でしなさい、手で手術をしてはいけない、と。もし手だけで手術を行うと、それは単なる手術のオペーレーターに成り下がり、頭と心で手術をするということは、手術をする科学者になるということなのだ、と。そしてまた父は、『成功も失敗もよく分析して、その理由を探し求め、さらに外国の経験も参考にすることだよ』と、言いました。『自分の手を自分の頭より高くしてはいけない』という、彫刻家ミケランジェロの言葉を、父はとても気に入っているようでした。四番目は、家族への愛情です。五番目は厳しい教育でした」

バック先生が一番最初に父上から枯れ葉剤の話を聞いたのは、何年ごろですか？

「一九六八年か一九六九年だと思います。私は父の仕事を手伝っていました。その時、私は父の言葉で気になったことがありました。病院に入院していた患者のうちに、肝臓ガンの比率が高くなっているのを聞いたからです。肝臓ガンの比率を高めていたのは、ほとんどが南の戦場から帰ってきた人たちでした。父のベトナム人の友人と外国の友人からの情報で、ベトナム戦争に使用された枯れ葉剤の中に、発ガン性の物質がたくさん入っているということがわかりました。その後父は、枯れ葉剤の研究を開始しました。父は、中国人の血液学者を招聘して、染色体の数え方を教えてもらいました。父の優秀な教え子の1人であるバイ・クオック・トゥエン先生は、中国人の先生からこの技術を習得しました。それは、一九七五年までの父の活動でしたが、一九七五年から八〇年までは、父は枯れ葉剤について、またさらに深く研究をしました。一九八〇年、ベトナム政府は、本格的にこの研究を開始することにして、10-80委員会を設立しました。八〇年10月という時をとって、10-80委員会と名づけたのです。その10-80委員会の活動で、父は全国の有力な科学者を集めました。環境分野で有名なボー・クイさん、軍医学院のクン・ビン・チュン先生、トゥーヅー病院のフオン先生たちです。彼らの研究の中心は、障害（奇形）児と肝臓ガンの患者でした。そして、世界中の有名な科学者と協力しました。アメリカ、オランダ、スウェーデンなどです。越独友好病院では、枯れ葉剤について研究しているグループがありました。3人でした。トン・ドゥック・ラン教授、グエン・トゥエン教授、ドー・ドゥック・バン教授です。ラン先生とトゥエン先生は他界されました。バン先生はご存命です。父の死後、父の研究を引き継いだのがラン先生でした。そして、ホーチミン市に移動したファム・ホアン・フィエット教授も、この研究メンバーの1人でした」

「一九七八年か七九年、アメリカのストーニー・ブルックという教授がベトナムにきた時、私の父は肝臓ガンの生体組織検査のためのサンプルを提供しました。しかし、このサンプルはオランダに着いてから行方不明になりました。父は、おそらく何が起きたか気づいていました。そして、次にはそれまではダイオキシンが入っているかどうかの検査を約束をしてくれた所も、どんどん断ってくるようになりました」

オランダで起きたサンプル紛失事件は、アメリカの何かの力が働いていたと言えますか？

「そう断言できる証拠はありませんが、考えたり、反省したりするためには十分だと思います。二つのことがありました。こういう重要なサンプルが突然行方不明になったことと、そのサンプルを検査すると約束した科学者も、その後どんどん断るようになったり、別の仕事に替わっていったりしました」

その時のお父さんのことについては？

「サンプルがなくなったという知らせが入った時に、父はものすごく怒り、私を呼びつけました。『あのサンプルの予備はとってあるのか？』と尋ねました。私が『あれだけです』と答えましたら、机の上を拳で叩いて、『そういうやりかたじゃだめだろう。この問題は、われわれの民族と関係があるので、真剣に、そして基本を踏まえたやり方でしなくてはならないのだ』と、父は悔しさを交えて怒りました。そしてまたこういう風に教えてくれました。『サンプルを送る時は、サンプルのコード番号を保管し、サンプルの結果を発表する時初めてそのコード番号と合わせることだ』と。父は、『科学者は大体がいい人が多いが、そうではない人たちもいるので、そうではないグループによって研究が大きく左右される可能性もあるのだから』と言いました。そして『これからは、海外に送る検査のためのサンプルについて、必ず控えのサンプルをとっておくこと。そのサンプルが何であるのか、持っていく人に知らせないこと』。そしてまた、こうも言いました。『アメリカと同じような力を持つ国が見つからない限り、サンプルを検査することはできない』と。海外出張の最後でソ連科学アカデミーにいきました。ソ連は当時アメリカと同様の力を持っていましたが、ソ連の研究室でも同様の研究はできませんでした」

「10-80委員会は、一九八三年1月に国際会議を開催する準備をしました。この国際会議開催のために、父は大変な力の入れようでした。まず、父と私は一九八二年3月からフランス、イタリア、ソ連などの国を回って、ダイオキシンを研究している科学者を探しました。その時父は、二つの重要なことを言いました。一つは、ベトナム人の人体に対する枯れ葉剤の影響はもうはっきりしているので、それを証明してべトナム民族のために戦うことだ、と。二つ目は、やらなくてはならない仕事はたくさんあるが、人間の生命は短すぎる、と。不思議にも、その海外出張から帰国して1週間後に父は亡くなりました。父は、一九七三年に心筋梗塞を起こし、一九八〇年には心不全になりました。その海外出張は、私にとって父との最初にして最後のものでした」

アメリカが犯した犯罪について、何か文献として残してあるのでしょうか？

「一つの記事があります。その題は、『人体におけるダイオキシンの疾病』というものです」

話を聞かせてくれたバック先生は、二〇〇四年3月に、北部のラオカイ省で、執刀手術終了後亡くなられた。父の後を歩んで、貧しい人々のための手術で北部国境に行った時だった。越独友好病院院長だった故トゥン教授の業績を讃える記念展示室で、息子バック副院長が私に記念にくれたトゥン先生の名刺が、いま私の机の上にある。ご冥福を祈りたい。

大先生で、夫で、恋人でした

ヴィ・ティ・ホー　故トゥン教授夫人

「夫が患者に異常なケースが多いことに気づいていた頃は、臨床面で影響があると思って研究し始める矢先のところでした。ただし、どういう風に影響を与えているのかのところまでは研究はやれませんでした。人体に対する影響を証明できたとしても、補償の請求は非常に困難を極めると、夫は推測していました。なぜかと申しますと、メーカーのダウ・ケミカルなどは大きな会社で、なかなか非を認めない会社だったからです。その後、このダウ・ケミカルなどは、アメリカの退役軍人に対して賠償を認めざるをえなくなりましたが」

先生は、医者として枯れ葉剤患者のどんなことに心を痛めていらしたのですか？

「医者として非常に悲しみ、必死で患者の命を救おうとしていました。切除で治りそうなら切除していたようですが……。特に障害（奇形）児として生まれた子どもに対して心を痛めていました。もちろん、彼らは貧しい家族に生まれて、健康を損ねた親がいて、家族も貧しい、国も貧しいので、ちゃんとした教育も受けられませんでした。そういう二進も三進もいかない状態の中で、親は障害児に接し、精神的な打撃を受けていました。その子どもが亡くなれば、いくらか解放された気持ちになるでしょうが、生きたまま苦しみ続けているのを見続けるのも、親として、医者として、さらに辛い思いです。そういう仕事をしていますと、どういう時が人道的で、どういう時が非人道的かを考えてしまいます。人道と非人道の境は紙一重でした。夫は、抗仏戦争から抗米救国戦争まで、医者として働きました。戦争中はもちろん、今のような設備や道具がなかったので、工夫して、苦労しながらあらゆるやり方で患者の治療に力を尽くしました。自分のやったことに非常に誇りを持っていました。今の若い科学者は近代的な設備や道具に恵まれていますが、問題は、苦しんでいる人のため

ヴィ・ティ・ホー。「夫は患者さんの治療に全力を尽くしました」

に何ができるかということに気づく人がどれくらいいるか、です。夫は常々学生にこう言っていました。『いつも上だけに気を使って上着を持つ人は多いが、ズボンのない人間にはなるな』と。つまり、貧しい人にできるだけ平等をもたらすことを、夫は学生たちに望んでいました」

先生のお名前が道路についた時のお気持ちはいかがでしたか？

「それはうれしいことでした。若い世代が、夫の名前を覚えていてくれることになるからです。トン・タット・トゥンが何をした人か分からなくなる時代が来ないように願うだけです」

ハノイのオペラ座に近い故トゥン教授の家。同じ敷地内に4世代が住んでいる。一九四四年に結婚して、トゥン先生が一九五四年から一九八二年まで住んでいた家である。

「私の青春は戦争です」と、ホー夫人は言った。

「この辺も爆撃されましたが、疎開はしませんでした。出勤する時、夕方帰ってから今日も家族全員に会えるかどうか分かりませんでした。病院での休憩中や食事中は、『いくら苦しい生活でも我慢できるが、平和だけがほしい』と皆口々に言っていました。しかし、戦争が終わって平和になると、人間の欲望は果てしないものだとわかりました。私は、平和が来て、夫が亡くなった後はもう欲しいものはありません」

看護婦からみたトゥン先生とは？

「大先生です。特に診断は速かったです。私にとって、大先生兼夫兼恋人でした」

トゥン先生は、ハノイの南にあるＶＩＰ専用のマイジ墓地で眠っている。

ベトちゃん、ドクちゃんは生後18日目に一〇〇〇キロの道のりをやってきました

トー・ティ・ディエン　越独友好病院看護部長

「ベトちゃん、ドクちゃんが運ばれてきたのは、私の当直の日でした。一九八一年3月半ばの蒸し暑いある日の夕方5時か6時頃でした。外が暗くなりかけていた頃です。ベトちゃん、ドクちゃんを運んできたのは2人で、1人は男性、もう1人は、私に2人を渡してくれた女性でした。その時このベトちゃん、ドクちゃんは生後18日目と聞きました。蒸し暑い中を、多分身体を洗うこともなかったでしょうに、汚れていて臭いし、ボロボロの布にくるまれていました。それが強い印象です。

どこから情報が漏れたのか、その2人が到着することが病院の中や外に広まったようで、病院に人が集まっていました。当時私の勤務する救急部につながる廊下は人が溢れ、その人混みの中をかきわけながらこの子たちを抱いて進んだことを覚えています。私が子どもを受け取った時、ベトナム中部の南にあるコントゥムからやってきたと教えられてびっくりしました。コントゥム省から車で運ばれてきたと聞いただけで、大変だったことがわかりました。一〇〇〇キロの道のりを、生後18日目ですよ。しかも、たった2人に付き添われてきて……、何を食べさせましたか？　と聞くと、『途中で砂糖の入っている水を飲ませました』と言いました。途中で食べ物もなくて、空腹に耐えてきたのだと思います。声も出ないほど弱々しかったです。その時のベトちゃん、ドクちゃんの状態は本当に情けなかったです。普通の人がみれば、目を背けたくなるほど痩せていて、肌も青白くて……、当時、私はまだ子どものいない時でしたが、本当にかわいそうに思いました。後に私が子どもを持った時でも、2人がどうやってあの状況を乗り越えてき

たのか、理解できませんでした。赤ちゃんを受け取った私は、人から見られないように病室のドアを閉めました。入院手続きをして、救急部の医師が書類を受け取りました。夕方、私が一段落してその書類に目を通すと、『この子どもたちが誕生した時、父親は来なかった。母親は出産後動揺して逃げた。2人の名前は、グエン・ヴァン・バーとグエン・ヴァン・ボンである』と、書いてありました。体を拭いてきれいにしてあげたら、どなたか服を下さったのを覚えています。

うちの病院では、当時トン・タット・トゥン教授がこの枯れ葉剤被害者について、研究していました。当時の私の上司である救急部医長トン・ドゥック・ラン教授に電話して、2人をどういうふうにしたらいいのか聞きました。ラン先生は、『この子どもを研究するので、皆で大切に看護してあげて下さい』と言いました。私は病院の食堂から練乳をもらってきて、作って飲ませました。あまりに小さい赤ちゃんでしたので、お粥なども食べさせられませんでした。たくさん食べさせてあげたかったのですが、ベトナムはたいへん貧乏で物という物がありませんでした。結合性双生児は、私たちにとって生まれて初めて見る赤ちゃんでした。看護婦の中には恐怖感を抱いた人も多かったのです。幸いなことに、同じ部署に産休後の看護婦がいて、ベトちゃん、ドクちゃんにもミルクを飲ませてもらい、自分の子どものように看護してもらいました。トゥン教授は2人のために栄養士を派遣してくれましたので、栄養の献立表を考えてもらいました。私たち看護婦は、4カ月交代で2人の面倒をみました。4カ月が経過すると、少しふっくらしてきて可愛くなってきました。当時、私たちにとって一番困ったのは、好奇心で見る人があまりに多かったことです。珍しい赤ちゃんとして有名になりましたので、見に来る人も日ごとに増えました。ですから2人を感染症から守るのが大変でした。病院には好奇心が強い人がひっきりなしにやってきました。ですから面会時間も厳しく制限しました。見せ物にならないように、少し安定した患者の病室に移しましたが、病院の中にネズミがいて、2人の足を齧って血が流れたことがあって心配しました。こういうことがあった後、当病院の長期入院患者でグエンさんという方が、私たちが他の患者さんを診ている間、1日何回か2人の面倒をみてくれるようになりました。『私はベト、ドクの父親だ』と言って喜んでいました。そして、日が経つにつれて、2人はふくよかになり、可愛い子どもになっていきました。どんどん言葉を教えました。非常に頭が良さそうで、知能は問題ありませんでした。少し大きくなってから、教えたことは全部ちゃんと覚えました」

「その時までに、私たちは、バー（3の意味）と、ボン（4の意味）の名前を、ベトとドクに正式に変えました。それは、私の勤務していた越（ベト）独（ドク）友好病院の名前からとりました。体の下は一緒で、上は別々なので、2人の衣類は本当に困りました。子どもが大きくなった人が、古着を持ってきて2人にくれました。ズボンは1本ですみますが、シャツは2着ないといけません。小さい時は、1着を少し伸ばせば入りましたが、大きくなるとそうはいかなくなり、2着のシャツが必要になりました。ある時は、1着のシャツの背中を割いて布を当てて背中を広くしたこともありました。同じ布がないので、いろいろな布を当ててシャツを作ったり、帽子を作ったりしました。

2年間過ごしている間に、外国か

グエン・ドク。いまはトゥーヅー病院の職員として働いている。

ら研究視察団もどんどんやってきました。私たちは募金箱を作っておカネを集めました。そのおカネで、ミルク、お粥、肉を買って2人に食べさせました。トゥン教授も友人からおカネを集めて助けて下さいました。募金に協力して下さった人、おカネは出せないけど、と言って石鹸とか古着をくれた人、金だらいをくれた人もいました。その金だらいは重宝して、2人を毎日行水させました。赤ちゃんを感染症から守るために、毎日身体を拭いてあげました。夏でもぬるま湯で洗ったり、冬はヒーターをそばにおいて、ぬるいお湯で洗いました。おかげで、あの子たちは、大病はしませんでした」

「毎日のように、早く大きくなってほしいと強く願って、自分の子どものように大事にしました。2人とも美男子でした。おとなしかったです。本当に小さすぎました。今でも思い出します。『これは誰？』と聞くと、誰にも『お母さん』というんです。それが最初に覚えた言葉でした。それから少しすると、私たちが部屋に入ると、『ガー・ディエン』とか言って、名前の前にお母さんという言葉をつけて呼ぶようになりました。からかう看護婦もいて、その看護婦が来ると、『きらい』と2人は言っていました。トゥン教授が、看護の仕方、治療の方法を指示してくれましたし、チュー・マイン・コア教授や医長のラン教授からも、毎日の看護の仕方を教えてもらいました。トン・タット・トゥン教授は、『研究のためにこの病院にぜひ残して、面倒をみなくてはならない』と言いました」

「身体は一緒ですが、2人の性格は違います。片方は泣き、片方が笑っていることもありました。咳でも、2人一緒に咳をするわけでもなく、片方が咳をすると、二日後もう片方に咳が出るというようなこともありました。片方が熱を出すと、もう片方も熱を出すといったこともありました。体力が違いました。ベトちゃんはよく遊んで、いつもとても楽しそうでした。ドクちゃんの体力はあまりなく、からかわれると怒ったりしました。2人にアルファベットを教えました。私たちがAというと、2人はBと言いました。体力があるベトの方がいつも先に声を出しました。当時私たち看護婦は独身で、赤ちゃんの面倒の見方も

トー・ティ・ディエン。「あまりに小さい赤ちゃんでした」

よくわかりませんでした。でも、生後18日目でうちの病院にきて、職員に可愛がられてどんどん大きくなりました。時々、風邪を引いたり、熱が出たり、お腹をこわしたりします。そんな時はトゥン教授が直接治療をして、処方箋を書いてくれました。

全員が母親代わりになっていましたので、2歳になって別れる時は、ほんとうに悲しかったです。一九八三年1月、この2人をホーチミンの病院に送って、分離手術を受けさせることを決めました。救急部で別れた時、全員が泣きました。ベトちゃん、ドクちゃんもものすごく泣きました。それまで面倒をみてくれた看護婦全員の名前を呼びました。院長先生が、看護婦は一緒に行かないで下さいと言って、ベトちゃん、ドクちゃんを1階に降ろしました。私たちは2階のバルコニーに全員集まって見送りました。1階に降りた2人の泣き声が聞こえました。その時も、「お母さん」たちの名前を呼んでいました。今度は、ホーチミンまで飛行機の旅でした。分離手術を受けて別々になったことは聞きましたが、その後の詳しい情報は入りませんでした。小さい時は、抱いてあちこちの部屋に連れて行きましたが、大きくなってからは1人で抱くことはできなくなって、包帯交換用のカートに乗せて、連れて歩きました。その時のことも忘れられません。2歳まで一緒に過ごせたこと、援助してくれる人が出てきたこと、うれしかったです。感謝したいです。

ベトちゃん、ドクちゃんが来た時、私は婦長でした。看護婦として、医師の言う通りに看護してきました。トン・タット・トゥン教授は、枯れ葉剤被害者としてのベトちゃん、ドクちゃんの研究に没頭されていたようでした。その後、トン・タット・トゥン教授が研究結果を発表され、戦場から帰ってきた兵士の子どもの中に障害児が多いことがわかりました。そして、外国からも研究者がきて研究しましたので、私たちは、戦場から帰ってきた退役軍人と障害児の関係もどんどんわかるようになりました。被害者の家族が私たちに対して感謝していたのを思い出します。それは、私たちが彼らの子どもに何かできたのではなく、彼らの子どもたちが枯れ葉剤の被害者であることを証明したからです。トゥン教授は研究に没頭されており、私の仕事は、教授の指示で各地の障害児を迎えにいくことでした。私は、看護婦として、教授に同行し調査も行いました。戦場帰りの退役軍人が多い中部のクアンチ省、フエのアールオイの家族などを訪ねました。奇形児が非常に多かったので、私の方も非常に心の重荷になってきていました。血液を採取して、検査も行いました。ベトちゃん、ドクちゃんが入院した半年後、一九八一年の後半、枯れ葉剤の被害を受けた子どもが多いということがベトナム中に広く知られるようになりました。北部のハイズオン省出身の赤ちゃんの名前はクエンでした。魔法瓶のように小さく、私たちは「魔法瓶ちゃん」と呼びました。その家族は、お父さんが戦場に行って、お母さんは農業をしていました。私たちがその家族を訪ねた時、家族全員が非常に暗い雰囲気に包まれていました。なぜかというと、この家族が道徳的に悪いことをしたので、こういう障害児が生まれたのだ、と村人が思っていたためです。私たちが2度目に訪問した時には、状況は変わっていました。それは、奥さんが悪かったわけではなく、その子どもが枯れ葉剤の被害者だ、と村人に分かったからです。ベトナムは情報が国の隅々まで届いている国ではないので、古い考え方をす

ベト君、ドク君

ベト・ドクの一人が二人になった1988年10月４日の分離手術。二人は14時間の大手術に耐えた。テレビ朝日が生中継し、日本全国が二人の分離手術を見守った。この日以来、“善意”のおもちゃがトゥーヅー病院に届き始めた。

フォン院長は、「ベト、ドクはベトナム一のおもちゃ持ちになってしまいました。しっかり育てなくては……」と言ったのを思い出す。ドクが他人を思う心を欠かしてはいけないと言いたかったのだ。

レー・ドゥック・トー医師は、枯れ葉剤被害の２世を中心に障害の整形手術をベトナム全国で行っている。ベト・ドク分離手術の時、ホーチミン市ポリオ後遺症センターにいたトー医師の耳に、テレビをみていたある障害をもつ子どもの言葉が入った。「ぼくたちもくっついていればよかったのに」この一言が、トー医師に、“侵略戦争と化学戦争の二つを戦ったベトナムに整形外科の道を確立する”決心をさせた。

ドクはいま、トゥーヅー病院内の施設・平和村で、コンピュータ技術を生かしてトゥン理事長の助手を務める。

失礼だけど、いくら給料もらっているの……？

「う～ん……70万ドンです」

初めての給料をもらった時はどんな気持だった？

「他の人と同じように仕事ができたこと、社会に少し貢献できたことが、とてもうれしかったです。」

ベト君はどう？

「前と変わりません。良くなることを祈っているけど、難しいかもしれない」

ドクの役目って何だろう？

「今でも奇形児や障害児が生まれています。僕は、そういう子供たちの世話を続けるために、日本に行って義肢装具士の技術を身に付けたいです」

枯れ葉剤のこと知ってる？

「枯れ葉剤のことは、大きくなって新聞やテレビを見てわかるようになりました。枯れ葉剤の被害者はたくさんいます。ぼくより恵まれていない子供、ぼくより不幸な人やぼくより重症な人がいっぱいいます……」

枯れ葉剤被害の研究の権威であった故レ・カオ・ダイ教授によると、ホーチミン市周辺の３省で、ある５年間に30組の結合性双生児出生の報告があった。普通の国なら、10年に一組生まれるか生まれないかの確率だという。

る地域はかなりあります。ハイズオン省のもう1人の赤ちゃんは、ナムです。先天性奇形で、手首から先がありませんでした。父親はハイズオン省の病院の看護士をしています。またナムディン省の家族は、子どもが3人いて、最初の子は、父親が戦場に行く前に生まれた子で正常でした。父親が戦場から帰って来てから生まれた2人の赤ちゃんは、盲目でした。その家族も、村人から奥さんか奥さんの家族が悪い、と考えられていました。もう1人、タインホア省の子も、腕が半分しかない子でした。その先に小さな指のようなものが出ています。そういう奇形児が多かったのです。

この病院は、多くの障害児を受け入れた所です。戦場に行った人は、自分が枯れ葉剤を浴びたとは知りませんでした。多くの人が、自分は悪いことをして神から罰を受けたと思っていました。多くの人が、罪を犯したと罵られ、心をさいなまれていたのです。枯れ葉剤の研究が進んで、多くの人が精神的に解放されました。そういう人こそ、国に貢献した人たちですのに……。1人の女性として、こういう子どもを生んだ人の気持ちを十分理解することができます。奇形児がなくなるように努力しなければなりません。皆、生活は苦しいです。全国には多くの患者さんがいます。具体的な行動を起こすことが大事です」

ダイオキシンは人間の脂肪や肝臓に溜まるのです

ドー・キム・ソン　越独友好病院教授

「アメリカは六〇年代から七〇年代にかけて、長期的な大人災の痕跡を残しました。七二年から枯れ葉剤被害者を受け入れてきたこの越独友好病院は、ベトナム外科医学の中心です。私は、ダイオキンを浴びた人の肝臓疾患に関心を持ってきました。ダイオキシンに汚染された症状か、人間の染色体を変異させて、細胞遺伝子を変異させていました。ダイオキシンは人間の脂肪や肝臓に溜まる、とアメリカの科学研究者が教えてくれました。私はそれに絞って研究しました。アメリカの科学者は肝臓ガンの患者の脂肪や肝臓をサンプルとして持って帰りました。私は七〇年代に、肝臓ガンの患者を週に3、4人は手術していたほどです。中部と南部の軍人や、一般市民もいました。戦争中は解放軍の幹部もここに来ていました。受け入れた患者もいろいろです。トン・タット・トゥン院長は一九八〇年以前から枯れ葉剤の研究をしていました。私は、一九九二年10月にスウェーデンのルント大学で発表したことがあります（論文は10－80委員会で保存）。治療をしたのは、主に南の戦場に行って肝臓ガンになった人です。南へ行った人の中の多くの人が肝臓ガンにかかっていましたから。次に、戦場に行ったことのある親から生まれた障害児です。親は枯れ葉剤撒布地域を通過したことがあるか、そこで生活したことがある人でした。ベトちゃん、ドクちゃんもこの病院で治療しました」

研究だけでなく、行動が大事です

グエン・ティ・ゴック・フオン　トゥーヅー病院院長

トゥーヅー病院は、ホーチミン市にある総合病院である。産婦人科に来る患者は年間三万五〇〇〇人ほど。異常分娩も帝王切開も多い。母体死亡も比較的多い。この病院での奇形赤ちゃん（胎児）の出生率は

1%以上だ。ベトナム戦争直後は1・5%以上だったと言われる。同病院では一昨年（二〇〇〇年）と昨年（二〇〇一年）に五〇〇人を超える奇形赤ちゃんが生まれている（三五六ページの表を参照）。1日に1人以上の奇形・障害児が生まれている計算になる。欧米が0・1%以上であることから、10倍も違うその差の原因を枯れ葉剤（ダイオキシン）との関連に求める声はかなり前からあった。また、産婦人科の患者のなかで胞状奇胎（＝ぶどう子）の出産も多く、アジア地域の0・5%と比較しても高い率が見られる。

フオン院長は、一九六〇年代から先天性欠損症を目撃してきた人で、ガンの発生の増加も現場で目撃してきた。エージェント・オレンジが親や胎児に影響を与えていることを知り尽くしている人である。

「アメリカにはベトナム戦争で使った化学物質について、環境への影響のみならず、人体への影響も研究してほしいです。このことは、ベトナムだけではなく、世界のためになることです。これまでのいろいろな枯れ葉剤研究でも、化学物質による人体への影響は証明できると思います。今、この戦争の被害者に必要なのは、援助をすることです。具体的な行動が必要です。研究だけでなく、行動を起こすことが大事です。アメリカは、ベトナム戦争に送った兵士への補償をしています。それに対して、アメリカが枯れ葉剤を撒いていたベトナムの地域では、住民が今なお汚染され続けており、苦しい生活に援助が行われていません。これは不公平なことです。アメリカのツムウォルト海軍提督は勇気をもって『アメリカ政府が、汚染された退役軍人と、その影響を受けて障害児として生まれた子どもに賠償しなければならない』と公式に発言しました。私は、両国の関係を考えると、賠償という言葉は使いたくありませんが、アメリカの政府と国会は被害者に援助してほしいと思います」

二〇〇二年3月の米越国際会議で人体への影響調査に合意がなかったことについてはいかがですか？

「人体への影響調査について、アメリカが完全に無視したわけではありません。合意は健康について触れましたが、どうすればいいのか一切述べていません。アメリカは、ベトナムに来たこと自体がアメリカの気持ちを表した行為だと考えているようですが、それはそうではありません。支援することが大事です」

「枯れ葉剤の奇形児に関する新聞記事は、一九六九年にトゥーヅー病院でみたことがあります。フランスで化学物質の国際会議が開かれた時、南の政権は反対しましたが、トン・タット・トゥン教授が北から参加しました。胎児のガンなどが増えているということを訴えました。トゥーヅー病院には、奇形児、奇形胎児をホルマリンに漬けて保存してあります。保存してあるのはほんの一部なんです。ある人が、どういう目的で保存しているのか、と言って捨ててしまいました。七五年直後からのものがありません。前からあったものが少し残されただけです。私がここの病院で研修医をしている時、六二年当時のことですが、奇形児、障害児がたくさん増えました。原因を調べたかったので保存につとめてきました。そのうちに、そういう子どもたちの故郷が、枯れ葉剤を撒布された所であることがわかりました。七四年にアメリカのある科学者が研究した結果、環境に強い影響がある他、人体にも影響があると発

グエン・ティ・ゴック・フオン。「必要なのは援助することです」

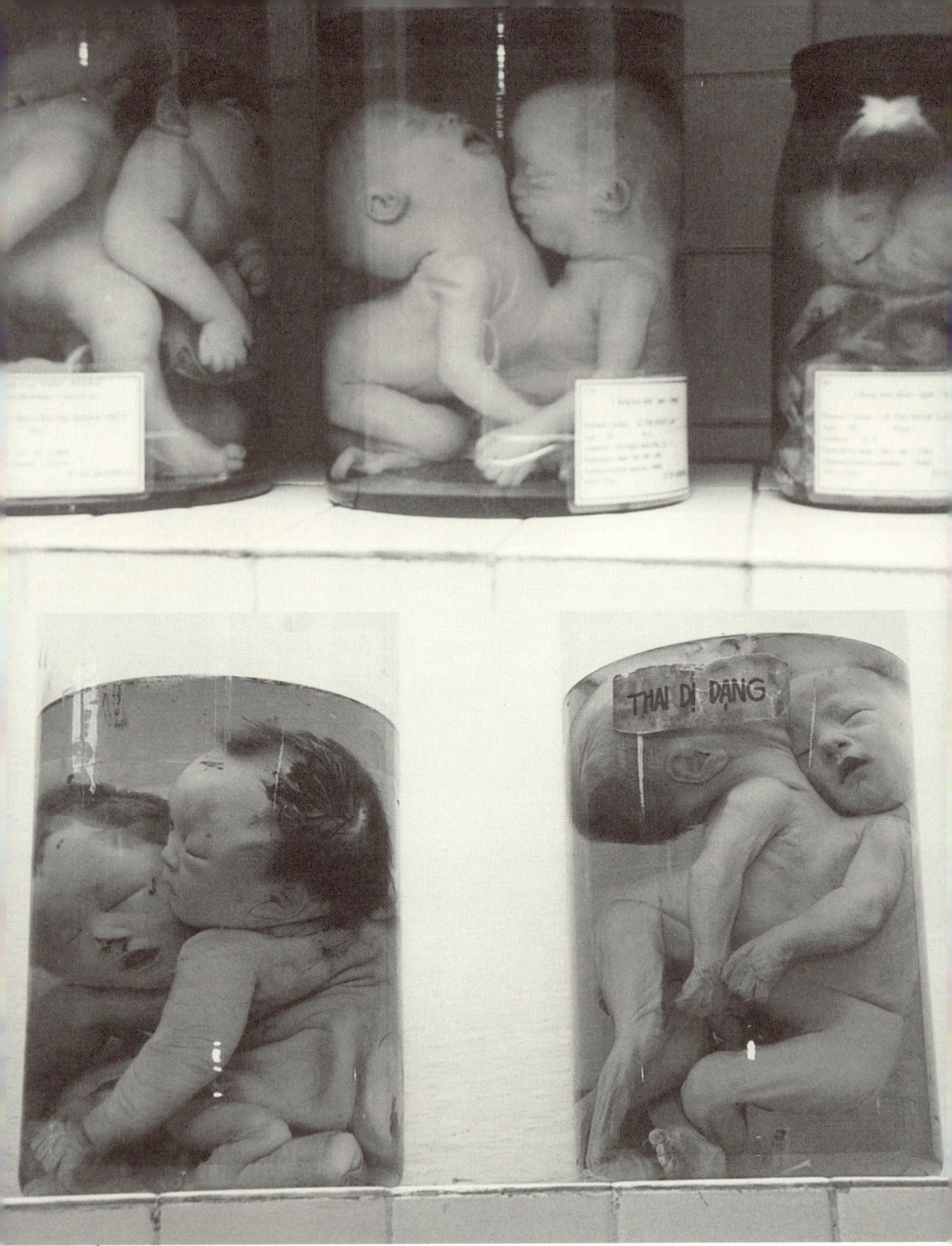

トゥーヅー病院に保存されているホルマリン漬けの奇形胎児
（左右ページとも）

表しました。動物の奇形もとってありました。国民全員の意識がとても低かった時です。七五年以後も、ホルマリン漬けの「世紀の証人」の保存闘争が続きました。その結果、なんとか数十個は確保できました。それをしなかったら、全部捨てられていました。私は、何人かのアメリカの国会議員にみせました。泣いた人もいました。しかしアメリカはどうしても事実を認めてくれません」

フオン先生は、必死に将来の研究材料を確保した。「こういう子どもが生まれてはならない」。その行為に、南の政権も北の政権も関係なかった。医者としての本能だった。

ソンベ省の子どもセンターの2階にも、大きなガラスのジャーがある。ホルムアルデヒドに漬けられた「歴史の証人」が入っている。結合性双生児、四肢が半分しかない胎児、頭蓋骨が半分しかない胎児、奇形の顎をもった胎児、骨盤がねじれている胎児、脊椎がねじれている胎児などなどである。ベトナムのいくつかの産婦人科病院には、このような「証人」が保存されている。

「近年、アメリカは、枯れ葉剤の影響によると認めた疾患のリストを少しづつ増やしてきました。5→7→10→12という風に。アメリカでは被害者に補償しています。発表した疾患のリストは、アメリカでは発生率の低いものばかりです。例えばスピナ・ビフィダです。アメリカに意図的なものを感じます。アメリカでは少ないようですが、ベトナムでは多いのです。いざ補償ということになった時に、補償金の支払額を減らしたいのではないでしょうか。最初は障害児を認めなかったアメリカが、ダイオキシンの疾患や障害児を認めるようになりましたが、過去の疾患を克服し、未来の疾患の予防を研究し、貢献してもらいたいです。カナダの研究者が、たばこと肺ガンの関係を研究しました。たばこメーカーは因果関係を認めず、科学者の研究を無視しています。全世界では、たばこと肺ガンの関係に気づいています。それと同じように、アメリカも枯れ葉剤と障害児・奇形児の関係を認めざるをえない日がくるはずです。いつ認めるかは、アメリカにかかっています。世界はアメリカ1極になって、アメリカは勝手なことをやっています」

アメリカはカネを恐れていると思いますか？

「アメリカの一般人は枯れ葉剤の責任を認めていますが、アメリカ政府は何もしません。アメリカが恐れているものは二つでしょう。一つは戦争犯罪を裁く法廷、戦争裁判があることです。二つ目は人権問題です。国連は生物化学兵器の使用を禁止していますので、アメリカがそれを自ら認めると、人権問題に発展すると恐れていると思います。日本のある人が、『第二次大戦を終了させるのにアメリカは原爆を落とした、必要もないのに』と言いました。その手のことは、いつもアメリカのやることです。そういう武器を使用したアメリカ政府を許しません。アメリカはベトナムに対する責任を回避しています」

元気になっても親は迎えにこなかった

タ・ティ・チュン　平和村Ⅱ（トゥーヅー病院内）副理事長

毎日一〇〇人の新生児が産声をあげるベトナム最大のトゥーヅー病院の産婦人科病棟。そのトゥーヅー病院の一角に平和村Ⅱはある。収容能力は一〇〇人。現在のところ、入院患者は40人、通院の20人を含めて60人がこの平和村で暮らしている。戦場経験のある親から生まれた子もいれば、戦場経験のない親から生まれた子もいる。

平和村Ⅱの建物はドイツの資金援助で建てられた。人件費の高騰で運営もなかなか大変だという。

ここでは、二〇〇一年の1年間に五〇四人の奇形児が生まれた（次ページの表参照）。今年（二〇〇二年）から病院職員となったドク君がコンピューターから統計を出してくれた。五〇四人の奇形児のうち85%が死亡。15%は生き残った。生命に危険な時期を過ぎれば家に連れて帰ることを許されるが、元気になっても親はこなかった。生き残った15%の子どもたちのうち、10%がその場で捨て子になった。障害をもっているからだ。

「複雑な病状をもった子どもの場合は、地方の病院からでも運ばれてきます。また、捨て子も運ばれてきます。もちろん捨てる親は少数ですが、確実にいます。母親が引き取りに来ることもあります。逃げたままの母親もいます。特に田舎では、古い習慣が残っていますので、先祖が悪いことをしたから祟られているのだ、と村人から言われたりして……。祟りの文化がまだ根強いんです。都会でも苦しみながら頑張っている子も多いです。親の故郷をたどっていけば、大体は行き先がわかります。病院が親を呼び出すか、3回督促状を出します。それでも来なければ捨てられたと判断します。単純な話ですが、親に捨てる気持ちがなければ、こういうことはおきません。障害をもって生まれたことだけでも不幸なことだと思いますが、親に認められないのはもっとかわいそうです」と、チュン副理事長は言う。

人間の世界はあまりにも残酷だ。ほとんどの親が塗炭の苦しみを味わいながら障害児を育てているのだが、村に残る「奇形児・障害児は先祖の祟り」という根強い負の精神風土から、この国では子捨ては珍しいことではない。ここにも、古い魂からの真実の解放が急がれる理由がある。

障害児の新生児室を見学させてもらった。水頭症の子、小頭症の子、アザラシ肢症の子、両手・両足の指がくっついている子など典型的な先天性欠損症の子ばかりだった。

ある部屋で看護婦さんに質問した。

「この部屋には、どのくらい捨て子がいるんですか」

小声で教えてくれた。

「全員がそうです」

二の句が継げなかった。多くの子は、病院に預かってもらっているとばかり思っていた。家族的慈愛の一片も受けることなくベッドに横たわる脳障害の子ら。逆に両足のない子でも手を使って飛び回っている元気な子もいる。むしろ来訪者と関わり合いになろうとしているようだ。子どもには刺激が必要だ。手も触れてもらえない、話しかけてももらえない子どもの脳の発達は確実に遅れる。子を見捨てる親の罪は、重さと深さの点で計り知れないものがある。

奇形児のほとんどは、周りの社会に調和できない。子どもたちは今自分が置かれている状態になれてくる。ここで生まれた奇形児のうち、30～35％が脳障害を起こしている。複合障害が目立ち始めた。

「これら『エージェント・オレンジ出生児』は、われわれにとって普通のことになってしまいました。われわれは『胎児の大災害』と呼んでいますが、それでも、残念ながら、流産や奇形児のあまりの多さに閉口してしまうことがしばしばあります」と語るのは、トゥーヅー病院のファム・ヴィエト・タイン博士だ。多くの現場をみている医者だからこそ、沈痛なのである。

枯れ葉剤についてたずねる。

「障害児の多くは、もちろん枯れ葉剤と関係があります。障害児を生む理由は、妊娠した時に枯れ葉剤に被曝されたか、撒布地域に住んでいたか、間違った薬を飲んだか、です。障害児が生まれた故郷は、ほとんどが枯れ葉剤撒布地域です」と、チュン副理事長は言った。

革命政権で再教育訓練をうけました

チュオン・コン・ビン　ビンズオン省平和村理事長

ビンズオン省（旧ソンベ省）平和村理事長チュオン・コン・ビン先生は、一九七五年、ホーチミン市医科大学卒業。ビンズオン省総合病院救急部医長を14年間勤めた。感染症と小児病の研究が専門の医師だ。ビン先生は、一九七五年4月30日のサイゴン陥落を複雑な思いで迎えた。それは、ビン先生が南の政権の軍医をしていたからだ。「革命政権に拘束されて3日間再教育訓練をうけました」。ここで言葉が途切れた。過去の話を人前でするのは、この国ではまだ勇気が必要だ。

「家が貧乏でしたので、努力に努力をしてやっと医科大学に入りました。これで将来は万全だと思っていた矢先、サイゴンが陥落しました。ほんとうにがっかりしました。私は、また最初からやり直さなきゃいけない、すべてが水疱に帰したと思いました。海外へ逃げないかという話もありました。実際海外へ逃げた友人もいます。仮に私が海外に逃げても同じ仕事をしていたでしょう。カネもなかったし、両親もいましたので、私は逃げませんでした。再教育訓練を受けた後失業状態の時、七七年から七九年までカンボジアに派遣されました。帰ってきたら医者が不足していて、ビンズオン省で働けることになりました。私には今の仕事があっていますし、好きです」。地味な人柄、熱心な仕事ぶりが患者家族の好感をよんでいる。

「一九八四年と八五年は、この地方で多くの障害児が生まれました。展示会を開きました。現在も省病院に展示されています。枯れ葉剤被害国家調査委員会も障害児の増加で、平和村を作ることにしたんです」と、ビン先生は言う。

トゥーヅー病院における先天性異常の発生数

		1995	1996	1997	1998	1999	2000	2001
1	中枢神経系	55	70	80	79	74	117	136
2	消化器系	13	11	21	21	25	71	59
3	呼吸器系	3	5	5	3	4	4	5
4	泌尿器系	16	13	8	10	7	48	16
5	心臓血管系	14	17	13	23	11	30	27
6	骨格構造	66	57	87	58	82	96	55
7	顔面奇形	50	48	43	40	33	76	53
8	その他の異常	21	39	39	32	16	49	38
9	複合奇形	49	45	37	27	93	91	101
10	結合性双生児	1	1	4	4	0	2	14
	合　計	288	306	337	297	345	584	504

この平和村も、他の平和村（ハノイ、フエ、トゥーヅー病院）と同じように、ドイツのNGO・OBENHAUSENの手で建設され、一九九二年7月から運営を始めた。ビン先生は現在の理事長である。

会議室の壁には空中撒布を示す地図が張られている。①一九六三年から七〇年に、薄いベージュ色の所は、4回以上撒布されている。②茶色の所は2～3回撒布されている。③ブルーの所は1回撒布された、と色分けで明示されている。国道13号線沿いには解放戦線軍が集中していたので、枯れ葉剤の撒布量は多かった。

一九八〇年代にテキサス大学のシェクター教授が行った血液、脂肪、母乳の検査では、この省の住民の血液中のダイオキシン濃度は全国一の高さだった。

ビン先生は、ビンズオン省の疾病の特徴としていくつか挙げる。

「①まず、奇形児の中でも口蓋唇裂の発生率が世界一高いことです。普通は口蓋唇裂は0・1％ですが、ここは1％と10倍に近いです。この省では、すべての口蓋唇裂の手術を行いました。これまでに四〇〇人。今口蓋唇裂を負っている子は、その後生まれた子です」と先生は胸を張る。「②ここは、目の障害者が多く、水晶体の障害から白内障が起きる率が高いのです。③ダウン症候群が多いです。④聴力の減退が起きている人が出ています」

この平和村の特徴は、患者の捜索と徹底したリハビリだ。できるだけ多くの障害児を社会に溶け込ませようと、センターの職員は障害児の体の機能回復をさせることを最大の眼目として努力してきた。肉体的な障害は、幼い子どもに暗い影を落とす。

「他の施設と違って障害児が来るのを待っているのではなく、障害児を探して村へ入っていきます。省の奥深くまで隠れた患者を捜しに行きます。枯れ葉剤の被害者だけでなく、奇形児や交通事故の障害児にも治療をしています。私の統計では、全省で最低一五〇〇人がリハビリを必要としており、軽症の人をい

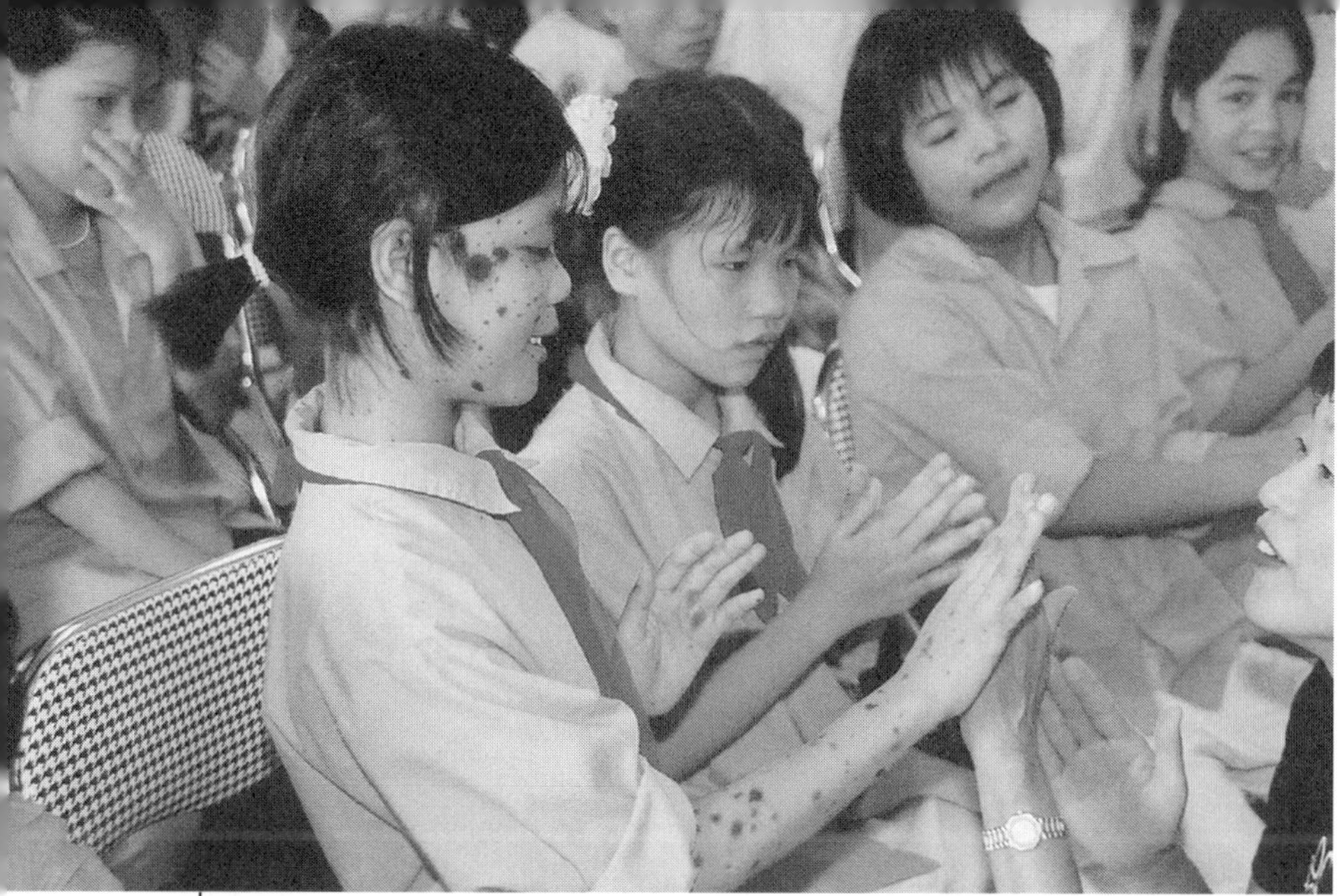

平和村（ハノイ）の子どもたち

れるとかなりの数にのぼります」と、ビン理事長は積極的だ。

現在はＣＢＲ（Community Base Rehabilitaion）計画によってリハビリを行っている。つまり、草の根リハビリ計画だ。これは、まず村のリーダーや各団体（人民委員会、傷病兵、保健医代表）の長を集めて作業委員会を作る。そしてトレーニングをする。奇形児を定義する。調査方法を指導して探してもらう。データをもらって分類して、診察の目標をたて、診察する。そして現場で診察した後、どこで面倒をみるか検討する。さらに、家族に協力してもらって在宅でリハビリを行う子（定期的に追跡しチェックする）か、整形手術を必要とする子か、などに分類する。整形手術の場合でも、事前準備をし、手術をし、手術後も計画をたて、家庭でもリハビリをする、というようなきめ細かい追跡のケアをすることだ。

ビンズオン平和村はいつも活気に満ちている。それは、ひとえにビン理事長の努力と性格に負うところが大きい。私は何回か訪問した。

直径50～60センチほどの気球体に、乳幼児をのせて異常を発見する講習会が開かれていた。それに乳幼児を乗せると、子どもの悪いところが容易に発見できるという。多くの若い医師の卵や看護婦の卵が1室にぎっしりと入って、異常の発見の仕方の指導を受けていた。多くの人がメモをとり、真剣そのものであった。例えば、気球体の上に子どもを乗せると、正常な子は足が開くが、異常があれば足をクロスさせたがる。正常な子は頭があがるが、筋力がなければ頭があがらない。といったようにチェックポイントを教える。簡単な方法で異常の早期発見に貢献しているビン理事長のすぐれたアイディアだ。

26歳の母親。初めての子で3歳。平和村に来て1カ月。「筋肉がつっぱったままであったが、足で立つことができるまでになりました」は、ほんの1例だ。

住民の障害児のうち20~30%が脳障害だということだが、これはリハビリで対応するしかない。しかし、ビン先生によるもう一つの画期的な発見方法がある。それによると、生後6カ月の間に脳障害が出るかどうかを発見できる。ビン先生がまとめた脳障害発見のための合計20のチェックポイントのうち、6つの症状は素人でもできる、という。

①普通の子どもは寝る時に手を開いて寝る。異常な子は手を握ったまま寝る。

②3カ月くらいになると自分の力で寝返りをうてるようになるが、2カ月くらいの時から足を移動させると寝返りをうとうという反応をするものだ。それが弱いと危ない。奇形児になる子は筋肉が弱いが、反応がない場合は危ない。

③子どもをうつ伏せにすると、正常な子どもなら動く。障害の子どもはすぐには動かない。反応が弱い子どもに何回もやることによって、筋肉を強くすることができる。

④寝ている子どもの両手をゆっくり引っ張る。正常な子どもなら、首が固く、逆に引っ張る方が強いのだが、障害の子どもは手を引っ張っても、首が動かないので頭が垂れる。座るには、6カ月くらいで首を支えるというか首が固くならないといけない。

⑤子どもは9カ月くらいで自立する。2、3カ月目くらいで、肩を支えて、足を固い所に置くと、ジャンプ力が出てくる。障害の子どもは固い所に置いてもジャンプしようとしない。足がまっすぐになるか、足を引っ張ってしまうのは危険。

⑥両肩を支えながら、前の方に倒すと、歩もうとする力が働く。障害の子は歩もうという動きはみせず、立ったままである。

これらが、ビン先生が勧める障害児発見の最も簡単な方法だ。小児神経内科の教科書からヒントを得たものだという。「医科大学、医療専門学校だけで教えられていて、外部に出てなかったのです。こういう方法で発見した子をただちに枯れ葉剤被害者と断定するのは早すぎますが、正常な子どもではないことはわかります」

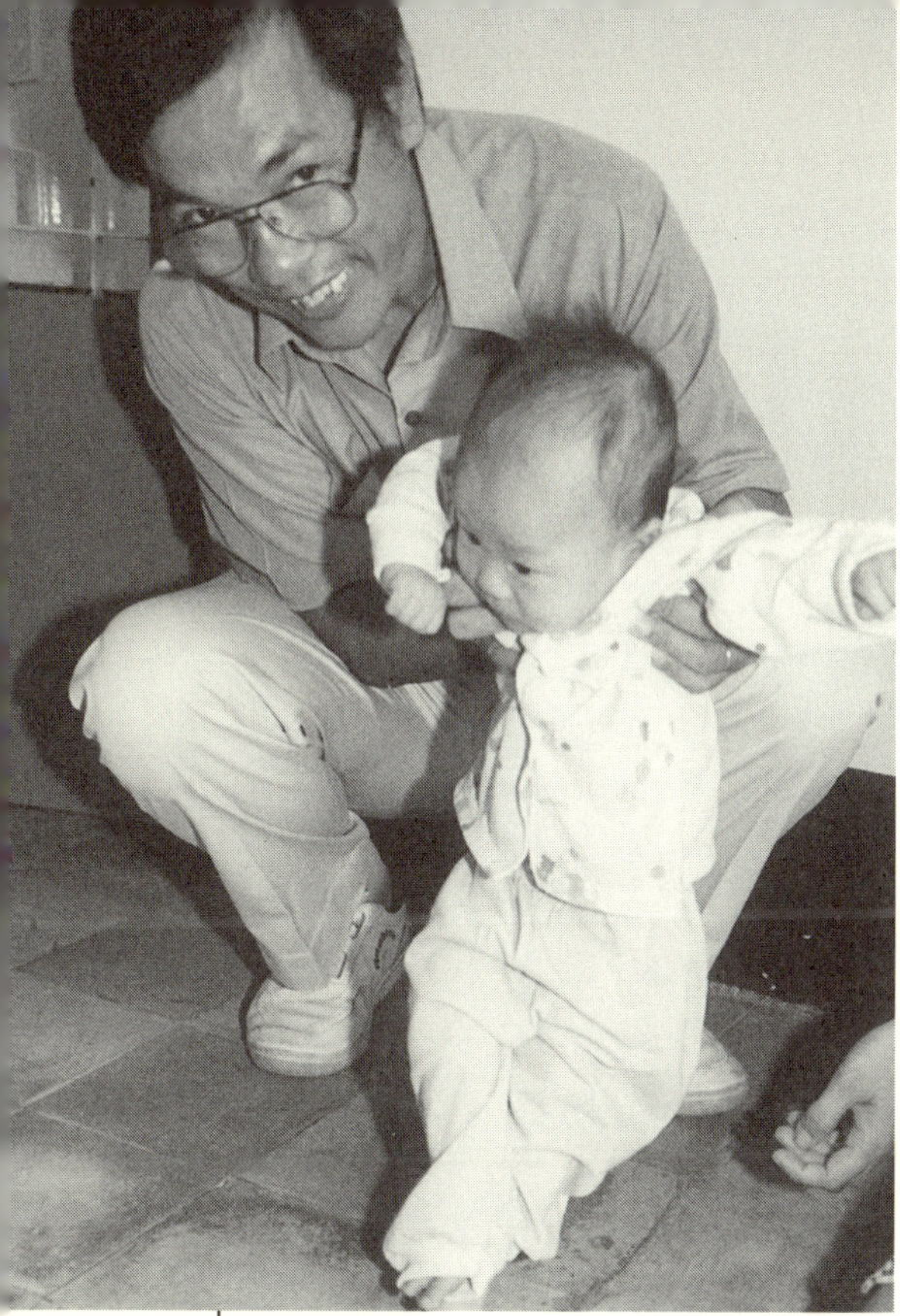

チュオン・コン・ビン先生。地味な人柄、熱心な仕事ぶりが患者家族の好感をよんでいる。

ビン先生はこうやって一つの実験をした。21人発見されて、このうち18人が救われて、3人だけが脳障害になった。しかし、ビン先生は、この検査をしなかったら、19人の子どもに脳障害が残り、リハビリで2人が正常に戻るという結果になったのではないかと考え、自信を深めたと言う。しかし、紛らわしい例もあった。「脳障害に似ている病気があります。それは栄養失調です。子どもにあまり関心をもたない家庭環境だと子どもも怠け者になり、精神が発達せず、運動神経も未発達になります。だから、教科書の知識を使いながら、治療に当たります。科学的研究をするには、しっかりと実験しないといけません」と、意欲満々の先生だ。

枯れ葉剤の影響については？

「どういう障害児が影響されたか、どういう障害児が影響されてないのか、まだわかっていません。障害児の中でも口蓋唇裂の発生率は普通は低いのですが、枯れ葉剤が撒かれた地域の発生率は高いのです。この他、医科大の医学書に載ったことのない障害児がいます。例えば、頭が二つあるとか、動物のように長い体毛を持った奇形児ですね。障害・奇形の出生が全国で10人いるとすると、ビンズオン省では4人という計算です。そして、今までの統計に出ていない複合障害がでてきています」。調査にかけては全省内を歩ききったという自信に裏付けられた発言だ。

ビン先生も率先して聞き取り調査・診察する。家族の誰かが戦場に行ったことがあるか？　枯れ葉剤の撒かれた地域に行ったかどうか？　戦争に行かなくても、撒かれた地域で生活したかどうか？　を中心に聞き込み調査を行う。

「一〇〇人の資料を作るだけで、三〇〇万ドン以上かかります。まず国の方針ができていない。枯れ葉剤被害者認定の基準作りも急がなくてはならない。枯れ葉剤被害者基金ができて各地に手当を配っているが、障害児をつれてくれば、すべて払っている省もあります。基金が全く使われていない省もあります。証明書を持ってこないと払わない省もあります。基金の使われ方がバラバラです」と、ビン先生は行政に厳しい注文をつけた。頼もしい現場の先生である。全国の省が同じレベルになるには、もう少し時間がかかりそうだ。

注1：一〇三軍医学院

北ベトナム軍には当時一〇八軍病院と一〇三軍医学院という二つの大きな病院があった。一〇八は軍の中央病院に相当するもので、一〇三は医者を訓練する研修現場のようなもの。

注2：CS（クロロベンツァルマロノニトリル）

アメリカが使用した化学兵器の中でも、CSはCN（クロロアセトフェノン）やDM（アダムサイト）より強い催涙ガスである。一九二八年にアメリカで開発された。青酸カリと同等の毒性と言われる。密閉された所では、CSを浴びると肺水腫と窒息で数分で死亡する。長期的にはガン、遺伝子の損傷、致命的な奇形の原因ともなりうる。ベトナム戦争中のアメリカ軍では、飛行機から二〇〇リットル容器を投下するという作戦がとられていた。現在でも、容器が散在しており、枯れ葉剤と勘違いしている人もいる。

注3：キンモン（Kim Mon）郡病院

ベッド数40～50床の病院（産婦人科10～15床、外科10床、内科10床）で、改装されて現在も活動している。キンモン郡は、小河川がたくさんあり、船の修理工場も多い。工場地帯にとって水路は重要であり、アメリカの爆撃を何回も受けた所だ。

注4：イタリアのセベソの事故

イタリア・ロンバルディア州セベソで起きた農薬工場の爆発事故。一九七六年7月10日。2,4,5-Tの原料になる2,4,5-トルクロフェノールの製造中、爆発事故が発生し、大量の有害物質が広範囲を汚染した。その有害物質の中にダイオキシンが含まれていたため、五〇〇人以上が皮膚障害や肝臓障害を起こし、汚染がひどかった地区の人は全員疎開するなどの緊急措置がとられた。しかも、当初は三〇〇～四〇〇頭の家畜が死んでいった。多数の女性が妊娠中絶をした。最近、事故後生まれた赤ちゃんの男女比に差があり、圧倒的に女性が多いことが明らかになった。これもダイオキシンの汚染と考えられる（天笠啓祐著『ダイオキシンと環境ホルモン』日本消費者連盟）

4章　アメリカの化学戦争犯罪

ベトナムにとって8月10日という日

「少なくとも化学・生物兵器に関しては、サダム・フセインは常習犯だ。彼はこれら兵器を、近隣国と自国民に対して使用したのだ」

と、マデリーン・オルブライト国務長官（当時）は言った。私はこれを知った時、彼女がジョークを言っているのだと思った。彼女が本気で言ったのなら、自国の歴史にあまりにも無知な政治家だと思ったからだ。彼女のために割く紙幅はないが、アメリカ軍の枯れ葉剤撒布作戦、ランチ・ハンド作戦がどういう流れの中で行われたかをおさらいしておこう。

一九三二年：タスキーギー梅毒研究開始。梅毒と診断された黒人男性二〇〇人が、病気について通知もされず、治療も施されないまま、病気の進行と症状を観察するために人間モルモットとして使用された。彼らは後に全員梅毒で死亡。

一九三五年：ペラグラ（ニコチン酸欠乏症候群）事件発生。20年間にわたり数百万人がペラグラで死亡したあと、アメリカ公衆衛生局がようやく防疫措置を講じた。死亡者のほとんどが貧困にあえぐ黒人たちであったために、アメリカ公衆衛生局は、ペラグラの原因がナイアシン（ニコチン酸）欠乏であると少なくとも20年前に知っていたにもかかわらず、敢えて放置していた。

一九四〇年：シカゴで囚人四〇〇人が、マラリア新薬及び試験的薬剤の効果を研究するためにマラリアに感染させられる。ナチスの医師らは、後にニュルンベルク裁判にかけられた際、ユダヤ人大虐殺を弁護するために、アメリカでのこの研究を引き合いに出した。

一九四三年：日本軍の大規模な細菌戦計画を受けて、アメリカ政府がメリーランド州フォート・デトリックで生物兵器の研究を開始。

一九四四年：アメリカ海軍、ガスマスクと防護服のテストのための人体実験実施。被験者はガス室に閉じこめられ、マスタードガスとルイサイト（アメリカの化学者W.L.Lewisの名が付けられた糜爛性毒ガスのこと）を浴びせられた。

一九四五年：「プロジェクト・ペーパー・クリップ（紙ばさみ作戦）」を開始。国務省、陸軍情報部、CIAが、第2次大戦後にナチスの科学者をスカウトし、アメリカで政府極秘プロジェクトに従事することと引き替えに、免責特権と秘密身分を与えると申し出る。

一九六五年：フィラデルフィア州ホームズバーグ州立刑務所で、囚人らが、ベトナムで使用されたエージェント・オレンジの猛毒化学成分ダイオキシンにさらされる。後に囚人らにガンの罹患調査が行われたが、このことはエージェント・オレンジが最初から発ガン物質であると疑われていたことを示す。

20世紀最大の物議を醸したアメリカ政府の活動のほんの一部である。アメリカの枯れ葉剤撒布開始はこういう文脈の中で行われた。それでもなお、彼女は冒頭の発言を繰り返すだろうか？　ほんの少しだけ、枯れ葉剤元年と言える一九六一年という年を、ベトナム戦争と枯れ葉剤という二つのキーワードでみてみよう。

一九六一年1月20日：ロバート・マクナマラ氏がケネディ政権の国防長官に就任した。そしてアラン・C・エンソーヴェン博士（マサチューセッツ工科大学卒）が、新設された兵器システム分析局の新局長に就任するためにOSD（国防総省長官室）に採用された。

一九六一年4月12日：ケネディ大統領の外交問題担当のウォルト・W・ロストウ大統領補佐官が、ベトナムに関する行動計画の中で9項目の勧告をし、それが枯れ葉剤撒布のためのアメリカ空軍C一二三型機の派遣につながっていった。その第5項では、武器研究・配備チームを派遣して、種々の〝技術と装置〟の有効性を調査することを提案している。枯れ葉剤の空中撒布は、これらの中に明記されていない技術の一つであった。

一九六一年5月：ケネディ大統領は、ジョンソン副大統領をサイゴンに派遣した。将来の対南ベトナム援助について、ゴ・ディン・ジエム南ベトナム大統領と協議するためであった。ジエム大統領は、アメリカに枯れ葉剤の空中撒布の実施を強く要請したと言われる。その結果は、国防総省の下部組織として、両国共同の戦闘開発・テストセンター（CDTC）の設置が決まった。平たく言えば、新たな対ゲリラ戦法と武器の開発を狙いとした機関であり、その仕事の一つが、大地を覆う熱帯の樹木と敵の食糧供給源を破壊する枯れ葉剤を使用することの評価であった。

一九六一年5月11日：アメリカの国家安全保障会議が開かれた。その後、国境警備と対ゲリラ対策の技術開発に関する活動の中核は、ホワイトハウスから政権の下部組織に移行した。ケネディ大統領は、同じ5月、ベトナム中部高原の山岳民族を訓練するために四〇〇人のグリーン・ベレー部隊を派遣したうえ、さらに南ベトナムへの援助量を3倍に増加した。航空機、ヘリコプター、兵員輸送の装甲車や他の機材が、湯水のごとく南ベトナムに流れ込んだ。

一九六一年6月：CDTCがサイゴンで正式発足した。

一九六一年8月3日：中部高原地帯のコントゥム省の省都でアメリカ軍事援助顧問団の会議が開かれ、ダクトが最初の枯れ葉剤試験撒布地に選ばれた。

一九六一年8月10日：黄色と赤のストライプが入ったベトナム共和国空軍の紋章をつけたアメリカ軍のH

34ヘリコプター1機が、HIDAL撒布装置を装備して省都コントゥムからダクトに通じる国道14号線沿いに、穀物と種子を破壊するジオキソールを撒布するために離陸した。この日が、南ベトナムで以後14年間続くアメリカ軍によるダイオキシン撒布作戦の開始日となった。

一九六一年8月11日：国道13号線沿いに撒布が継続され、サツマイモ、キャッサバ、バナナなどを破壊するために、2,4,5-Tが含まれているトリノソールを撒布した。アメリカ軍発表の記録では、コントゥム省には一九七〇年9月20日まで撒布継続となっているという。

8月24日（8月19日説もある）：初の固定翼機C47型機がサイゴン北方80キロにあるチョンタイン村の国道13号線上を4キロ以上にわたってジオキソールを撒布した。チョンタイン村周辺は、ジエム大統領が個人的に選択した地域だった。このように、ケネディ大統領は、助走の段階からかなり枯れ葉剤撒布に加速をつけていたようにみえる。

9月23日：国務省・国防総省は、共同声明でジエム政権を支援するために緊急行動が必要であると述べ、枯れ葉剤を遅滞なく運搬する項目リストに含めるように提案した。

9月29日：ジエム大統領とその顧問はアメリカ代表団と会談し、穀物の収穫前に枯れ葉剤で破壊するように即時の努力をしてほしいと提案した。

一九六二年3月7日：ジエム大統領はVOA（アメリカの声）のインタビューに答えて、「後進国が共産ゲリラの戦闘に対処するには、枯れ葉剤の撒布は非常に有効な方法だ」と大胆発言している。また国務省資料でも、一九六二年3月20日に、VOAが、サイゴンでの記者会見の模様とジエム大統領の独占インタビューを放送したと記録にとどめている。ジエム大統領は終始熱心な枯れ葉剤撒布推進者だった。さらに、同じ国務省資料でも、一九六一年8月から試験的に13カ所で撒布が開始されたことが書かれている（国務省外交関係文書一九六一～一九六三　Vol.Ⅲ）。

一九六一年8月10日は、日本の広島と長崎に原爆が落とされた日に匹敵するベトナムの一般市民・兵士受難の日々の始まりであった。のちにベトナムは、この日を、枯れ葉剤被害原点として「枯れ葉剤被害者の日」と制定し、永久に祈念することになった。

二〇〇四年8月10日の初の「被害者の日」を迎えるにあたり、ハノイでは被害者を支援するアピール（巻末資料に掲載）が採択された。一九七五年4月30日にサイゴンが陥落した時には、現在のベトナム人口八四〇〇万人のうちの半分は誕生していなかった。この人災を忘却の彼方に押しやらないためにも、新時代には新しい取り組みが必要である。

戦争犯罪

人間社会は、年代を問わず、敵対者を抹殺するための毒の製造者、供給者、使用者を非難してきた。古代の多くの法律では、毒殺者（毒をもって殺した）に対する罰があった。

ベトナムでは、15世紀のレ・タイン・トン（黎聖宗。在位一四三四〜四二。ベトナム中興の祖であり、作家・詩人）はホン・ドゥック法典を制定し、女性に法的権利と財産権を付与した。その法典第2条では、人に毒をもった行為は人間の道義に反するとし、道義的犯罪と明記している。この種の犯罪を、この法典は十大犯罪の五番目にあげており、断頭の刑に相当するという（レ・ドゥック・ティエット弁護士発表の論文「人類よ　警戒を怠るな」）。

毒物使用行為は世界でも強く非難された。残念ながら、戦争の早期勝利を目ざして、双方がますます相手方を殺すために化学兵器の使用に踏み切っている。第1次世界大戦（一九一四〜一八）では、参戦国は、例えば、神経系統をマヒさせるガス、あるいは窒息ガスなど種々の化学兵器を使用し、何万という兵士を死に至らしめた。

化学兵器の使用禁止とその破壊の戦いは、長期的問題であり、茨の道であり、難しい問題であった。第1次世界大戦以前の有毒化学剤を含む武器の使用禁止は、主として古代の習慣に基づいていた。これらの慣習はその後制度化され、さらに一八六八年のサンクト・ペテルスブルク宣言や一八七四年のブラッセル宣言で確認された。その後の一八九九年と一九〇七年にル・アーブルで行われたこの問題に関する国際会議でまとめられた文書は、単に化学兵器使用に端を発する実質的悲劇を回避する人類の希望を表明したに過ぎず、それ以前の国際宣言の遵守に関する条項は含まれていなかった。そういう理由で、第1次世界大戦では、化学兵器使用による悲劇が発生したのである。そしてこれらの悲劇が、ある程度までは、世界各国が使用禁止への弾みとしての役割を果たしたと言える。

それゆえに、戦争において、窒息ガス、毒ガス、他のガスの使用および細菌兵器の使用を禁止することを定めたジュネーブ議定書（一九二五年採択）は、国際的な正義を広める上で画期的なものだった。しかし、これらの武器の使用者に対する罰則は、「正義の神」の権力の中にはなかった。

第2次世界大戦では、ドイツや日本の軍部が敵の一般人と兵士を殺す目的で細菌兵器を使用した。ニュルンベルク裁判や東京裁判では、ドイツや日本の戦犯は、兵士や一般市民を殺したとして裁かれた。しかし、彼らは、ジュネーブ議定書に違反する有毒ガス、窒息ガス、細菌兵器を使用したとして裁かれたのではなかった。言い換えれば、将来、化学兵器、細菌兵器の使用国として非難され、処罰されるのを避けようとした欧米の大国が、そこを避けて裁判を支配したにすぎなかった。

国際社会からの強い反対を背景に実現したのが、一九六七年、イギリスのノーベル平和賞受賞者バートランド・ラッセル卿が主宰して、フランスの哲学者サルトルが議長となった国際法廷の開廷である。法廷は、「ベトナム人民の基本的な権利を犯す侵略罪」との判決を下した。その侵略にともなった、アメリカのインドシナでの環境破壊行為は、倫理的規範を明らかに犯したものであった。

旧南ベトナムでのアメリカ軍による最大の犯罪は、化学兵器の使用に尽きる。この使用行為は、第1次世界大戦の反省からまとめられた一九二五年の化学・生物戦争に関するジュネーブ議定書に明確に違反する。このジュネーブ議定書が非常に重要な意味を持つのは、「戦時において植物を殺すいかなる生物兵器、あるいは化学兵器を使用することは、ジュネーブ議定書に違反する」という決議を国連が通したことだ。アメリカは、ベトナム戦争の時点でこの画期的な議定書の加盟国に入っておらず、むしろ人間への致死的影響はないと主張して、この化学兵器の使用を肯定していた。しかし、一九六九年に、世界の多くの国が、アメリカ独自の解釈に異を唱え、これらの物質はジュネーブ議定書（参考：UNGA Res2603[XXIV]A）の対象であるとして決議案を通過させたのである。アメリカは、一九七五年になってようやくジュネーブ議定書加盟国になった。

アメリカの『外国戦争退役兵の会』や『アメリカ在郷軍人会』などのグループが、敵の銃弾と爆弾を生き抜いたのに、味方が使った植物抑制剤のゆえにガンで死につつある元仲間に対する不公正の見直しを求めて声をあげ始めた。韓国では、一万七〇〇〇人の被害者がアメリカの枯れ葉剤製造会社からの賠償を求めて上級裁判所に控訴した。二〇〇三年7月には、枯れ葉剤犠牲者の写真を掲げて、国連本部前でデモをしている。その背景には、ベトナム戦争でアメリカが使用した枯れ葉剤に含まれていたダイオキシンが、「傷病兵」の概念を一変させてしまったことがあげられる。

戦争犠牲者の保護に関する国際会議では、「負傷兵」あるいは「疾病兵士」という用語は、これまで戦争中負傷した、あるいは病気になった兵士を指した。戦争犠牲者とは、戦争期間中に損害を被った人々のことである。これらの用語は、過去の通常戦争にはあてはまったが、ベトナムでアメリカが展開した化学間違いなく〝イエス〟でなくてはならない。
戦争の犠牲者には、もはやこの解釈は全く適切ではなくなった。それは、ベトナム化学戦争は、従軍中に全く健康であった兵士が、ダイオキシンの遅延特性の故に、退役して数年、数十年かを経て病気を発症させ始めたからである。そういう彼らを、疾病兵士あるいは戦争犠牲者と呼ぶことができるのか？　答えは間違いなく〝イエス〟でなくてはならない。

ベトナム戦争で使われた化学兵器とは、15種類に及ぶ枯れ葉剤と植物抑制剤の他、対人用のCSガス（CS、CS1、CS2などの催涙ガス）、沖縄の米軍基地にもおかれていたGBガス、VXガスを指す。当時の沖縄の地元紙は「空にB52、海に原潜、陸に毒ガス——天が下には隠れ家もなし」と書いたという。

もう一つの倫理規範の違反は、アメリカがインドシナ半島に加えた広範囲かつ深刻な長期の環境攻撃である。規範への侮辱に対して、ジュネーブの赤十字国際委員会が先頭にたって戦争行為の禁止項目の量的な敷衍に努力した。一九七七年にその努力が国際武力紛争（国際連合条約集一七五一二）に関するジュネーブ条約追加第1議定書として実を結んだ。これは一九四九年のジュネーブ会議に追加する議定書である。初めて本質的に環境保護を定めた（第35条3項）、歴史的に意味あるものである。二〇〇二年6月の時点で、国連加盟国一九二カ国のうち82％にあたる一五二カ国がこの議定書を採択した。これについてもアメリカは加盟していない。

さらに、第三の倫理規範への違反は、アメリカが軍事的に気象戦争を起こしたことだ。天候を武器として使う戦略で、十年もの長きにわたって大気の操作を試みたのである。この計画は、人工的にホーチミン・ルートに大雨・洪水をもたらすことを狙って、主としてラオス上空で雲の種まきをした。イギリスでは、一九五〇年代初期に、「キュミュラス（積雲）作戦」としてイギリス国防省が独自に研究を進めていた。例えば、特定地域に降雨を起こす、敵の動きを泥沼に封じこめる、河川を増水させて敵の移動を阻むもしくは障害を与える、などだ。このアメリカの秘密作戦は、もう一つの戦争法の規制拡大につながった。

これは消滅したソ連が先頭に立ち、一九七七環境修正議定書（国際連合条約集一七一一九）となった。しかし、残念ながら、この修正議定書の調印国は、一九二カ国の国連加盟国のうち、33％にあたる66カ国しか調印していない（二〇〇二年6月時点）という大きな弱点をみせた。アメリカは調印したが、アメリカ政府は軍に対して拘束力は薄いという見解を表明している。（「エコシステムズ」ストックホルム環境会議用のベトナム側資料　ヴォ・クイ、ブイ・ティ・ラン、クオン・テュー、L・ウェイン・ドゥワニーチュック共同執筆）

患者救済なき二〇〇二年米越合意に不満爆発

二〇〇二年3月、ハノイ国際会議の最終日に、ベトナム赤十字のグエン・チョン・ニャン会長（注1）はこう演説した。

「エージェント・オレンジの影響を受けた被害者は、『今の今』助けを必要としています。さらなる研究のために、あと何年も待つことはできません。ダイオキシン汚染度を計る高価な試験より、被害者援助の緊急措置が最優先されるべきです。科学の普通の常識をもっている人なら、これらの有毒の化学剤が人体と環境に影響を及ぼしていることがわかります。多くのベトナム人が補償も受けずに苦しみつつ死んでいきました。故に、われわれはこれ以上沈黙しているわけにも、また補償を受ける前に科学的証明を座して待っているわけにもいきません。証拠が出れば出るほど、責任は明白になり否定できなくなります」

被害者の立場を知り尽くしたベトナム赤十字会長の苦渋の気持ちであった。

米越共同開催のこの会議では、残念ながら最大の問題を解決することはできなかった。最大の問題とは、もちろん、枯れ葉剤被害者の救済である。

この米越合意にベトナムの元外交官はこう言い放った。

「アメリカに重い責任があるのに、アメリカは頑固すぎます。これは重大犯罪です。大国ですから、罪も責任も簡単に認めないのでしょう。これは新たなる戦争です。武器を使わない戦争です。認めるまで戦わなくてはなりません」

この会議の合意文書をみて、一九七二年にスウェーデンで開催された第1回国連人間環境会議での特筆すべきひと幕を思い出した。スウェーデンのパルメ首相（故人）は、会議で軍事力による環境破壊の問題を取り上げると予告していた。その年は、ニクソン大統領が再選をかけた大統領選挙の年であった。マクガバン上院議員がベトナム戦争反対を訴えており、ニクソン大統領としては反戦の声の広がりをなんとしても抑えたかった。アメリカ側は強硬な圧力をかけて、軍事力による環境破壊というテーマを会議の議題からはずさせ、また会議の直前になって「商業捕鯨十年禁止」を議題にねじ込んだ。アメリカは会議の開始を1日遅らせたうえでH・キッシンジャー補佐官が各国外相に電話攻勢をかけた。会議の1日延期は捕鯨国日本に意図的に伝えられていなかった。主催国スウェーデンのパルメ首相は、会議の冒頭で、アメリカのインドシナにおける環境破壊行為の責任を問い、「戦争こそ最大の環境破壊である」とベトナムでのアメリカの攻撃を痛烈に非難した。アメリカとスウェーデンの外交関係に亀裂が生じた。しかし、アメリカによるベトナム戦争環境破壊隠しは見事成功した。都合が悪くなれば、アメリカは何でもやるのだ。「人間が利己的になって、他人の幸福を振り返らなくなれば、禽獣にも劣る」（趣旨）とマハトマ・ガンジーは言ったが、二〇〇二年の米越科学者会議も、アメリカの狙いは枯れ葉剤被害者隠しであった。

10-80委員会委員長のホアン・ディン・カウ教授は、こう話す。

「今回の合意についてては失望しませんでした。最初から高い期待をしていなかったからです。この会議で、アメリカが化学兵器を使用したことは明確になりました。ベトナム戦争では数千万人の一般住民が住んでいる土地で枯れ葉剤が使用されたのです。そういう前例は過去にはありません。最大の問題は、アメリカが人間に対する枯れ葉剤の影響を認めていないことです。一九六〇年からこれまでのベトナムの研究結果で、枯れ葉剤の被害を証明できています。アメリカが研究結果を詳しく知らないというのは問題です。ベトナムは化学物質の研究レベルも低く、設備も揃っていません。しかし、私たちは「現場」を持っています。

汚染された人、破壊されたジャングルが残っています。ベトナムは戦争中から枯れ葉剤被害の研究を始めているのです。一九六〇年代にケネディ大統領は農務長官を派遣して、枯れ葉剤の使用を検討させました。南ベトナム空軍もそれに反対しませんでした。南ベトナムは研究にはあまりかかわらず、主としてアメリカ人が行いました。それは環境中心の研究だけであり、人間への研究はほとんど行われませんでした。アメリカ国防総省が枯れ葉剤は人間には影響を与えないと発表したので、人間への影響の研究が遅れたのです。一九六五年以降、北ベトナム政府が金を出して、南の被害者を治療のために受け入れました。それは北出身の軍人や労働者が中心でした。アメリカは世論を騙し続けています。人体への影響を認めると、アメリカは戦争犯罪人として自らを認めることになるからです。イラクが生物化学兵器、核兵器を持っていると、アメリカは非難しました。アメリカが言う通り、そういう化学物質、化学兵器は禁止されているのですよ」

カウ教授は、「私たちは現場を持っています」と言った。因果があってこその現場だ。南部ベトナムという広大な〈現場〉も、またその例に漏れない。枯れ葉剤撒布という原因があって、その結果被害者が出た。なんとも明快である。

他方、ベトナム赤十字・枯れ葉剤被害者財団レ・ケ・ソン部長はこう言う。

「米越合意には完全に失望しました。『この会議が成功したとするなら、それは長い道程のほんの短いステップにすぎない』と、私は『ニャンザン』紙に書きました。また別の新聞には、『共同会議開会式で、れば、責任逃れの最初のステップになるかもしれません。

アメリカは、ダイオキシン問題の簡単な質問にも答えていない。戦争で枯れ葉剤の被害者を生じせしめたことと環境の劣化を引き起こしたアメリカの暴力的態度は許しがたい。アメリカが被害者を確認できないとするなら、ベトナム戦争で化学兵器を使用したことを否定することになる』と書きました。私に言わせれば、責任逃れの最初のステップになるかもしれません。

この会議は科学研究の手法にのみ終始しました。概要的なもので、いつ、何をするのか、具体的なことは書いていません。今後数十年間、本当の意味での研究が不可能になる恐れもあります。結論の中には、環境改善に関する合意もなければ、被害者への救済合意も一つもありませんでした。化学兵器の被害については、次の2点が同時進行で求められます。①まず、被害者の救済を、最優先に、早急に、そして恒常的に。②化学物質の研究の促進。ベトナムでのダイオキシンの残留度は都会より地方の方が高いのです。

アメリカは責任回避を狙っています。責任を認めると、補償金を支払わなければならなくなるからです。ベトナム側の試算でも、環境改善のコストは数十億ドルになります。そして、直接的な被害者は一〇〇万人、障害児だけでも15万人はいます。最大の理由は、被害がすでに第三世代に及んでいるからです。そして責任回避のもう一つの理由は、認めればアメリカが自ら戦争犯罪人と宣言したことになるからです。化学兵器使用の事実は、アメリカが繰り返し主張している人権問題と矛盾します」

苦しむ患者を世話する医療現場には、会議の結果が癒しになるどころか、将来への見通しが全くたたない、あと味の悪い悪夢のようなものが残された。

グエン・ティ・ミー・ヒエン医師（現バクザン障害児センター顧問）は夫を戦争（クアンチ省で）で失って、定年までの11年をハノイの施設『平和村』で枯れ葉剤被害の障害児のケアに尽くしてきた人だ。

「米越合意には満足できません。アメリカは、人体への影響も、ベトナムの枯れ葉剤被害者も認めていませんん。先日枯れ葉剤被害者の女の子（ティ・トアさん）を皮膚移植手術のためアメリカに連れていった時に、私はアメリカのテレビ局の質問にこう答えました。『アメリカが認めようが認めまいが、枯れ葉剤の被害については事実は事実です。アメリカのメンツで賠償したくないようですが、いまさら責任を論じる時期ではありません。助けなければならない時期です。しかし、アメリカが助けてくれなくても、世界の友人が助けてくれます』」と、持論を述べた。

長く患者をみてきた医師として、患者・家族の気持を代弁した、やる気満々の溌剌な小児科医師である。どこまでも行動の人で、利他に生きる人である。

枯れ葉剤被害者の退役軍人を治療・療養のため短期滞在型で受け入れているハノイ「友好村」のグエン・カイ・フン理事長も厳しい。

「アメリカは現実を直視せず責任を回避しています。一九九三年の国際シンポジウムでも、参加したアメリカ以外の他の外国の研究者は被害を認めているのです。外国の科学者は、ベトナムの退役軍人たちのために、アメリカで訴訟を起こせるようにと、いくつかの疾患を枯れ葉剤影響の疾患として発表しました。研究と同時にいまやらなくてはならないことは、被害者を直接助けることです。研究結果を待っていては、被害者は生き残れません。なぜアメリカとの合意に、環境大臣が調印しなければならないのですか？　アメリカが環境調査しか考えていないという証拠でしょう」と。

ビンズオン省平和村のチュオン・コン・ビン理事長は、「私にはアメリカの意図が理解できません。もしダイオキシンが環境に影響を与えたと認めるなら、それは間違いなく人にも影響を与えています。最近、アメリカが枯れ葉剤の影響によって発生した病気の数を合計12（注2）に増やしました。たとえば、糖尿病はベトナムでも多いのですが、九二～九四年、アメリカはこの疾患を認めませんでした。ということは、これからも認めない疾病があるということです」と言った。

そもそも、二〇〇二年の会議後にこうした失望と怒りの声が噴出した背景には、この20年以上、歴代アメリカ政権が一貫して患者無視の方針を貫いていたところに、クリントン大統領が登場して若干アメリカ側の軟化をにおわせ、近い将来アメリカ政府による患者救済への道が開かれるのでは……という希望と期待感をベトナム側が高めたことがあった。

ベトナム赤十字のニャン会長（当時）は、二〇〇〇年11月にクリントン大統領がベトナムを訪問した時に、アメリカ赤十字の後援者であるクリントン大統領に人道的問題を訴えるために面会した。面会時間はわずか15分だったのでニャン会長は、事前に手紙で人道面から始めて科学研究につなぐ3項目の提案をした。①被害者の早期救済　科学研究の結果が出てからではなく、即時の支援が必要だからだ。②ベトナムの残留ダイオキシンの解毒・洗浄対策の早期実施　③枯れ葉剤の後遺症問題の解決のために、科学研究の継続的実施。

二〇〇一年2月に、待望の返事がクリントン大統領からきた。

「二〇〇一年2月、ビル・クリントン大統領から書簡を受け取りました。私の考え方を理解したと書いてありました。クリントン大統領は、米越共同の化学研究に賛成しました。そして、人道活動を協力して行うことも賛成しました。つまり、クリントン政権は、化学研究以外に被害者への支援活動を認めたのです。クリントン大統領は辞めましたが、クリントン大統領の考え方は米越赤十字の共同作業に影響を与えました。現在行われているアメリカ赤十字の活動は、ベトナムの考え方の正しさを証明しています」と、ニャン前会長は言う。

この内容が期待感を高めたのは、会議のたびにぼやけた結論を押しつけられてきたベトナム側の積年のストレスにもあったと言える。これまでの苦渋を少しでも癒し、ベトナム被害者に数十億ドルの援助に門戸を開くのではないかと。しかし、期待していたハノイの国際会議では、実際には何も起きなかった。

患者無視の歴史を重ねる米越科学者会議

米越を中心とした国際科学者会議は、患者不在の結論を重ねてきた。一九八三年1月に開かれた「戦争における除草剤、枯れ葉剤の人間および自然に及ぼす長期的影響」を討議する国際科学者シンポジウム（ホーチミン市）には、ベトナム側55人、アメリカ側17人など日本も含めた計21カ国一二八人の科学者、医学者が参加した。

シンポジウムの結論は、〇枯れ葉剤が、ベトナムの生物、植物に対して大量に使用され、土壌の劣化を招いた、〇人間を含む生物に影響を与えたと思われるが、この解明にはより長期的な研究が必要である、というものであった。

このように、戦争終結から8年後の一九八三年のシンポジウムの結論ですら、患者の調査・救済に心を痛める科学者の姿勢も、また研究の早期進展を促す積極姿勢もなんら反映されない、患者不在の姿勢の濃いものであった。

その後ベトナム側や国際民間研究が進むと、この戦争に用いられた薬剤の毒性がとてつもなく強いことが明らかとなってきた。

10年後の国際シンポジウムの参加国は第1回（一九九三年）の時より大幅に減り、国連代表も欠席した。第1次湾岸戦争の影響もあって、枯れ葉剤被害に対する国際的関心はとみに薄らいでいった。ベトナム国内の関心も市場経済に走るドイモイにのみ向いて、祖国独立に貢献した人々やその子孫は切り捨てられようとしていた。「枯れ葉剤問題の解明は曲がり角だ」という危惧の声が聞かれつつあった時に開かれたシンポジウムでもあった。

二〇〇二年3月に第3回国際会議（正式名「エージェント・オレンジ／ダイオキシン類の人体の健康と環境の影響に関する米越科学者会議」）が開かれるまでに、さらに10年という長大な時間が経過した。記者会見では、「ベトナムの枯れ葉剤被害者はいつまで待たされるのか?」という点に集中したのも無理からぬことである。

アメリカ環境科学局のウィリアム・ファーランド副局長は、

「ベトナムで初の会議が開催されて以降、世界中の多くの科学者がベトナムの枯れ葉剤について研究してきました。しかし、いまだにこの質問に答えることができません。ベトナムと世界中の科学者が研究することによって、私たちもさらに理解を深めることができるのです」と語った。

ベトナムが、先天性欠損症は15万例、他の疾病はおよそ一〇〇万例に及ぶと過少に推定しているのに対して、アメリカ政府は、枯れ葉剤と病気との因果関係に結論は出ていないとそれを否定し、数字の誇張に過ぎないとベトナム政府を非難するといったように、今のところ、議論はベトナム側が実証主義的、現場主義的であるのに比べると、アメリカ側は非科学的、政治的である。しかし、政治の色眼鏡をはずすと、見える物が見えてくる。

第1回の会議から20年経過した二〇〇二年3月の米越合意文書では患者の救済には全く応えていない。これは、合意を装った時間稼ぎであり、黙殺である。アメリカ政府は確実に逃げている。それに対して、健康問題やなんらかの危険性がヨーロッパやアメリカに迫れば、国家及び国際的な政策レベルまで一気に事態が進むのは実に興味深いことだ。ＢＳＥ問題やＳＡＲＳ問題でアメリカ政府の対応をみれば、それが一目でわかる。枯れ葉剤被害もヨーロッパで起きていたら、違う経過を辿っていたに違いない。

ロナルド・レーガン大統領(当時)は、かつてこう言った。

「われわれは長年あそこで何をしていたのかと、皆が尋ねる。一体何事だったのか、と。私はあくまでこう答えよう。高潔な目的があったのだ、と」

マデリーン・オルブライト国務長官（当時）は、こう発言した。
「もっと多くの事実が要る……。このテーマに関して、もっと多くの科学的研究調査が必要であり、それなくしては、エージェント・オレンジがベトナムに及ぼした影響について、事実に基づいた発言をすることは不可能だ」（http://www.huereka.clara.net/gaia/orange.html）

明白なことは、この数行に示されたアメリカ政府首脳（当時）の発言と、縷々述べられた二〇〇三年米越合意文書の内容、そしてアメリカ環境科学局のファーランド副局長の回答に通底するものは、患者無視の姿勢である。補償を避けようという時間稼ぎに他ならない。「虚言は他人の言に対する信頼を破壊する」（南部陽一郎訳）と言ったのはアインシュタイン博士だ。

オルブライト国務長官の言う「事実」とは何を指すのか？　科学的データか？　もっと患者が必要だというのか？

ベトナム赤十字のグエン・チョン・ニャン会長（当時）は、クリントン大統領時代、ベトナムを訪問したオルブライト国務長官に枯れ葉剤問題の解決について尋ねた。その時の国務長官の答えは、上記の発言と全く同じだった。

この回答には最低二つの側面がある。

A、オルブライト国務長官は枯れ葉剤問題の存在を確認したと言えるが、問題そのものの科学的研究を行うべきだと答えたことからすると、時間稼ぎの意図が明白である。二〇〇二年3月の米越科学者会議は結論として具体的な対策を出せず、ベトナムの被害者に対して何の役にもたたなかった。グエン・チョン・ニャン会長は鋭く現実を指摘した。「おそらく、そういう状態を、アメリカの指導者は望んでいたのだと思います」。政治を盲目にしているのは、政治家である。

B、もう一つの側面は、時間の経過とともにベトナムはマイナスの立場になるということだ。賠償を受けないまま、被害者が死んでいくからだ。そして、ダイオキシンの半減期によって、時間が経過するとともに被害者の血液や脂肪中のダイオキシン濃度が薄くなっていき、被害の証明はいっそう困難になる。「そういう理由で、二〇〇二年3月の会議は深い合意も得られないまま、闇に沈んでいきました」と、ニャン会長は説明する。

米越国交正常化を果たしたクリントン大統領が「歴史的な」ハノイ訪問をした（二〇〇〇年）後、研究を始めるという即時の行動を拒否し、また先天性欠損症と疾病との確たる関連が発見された時には責任を受け入れるという約束も拒否したことに、故レ・カオ・ダイ教授は、生前痛烈に批判した。

「（ダイオキシンによる疾病は）全く明白な事実です。これは道義的問題であり、社会正義の問題であり、人権の問題でもあります。戦争を知らない世代——それもアメリカと戦ってもいない子どもの苦しさをどうやったら想像できますか。アメリカ政府は、この問題に迅速に対処すべきです。残念ながら、ベトナムはダイオキシンの人体への影響を研究するには世界最高の研究所です。ベトナムにおけるダイオキシンの研究は、すべての人に役立つのです」（http://www.paracelsian.com/ah_immunoassay/news/article_1.shtml）

人間の内面を破壊していくダイオキシン。その非人道的な撒布作戦と多数の被害者を生んだことは紛れもない事実である。元凶は紛れもなくアメリカで製造された植物抑制剤にある。アメリカは、この30年、国内、国外の枯れ葉剤被害者のために何をしてきたのだろうか？　アメリカが研究してきた内容を包み隠さず公表したのだろうか？　ベトナム全土でまだまだベトナム戦争が続いていることを忘れてはならない。われわれは怒りを持続させていく必要がある。

ベトナム人の痛みにそっぽを向く対立的合意ではなく、他を益しつつ自己も益する方法を選択していくことがアメリカに求められる。〝すべての国々にたいして、信義と正義を守れ〟と言った、初代大統領ワシントンの言葉を忘れたのか？　「皆にとってよりよい社会を築くことが、結果的には自分にプラスとなる」という考え方が取れないのが、1極となったアメリカの現在の姿である。

賠償のドミノ化を恐れるアメリカ？

驚異的な新たな数字が、最近明らかにされた。南部のホーチミン市に近いビエンホア空港の周辺住民の血液中に通常の量よりも最高で二〇〇倍のダイオキシンが含まれている、と。ビエンホア市の住民のうち、43人の血液のうち95％に5ｐｐｔ以上、しかもそのうえ、1人からは最高の四一三ｐｐｔのＴＣＤＤが発見されたというのである。一般のベトナム人の血中のＴＣＤＤレベルは2ｐｐｔであるので、二〇〇倍以上のダイオキシンが含まれていたことになる。またこの調査では、一九八〇年代に誕生した4人の子どもたちを含めて、エージェント・オレンジの撒布が終了した後に生まれた子どもや、撒布されていない地域からビエンホアに最近引っ越してきた人の中にも高いレベルのダイオキシンが発見されたという結果がでた。しかしながら、分析のための食物が入手できなかったので、摂取のルートについては未確認だという。特に高いレベルを示したのはビエンフン湖のような近接地域の土壌で、そこからは一〇〇万ｐｐｔ、また堆積物からも高度のダイオキシンが発見されたという。調査に当たったのは、テキサス大学ヒューストン校のアーノルド・シェクター教授、マリアン・パヴク博士、ハノイ・ガン研究センターのホアン・チョン・クイン博士で、他にハーバード大学、ドイツの専門家らが参加した（『職業と環境医学ジャーナル』二〇〇三年8月号）。

テキサス大学のアーノルド・シェクター博士は、南ベトナムには、ビエンホアのようなダイオキシン重度汚染地帯が30カ所もあると推定する。ビエンホアはアメリカ軍の大型基地があった所で、解禁されたアメリカ政府の機密文書によれば、最高二万六〇〇〇リットルのエージェント・オレンジが流出・漏洩・拡散した。ベトナム政府の役人は、シェクター博士の研究はアメリカが大規模な環境災害を引き起こし、被害者への賠償金支払いの証拠に添付できる事実だ、というのだが。

パリ和平協定は一九七三年1月23日に結ばれ、アメリカは停戦に合意した。アメリカは、アメリカが望んでいなかった共産政治体制をとった国を徹底的に破壊することで、目的はある程度達成した。この和平協定で、北ベトナム側の希望であった侵略者としてのアメリカ軍を駆逐するという所期の目的を達成し、「大国アメリカの面子をたてて、赤絨毯を敷いて送り出した」いきさつがある（元北ベトナム外交官談）。従って、東京裁判やニュルンベルク裁判のように、戦勝国が敗戦国の戦争責任を裁く法廷は、ベトナム戦争の場合開かれていない。その点が、北ベトナム＝戦勝国、アメリカ＝敗戦国と明確な形で公式に言えない所以でもある。

わずかに、一九六六年にイギリスの哲学者バートランド・ラッセルらが提唱して設立されたベトナム戦犯裁判がストックホルムとコペンハーゲンで開催され、アメリカに有罪判決を言い渡したが、これは民衆法廷であり、法的拘束を受けないことはもちろんである。ラッセル法廷が指摘し、マクナマラ元国防長官、キッシンジャー元国務長官が明らかにしたように、ベトナム戦争は誤ったものだった。そして、縷々述べてきたように、CSガスなどの化学兵器を除いて、枯れ葉剤という化学兵器が一般市民の生活環境にまで撒布されたのである。アメリカに重大な戦争責任があることは明白である。

しかし、枯れ葉剤被害に関する公式賠償は、たやすく実現するものではない。

パリ和平協定の第8章第21条にこういう文言がある。

「アメリカは、本協定で、すべてのインドシナ諸国民との間と同様、ベトナム民主共和国との和解の時代をもたらすことを期待している。アメリカは、その伝統的政策を追求し、ベトナム民主共和国およびインドシナ全域の戦争の傷を癒し、戦後の再建を図るために寄与するであろう」

しかし、この文言がアメリカによる賠償を意味すると受け取る人はいないであろう。両国合同委員会の設置も定められたが、相互に誤解があったことで早々に解散された。この条文を見事に解説したのは、パリ第7大学ミニク・シュミリエ・エジャンドロー教授だった。「ベトナムからみれば賠償の義務であったものは、アメリカにとっては、自らの裁量に委ねられた自発的な貢献に過ぎなかったのだ」（吉田徹訳）。交渉は一九七三年7月に休止されて以降、一度も再開されていない（www.diplom.jp/articles03/0310-4.html）。アメリカはベトナムにたったの1ドルすら賠償金を支払っていない。

交渉では、アメリカ側は、戦争後遺症を解決するために約30億ドルを支払うと約束したという。戦争賠償だと言ったともいわれる。しかし、和平協定に書かれてある文言は、「アメリカの伝統政策にのっとり、アメリカはベトナム戦争の後遺症を解決する責任を持つ」である。これが協定の内容である。金額も明記されていない。賠償という言葉も使われていない。

ベトナム赤十字のグエン・チョン・ニャン会長（当時）と、集団訴訟のことを話したことがある。ニャン会長は、

「われわれは一〇〇万人以上の被害者がいるとみています。ですから、何十億ドルの賠償金に相当するはずで、被害の数字は、非常に、非常に大きいです」と、「非常に」を2回強調した。

いま、ベトナムにとって最大の悲劇は枯れ葉剤被害に尽きる。和平協定後も戦闘が継続していた一九七三年の時点で、北ベトナム首脳が、枯れ葉剤の問題をどこまで詳細に把握し、将来への被害の広がりをどこまで予想していたかは、はなはだ疑問だ。アメリカに重大な責任があるにもかかわらず、ベトナムは、

枯れ葉剤被害者を認知しないという大国アメリカの力の論理に翻弄されてきた。かつ、戦争賠償を規定する国際法もまた、無力をさらけ出したままである。

ベトナムに対するアメリカの言い分をまとめると、「ベトナム政府は説得力のある証拠を出してきていない」「障害のある子がたくさんいます、原因はエージェント・オレンジに違いありません、と言うだけならそれは能がない」「ベトナム政府は、撒布地域では先天性欠損症の率が高いとおきまりのように言い、そのうえ証明に値する数字の公表を拒んできた」「過去において、ベトナム共産政権は外部の学者の科学的研究を阻止してきた」といったところだ。

今日に至るまで、アメリカ政府と、枯れ葉剤を製造した化学薬品会社は、枯れ葉剤の残留物とさまざまな重度の健康問題との因果関係を否認し、反対に栄養失調、疾病、そして適切な健康管理の欠陥などを原因として挙げている。アメリカ側は徹頭徹尾ベトナム側の研究データを疑い、ベトナム側が今日に至るまで行ったことは信用に値しないという態度だ。そもそも核心の資料を公開しないのは、すべてを知っているアメリカである。

ベトナムの「現場」には証拠が多数あるのだが、アメリカはすべて知っているにもかかわらず見ないふりをし、大国としての権威を笠に着て、むしろ無理な科学的証拠の提出をベトナムに強要しているにすぎない。それは、ベトナムとの国交正常化交渉の条件として、ベトナム戦争中の行方不明兵士（ＭＩＡ）の捜索の優先をベトナムに課したアメリカ政府の態度そのものであり、まさに傲慢以外の何物でもない。「お前の国で死んだアメリカ兵の遺骨を捜せ、それが先だ」といわんばかりに。ベトナムもアメリカの経済協力を喉から手が出るほど必要なため、それを優先させて応えたが、現世に生きて苦しむ人たちにいまだ目もくれないのがアメリカである。ベトナム戦争の「ベトナム化」とは、遺骨探しまで含まれていたのか？　ベトナム戦争の敗北は、常勝アメリカ人の心の奥底に深く傷をつけ蝕んでいる。ちなみに、二〇〇二年8月13日現在、一九〇五人のアメリカ兵士が行方不明である。北で五五一人、南で九三七人、海上で四五〇人が不明のままだ（www.pow-miafamilies.org/powmiastatus.html）。

敗戦国アメリカのベトナム叩きが続いている。科学も同様だが、残念ながら道徳もまたしばしば政治と混在しているのは悲しいことである。

アメリカは、ダイオキシンに被曝した退役軍人に月一〇〇〇ドル以上も支給してきた。一九六七年から一九六八年にかけてサイゴンで軍の諜報活動に従事した経験のあるベトナム戦争・アメリカ退役軍人協会元会長で、アメリカのＮＧＯベトナム駐在代表のチャック・シアシー氏は，「しかし、ベトナム人には一切影響を認めない……なぜ同じ基準を適用して、ベトナム人にも援助を申し出ないのか？　アメリカ政府は、責任問題を一旦承認してしまえば、アメリカ、オーストラリア、韓国、ニュージーランドなど他の参戦国がアメリカに対して損害賠償を申したてる門戸を開くのではないかと、依然として戦々恐々としているのです。アメリカ政府は賠償のドミノ化を恐れているのです。これまでの30年間、ベトナムの事態は実質上、世界でも類をみないほどひどかったにもかかわらず、われわれアメリカはこの問題を事実として認めようとはしませんでした」と、アメリカのダブルスタンダードを指摘した。ベトナムで別のＮＧＯで活動する元海兵隊兵士スエル・ジョン氏も同様の意見を述べる。そして、もう一つ、枯れ葉剤の被害を認知することは、アメリカがフリーハンドで戦争をおこすのにブレーキをかけられることを恐れているのだ、と。

ベトナムは、カンボジアへの侵攻を除いて、被侵略の歴史の国だ。「侵略者が来れば、それを攻め滅ぼすが、その過ちを認めれば許す」国だ。一九六〇年代から一九七〇年代にかけての加害責任を明確にして、アメリカが謝罪をする以外にない。その過ちをアメリカ政府が認めた上で、きちんと補償をすることである。そして、もう一つ、アメリカが2度と化学兵器を使用しないことを約束し、過去に目を開いて、未来へ向かえるようにすることだ。この二つの問題をアメリカが巧みに無視し続ける限り、米越関係は累卵の危機のまま続くに違いない。なぜなら枯れ葉剤使用は生命を撓（たわ）めてきた犯罪だからである。それは、アメリカの将来の外交姿勢の信頼度に影を落とすことになる。

世界で唯一の覇権国になってしまったアメリカの現状は、自己を客観的に判断できなくなっているのである。

「ストックホルム宣言」

「消滅するわけでもない、落ち着くこともなければ、静寂になることもない。過去とは、実際に適切に処理されてない限り、何度もしつこく、われわれの所に姿を現し、常につきまとう、やっかいでしつこい方法を持ち合わせている。

——デズモンド・ツツ司教（一九八四年ノーベル平和賞受賞）

爆弾の投下や戦闘の停止が、戦争の終結なのではない。戦争による荒廃は、戦闘が行われた土地で、そして人々の精神や肉体を蝕み続けるのである。カンボジア、ラオス、ベトナムを苦しめてきた戦争の終結以来、何十年という年月が経過した。しかし、この地域全体で、罪のない人たちが依然として苦痛を経験している。

戦争が残した爆発物により何百万という人々が怪我をし、死亡し続けている。犠牲者はしばしば、登校途中や友達と遊ぶ時に，地雷や不発弾を踏んでしまう子どもたちであり、あるいは農民が大地に埋もれていた爆弾を掘り起こしたりする時に犠牲になる場合もある。こういった人的悲劇は、本人だけでなく、家族全体や地域に影響を与える。平時になっても、カンボジア、ラオス、ベトナムでは少なくとも5万人が死亡し、この他に負傷者も多数出ている。この数は毎月増加の一途を辿っているのだ。

アメリカ軍による集中的かつ広大な爆撃、トラクターによる破壊、枯れ葉剤の撒布、その他戦争に関連した多くの破壊は、広大な面積の大切な水田や森林に多大な廃棄物を残した。生態系が破壊され、後には雑草しか生えない不毛の荒野を残した。大部分の土地が地雷や不発弾の絶えざる危険性に脅かされており、広大な地域で耕作が不可能になった。

目立たない方法であるが、戦争の他の残留物も危害を及ぼしており、凄まじい破壊力を発揮する。七二〇〇万リットルを超える枯れ葉剤がベトナムの田園や森林に撒かれた。そして、その量は不明だが、カンボジアやラオスの田舎にも枯れ葉剤は撒布された。製造された薬剤の毒性副産物が、依然〝ホットスポット〟に埋まったままだ。ホットスポットとは、事故、地雷、そして元軍事基地により汚染された危険頻発地帯を指し、周囲の居住地域の住民に深刻な健康問題を引き起こしている。

これらの意図されたものではない副産物のうち、最も毒性があり永続性のあるのがダイオキシンであり、これまでも疾病のリストを増やしている。そのリストに挙がっているのは、多種のガン、先天性欠損症のスピナ・ビフィダ、インスリン非依存性糖尿病、神経系、免疫系、ホルモン異常などである。国際的に認知された研究によれば、他の数種類の先天的欠損や、生殖異常との因果関係もあるとみられている。

これら戦禍に巻き込まれたカンボジア、ラオス、ベトナムの多くの子どもたちは、一生涯にわたる長い世話を必要としている。そしてその家族も、貧困にあえぎ、戦争による犠牲を払い、戦争関連の傷病という重い荷物を背負っているケースがほとんどだ。ダイオキシンによる健康への影響に関しては、さらに追加科学調査の必要がある。例えば、国際的基準やガイドラインにそって、危険地域と認定するホットスポットを特定するような人道的利益に直接的に結びつく研究である。義務履行の力のある国家機関による基準に基づいて認定された被害者への人道援助は、即時かつ継続的にすべきである。因果関係を立証する明白な科学的結論を待ち続ける余裕などない。

カンボジア、ラオス、ベトナムの国民による、被害者への援助、荒れ地の開墾、村や町、インフラの再建が進んだ。もちろん、世界中から多くの個人や組織からのさまざまな支援があったことはいうまでもない。今後、新たな問題が浮上し、われわれの良心が挑戦されたとしても、この援助は継続されるべきである。さらに、国内的にも国際的にも、供給はあるが、需要は十分には満たされていない。

アメリカが保有する国内調査記録のみならず、公然や秘密の軍事作戦の記録も公表され、戦争中に使用された化学剤の使用範囲や影響を査定しなければならない。戦争規範に関するジュネーブ合意の維持と改定を行う第27回赤十字・赤新月国際会議は、一九九九年、「交戦国当事国が『戦争の犠牲者の回復支援を目的とする紛争終結後の話合いを適当な場所で試みなければならない』と結論づけた。この理念を、戦争の残留物を扱う上で応用すべきである。

処理費用のかさむ戦争遺産をもつカンボジア、ラオス、ベトナムにこの理念を適用するために、これまで長い時間がかかってきた。これら三カ国の国民、政府は旧敵国に対して寛大な精神を示してきて、戦争時の敵対行為を永続化させることを求めていない。しかし、彼らは支援を必要としている。国際社会、特にアメリカ政府、武器の製造や使用に直接、間接に関与した企業や他の国々は、過去の過ちによって生じた今日の悲劇を取り上げ、復興の正義という精神で人々の訴えに応えるべきである。

人道主義と純真なる良識の名のもとに、われわれは、国際連合、およびすべての良心・善意あるすべての人々に呼びかけ、過去から現在に至るまでのカンボジア、ラオス、ベトナムの国民の人生、生活、環境に今なお引き続き陰を落としている戦争の衝撃に、本格的に取り組む大規模な活動を、個人敵に又はそれぞれの政府を通して支持することを呼びかけるものである。（以下略）」

国際的な広がり

インドシナ三国にとってストックホルム会議（二〇〇二年7月26～28日）は、大きな援軍となった。「アメリカ政府には戦争結果に責任があり、世界的な機関、特にアメリカ政府、ダイオキシンを直接製造した企業が、インドシナの生命……とダイオキシン被害者の援助に全責任を負うべきだ」と、断罪したからである。

二〇〇二年3月の米越共同宣言と同年7月のストックホルム宣言の一番大きな違いは、人道的であるか否かであると強調するのは、ベトナム赤十字のニャン前会長だ。

ベトナムの10-80委員会（枯れ葉剤被害国家調査委員会）も、「これまでの国際会議の中で一番満足できるものです。これまでの会議ではとかく米越だけの議論の応酬でしたが、賛成、反対も含めて自由に意見を述べ合って出された結論ですから、客観的な重みがあります。アメリカの意見一辺倒ではなく、大勢の意見が宣言に反映されました」としている。

ストックホルム会議では、ベトナム側が枯れ葉剤の使用は不当であると主張したのに対し、アメリカは、自分の権利を守るために枯れ葉剤の使用をした、などといったような政治的レベルのやり取りがあった。

しかし、各分野に発生しているベトナム戦争の悪影響、特にベトナムの環境と人体の健康におけるダイオキシン被害を、各国の科学者もきちんと認識できた。その結果、ベトナム、ラオス、カンボジアは、国家の再建と、戦争から引き続いている環境や人体の劣悪な状況を克服するために世界機関の援助を必要としていることを確認した。ベトナム、ラオス、カンボジアがアメリカに賠償を求めたこと、ストックホルム宣言では、加害責任を明確にしたこと、枯れ葉剤被害者への思いやり、人道面で重く配慮した点、解決方法への具体的な提言など、ダイオキシンに関する初の国際的集約意見として、いずれをとっても二〇〇二年3月の米越合意とは比較にならないほど高く評価できるものだ。

従来の国際会議でアメリカがとった枯れ葉剤被害者に対する態度は、より深くダイオキシンを研究して、その研究結果をもって解決方法を模索することだった。それは、裏を返せばまさに賠償を忌避するためのみえみえの被害黙殺である。このアプローチでは研究結果が出ない可能性もあり、双方が納得する十分な研究結果を出す前に被害者が次々と死亡しているという最大の苦悩があった。ベトナムの考え方は、被害者への治療結果を使って科学的な研究を行っていくというものだ。10-80委員会も「ダイオキシン被害者の治療をしながら、研究することは実現しやすい。被害者への治療方法を使って研究を進めていくことこそが現実的だ」という。このベトナム側の強い要望が『宣言』に盛られた。この取り組み方に賛成しなかったのはアメリカだけであり、逆に、アメリカ方式に一番強く反対したのはベトナム以外でスウェーデンであった。

ベトナム、ラオス、カンボジアの国家の再建に関して、アメリカに責任を求める国際的運動が始まっている。この運動は大きなうねりにはなっていないが、アメリカがベトナムを侵略した時に開かれたバートランド・ラッセル＝サルトル法廷に匹敵するものという評価が、ベトナム国内にはある。

ベトナム援助のために、各国政府が力を貸すなどという意見も出された。現実の国際社会は厳しい。どうしても大国アメリカの顔色を窺いがちになるのが現実だ。アメリカが援助を始めると、援助国が増えるという事実。「右にならえ」をする国際社会。ベトナムを苦しませておけばいいという狂信的な極点まで、アメリカ政府が行ったこともある。例えば、アメリカの爆撃で相当数の水牛が殺されたベトナムに、百頭の水牛を送ろうとしたインド政府の動きを阻止した。アメリカは、平和食糧援助停止をちらつかせてインドの水牛援助を阻んだのである。インドシナの人々を苦しませたままにしておく……これもアメリカの現実である。「人々に共通する利益の方が、人々を対立させる利益よりも強いという真実が力になることを信じ、望んでいる」(黒沼凱夫、河合一充訳)

「ストックホルム宣言では、ベトナム、ラオス、カンボジアにおける枯れ葉剤被害者を、科学的研究結果を待たずに1日でも早く救済することを決議しました。宣言の冒頭で、ノーベル平和賞受賞者のツツ司教の哲学的表現の言葉を引用し、過去のことを解決しない限り、過去のことは無視できないと訴えました。ベトナム、ラオス、カンボジアに平和的支援をするためには、過去のことに触れないという意見もありました。しかし、戦後数十年が経過しています。ベトナム、ラオス、カンボジアで起こされた戦争を知らない世代が増えていきます。過去のことに触れなければ、ベトナムがなぜアメリカに責任を求めているのか理解できません。過去に触れることによって、責任を果たすことを求めることができます。新たな恨みを起こそうとしているのではありません。このアメリカのチラシを見て下さい(For Many, WW II isn't over. と印刷されている)。アメリカで撒かれたビラです。第2次世界大戦は一九四五年に終結しています。ベトナム戦争の終結は一九七五年です。あちらが終わっていないのなら、ベトナム戦争が終わっているわけがありません。枯れ葉剤被害者の自宅をたくさん訪問しましたが、自分の無力さを感じました。私たちができることは、患者の悩みや苦しみと比べれば、小さすぎます。自分の力を強化したいです」と、ベトナム赤十字のニャン前会長はもどかしさを説明する。

何はともあれ、本当に苦しんでいる枯れ葉剤の被害者に、十分な援助、心の平和が訪れなくてはならない。と同時に、すべての人々は、いかなる戦争の脅威からも解放されなくてはならない。すべての人間の尊厳を脅かされる状況から解放される権利を有している。いかなる背景や状況の中にあっても、すべての人間は、他の人々から人間として認められたいという基本的な要求をもっている。不信や憎しみから、明るい未来は絶対に生まれてこない。

立派な宣言であっても行動がともなわなくては所詮絵に描いた餅である。今後は、国際協力の枠組み成立をどれだけ早期に具体化できるか。この宣言への参加国の結束とさらなる国際間の力の結集が必要となる。アメリカを動かせる世論づくり新しい哲学が必要である。

注1：グエン・チョン・ニャン
ベトナムの枯れ葉剤被害者への医学的社会的支援の中心的人物。一九九八年に設立されたベトナム枯れ葉剤被害者協会副会長。財団の生みの親でもある。ベトナムで著名な眼科医であり、ベトナム保健相を務めたこともある。現在はベトナム枯れ葉剤被害者協会副会長。

注2：アメリカが認めた枯れ葉剤関連の疾病
①クロルアクネ（chloracne 塩素挫瘡）は、枯れ葉剤に直接触れた人に発症する。鼻、口、目の周りが黒くなる。この被害者たちは、もうほとんど亡くなってこの世にいない。②軟部組織腫瘍　③リンパ節ガン　④ホジキン病　非ホジキン病　⑤phenylketonuria フェニルケトン尿症＝遺伝性代謝疾患で幼児期に知能障害がみられる　略PKU　⑥声帯ガン　⑦上部気管支ガン　⑧下部気管支ガン　⑨肺ガン　⑩スピナ・ビフィダ　⑪糖尿病　⑫前立腺ガン

訴　状（抜粋）

アメリカ連邦裁判所　ニューヨーク東部地区

枯れ葉剤被害者協会

ファン・ティ・フィ・フィ。グエン・ヴァン・クイとその子息グエン・クアン・チュンとグエン・ティ・トゥイ・ガー。ズオン・クイン・ホアと死亡した彼女の子息フイン・チュン・ソン。彼ら自身及び他の同様な被害者を代表して。以上原告。

ダウ・ケミカル社、モンサント社、モンサント・ケミカル社、ファーマシア・コーポーレーション、ハーキュリーズ・インコーポレイテッド、オクシデンタル・ケミカル・コーポレーション、ウルトラマー・ダイヤモンド・シャムロック・コーポレーション、マクサス・エナージー・コーポレーション、トンプソン・ヘイワード・ケミカル社、ハークロス・ケミカルズ・インク、ユニロイヤル・インク、ユニロイヤル・ケミカル・インク、ユニロイヤル・ケミカル・ホールディング社、ユニロイヤル・ケミカル・アクイジション・コーポレーション、C・D・U・ホールディング・インク、ダイヤモンド・シャムロック・アグリカルチャル・ケミカルズ・インク、ダイヤモンド・シャムロック・ケミカルズ、ダイヤモンド・シャムロック・ケミカルズ社、ダイヤモンド・シャムロック・コーポレーション、ダイヤモンド・シャムロック・リファイニング&マーケティング社、オクシデンタル・エレクトロケミカルズ・コーポレーション、ダイヤモンド・アルカライ社、アンサル・インコーポレーテッド、フーカー・ケミカル・コーポレーション、フーカー・ケミカル・ファー・イースト・コーポレーション、フーカー・ケミカルズ&プラスティックス・コープ、アメリカン・ホーム・プロダクツ・コーポレーション、ワイズ・ホフマン-タフ・ケミカルズ・インク、ケミカル・ランド・ホールディングス・インク、T-H・アグリカルチャー&ニュートゥリション・カンパニー・インク、トンプソン・ケミカル・コーポレーション、リバーデイル・ケミカル社、エレメンティス・ケミカルズ・インク、ユナイテッド・ステーツ・ラバー・カンパニー・インク、シンテックス・アグリビジネス・インク、ABC・ケミカル・カンパニーズ1-50。以上被告。

序文

1　これは、ベトナム国籍の人々と一ベトナム機関がthe Alien Tort Claims法（外国人不法行為責任追及訴訟法）、USC（United States Code「アメリカ合衆国法典」の略）の第28編一三五〇条と第18編二四四一条に基づいて、国際法侵犯と戦争犯罪を理由に、また普通法の下で、製品の責任、怠慢かつ故意の不法行為、民間の共同謀議、公的不法妨害、不正な富を理由に、アメリカ国内にある企業に対して起こした民事訴訟であり、個々人の損害、不当な死、先天性欠損に対して金銭的損害を求め、環境汚染と逸失利益を理由に強制命令を求めるものである。この被害は、一九六一年から一九七五年までベトナムで撒布、貯蔵及び漏洩され、原告及び原告らが代表する集団に死と損害を引き起こし、ベトナム国の多くの地域を汚染した被告企業による枯れ葉剤の製造と供給から生じたのである。

2〜46　略

事実の主張　ベトナムにおける枯れ葉戦争

47　一九六一年に、ケネディ政権は、ベトナムにおける悪化する状況を、アメリカのために引き継いだ。そして、アメリカはいかにしたらベトナム共和国（以下ＲＶとする）を支えられるか、そしてベトナム民主共和国（以下ＤＲＶとする）と民族解放戦線（以下ＮＬＦとする）に対して、いかにしたら戦時の有利さを得ることができるかに全力をあげた。そしていかにしたら近代兵器が戦争遂行の努力に寄与できるかに、特別の考慮を払ったのである。

48　アメリカ政府は、ＲＶ政府と協力し、東南アジアでの枯れ葉剤撒布計画を実施した。全枯れ葉作戦の軍事コード・ネームを〝トレイル・ダスト作戦〟とした。これには、枯れ葉剤の飛行機、ヘリコプター、トラック、ボート、徒歩による兵士の撒布が含まれていた。アメリカ空軍（以下ＵＳＡＦとする）は、もともとのコードネームであった〝ハデス作戦〟（後にランチ・ハンド作戦と変更）に準じて、トレイル・ダスト作戦で使われた全枯れ葉剤の量の95％以上を撒布した。

49　撒布の目的には二つの面があった。それは、(a)隠れ場所としてＤＲＶとＮＬＦ軍が利用している植生の覆いを破壊するために、森林とマングローブを枯らすこと。(b)彼らから食糧を奪うために穀物を破壊することであった。撒布は、一九六一年から一九七五年の戦争終結まで続いた。

50　一九六一年8月から12月までＲＶの航空機を使用してアメリカの軍事要員が、ベトナム南部に枯れ葉剤を限定的ながら撒布したが、この試験は成功した。

51　一九六一年11月30日もしくはその頃、ケネディ大統領は、戦時の大規模枯れ葉作戦を始めるべきだという国務省と国防総省の共同の勧告を承認した。両省とも、敵の穀物の破壊は国際法の明白な違反であり、戦争犯罪であるという明らかな認識の上で、枯れ葉剤の使用を枯れ葉作戦のためにのみと主張した。

52　一九六二年1月に、最初の大型コンテナーがベトナムに到着した。一九六二年9月に枯れ葉作戦が開始された。一九六二年11月に穀物破壊作戦が始まった。ケネディ大統領による戦時の枯れ葉剤計画承認後の1年間は、あらゆる目標に対する撒布はホワイトハウスの事前の承認を必要とした。一九六二年の後半になって、枯れ葉剤使用の目標に対する権限は、駐ＲＶアメリカ大使に委ねられた。しかし、一九六三年までは、穀物破壊に対する権限がホワイトハウスから駐ＲＶアメリカ大使に委ねられることはなかった。

53　アメリカ政府の政策では、当初、アメリカ軍が枯れ葉計画で、ＲＶ政府を援助するだけだと強調していた。一九六二年の協定では、枯れ葉剤が搬入された暁には、枯れ葉剤の所有権はＲＶ政府にあると規定した。そして、ＲＶ軍兵士は、枯れ葉剤の積み降ろしと輸送を行った。枯れ葉剤使用計画は、駐ＲＶアメリカ大使館、ベトナムのアメリカ軍事援助司令部、及びコード名〝二〇二委員会〟という（ＲＶ政府の）サイゴン参謀本部の下部組織の監督でコーディネートされた。

54　枯れ葉剤撒布のために使用したＵＳＡＦ機は、Ｃ一二三型機で、取り外し可能な（ＲＶ政府の――北村注）紋章を付けてカムフラージュし、装備した。穀物破壊のための飛行をしている時には、機体はＲＶの紋章を付け、ＵＳＡＦの乗員は、コードネーム〝ファーム・ゲート〟というアメリカ国防総省のコンセプトに従って、民間人の服を着用し、ＲＶ軍の乗員が同行した。

55　戦争の拡大につれ、一九六四年の後半には、枯れ葉剤の使用も増大した。撤布に関する管理も制限も次第に緩和され、撤布地域も広がった。ランチ・ハンド作戦で頻繁に目標になったのは、ホーチミン・ルートと通常言われるDRV兵士とNLF兵士による補給ルートとして使用されていた南部ベトナムの道路や小道の道路網であった。

56 穀物破壊のための枯れ葉剤使用もまた、徐々に増大の一途をたどった。一九六五年だけでも、全撒布の45％が穀物破壊を狙うものだった。穀物破壊は、NLFが利用しているとみていた原野への撒布も含まれていた。しかしながら、民間人が独占的に使用していた原野もまた頻繁に撒布を受けた。一九六七年だけでも、少なくとも二〇〇〇万リットルが撒布された。内訳は、枯れ葉目的が85％、穀物の破壊が15％である。

57 一九六一年から一九七一年までの間、USAFによる飛行回数は少なくとも一万九九〇五回に及んだ。毎日1～34回の飛行が行われ、1日平均10・7回の飛行が行われた。一九六八年と一九六九年は、ランチ・ハンド作戦の下での枯れ葉剤撒布はピークに達した。アメリカ政府の文書解析と進んだ地図技術を駆使した最近の研究では、一九六一年から一九七一年までに調達、撒布された枯れ葉剤の総量だけで七六〇〇万リットルを超えている。

“使用された枯れ葉剤”

58 ベトナムでは、枯れ葉と穀物破壊のために種々の枯れ葉剤が使用された。各種枯れ葉剤のタイプは、枯れ葉剤のコンテナーの外側につけた色の帯によって、コード名で識別した。エージェント・ブルー（カコジル酸）、エージェント・ホワイト（2,4-Dのトリ・イソプロパノール・アミノ塩80％とピクロラム20％の混合）、エージェント・パープル（2,4-Dのn-ブチル・エステル50％と2,4,5-Tの n-ブチル・エステル30％、2,4-Dのイソブチル20％の混合）、エージェント・グリーン（2,4,5-Tのn-ブチル・エステル100％）、エージェント・ピンク（2,4,5-Tのn-ブチル・エステル60％と2,4,5-Tのイソブチル40％の混合）、エージェント・オレンジ（2,4-Dと2,4,5-Tの50％ずつの混合）

59 枯れ葉剤のおよそ65％には、2,4,5-Tが含まれている。2,4,5-Tの製造における不可避の副産物がダイオキシンとして知られるTCDDである。ダイオキシンは、科学界で最も毒性の強い化学物質の一つである。

60 エージェント・ブルー、ピンク、グリーンは、一九六二年から一九六五年まで使用された。エージェント・オレンジ、ホワイト、ブルーは、一九六五年から一九七〇年まで使用された。一九七〇年から一九七一年まではエージェント・ホワイトとブルーのみが枯れ葉計画の中で使用された。エージェント・オレンジは、ベトナムで最も広範に使用された枯れ葉剤である。

61 エージェント・オレンジ、パープル、ホワイト、ピンク、そしてグリーンのようなフェノキシル系の枯れ葉剤は、生物学的成長過程において、機能不全を誘発することによって特定の植生を殺す化学的成長抑制剤である。エージェント・ピンクとグリーンは、一九六五年の初期にエージェント・オレンジが導入された後は、滅多に使用されなかった。エージェント・オレンジは、樹木の濃密な場所に使用される時に威力を発揮する枯れ葉剤であった。そして、各種の樹木でかつ広葉の草木に対して使用された。葉は変色し、落葉した。エージェント・ホワイトは、特に針葉樹の破壊には威力を発揮した。エージェント・ブルーは穀物破壊に主として使用された。

62 枯れ葉剤を撒布するためにランチ・ハンド作戦用のC一二三型機に搭載されて当初使用された撒布装置は、アワグラース撒布装置であった。これはMC1という名でも知られていた。アワグラース装置は、通常1エーカーあたり1ガロンのペースで枯れ葉剤を撒布する能力をもっていたが、ランチ・ハンド作戦のために1エーカーあたり3ガロンの率で撒布できるように改造された。一九六六年には、アワグラース装置は、モデュール式の撒布装置にとって代わり、C一二三型機全機に取り付けられた。

国際的な議論

63 トレイル・ダスト作戦とランチ・ハンド作戦の発端から、枯れ葉戦争計画に対する反対の声が各界から生じてきた。ロジャー・ヒルズマン氏やW・エイベレル・ハリマン氏のような国務省内の何人かの有力者が、ベトナムの一般市民に影響を与える可能性があることと、アメリカが野蛮な帝国主義者として認識される危険性を訴えて、当初から撒布に反対した。

64 一九六三年には、リチャード・ダッドマン記者が書いた一連の記事がセント・ルイス・ポスト・ディスパッチ紙に掲載された。他の新聞も、水田破壊のための毒物撒布を含めて〝汚れた戦争作戦〟を構成しているとして、枯れ葉剤戦争計画を批判した。これらの記事をみたウィスコンシン州選出のロバート・W・カステンマイアー下院議員は、ケネディ大統領に宛てた書簡で、化学兵器と呼び、ベトナムにおける枯れ葉剤の使用を止めるように求めた。

65 一九六四年には、ワシントン・ポスト紙に一つの記事が載った。それは、南部ベトナムの（アメリカに）友好的な村で、偶発的に撒布されたことによって、人々が生活の糧にしていたコメとパイナップルが破壊されたという内容だった。翌日、ワシントン・ポスト紙は、論説で、枯れ葉剤はあまりにも無差別であり、一般市民に危険を与えるという理由で、ベトナムにおける枯れ葉剤の使用中止を呼びかけた。

66 一九六四年という初期に、アメリカ科学者連盟は、アメリカがこの戦争を生物化学戦争の実験の機会として捉えているという理由で、ベトナムにおける枯れ葉剤の使用に反対を表明した。

67 一九六六年1月、ボストンの科学者グループおよそ30人が、穀物破壊を戦闘員と非戦闘員への野蛮な無差別攻撃だとして抗議した。

68 一九六七年、ノーベル賞受賞者17人と全米科学アカデミー会員一二九人を含む五〇〇〇人を超える科学者が、ジョンソン大統領に対してベトナムにおける対人と対穀物の化学剤使用の中止を求めて署名した嘆願書を提出（受け取りは大統領科学担当補佐官）。同時に広く一般に公表された。

69 一九六七年には、さらに、ランド・コーポレーションが、枯れ葉戦争作戦がベトナム人農家の糧としている食糧の供給を絶っていることを理由に枯れ葉戦争作戦計画を非難する二つの報告書を提出した。

70 一九六七年には、アメリカ科学振興協会（AAAS）が、国防総省に枯れ葉戦争計画の長期の生態的結果を研究するように要求した。国防総省は、ミッドウェスト研究所に対して、動物と人間への毒性は真の脅威ではないとする現存の調査文献を基に研究するように委託したが、この報告書を検討した全米科学アカデミーの専門委員会は、確たる結論を引き出すには、枯れ葉戦争計画に関する現存の研究には不十分のものがあると結論づけた。

71　一九六五年には、国立ガン研究所が、バイオネティックス・リサーチ・ラボラトリーと契約して、特定の枯れ葉剤と農薬の毒性研究を行った。一九六六年の中間報告では、2,4,5-Tと2,4-Dは、ネズミに奇形の子どもと死産を生じることがあることが指摘された。これらの結果は、〝ネーダー氏の特攻隊〟に衝撃的に漏洩される一九六九年まで外部秘だった。

72　枯れ葉戦争計画は、国際社会のほとんどから国際法違反と戦争犯罪と見られた。一九六六年という初期に、アメリカは戦争における窒息性、毒性及び他のガス、そして細菌の使用を禁止する一九二五年のジュネーブ議定書に違反しているとして、国連に決議案が提出された。

73　一九六九年、国連総会は、一九二五年ジュネーブ議定書は国際紛争において、植生に対して化学剤あるいは細菌性物質を使用することを禁じているとして、決議案を二六〇三A号決議として承認した。この決議は、ガス、液体、固形物であれ、いかなる方法をとろうとも、それらが人間、動物と植物に直接の毒性効果を与えるがゆえに、戦争でのいかなる化学物質の使用は一九二五年ジュネーブ議定書違反であることを特に宣言したものである。アメリカは、この解釈を拒否し、決議に反対票を投じた。しかしながら、決議案は、賛成80、反対3、保留36で、一九六九年12月16日に採択された。

74　一九七〇年4月15日、アメリカの厚生、教育福祉、農務、国務の各省長官が共同声明を発表し、限定した非穀物への使用以外は、2,4,5-Tを含む枯れ葉剤の国内使用を中止した。同じ日、アメリカ国防総省も、〝事態のより完全なる評価を待つ間〟としてエージェント・オレンジを含む2,4,5-Tの軍事使用を中止した。それゆえ、枯れ葉のための除草剤撒布は、エージェント・ホワイトを使用して短期間続行した。エージェント・ホワイトとブルーを利用しての穀物破壊は、一九七〇年中は継続した。一九七一年1月、最後のランチ・ハンド飛行が行われた。

75　アメリカが一九七一年に公式にランチ・ハンド作戦を終えた後、RV政府の所有物として大量の枯れ葉剤が残された。情報と確信を基にすれば、さらに多量の枯れ葉剤が、一九七三年と一九七四年にアメリカ政府と被告企業から提供された。

76　情報と確信によれば、RV政府は、一九七五年に同政府が崩壊するまで戦争努力の中で枯れ葉剤の使用を継続した。

77　一九七五年4月8日、フォード大統領は、大統領命令一一八五〇を出し、その中で〝アメリカは国家政策の問題として、アメリカ軍基地及び施設内、あるいは直接の防衛区域周辺での植生の抑制のために、国内使用の適用できる法規の対象は除外して、戦争において枯れ葉剤の最初の使用を放棄する。〟と宣言した。

78　トレイル・ダスト作戦中、ランチ・ハンド作戦中、及び戦争末期において、多くのベトナム人戦闘員と一般人が撒布によって枯れ葉剤に直接被曝した。枯れ葉剤を直接撒かれた人々に加えて、汚染された植物や水に接触することになり、さらに多くの人が間接的に被曝した。最高四〇〇万人が一九六一年から一九七一年の期間中に枯れ葉剤に被曝したと推定される。

79　加えて、ビエンホア、ダナン、フーカット、アールオイ、アーサウ渓谷のようなベトナムのＵＳＡＦ基地及びその周辺で輸送、積み降ろし、及び貯蔵された枯れ葉剤の残留物が、周辺地域での地下水や食物連鎖の汚染につながっていった。その結果、今日に至るも、一般人の枯れ葉剤の被曝が継続している。ベトナム戦争中における枯れ葉剤の使用は、史上最大の化学戦争作戦と呼ばれる。それは、一般国民の被害のみならず、膨大な環境被害をも引き起こした。

被告の役割：枯れ葉剤の製造と供給

80　アメリカ政府は、被告企業を含めて化学企業数社にベトナムにおける枯れ葉戦争のために特定のフェノキシル系の枯れ葉剤を製造、販売するように依頼した。

81　一九六〇年代の初期において、アメリカ政府は、一九五〇年国防製品法に従って、被告との契約に一連の固定価格製造、あるいは調達を盛り込んだ。契約では、枯れ葉剤のタイプ（オレンジ、パープル、ブルーなど）によってカラー・コードの3インチ幅の帯以外は枯れ葉剤の容器にはラベルを貼らないように被告企業に指示した。

82　枯れ葉剤の製造は、契約に従って始まった。契約では、被告企業に多大な利益をもたらすものだった。被告企業は、多量に製造すればそれだけ政府に売却することができた。

83　被告企業は、受注、製造の時点で、枯れ葉剤が枯れ葉と穀物破壊の目的でベトナムで広範に撒布されるであろうことに気づいていた。しかし、彼らの製品の意図した使用には反対しなかった。それどころか、彼らは、国際法に違反して、枯れ葉戦争に使用されることを知りながら、枯れ葉剤を製造、供給した。

84　被告企業は、受注、製造の時点で、ダイオキシンが2,4,5-Tの不可避の副産物であることを承知していた。そしてダイオキシンが植物、動物、人間に極めて有毒であることを承知していた。しかし、その製品の意図した使用に反対しなかった。それどころか、彼らは、国際法に違反して、枯れ葉戦争に使用されることを知りながら、枯れ葉剤を製造、供給した。

85　被告企業は枯れ葉剤が国際法に違反して、植物、穀物を破壊するために使用されていることを気づいた後ですら、枯れ葉剤の製造、供給を継続した。

86　被告企業は、ダイオキシンが植物、動物、人間に有毒であり、反対に一般人、戦闘員、環境が影響を受けていたことに気づいた後ですら、枯れ葉剤の製造、供給を継続した。

87　被告企業は、受注、製造の時点で、食物の中の極少量のダイオキシンでも、動物に負の健康的影響を与え、５ｐｐｔという少量ですら日常に供給されれば、ネズミにガン状態を引き起こすと気づいていた。

88　被告企業は、受注、製造の時点で、１ｐｐｂの濃度でより急性毒性から早期の死を引き起こし、50ｐｐｂ以上の濃度では急性毒性と早期の死の兆候を急速に作り出したことに気づいていた。研究者は、それより濃度が低くても、より高濃度のものと同じ結果を生じ、しかし、そうなるためにはより長い時間がかかることがわかった。

89　受注、製造の時点で、被告企業ダウ・ケミカル社は、ダイオキシン問題が製造過程中に起きていたことを知っており、その段階で作られたいかなる納品にも入っていたことを知っていた。

90　受注、製造の時点で、被告企業は継続して被曝した場合に、ダイオキシンが１ｐｐｍという低量でも危険となりうることを知っていた。１ｐｐｍは、当時測量できた最低のレベルであった。

91 被告企業は、受注、製造のかなり前から、ダイオキシンと関連する危険物であることを知っていた。そしてダイオキシンに被曝した工場労働者がクロルアクネ（塩素ざそう）、肝臓障害や他の疾病を引き起こすことを知っていた。

92 一九五六年に、ダイヤモンド・アルカライ工場で労働者の間にクロルアクネが発生した。

93 一九四九年に、ウェスト・バージニア州ナイトロの被告企業モンサント社の化学工場で事故が起きた。この事故で、ダイオキシンを含む物質が建物中に拡散し、被告企業の労働者が有毒物質に被曝した。

94 そこの労働者の多くは、体調の不調を訴え始め、事故後間もなくして、クロルアクネや他の疾病が発症した。多くの労働者が医者の検診と手当を受けた。その後、数人の研究者が、被曝した労働者を対象に関連する健康問題を研究した。

95 一九五二年には、被告企業モンサント社はダイオキシンが2,4,5-Tの副産物かつ汚染物質であり、有毒物質であることを知っていた。

96 被告企業ダウ社は、一九四八年に2,4,5-Tの製造を開始した。ダウ社は、クロルアクネ症状の存在を確認するために一九四五年にウサギの耳に試験を行った。ダウ社は、一九五〇年代に、同物質の有毒性に関して複数のドイツ企業と連絡を取っており、自社や他社の労働者の間にクロルアクネが発生していることを当時すでに知っていた。

97 一九六四年2月、ミシガン州ミッドランドのダウ社工場で、ダイオキシンの存在によって、40人以上の労働者にクロルアクネが発生していた。そして、被告企業ダウ社は、ダイオキシンがクロルアクネの原因だったと決定した。

98 被告企業ダウ社は、受注契約で求められた枯れ葉剤に少なくとも1ｐｐｍという微量でもダイオキシンが入っていることを知っていた。そして、動物実験で、ダイオキシンが1ｐｐｍ以下であっても、心身に有害な影響を与えるということを知っていたか、知っていたはずである。

99 被告企業ダウ社は、一九六五年に他の被告企業との会議で、この情報を分け合った。フーカー・ケミカル社、ハーキュリーズ社、ダイヤモンド・アルカライ社の代表が出席していた。そして、ダイオキシン1ｐｐｍに繰り返し被曝すると危険だと告げられていた。

100 被告企業ダウ社もまた、一九六五年3月の会議で、他社の枯れ葉剤を見本で試したところ、比較的高レベルのダイオキシンが含有されていることを発見し、健康問題を防止するためには予防措置が必要だと他の出席者に通告した。

101 被告企業の全ては、ダイオキシンの毒から生じる前述の事故及び受注、製造時点でダイオキシンは危険な物質で2,4,5-Tの副産物であるという事実を知っていた。

102 被告企業は、もしアメリカ政府がダイオキシンの問題の広がりを知ったなら、除草剤産業全体に災害的方法で介入してくるかもしれないと恐れた。被告企業がダイオキシンの危険性についての情報を得た後、もしアメリカ国民がこの問題に全面的に気づけば、除草剤企業への規制化と介入があると危惧するようになった。当時、枯れ葉剤の使用が商業用には増加の一途を辿っていた。そして製造と供給は被告企業にとって非常に利益のあがる業種であった。

103 被告企業は、調達、製造の時点で、枯れ葉剤の中の1ｐｐｍのダイオキシンを正確に探知できるＶＰＣ方法（蒸気位相色層分析）の存在を知っていた。被告企業は、この時点で、製造段階とダイオキシンを濾過して取り除く予防措置を講ずれば、最終的な枯れ葉剤の汚染リスクを極めて制限できるという事実を知っていた。

104　しかしながら、被告企業は、自社製品からダイオキシンを減ずるための、あるいはそれを使用することを考慮すれば、枯れ葉剤に接触するかもしれない人間に有毒性を防ぐあるいは緩和するための、適切なあるいは妥当な措置を講じなかった。

105　被告企業はまた、それが撒布される地域の環境に枯れ葉剤が与える災害的影響を防止または緩和するための適切あるいは妥当な措置を講じなかった。

106　被告企業はまた、ベトナム戦争用に枯れ葉剤を製造・供給する以前と最中に、ダイオキシンの危険性をアメリカ政府及び一般国民に対して警告する適切な措置を取らなかった。事実、被告企業は、ベトナム戦争用に枯れ葉剤を製造・供給する以前と最中に、積極的にアメリカ政府及び一般国民からダイオキシンの真実を隠蔽した。

一九六一～九四年対ベトナム禁輸措置

149　対敵国通商法のもとで付与された権限に従って、アメリカ財務省は、ベトナムに禁輸措置を科した。

150　同禁輸措置は、北ベトナム、つまり一九六四年5月5日付けで17度線北部のベトナム国民に実施された。

151　同禁輸措置は、南ベトナム、つまりアメリカ東部夏時間一九七五年4月30日24時付けで17度線以南のベトナム国民にも実施された。

152　禁輸措置は、もしすべてでなくても、給与、証明書、書類、あるいは判決、差し押さえ、執行令の押収、あるいは他の裁判所のあるいは行政による過程や命令による差し押さえ、あるいはいかなる債権差し押さえ通告、判決あるいはいかなる国の命令のいかんを問わず、いかなる性質の利益の入手を含めた米越国民間のほとんどのタイプの取り引き、貿易、移動を禁じた。

153　略

154　アメリカの対ベトナム禁輸措置は、一九九四年2月7日もしくはその頃、部分解除され、一九九五年3月9日、もしくはその頃に全面解除された。

155　一九九五年1月28日に、アメリカ合衆国政府とベトナム社会主義共和国政府との間の特定の財産返還解決に関する協定は効力を発揮した。しかしながら、この協定は、枯れ葉剤の被曝から生じる個人的、あるいは他の負傷に関する請求は対象としていない。そして、ベトナムにおける枯れ葉戦争の犠牲者への補償、あるいは環境浄化に対するアメリカ政府の援助は与えられていない。

最近の研究

156　アメリカ議会を通過した一九九一年のエージェント・オレンジ法は、退役兵士問題担当の閣僚に、全米科学アカデミーの医学研究所がベトナムで使用された枯れ葉剤、及びダイオキシンを含めた他の成分の被曝による健康への影響に関する入手可能な科学的、医学的情報の総合的な検討と評価をするように命じた。一九九二年、同医学研究所は、研究を行うために復員局との合意に署名した。

157　同医学研究所は、一九九四年に同研究結果を発表した。そして、その後も同研究の結果を定期的に更新した。発表された結果とその後更新されたものは、結論と勧告を含んでいる。そして、枯れ葉剤被曝と種々のタイプの疾病や欠損との関連性を発見した。

158 同医学研究所は、さらに復員局に対して、ベトナムにおける枯れ葉剤被曝の特徴を探すために、資料を歴史的に再構成するように勧告した。その勧告に従って、ジーン・メイジャー・ステルマン氏を長とするコロンビア大学の科学者チームが研究と報告にとりかかり、二〇〇三年4月17日に科学誌ネイチャーに発表した。この報告で、〃かなりの数のベトナム一般人が枯れ葉剤に直接被曝したとみられ、そのうちの一部の人たちは、アメリカ国内での使用目的と同様のものより遙かに大きな規模のレベルで撒布された〃ことが分かった。そして、報告書は、二〇〇万から四〇〇万の人々が枯れ葉剤被曝による影響を受けていると推定している。

159 二〇〇二年には、ハットフィールド・コンサルタント社のウェイン・ドゥウェニーチュック氏を筆頭とするベトナム・カナダの科学者チームが、科学誌チェモスフィア（二〇〇二年47号、一一七～一三七ページ）の中で、ベトナム中部のアールオイ渓谷は、ダイオキシンによる広範囲な環境汚染を受けたと報告し、その汚染は、アメリカがベトナム戦争中に使用した枯れ葉剤の撒布、貯蔵、移動により生じたものであり、〃アールオイ渓谷は、旧軍事境界線南部の旧軍事施設の土壌に大量のダイオキシンが蓄積されている南部ベトナムの縮図と理論づけた。

160 二〇〇三年に、テキサス大学環境科学分野のアーノルド・シェクター教授は、職業と環境医学ジャーナル誌（二〇〇三年8月号）に、ベトナム南部のビエンホア市で、環境と食物連鎖の中にダイオキシンを発見したと研究結果を報告した。この研究で、特に、汚染食物の摂取を通じて、ダイオキシンは被曝地域における人々に毒を与え続けていることが判明した。

161～168 略

一般的主張

169 被告企業らの行動は下記の法律、協定、会議、決議、そして条約に違反し、原告らの訴訟行動の原因は、下記の法律、協定、会議、決議、そして条約から生じたものであり、それらは、各国家が適用する法律と慣習的国際法の特定な例を構成するものである。

A 外国人不法行為法 USC第28編一三五〇条

B 拷問犠牲者保護法 USC第28編一三五〇条

C 戦争犯罪法 USC第18編二四四一条

D 戦争における窒息性ガス、毒ガス、あるいは他のガスの使用禁止、及び戦争における細菌使用の禁止のための一九二五年ジュネーブ議定書

E 一九〇七年10月18日に調印された、地上戦争における法律と慣習を尊重した第4回ハーグ会議の付属文書第23条

F 一九四九年8月12日にジュネーブで調印された、戦時における一般人の保護に関するジュネーブ会議

G 一九四五年8月8日に調印、発効したヨーロッパ枢軸国の主要戦争犯罪人の訴追と処罰に関する協定とニュルンベルク国際軍事法廷憲章

H 一九四五年6月26日にサンフランシスコで調印され、一九四五年10月24日に発効した国連憲章

I （一九六九年の）国連総会決議二六〇三A号

J 慣習国際法

K アメリカ合衆国の普通法

L　ベトナムの各種法律
M　製品責任、襲撃と殴打、過失、無謀、精神的苦痛を故意に科す、過失による精神的苦痛、民衆による共同謀議、不正な富、そして公的不法妨害に限定されないものを含むニューヨーク州の普通法。

集団の陳述

170～177　略

救済を求める第一の主張（戦争犯罪）

178　略

179　ここで述べられる原告に対する行為は、人間、動物あるいは植物に直接有毒の影響を与えるがゆえに、使用されるガスであれ、液体であれ、あるいは固形物であれ、戦争目的のいかなる化学剤の使用を禁じる、そして一般的には戦争中に食糧や水の供給物に毒を入れることを禁ずる、戦争各種法律と慣習の種々の違反、戦争犯罪を構成する。これらの行為の系統化や実施に参加していた指導者、団体、共謀者、共犯者は、そのような計画の実施におけるいかなる人物によって行われたすべての行為に責任がある。

180～181　略

救済を求める第二の主張

182　略

183　ここで述べられる原告に対する行為は、故意の殺人・拷問等の非常に深刻な性質の非人間的行為、及びいかなる一般市民に対する広範な、あるいは組織的攻撃、あるいは政治、人種、宗教を理由にした処刑の一部として行われる他の非人間的行為を禁じる慣習国際法に違反した人類に対する犯罪を構成するものである。これらの行為の～（以下略　パラグラフ179と同じ）

救済を求める第三の主張（拷問）

186　略

187　原告は大きな生命恐怖の中に置かれており、また容赦のない肉体的、精神的虐待と苦悶に苦しむ原因となっており、ここで述べられる行為は、原告への拷問を構成している。ここで述べられる拷問は、被害者の処罰、あるいは被害者あるいは第三者の脅迫を含めた目的のために故意に、意図的に加えられたものである。

188～189　略

救済を求める第四の主張（暴行）

190～194　略

救済を求める第五の主張（情動的苦痛の故意行為）

195～198　略

199　アメリカ政府と共謀して原告の情動的（感情的）苦痛をもたらした行為において、被告らは原告に対して責任がある。

200　被告らの暴虐行為は、情動的（感情的）苦痛の故意行為を構成するものであり、アメリカ合衆国、ベトナム、及びニューヨークの法律のもとで訴因できる。

救済を求める第六の主張（情動（感情）的苦痛の過失意行為）

201～202　略

203　被告ら及び各企業は、枯れ葉戦争での使用のために、ダイオキシンに汚染された枯れ葉剤の製造、供給の際の理不尽で無謀な行為を通じて、軽率かつ不注意に原告に対して感情的苦痛を課した。

204　被告らによる不当行為の直接かつ法律上の結果として、原告及び原告の直接の家族構成員は、重大な肉体的損害、苦痛、被害、極度の重い精神的苦痛と情動的苦痛を被ってきたし、今後とも被り続けるであろう。

205～206 略

救済を求める第七の主張（過失）

207 略

208 被告らは、原告の損害を避けるために、通常の、あるいは道理に叶った注意を怠った。被告らの過失は、原告の傷害、損害、損失あるいは損傷の原因になった。

209 被告の過失の結果として、原告は、重大な肉体的損害、苦痛と苦悶を被ってきたし、これからも被り続けるであろう。そして、原告は、医療の出費、収入の損失、直接の家族構成員の付き合い、配慮、配偶者権の損失を被ってきたし、これからもそうであろう。

210 略

救済を求める第八の主張（不当な死）

211 略

212 原告ズオン・クイン・ホアは、今は亡きフイン・チュン・ソンの母である。

213 被告らの行為と不作為の結果及び息子の死の結果として、原告ズオン・クイン・ホアは、故フイン・チュン・ソンの交友、安らぎ、配慮、奉仕、そして支えを失ったことに起因する金銭上の損失を受けた。

214 被告らは、アメリカ政府と共謀して、故フイン・チュン・ソンの不当な死をもたらした行為に対して原告に責任がある。

215 ここ述べられる行為は、アメリカ合衆国、ベトナム、ニューヨーク州の法律と、彼女の死亡した息子に代わって、救済を求めるズオン・クイン・ホアの請求は、訴因できる不当の死を構成する。

救済を求める第九の主張（厳密な製品責任）

216～218 略

219 枯れ葉剤の製造・供給から利益を得るために、被告らは、枯れ葉剤が人間の健康と環境に危険のある影響を与えるという理由で危険物、不適当な物であると承知していたか、あるいは妥当な注意さえ払えば知り得たはずであったという点、一般国民、アメリカ政府、南ベトナム政府に、枯れ葉剤の危険性と禁忌について適切なる警告をしなかった点、枯れ葉剤の適切なる検査をせず、枯れ葉剤の危険性と禁忌を、一般大衆、アメリカ政府、南ベトナム政府から隠蔽した点で、被告企業、その従業員、社員、そしてエージェントの過失行為は、枯れ葉剤の危険性と禁忌を決定する適切で十分な試験も実施せずに、既述の枯れ葉剤を製造・供給したことから構成される。

220 情報と確信に基づけば、枯れ葉剤にはダイオキシンが含まれており、発ガン性物質になり、先天性欠損症を引き起こす可能性を持っていたことと、さもなければ、枯れ葉剤が人体の健康と環境に危険なものであることを知っていたか、知っているはずであったが、彼らは既述の枯れ葉剤を市場に供給し、政府の該当機関からの承認を確実なものにするために、被告らは共謀し、相互協力した。

221 情報と確信に基づけば、被告らは、共謀と相互協力の結果として、枯れ葉剤使用に固有の危険性があることを不正確に述べることにより、政府の該当機関からの枯れ葉剤の製造と供給の承認を確たるものにすることに成功した。そして、アメリカ政府及び南ベトナム政府使用と銘打って、その使用を勧誘するために枯れ葉剤を市場に出した。

222〜224 略

救済を求める第十の主張（公的妨害行為）

225〜227 略

228 被告らによって製造・供給された枯れ葉剤は、ベトナムで撒布、移動、貯蔵、漏洩され、同国の多くの地域の環境を汚染した。そして、被告らは、アメリカ政府及び南ベトナム政府と共謀して既述の汚染をもたらした。

229 被告らの行為と不作為は、妨害行為を構成する。そして、原告の近隣の人々や客のみならず、原告、原告の組織、原告の家族の構成員の健康と福祉に損害となっている。

230〜231 略

救済を求める第十一の主張（富の不正構築）

232〜233 略

234 被告らの不正な富の結果として、原告は、ベトナムでの戦争で使用された枯れ葉剤の製造と供給により被告らが受けた利益と、最初の受注契約の日に遡及した利子に基づいて、裁判で決定する金額の損害を受けた。

235 法律には、原告の適当な救済方法がない。

236 原告は、被告らに対して裁判所の以下の命令を求める。(A)ベトナム戦争で使用された枯れ葉剤の製造・供給から得た利益を決定するために必要な全書類あるいは他の記録を直ちに提出させること。(B)既述の利益の計算を算出すること。(C)既述の利益を、最初の受注契約の日からの利息と共に原告に引き渡すこと。

救済を求める第十二の主張（命令的、確認救済）

237 略

238 被告らの行為の結果、原告は損害を受けた。そして、命令救済が不在の中、原告らは取り返しのつかない傷を受けるであろう。原告には、法律による救済がない。それゆえに、原告は自己の損害を治療するために、あるいは彼らの将来のいかなる損害防止のためにも、あるいは同様の状況下にあるすべての人々への将来のいかなる損害を防止するためにも、衡平法のもとで命令的救済を求める。

239 全原告と被告らとの間には、実際の論争がある。そして、原告は、被告らとそして各被告によって製造・供給された有毒物質による汚染のない権利の宣言を求める。

救済の嘆願

240 それゆえに、原告各個人及び同様の状況下にある人々を代表して、下記の如く、全被告に対する判決を求めて嘆願する。

A 補償的損害賠償金

B 懲罰的損害賠償金

C 下記の命令を含む命令的かつ宣言的救済、しかし、それに限定されるものではない。

i 被告により汚染されたベトナムの全地域の環境的改善と排除を命じる命令。そして

ii 被告に対して、ベトナムでの戦争に使用された枯れ葉剤の製造・供給から被告が得た利益の会計報告の提出を命じ、かつ言われている利益の全金額に相当する金額を、一番初期の受注契約の日に遡及した利子を付けて原告に支払うことを命じる命令。

iii 被告の行動と不作為が国際法違反と戦争犯罪であることを宣言する。そして、

D 裁判費用、弁護士費用、そして裁判所が公正で適切と判断する他の救済のための命令。

あとがき

この本に載った何十倍の人たちに会ったろうか。ホーチミン在住の整形外科医トー先生と、ベンチェ省で、車にのり、バイクに乗り換え、最後は徒歩で、水頭症の子どもを抱える枯れ葉剤被害者宅を訪問したのは、忘れられない思い出である。枯れ葉剤被害者はどこにでもいる。紙幅の関係で載せられない人も多かった。

その中の、ハタイ省キムバン郡バサオ村のホアン・ヴァン・フエさん一家のことについてふれておきたい。

フエさんは夫婦と一男三女の六人家族である。夫のホアン・ヴァン・フエは一九四八年生まれ、あの有名なテット攻勢の年の一九六八年から七三年まで、サイゴン・ザディン、タイニン省とソンベ省（現ビンヅオン省）と、南ベトナムの南部戦線で歩兵として従軍した。

フエさんは、戦闘中に、枯れ葉剤を浴びた他、砲弾の爆風で神経をやられた。南ベトナム軍の捕虜となり、捕虜交換で釈放された。サイゴン陥落の年、一九七五年末にウーン・ティ・タイン・タムと結婚した。

何回目かの訪問で心が通い始めた時、フエさんがポツポツと語り始めた。

「子どものことがいつも心配です。長女と三女は治療ができるようになり、元気に育ってほしいです。長男と次女はもうよくならないでしょう。ここの農村は貧しく、生活苦はどうしようもありません。戦争に参加して自分の子どもにこういう影響が出るとは思ってもいませんでした。受けた被害が子どもに伝わるということがわかれば、私は結婚しませんでした。私は間違ったことをしてしまったのではないかとつくづく後悔しています。子どもをもたなければよかったと。このことは、生涯、そして人生で一番苦しいことです」

早朝のバスを乗り継いで、テレビ朝日のハノイ支局に、娘の足のことで懇願しにきた父親もいた。友人に相談して、お嬢さん二人の足の整形手術をしてさしあげた。子を想う必死の親の姿に何回も接した。この家族も、本書には載らなかった。載らなかったといって、それら家族との関係が切れたわけではない。これからも、聞き書きの旅を続け、枯れ葉剤惨禍に苦しむ家族の声を集めて、世に発信していくつもりだ。戦争を風化させてはならない。

17年前から始めた枯れ葉剤被害者や枯れ葉剤の医療分野での聞き書きで、私の大きな励ましになったのは、ナチ・ハンターとして有名なジーモン・ヴィーゼンタール氏の姿勢だった。ナチスの残党を追跡して数十年。一二〇〇人に及ぶ残党を告発してきた。「私は忘れることに対して闘いを挑んできました。私の世代のあの悲劇が二度と再びくり返されないよう」（『ナチ犯罪人を追う』下村由一、山本達夫訳、時事通信社刊）との一文だった。ヴィーゼンタール氏に比べれば、私が会った枯れ葉剤の被害者の数ははるかに及ばないが。

北ベトナムは「悪」、南ベトナムは「善」というアメリカの二元論に、ベトナム国民は苦しめられてきた。ベトナム戦争時代、「お前の国（北ベトナム）を石器時代に戻してやる」という言葉を発したカーティス・ルメイ将軍の力の論理に、われわれはうんざりした。アメリカには、戦争開始前にも、戦争中にも、ベトナム人の心が見えていなかった。だから、一層武力に頼らざるをえなかった。

われわれは、いつまでこういう歴史を続けていくのだろうか。

エージェント・オレンジ／ダイオキシンは大量破壊兵器である。取材をとおして痛感したのは武器の開発の早さにくらべて、武器の使用規制や禁止への速度がいかに遅いかであった。枯れ葉剤被害のような悲劇を起こす化学物質の使用を二度と許してはならない。

お話を伺いたいという申し入れに応えていただいたすべての人々に深くお礼を申しあげたい。そして私の取材計画を実行に移してくださったベトナム外務省プレスセンターのレ・ドゥック・タインさん、医療分野の通訳に長けていたラン・フオンさんたちの我が身をかえりみない献身的な手助けに感謝したい。被害者の今の苦しみを文字に残しておこうという私の願いを実現させてくださった梨の木舎の羽田ゆみ子さんの後押しに、敬意を表したい。

私と一緒に10年にわたって被害者の激励の旅を続けたベトナム枯れ葉剤被害者支援の会（静岡県三島市谷田夏梅木：大釜一男会長）にお礼を申し上げる。

妻の登喜子とベトナムでＮＧＯに勤務した娘美帆子の応援がいつも追い風になった。

ベトナムの被害者の理解と援助の一助になればと思って書いた本だが、文中の間違いや取材不足からくる勘違いも多々あると思う。賢明なる読者諸兄姉のご指摘を謙虚にお受けしたい。

在シドニー　北村　元

二〇〇五年8月10日　ベトナム枯れ葉剤被害者の日に

北村　元　きたむら　はじめ
1941年大阪市生まれ。64年日本大学卒業、テレビ朝日入社。77年イギリスBBC出向、89年からバンコク支局長、95年からハノイ支局長、97年シドニー支局長を経て2001年退社。この間「蜂谷真由美韓国移送」「韓国大統領選挙」「カンボジア紛争」「ベトナム戦争終結20年後の後遺症」「パプアニューギニア津波」「スハルト体制崩壊」などを取材、番組制作にかかわる。西シドニー大学人文学部にて名誉客員研究員を経て、現在フリーのジャーナリスト。枯れ葉剤後遺症の被害者支援活動等をおこなっている。

著書
『イギリスのユーモア』『十代　われらの発言（英国の若者）』
『ロンドンぬきの英国旅行』（共著）『タイに民主主義を』（共訳）
（以上サイマル出版会）
『タイ・うごめく「人」景』（現代書館）
『日本人には思いつかないイギリス人のユーモア』（PHP研究所）

アメリカの化学戦争犯罪
——ベトナム戦争枯れ葉剤被害者の証言

2005年8月10日　　初版発行

著　者　　北村　元
装　丁　　宮部浩司
編　集　　長谷川建樹

発行者　　羽田ゆみ子
発行所　　有限会社梨の木舎
〒101-0051　東京都千代田区神田神保町1-42日東ビル
TEL. 03(3291)8229　　FAX. 03(3291)8090
DTP組版　石山和雄　　印刷所　株式会社厚徳社